Mein Haushalt gut geführt

Mein Haushalt gut geführt

Wirtschaften · Arbeiten · Erziehen
Ernährung · Textilien · Hauspflege
Gartenbau

Ein Lehr- und Arbeitsbuch

Zehnte Auflage

Schriftleitung

Rita Kagerer
Dr. Christa Wagner

Autoren

Brigitte Kehr
Christine Gensthaler
Sieglinde Pfeffer-Pfennigsdorf
Claudia Reiner
Dr. Christa Wagner

BLV Verlagsgesellschaft
München Wien Zürich

LV Lehr- und Fachbuch-Verlag
Münster-Hiltrup

CIP-Kurztitelaufnahme der Deutschen Bibliothek

Mein Haushalt gut geführt: Wirtschaften, Arbeiten, Erziehen, Ernährung, Textilien, Hauspflege, Gartenbau; e. Lehr- und Arbeitsbuch / Schriftl. Rita Kagerer; Christa Wagner. Autoren Brigitte Kehr ... – [10. Aufl.,] –
München; Wien; Zürich: BLV Verlagsgesellschaft;
Münster-Hiltrup: LV, Lehr- u. Fachbuch-Verl., 1984
ISBN 3-405-12867-6

NE: Kehr, Brigitte [Mitverf.]

Verfasser:

Kapitel 1 Claudia Reiner
Kapitel 2 Brigitte Kehr
Kapitel 3 Dr. Christa Wagner
Kapitel 4 Sieglinde Pfeffer-Pfennigsdorf
Kapitel 5 Christine Gensthaler
Kapitel 6 Brigitte Kehr/Christine Gensthaler
Kapitel 7 Christine Gensthaler

Satz und Druck: Georg Appl, Wemding
Bindung: Conzella, München

Printed in Germany · ISBN 3-405-12867-6

Vorwort

Das bewährte Lehr- und Arbeitsbuch »Mein Haushalt gut geführt« wurde in Abstimmung auf die Ausbildungsordnung für die hauswirtschaftliche Berufsausbildung neu bearbeitet. Es umfaßt die Inhalte der hauswirtschaftlichen Erstausbildung.
Grundlegende Gesichtspunkte der Haushaltsführung, wichtige volks- und betriebswirtschaftliche Aspekte des Haushalts, Fragen der Erziehung sowie andere soziale Aufgabenstellungen in Familie und Gemeinschaft sind behandelt. Praxisbezogen werden Arbeitsvorgänge im Haushalt erläutert und Grundkenntnisse in den Bereichen Ernährung, Wohnen/Wohnungspflege vermittelt.
In der 10. Auflage ist die Gartenbaulehre wieder als eigenes Kapitel enthalten; die Pflege der Zimmer- und Balkonpflanzen wurde diesem Abschnitt zugeordnet.
Ein Hauptanliegen der Lehrbuchgestaltung waren Klarheit und Übersichtlichkeit. Jeder Themenkreis wird durch eine knappe Vorausschau auf seine Zielsetzungen und Inhalte eingeleitet und schließt mit einigen zusammenfassenden Fragen; so ergibt sich die Möglichkeit einer Kontrolle des Lernerfolgs. Der Ausbildungsstufe entsprechend wurde angestrebt, wissenschaftliche Erkenntnisse ohne Verfälschung einfach und verständlich zu formulieren. Veranschaulichung und zusätzliche Informationen bieten die Abbildungen. Stichwörter am Rande erleichtern das Auffinden wichtiger Einzelabschnitte.
Wir danken allen, die uns bei der Erarbeitung der Neuausgabe beraten und durch Anregungen und Informationen unterstützt haben.

Die Schriftleitung
Der Verlag

Inhaltsübersicht

Kapitel 1
Wirtschaft – Hauswirtschaft

Struktur und Bedeutung des Haushaltes 13
Aufgaben, volkswirtschaftliche und soziale Bedeutung 13
Bedürfnisse, Bedarf, Bedarfsdeckung 13
Haushaltsformen, Haushaltstypen 15
Hauswirtschaftliche Berufsausbildung 17
Wirtschaftliche Grundlagen des Haushalts 18
Haushaltseinkommen 18
Haushaltsausgaben 20
Sparen, Sparformen 22
Einnahmen- und Ausgabenbuchführung 23
Haushalt und Verbrauch 28
Stellung des Verbrauchers am Markt 28
Verbraucherschutzgesetze 29
Vertragsgrundlagen, Kaufvertrag 30
Störungen des Kaufvertrags, Mahnverfahren 32
Zahlungsarten, Zahlungsformen 33
Nachrichten- und Güterverkehr 36
Mündlicher Nachrichtenverkehr 36
Schriftlicher Nachrichtenverkehr 37
Güterversand 39

Kapitel 2
Arbeiten – Arbeitstechnik

Grundbegriffe der Arbeitslehre 41
Arbeit 41
Arbeitsablauf 42
Arbeitszeit 43
Menschliche Arbeit und Leistung 45
Leistung, Antriebe, Fähigkeiten 45
Energieverbrauch 46

Dynamische und statische Arbeit 47
Körperhaltung bei der Arbeit 48
Arbeitsgestaltung 50
Arbeitsgrundsätze 50
Verbesserung des Arbeitsablaufs und der Arbeitsmittel 52
Arbeitsbewegungen 56
Rationalisierung der Hausarbeit 58
Organisatorische Rationalisierung 58
Technische Rationalisierung 59
Arbeitssicherheit 61
Unfallgefahren im Haushalt 61
Unfallverhütung 63

Kapitel 3 Erziehung – Mitmenschen

Erwachsen werden – Familie gründen 65
Körperliche Reifung zum Mann und zur Frau 65
Familienplanung durch Empfängnisregelung 67
Die Entwicklung des ungeborenen Kindes 70
Ein Kind erwarten 73
Beginn einer Schwangerschaft 74
Lebensführung während der Schwangerschaft 74
Hilfen für die werdende Mutter 77
Geburt und Pflege des Kindes 80
Geburt und Wochenbett 80
Die Ernährung des Säuglings 82
Körperpflege und Wäschepflege 84
Gesundheit und Krankheit 86
Normale Entwicklung gesunder Säuglinge 86
Vorsorgeuntersuchungen und Impfungen 90
Krankheiten des Kleinkindes 91
Prägung durch Familie und Umwelt 94
Die Eltern-Kind-Beziehungen 94
Das Kind in der Geschwisterreihe 97
Umwelteinfluß oder Erbanlage? 99

Erzieherisches Verhalten 100
Erziehungsstile und Erziehungsgrundsätze 100
Belohnung und Strafe als Erziehungsmittel 103
Verantwortung des Erziehers 104
Kleinkind und Vorschulkind 106
Sprachentwicklung 106
Entwicklung zur Selbständigkeit 108
Sozialentwicklung, Sexualität 111
Gefährdung und Förderung der kindlichen Entwicklung 113
Fehlgeleitete Erziehung 114
Beratung und Hilfe 115
Förderung im Spiel 117
Mit Behinderung leben 119
Formen der Behinderung 119
Ursachen erkennen – Vorsorge treffen 124
Hilfe für Behinderte 125
Schulzeit und Reifezeit 127
Probleme des Schulkindes 127
Jugendliche in der Pubertät 128
Sexualprobleme 130
Suchtgefahren 131
Familie und Gesellschaft 133
Umgangsformen 133
Konflikte und Generationsprobleme 135
Alte Menschen unter uns 137
Krankheit in der Familie 139
Am Krankenbett 139
Die Hausapotheke 141
Erste Hilfe 142

Kapitel 4 Nahrung – Ernährung

Bedeutung der Ernährung 145

Ernährung und Gesundheit 145

Stoffe in unserer Nahrung 145

Nährstoffbedarf und Energiegewinn 147

Die Hauptnährstoffe 148

Kohlenhydrate 148

Fette 150

Eiweißstoffe (Proteine) 153

Wichtige Ergänzungs- und Begleitstoffe 156

Mineralstoffe 156

Vitamine 158

Wasser 160

Funktionsfördernde Begleitstoffe der Nahrung 161

Stoffwechsel und Energiehaushalt 162

Die Verdauung der Nahrung 162

Der Zwischenstoffwechsel 165

Der Energiehaushalt 165

Hunger, Appetit, Eßgewohnheiten 167

Nahrungsauswahl und Nährstoffversorgung 168

Vollwertige Nahrung 168

Die täglichen Mahlzeiten 169

Die Ernährung von Kindern und Jugendlichen 170

Die Ernährung des alternden Menschen 173

Spezielle Kost- und Diätformen 174

Vegetarische Kostformen 174

Diät bei Übergewicht 175

Krankendiät 177

Leichte Vollkost 179

Qualitätsbeurteilung bei Lebensmitteln 180

Milch, Butter, Käse, Eier 180

Fleisch, Geflügel, Fisch 182

Obst, Gemüse, Kartoffeln 187

Getreideerzeugnisse, Backwaren 188

Nährwerterhaltung, Nahrungsmittelverderb und Lebensmittelvergiftungen 189
Verluste bei Zubereitung und Lagerung 189
Nahrungsmittelverderb 192
Vergiftungen und Infektionen durch Lebensmittel 193
Haltbarmachen von Lebensmitteln 195
Konservieren durch Kälte 195
Konservieren durch Erhitzen und Luftabschluß 197
Andere Verfahren der Konservierung 198
Lohnt sich die Vorratshaltung? 199
Umgang mit Lebensmitteln – Schutz der Gesundheit 200
Das Lebensmittelgesetz 200
Die Lebensmittelüberwachung 201
Lebensmittelhygiene im Haushalt 203

Kapitel 5 Textilien – Textilpflege

Textile Fasern und ihre Eigenschaften 205
Naturfasern 205
Chemiefasern auf natürlicher Basis 207
Chemiefasern auf synthetischer Basis 208
Verarbeitung der textilen Fasern 210
Garne und Zwirne 210
Textile Flächengebilde 211
Ausrüstung und Veredelung von Textilien 212
Einkauf von Textilien 214
Pflegeeigenschaften und Pflegekennzeichen 214
Textilkennzeichnung, Güte- und Warenzeichen 215
Einkaufsregeln 216
Textilpflege 216
Waschen 220
Trocknen 223
Bügeln und Legen 225
Kleiderpflege und Fleckenentfernung 227

Kapitel 6
Wohnen – Hauspflege

Bauliche Gestaltung der Wohnung 231

Raumbedarf, Zuordnung und Lage der Räume 231

Grundriß und Raumgrößen 232

Heizung, Wärmeschutz und Warmwasser 234

Einrichtung des Wohn- und Schlafbereichs 237

Licht und Farbe 237

Wohnzimmer 238

Eßbereich 243

Schlafbereich 243

Kinderzimmer 245

Sanitärbereich 248

Ausstattung und Einrichtung des Wirtschaftsbereichs 249

Küche 249

Vorratsräume 256

Hausarbeitsraum – Hausarbeitsplatz 258

Tischdecken 261

Alltagstisch 261

Festtagstisch 261

Tischschmuck 264

Servieren 266

Mittel zur Hausreinigung und -pflege 267

Reinigungs- und Pflegemittel 267

Geräte, Hilfsmittel 268

Reinigung und Pflege von Gebrauchsgegenständen 270

Reinigung von Geschirr 270

Behandlung von Gegenständen aus Holz, Metallen, Kunststoffen, Leder 274

Raumpflege 278

Laufende Pflegearbeiten 278

Bodenreinigung 279

Behandlung von Polstern und Teppichen 281

Reinigung von Fenstern und Türen 283

Kapitel 7
Gartenbaulehre

Die Pflanze und ihre Ernährung 287

Aufbau der Pflanze 287

Teile der Pflanze 288

Lebensvorgänge in der Pflanze 288

Lebensbedingungen der Pflanze 290

Bedeutung und Wirkung der Nährstoffe 292

Der Boden und seine Bearbeitung 293

Eigenschaften eines fruchtbaren Gartenbodens 293

Maßnahmen zur Bodenverbesserung 295

Der Wohn- und Nutzgarten 298

Bedeutung des Wohn- und Nutzgartens 299

Gartengestaltung 299

Der Wohngarten 300

Der Nutzgarten 302

Küchenkräuter 309

Krankheiten, Schädlinge, Pflanzenschutz 311

Ernte und Lagerung von Obst und Gemüse 315

Gartengeräte 316

Schnittblumen, Zimmer- und Balkonpflanzen 318

Schnitt- und Trockenblumen 318

Zimmerpflanzen 319

Balkonpflanzen 322

Kleine Nährwerttabelle 325

Stichwortverzeichnis 326

Kapitel 1
Wirtschaft – Hauswirtschaft

Struktur und Bedeutung des Haushaltes

Der private Haushalt – Familienhaushalt und Anstaltshaushalt – stellt in unserer Gesellschaft ein wichtiges Glied dar: er hat eine große Bedeutung für den Einzelnen und die Familie sowie im Kreislauf der Volkswirtschaft.

Aufgaben, volkswirtschaftliche und soziale Bedeutung

Ein Haushalt ist eine Einrichtung zur Befriedigung der menschlichen Lebensbedürfnisse.

Sein *Ziel* ist es, durch eine gut durchdachte und organisierte Haushaltsführung das bestmögliche Wohlbefinden für alle Haushaltsangehörigen zu erreichen.

Aufgaben

Dazu stehen Einkommen, Arbeitsmittel und Arbeitskraft zur Verfügung. Mit diesen drei Betriebsmitteln sind die *Haushaltsaufgaben:* wie Ernährung, Haus- und Textilpflege, Einkauf, Freizeitgestaltung, Kindererziehung, Altenbetreuung und Gartenarbeit zu erfüllen. Die Mittel sollen so eingesetzt werden, daß bei geringstmöglichem Aufwand der größtmögliche Erfolg erzielt wird *(ökonomisches Prinzip).*

Volkswirtschaftliche Bedeutung

Der private Haushalt ist die kleinste volkswirtschaftliche Einheit. In ihm wird über die Verwendung der Einkommen verantwortlich entschieden.

Fast 60% des Volkseinkommens werden für den privaten Verbrauch ausgegeben. Eine besondere volkswirtschaftliche Bedeutung kommt den Haushalten durch das Sparen zu: Spargelder der Haushalte sind Kredite für die Wirtschaft.

Soziale Bedeutung

Die meisten Menschen wohnen in Familienhaushalten. Hier ist Raum zur Entfaltung der Persönlichkeit, zur Erholung, zum Empfinden von Zusammengehörigkeit, zum Geborgensein. Die Kinder erfahren dort lebensentscheidende Prägungen. Daher muß es ein vorrangiges Ziel jeder Haushaltsführung sein, eine harmonische Umwelt zu schaffen.

Die Führung eines Haushaltes stellt fachliche und persönliche Anforderungen. Bei Berufstätigkeit der Hausfrau – ohne die Möglichkeit der Einbeziehung von Hilfskräften – muß besonders gut organisiert werden, um eine Überbelastung zu vermeiden: zeitsparende Haushaltsgeräte müssen angeschafft, Aufgaben (z. B. Wäsche) sollten außer Haus gegeben und alle Arbeiten in partnerschaftlichem Zusammenwirken erledigt werden.

Bedürfnisse, Bedarf, Bedarfsdeckung

Jeder Mensch hat Bedürfnisse. Bedürfnisse sind Gefühle des Mangels, die befriedigt werden wollen.

Grundbedürfnisse

Um leben zu können, brauchen wir Nahrung (Essen und Trinken), Kleidung und Wohnung; daher heißen diese Bedürfnisse *Grund- oder Existenzbedürfnisse.*

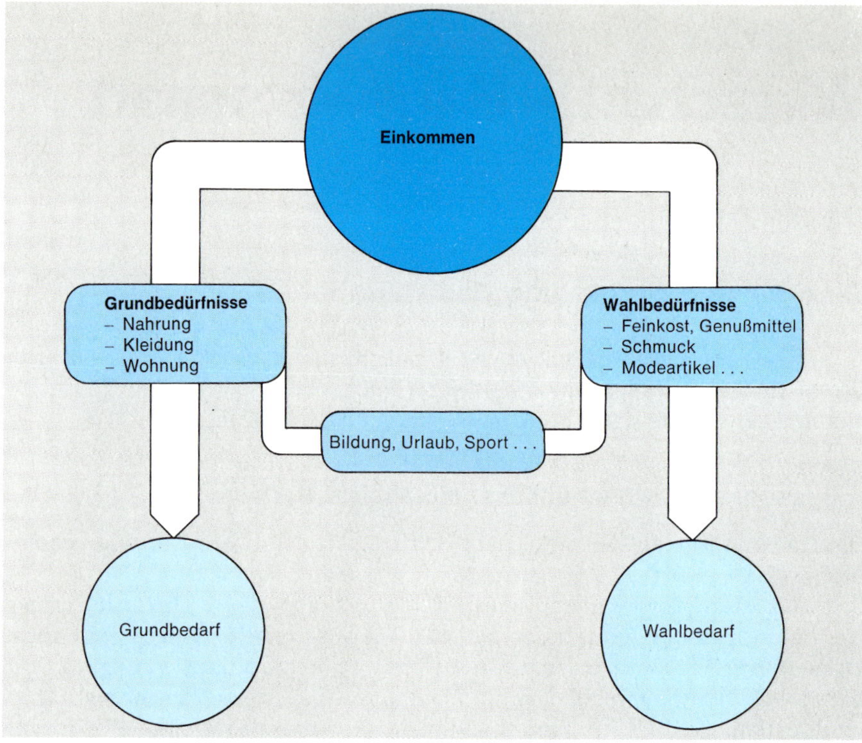

Auch Bedürfnisse nach Geselligkeit, Bildung, Erholung und Unterhaltung gehören grundlegend dazu. Sie können teils Grund-, teils Wahlbedürfnisse sein.

Wahlbedürfnisse

Reine *Wahlbedürfnisse* sind Bedürfnisse nach Luxusgegenständen wie Genußmittel, Schmuck, Modeartikel, Kosmetik.

Aus den Bedürfnissen ergibt sich in Abhängigkeit vom Einkommen der *Bedarf*. Je größer das Einkommen, um so geringer ist der prozentuale Ausgabenanteil für den Grundbedarf und um so mehr verbleibt für den Wahlbedarf und die Vermögensbildung.
Die Zuordnung eines Gutes zum Grund- oder Wahlbedarf ist fließend; so gehört z. B. ein einfacher Wintermantel zum Grund-, dagegen ein Pelzmantel zum Wahlbedarf. Dabei hängt es sowohl vom persönlichen Lebensstil als auch von der sozialen Schicht ab, wie diese Abgrenzung getroffen wird.
Um die Bedürfnisse bestmöglich zu decken, müssen sie nach ihrer Dringlichkeit eingestuft werden.

- Erst soll das Notwendige,
- dann das Nützliche,
- schließlich das Wünschenswerte angeschafft werden.

Ein Teil des Bedarfs kann durch Eigenleistung erbracht werden: so kann z. B. durch Gemüse aus dem eigenen Garten, Selbstanfertigung von Kleidern und Wäsche Geld gespart werden, das dann wieder für Neuanschaffungen, Urlaub ... verwendet werden kann. Werden die meisten Arbeiten im Haushalt selbst erle-

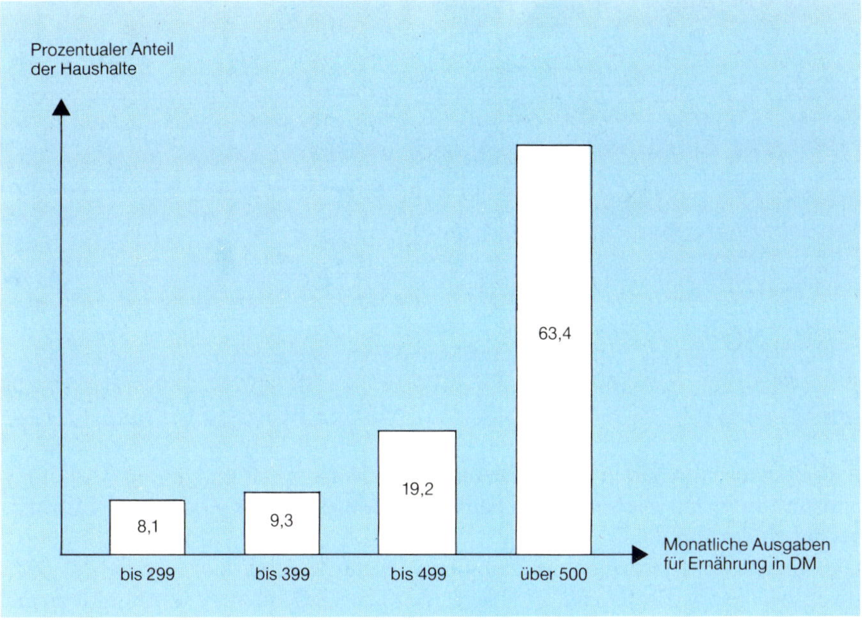

Monatliche Ausgaben für Ernährung in DM (1982)
(Zentralstelle für rationelles Haushalten
Beratungsdienst der Sparkassen
Auswertung der individuellen Beratung 1982)

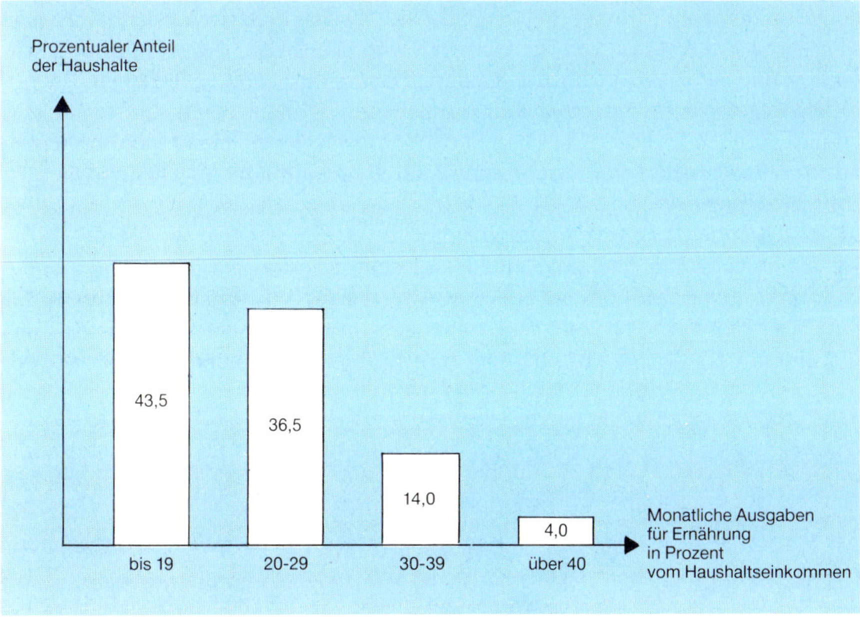

Monatliche Ausgaben für Ernährung in Prozent vom Haushaltseinkommen (1982)
(Zentralstelle für rationelles Haushalten
Beratungsdienst der Sparkassen
Auswertung der individuellen Beratung 1982)

digt, spricht man von einem *Dienstleistungshaushalt*; werden diese an Personen außerhalb des Haushaltes abgegeben, handelt es sich um einen *Vergabehaushalt*.

Haushaltsformen, Haushaltstypen

Grundsätzlich ist zwischen privaten und öffentlichen Haushalten (Haushalt des Bundes, Haushalt der Länder) zu unterscheiden. Private Haushalte können Familienhaushalte oder Anstaltshaushalte sein.

Anstaltshaushalte

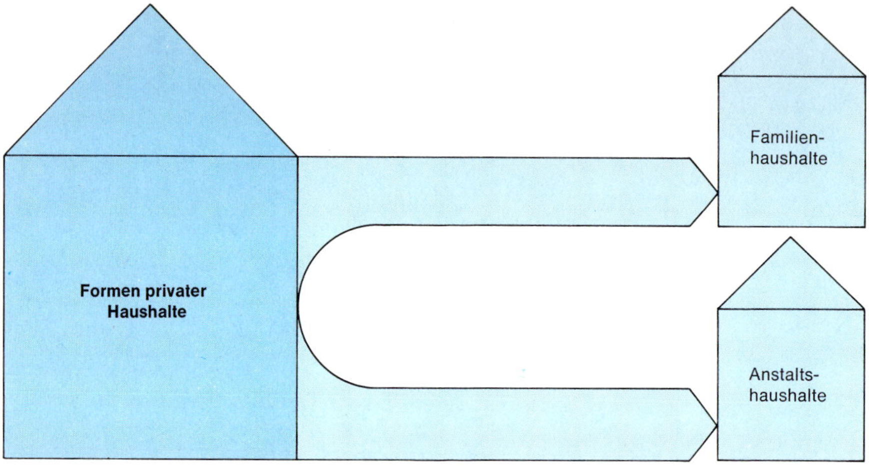

Anstaltshaushalte haben für die berufliche Hauswirtschaft eine große Bedeutung und sind in vielen Zielsetzungen hauswirtschaftlich – gastronomischen Erwerbsbetrieben verwandt.

Familienhaushalte

Die verschiedenen Formen der Familienhaushalte ergeben sich aus ihrer Größe.

Haushaltsphasen

Im Laufe seines Bestehens durchläuft der Haushalt mehrere Zustandsformen: Am Anfang steht die *Progressionsphase* mit der Haushalts- und Familiengründung. In dieser Zeit wird verhältnismäßig viel Kapital benötigt, deshalb wäre eine zusätzliche Erwerbstätigkeit der Hausfrau wünschenswert, jedoch ist ihre Anwesenheit und Arbeitskraft für die Kindererziehung dringend erforderlich.

In der folgenden *Stabilisationsphase* besuchen die Kinder bereits die Schule und gründen am Ende dieser Phase schließlich ihren eigenen Hausstand. Im Gegensatz zur Progressionsphase steht nun in der Regel ein höheres Geldeinkommen zur Verfügung.

In der folgenden *Degressionsphase* sind oft beide Elternteile erwerbstätig, da die Kinder unabhängig und größtenteils selbständig geworden sind. Das höhere Geldeinkommen dient oft der besseren Altersversorgung und der Steigerung des Lebensstandardes.

Haushaltstypen

Um die Haushalte bei wirtschaftlich-statistischen Berechnungen besser einordnen zu können, werden sie nach *drei Typen* eingeteilt:

Haushaltstyp I	2-Personenhaushalte von Renten- und Sozialhilfeempfängern mit geringem Einkommen
Haushaltstyp II	4-Personen-Arbeitnehmerhaushalte mit mittlerem Einkommen des Haushaltsvorstandes
Haushaltstyp III	4-Personenhaushalte von Beamten und Angestellten mit höherem Einkommen

Für diese drei Haushaltstypen werden jedes Jahr die Ausgaben statistisch erfaßt. Es werden dafür von ausgewählten Haushalten alle einzelnen Ausgaben regelmäßig aufgeschrieben. Aus diesen Aufzeichnungen errechnen die Statistischen Ämter den *Durchschnitt der Lebenshaltungskosten.* Es kann dann aus dem Vergleich mit den Lebenshaltungskosten der Vorjahre die jeweilige *Veränderung der Lebenshaltungskosten* ermittelt werden. Die Entwicklung der Lebenshaltungskosten ist wirtschaftlich bedeutsam.

Lebenshaltungskosten

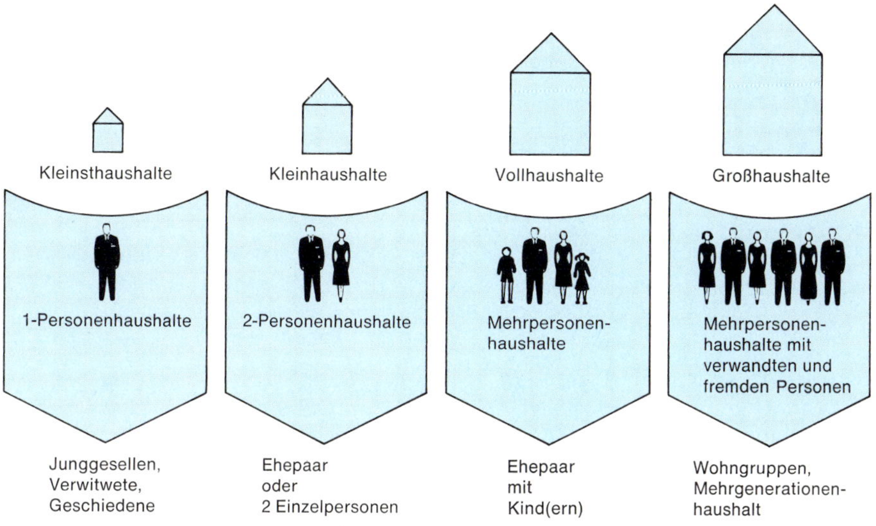

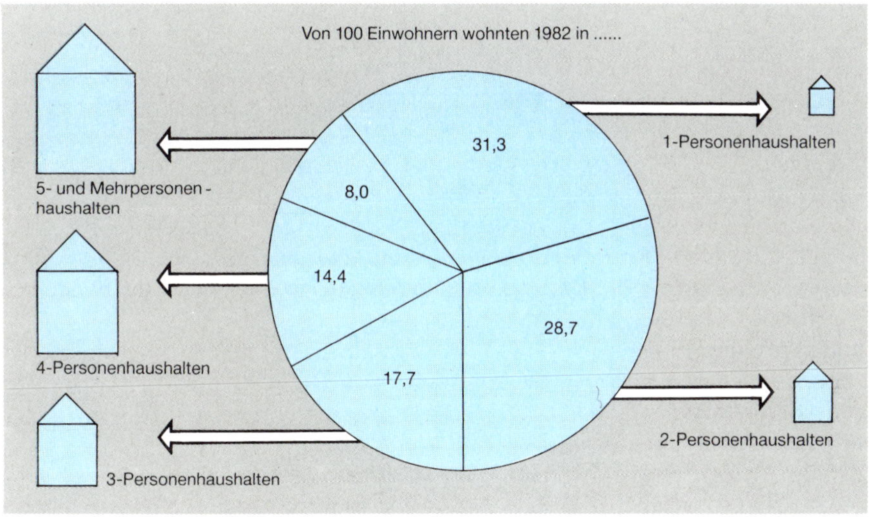

Hauswirtschaftliche Berufsausbildung

Hauswirtschaftliche Berufsausbildung ist von hauswirtschaftlicher Ausbildung, wie sie jedermann zur Bewältigung der täglich anfallenden Hausarbeiten haben sollte, abzugrenzen.

Hauswirtschaftliche Berufsausbildung gibt es als

	Berufsbezeichnung	**Tätigkeit**
Erstausbildung	*Hauswirtschafter(in)* (mit Schwerpunkten städtische oder ländliche Hauswirtschaft)	Selbständiges Führen eines Familienhaushaltes Arbeit in Teilbereichen des Anstaltshaushaltes

	Berufsbezeichnung	Tätigkeit
Fachschul-ausbildung ↓	*Hauswirtschafts-meister(in)* mit Schwerpunkten städtische oder ländliche Hauswirtschaft	Selbständige Leitung eines Familienhaushaltes oder Teilbereiche eines Anstaltshaushaltes, Ausbildung von Auszubildenden
	Wirtschafter(in) mit Schwerpunkten städtische oder ländliche Hauswirtschaft	Selbständige Leitung eines Familienhaushaltes oder Teilbereiche eines Anstaltshaushaltes, Ausbildung von Auszubildenden
bzw. Fachhoch-schul-ausbildung	*Hauswirtschaftsleiter(in)*	Leitung eines Anstaltshaushaltes, Ausbildung von Auszubildenden Tätigkeit als Berater(in)
	Dipl. Ökotrophologe(-in) (FH)	Tätigkeit als Berater(in), Leitung von Anstaltshaushalten
Hochschul-ausbildung	*Dipl. Ökotrophologe(-in)*	Leitung großer Anstaltshaushalte Tätigkeit in Betrieben der Industrie, Tätigkeit in Forschung und Lehre

Inhalte, Ziele und Dauer der *Ausbildung zum (zur) Hauswirtschafter(in)* sind in der Verordnung über die Berufsausbildung in der Hauswirtschaft festgelegt.

Prüfen Sie Ihr Wissen

1. *Bringen Sie Argumente für die große volkswirtschaftliche und soziale Bedeutung des Haushaltes!*
2. *Nennen Sie je drei Grund- und Wahlbedürfnisse!*
3. *Nach welchen Gesichtspunkten sollte der Haushaltsbedarf gedeckt werden (mit Beispielen!)?*
4. *Erläutern Sie an Beispielen die verschiedenen Haushaltstypen und -formen!*
5. *Welche Aufstiegsmöglichkeiten bestehen für eine(n) Hauswirtschafter(in)?*

Wirtschaftliche Grundlagen des Haushalts

Gut wirtschaften – »nicht über die eigenen Verhältnisse leben« – ist ein wichtiges Ziel jeder Haushaltsführung. Daher ist es notwendig, sich über die Höhe der Einnahmen und Ausgaben und die Verwendung des Geldes eine klare Übersicht zu schaffen. Sorgfältig sollte auch die Anlage der Ersparnisse überlegt werden.

Haushaltseinkommen

Um den Haushaltsbedarf zu decken, muß jeder Haushalt über ein Einkommen, über Geld verfügen. Dieses erst ermöglicht es, Sachgüter (z. B. Nahrungsmittel, Kleidung) und Dienstleistungen (z. B. Haarschnitt, Reinigung, Reparaturen) zu erwerben. Durch die Höhe des Einkommens wird die »Kaufkraft« des Haushalts bestimmt. Es kann nicht mehr Geld ausgegeben werden, als eingenommen worden ist, wenn nicht Erspartes verwendet wird oder Schulden gemacht werden. Nicht das gesamte Einkommen (= Bruttoeinkommen) kann verbraucht werden, sondern immer nur der verfügbare Teil (= Nettoeinkommen), der nach Abzug der Steuern und Sozialabgaben dem Haushalt noch zur freien Verfügung steht.

Verfügbares Einkommen

Bei dem den privaten Haushalten zufließenden Einkommen unterscheidet man Sachmittel (Realgüter) von Geldmitteln (Nominalgüter).

Einkommensarten

Einkommensverteilung der privaten Haushalte

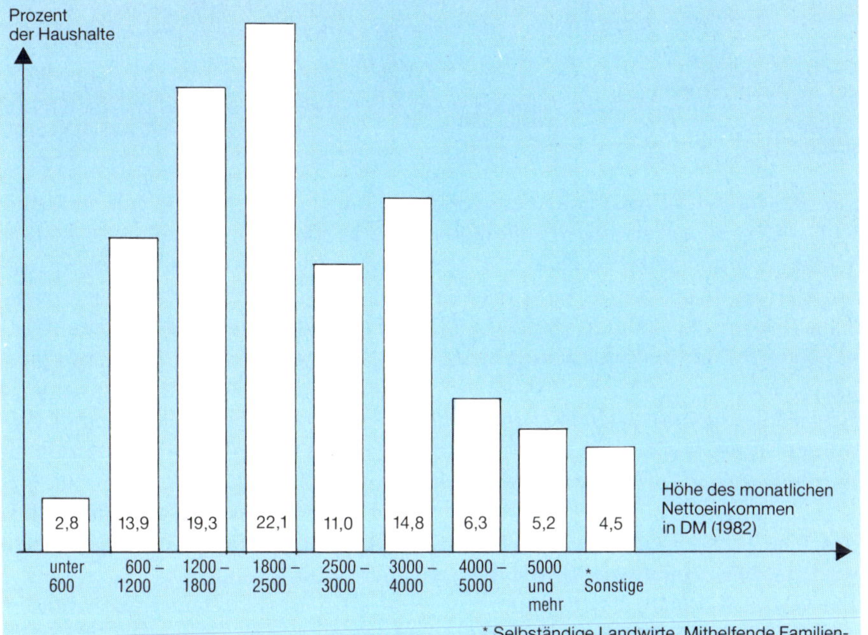

Statistisches Jahrbuch für die Bundesrepublik Deutschland 1983

* Selbständige Landwirte, Mithelfende Familienangehörige und Haushalte ohne Angabe

Sachmittel = Naturaleinkommen (Beispiele)

- Kost und Wohnung
- Erzeugnisse aus dem eigenen Haushalt wie Gemüse, Obst, Fleisch, Eier
- Vergünstigungen wie verbilligter Einkauf, verbilligte Wohnung, Dienstauto

Geldeinkommen = Bareinkommen (Beispiele)

- Lohn, Gehalt, Honorar
- Renten, Pensionen
- Beihilfen
- Zins, Miete, Pacht
- Gewinn, Ertrag

Je nachdem, aus welcher »Quelle« das Einkommen stammt, unterscheidet man zwischen

- Arbeitseinkommen (Lohn, Gehalt),
- Besitzeinkommen (Zins, Pacht, Miete),
- Sozialeinkommen (aus staatlichen Hilfen).

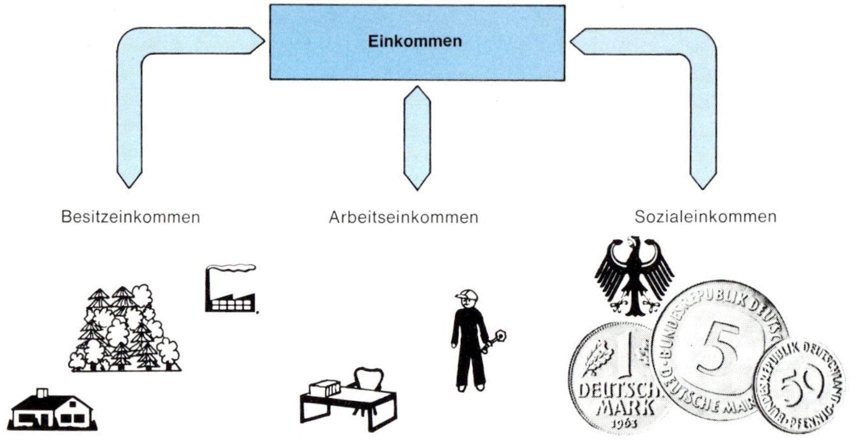

Für die Höhe des Einkommens spielen Ausbildung und Beruf eine entscheidende Rolle. Ob mit gegebenem Einkommen eine gehobene, gute oder nur mäßige Versorgung erzielt werden kann, ist wesentlich von der Zahl und den Bedürfnissen der im Haushalt zu versorgenden Personen abhängig. Auch die soziale Schicht sowie der Standort (Stadt/Land) des Haushaltes und die allgemeine Wirtschaftslage (Konjunktur) wirken sich auf die Einkommenssituation eines Haushaltes aus.

Leistungen im eigenen Haushalt

Eine Einkommensart, die weder zum Sach- noch zum Geldeinkommen gezählt werden kann, stellen die Leistungen im eigenen Haushalt dar. Sie werden als *werteschaffende Leistung* bezeichnet. Diese wird nicht als Geldwert sichtbar. Der »Preis« dieser Arbeiten zeigt sich erst, wenn sie an Hilfskräfte abgegeben werden. Die Stundenzahl, die in den Haushalten für diese Tätigkeiten aufgebracht wird, liegt fast genauso hoch wie die Zahl aller Arbeitsstunden im Erwerbsleben. Die werteschaffende Leistung der Hausfrau kann die Haushaltskasse entlasten und die Versorgung der im Haushalt lebenden Menschen verbessern.

Haushaltsausgaben

Die Ausgaben gliedern sich in

- feste (fixe) Ausgaben und
- veränderliche (variable) Ausgaben.

Feste Ausgaben

Die festen Ausgaben kehren in gleichen Zeiträumen – meist monatlich – *in gleicher Höhe wieder.* Das sind z. B. die Miete, die Heizpauschale, der Kindergartenbeitrag, der Vereinsbeitrag, die Rundfunkgebühren, die Versicherungskosten …

Veränderliche Ausgaben

Die veränderlichen Ausgaben tauchen zwar als »Posten« auch immer wieder auf, jedoch meist in unterschiedlicher Höhe. Zu ihnen zählen z. B. die Ausgaben für Ernährung, Kleidung, Benzin, Freizeitgestaltung, Gesundheit und Körperpflege, sofern nicht ein bestimmter Betrag monatlich dafür auf die Seite gelegt wird. Ihre Höhe richtet sich nach sich ändernden Bedürfnissen der Familienmitglieder, dem Familiengeschehen, der Jahreszeit. So ist z. B. der Dezember von hohen Ausgaben für die Weihnachtsbäckerei, das Festessen und für Geschenke gekennzeichnet; in den Ferienmonaten ergeben sich Ausgaben für den Urlaub; bei Krankheit eines Familienmitgliedes stehen die Kosten für Gesundung und Erholung im Vordergrund.

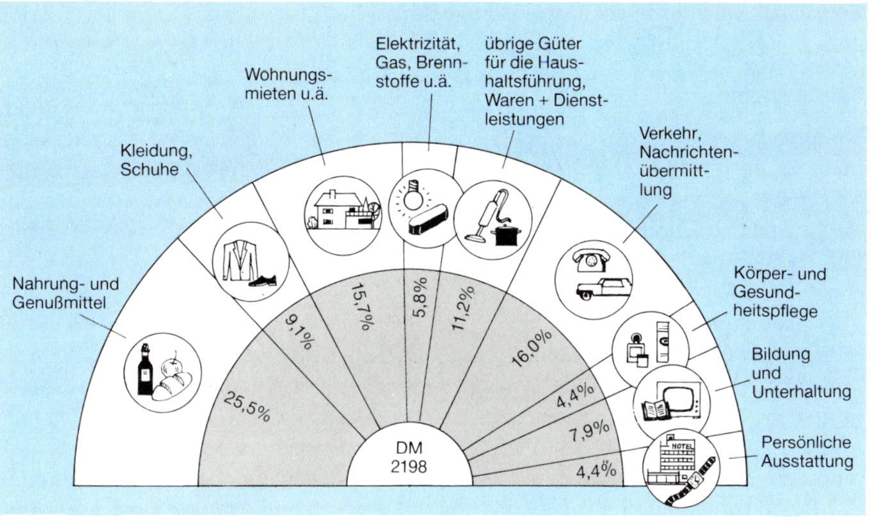

Durchschnittliche Ausgabenverteilung der privaten Haushalte 1978

Sparen, Sparformen

Sparen bedeutet Konsumverzicht, d. h. momentan verfügbares Geld wird nicht ausgegeben. *Sparen ist erst ab einer bestimmten Mindesteinkommenshöhe möglich.* Bei der Einkommensverwendung sollte ein bestimmter Betrag als Rücklage vorgesehen werden, um zukünftige größere Anschaffungen tätigen zu können oder um unvorhergesehenen finanziellen Belastungen gewachsen zu sein. Wird nämlich für solche Zwecke im Ernstfall Kredit aufgenommen, belasten die Kreditzinsen zusätzlich die Haushaltskasse. In der Bundesrepublik Deutschland wird durchschnittlich 5% des ausgabefähigen Einkommens gespart. Der Staat unterstützt die Vermögensbildung durch Prämien und Steuerermäßigungen, da er aus volkswirtschaftlichen Gründen – Ersparnisse der Haushalte sind Kredite für die

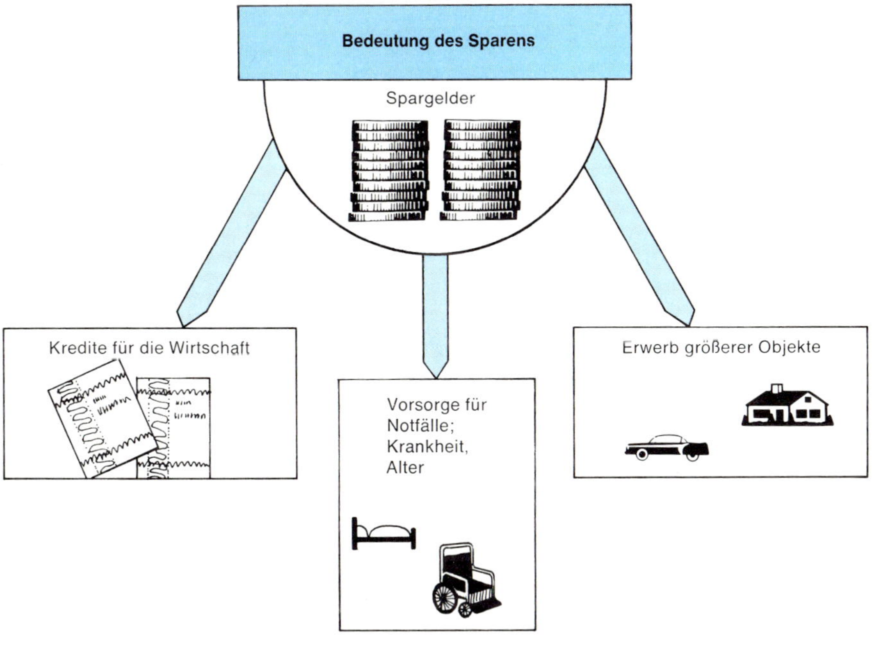

Wirtschaft – an der Spartätigkeit seiner Bürger interessiert ist. Neben der Überlegung, *wofür* gespart werden soll, steht die Frage *wie* gespart werden soll.

Sparformen

Sparbuch

Kontensparen – Die verbreitetste Sparform ist das *Kontensparen.* Dabei ist für kleinere Beträge das *Sparkonto (Sparbuch)* geeignet. Es stellt die sicherste Geldanlage dar. Je nach vereinbarter Kündigungszeit – ohne Sondervereinbarung gilt die gesetzliche Kündigungsfrist von 30 Tagen – ist das Geld rasch wieder verfügbar, dafür sind die Zinserträge verhältnismäßig gering.

Festverzinsliche Wertpapiere

Wertpapiersparen – Eine andere Form der Vermögensbildung ist das *Wertpapiersparen.* Dabei unterscheidet man zwischen festverzinslichen Wertpapieren und Aktien. *Festverzinsliche Wertpapiere* sind mit verschieden langen Laufzeiten erhältlich; es gibt Kommunalobligationen, Anleihen der öffentlichen Hand, Pfandbriefe, Industrieobligationen. Diese *Rentenpapiere* werden von Staat, Gemeinden, Kreditinstituten oder von Industrieunternehmen ausgegeben und an der Börse gehandelt. Sie verbriefen einen Anspruch auf Zahlung einer bestimmten Geldsumme zum vereinbarten Rückkaufszeitpunkt. Es handelt sich hier um eine mittel- bis langfristige Geldanlage.

Investmentzertifikate

Bei einer Anlage in *Investmentzertifikaten* beteiligt sich der Anleger mit seinem Kapital an einem großen Wertpapier- oder Immobilienvermögen (Investmentfond). Wertpapiervermögen bestehen aus Aktien, festverzinslichen Wertpapieren oder aus einer Mischung von beiden.

Formen der Vermögensbildung

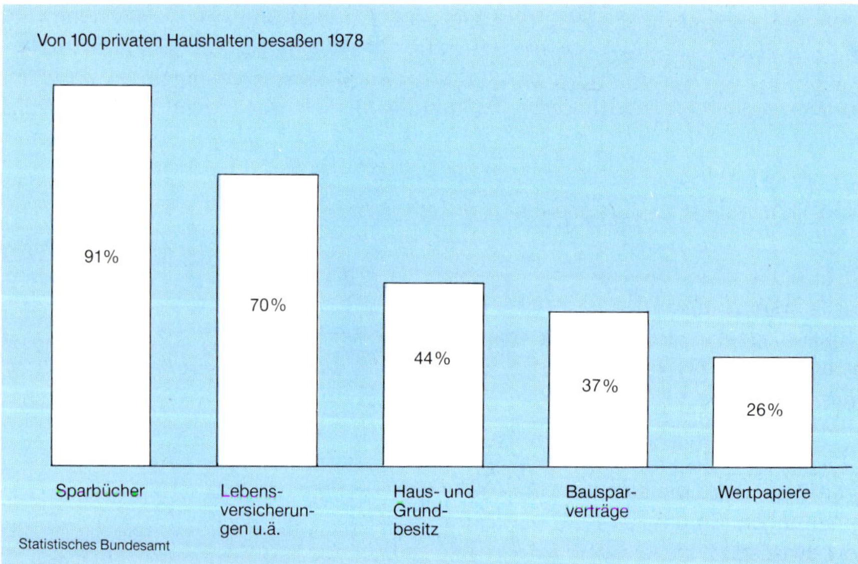

Immobilienvermögen

Immobilienvermögen – Sie bestehen aus Haus- oder Wohnungs- oder Grundstückseigentum bzw. Anteilen daran (z. B. Hypotheken).

Aktien

Aktien – Beim *Aktienkauf* wird der Käufer Aktionär (Miteigentümer) eines Unternehmens und übernimmt somit geschäftliches Risiko. Hat das Unternehmen Erfolg, steigt der Wert der Aktie und ihr Eigentümer erhält einen Anteil am

Firmengewinn (Dividende), jedoch bei betrieblichen Mißerfolgen bringt sie keinen Ertrag, und die Aktie verliert teilweise oder ganz ihren Wert. Aus diesen Zusammenhängen ergibt sich, daß mit Aktien zwar die Möglichkeit großer Gewinne, jedoch nur geringe Sicherheit gegeben ist.

Bausparen

Bausparen – Eine beliebte Sparform ist das *Bausparen.* Zweck des Bausparvertrages ist die Erlangung eines billigen Darlehens aufgrund planmäßiger Sparleistungen. Dieses Darlehen kann für die Errichtung, Beschaffung, Erhaltung und Verbesserung von Wohnungen, Wohnhäusern oder zum Erwerb von Grundstükken verwendet werden. Es werden monatlich oder jährlich bestimmte Beträge entrichtet, die jeweils mitverzinst werden. Nach einer bestimmten Laufzeit ist der Bausparvertrag zuteilungsreif.

Das Geld kann langfristig gespart werden in Form

- eines allgemeinen Sparvertrages,
- eines Ratensparvertrages,
- eines Wertpapiersparvertrages,
- eines Bausparvertrages und,
- eines Versicherungsvertrages.

Für Arbeitnehmer (bis zu einer bestimmten Einkommenshöhe) gibt der Staat einen zusätzlichen Anreiz zur Vermögensbildung: Nach dem 3. Vermögensbildungsgesetz bleiben jährlich 624,– DM steuer- und versicherungsfrei, wenn der Betrag langfristig angelegt wird.
In Fragen der Vermögensbildung beraten Banken und Sparkassen.

Einnahmen- und Ausgabenbuchführung

Sinn der Buchführung

Um das verfügbare Einkommen planmäßig und wirtschaftlich zu verwenden, ist eine sachgemäße und korrekte Buchführung wichtig. Das heißt, es wird schriftlich genau festgehalten, woher das Geld kommt und wofür es ausgegeben wird. *Buchführung ist um so wichtiger, je knapper das Einkommen ist und je genauer seine Einteilung erfolgen muß.* Die Zeit, die für diese Buchführung aufzuwenden ist, ist sinnvoll genutzt und dient der Kontrolle der Einnahmen und Ausgaben. Im Haushalt sollte die Buchführung am Einkaufstag einen festen Platz im Stundenplan haben. So umgeht man die Gefahr, unkonzentriert, schnell und unvollständig zwischendurch die Aufzeichnungen zu machen. Voraussetzung für eine korrekte Buchführung ist, daß Quittungen und Belege sorgfältig gesammelt und aufbewahrt werden.

Arten der Buchführung

Für die Art der Buchführung selbst gibt es mehrere Möglichkeiten, von der *einfachen Einnahmen-Ausgabenaufstellung* mit und ohne Kontenaufgliederung bis zur *doppelten Buchführung* mit Bilanz. Letztere ist nur in Verbindung mit einer Betriebsbuchführung möglich und nur in Anstaltshaushalten oder landwirtschaftlichen Betrieben erforderlich.

Im folgenden wird eine einfache Buchführung mit einer Aufgliederung der Einnahmen aus verschiedenen Quellen und der Ausgaben auf verschiedene Kostengruppen dargestellt. Sie ist leicht durchführbar und gewährt eine gute Kontrolle über die Einnahmen und Ausgaben des Haushaltes.

Konten

Je nach Ziel der Buchführung kann dafür auch ein Vordruck verwendet werden, der bei Sparkassen, Banken, Verbraucherzentralen kostenlos erhältlich ist, oder es kann ein eigener *Kontenrahmen* erstellt werden.

- Unter einem Kontenrahmen versteht man eine Aufgliederung der Ausgaben auf die einzelnen Posten; also Ernährung, Gesundheit, Auto, Wohnung. Diese Posten können dann nochmals unterteilt werden, z. B. Wohnung in Miete, Heizung, Strom, Gas …

Oft ist es nötig, einzelne Konten noch mehrfach zu untergliedern. Die Gliederung ergibt sich in der Praxis, wenn einmal mit einem Buchführungsvordruck gearbeitet wurde: man sieht dann, daß das eine oder andere Konto überlastet ist, daß einfach zu viele Posten hineinfallen und daß man dieses Konto noch aufteilen muß, um genauer Buch führen zu können.

Jahresübersicht

In diesen Einnahmen-/Ausgabenplan werden dann die Posten bei ihrem Auftreten genau eingetragen und die Endsummen am Ende des Monats in ein Jahresübersichtsblatt übernommen, welches am Jahresschluß eine *Gesamtübersicht* erlaubt. Sie gibt mancherlei Aufschlüsse:

Tägliche Aufzeichnungen

	Einnahmen					Ausgaben					
		Betrag		Kassenbestand		Summen		Wohnungsausgaben		Ernährung	
Tag	Bezeichnung	DM	Pf	DM	Pf	DM	Pf	Bezeichnung	Betrag	Bezeichnung	Betrag
	Übertrag:										

- Der monatliche Durchschnitt einzelner Konten läßt sich errechnen, und im nächsten Jahr kann man die monatlichen Ausgaben an dem Durchschnittsbetrag messen, z. B. für Kleidung, Bildung/Unterhaltung.
- Die Sonderbelastungen zu bestimmten Zeiten des Jahres werden erkennbar, und im nächsten Jahr kann zu diesen Zeiten die entsprechende Geldsumme bereitgehalten werden, z. B. für den Brennstoffeinkauf.
- Bei starken Schwankungen in bestimmten Ausgabenbereichen (Telefongebühren) kann die Ursache gesucht und im nächsten Jahr berücksichtigt werden.

Bargeldkontrolle

Neben der täglichen Eintragung ist die ständige *Bargeldkontrolle* besonders wichtig. Sie muß die schriftlichen Buchführungsergebnisse unbedingt ergänzen.

Prüfen Sie Ihr Wissen

1. Welche Einkommensarten kennen Sie? Nennen Sie dazu jeweils ein Beispiel!
2. Geben Sie je drei Beispiele für feste und veränderliche Ausgaben an!
3. Nennen Sie fünf Sparformen!
4. Erkundigen Sie sich bei verschiedenen Geldinstituten nach Zinsen für verschiedene Sparformen, und stellen Sie eine vergleichende Tabelle auf! Besorgen Sie sich Informationsschriften zu diesem Thema!
5. Wie würden Sie sparen? Begründen Sie Ihre Entscheidung!
6. Welche Vorteile ergeben sich aus einer sachgemäßen Buchführung für den Haushalt?

Monat ______________________________

Ausgaben										
Getränke Tabak	Kleidung		Körper- und Gesundheitspflege	Bildung Unterhaltg.	Fahrgeld/Auto		Sonstiges			
	Bezeichnung	Betrag			Bezeichnung	Betrag	Bezeichnung	Betrag	Bezeichnung	Betrag

Halbjahresübersicht für Ausgaben und Einnahmen

	Ausgaben												2. Halbjahr
	Juli		August		September		Oktober		November		Dezember		
Auf volle DM auf- oder abrunden!	**Plan**	tatsächlich	**Plan**	tatsächlich	**Plan**	tatsächlich	**Plan**	tatsächlich	**Plan**	tatsächlich	**Plan**	tatsächlich	tatsächlich
Wohnungsausgaben													
1 Miete													
2 Strom / Gas / Wasser													
3 Heizmaterial													
4 Wäsche / Putzmittel													
5 Telefon													
6 Sonstiges Haushalt													
7													
8													
9 Summe (1–8)													
10 **Ernährung**													
11 **Getränke / Tabak**													
Kleidung													
12 Neuanschaffungen													
13 Rep./Reinigung													
14 Summe (12–13)													
Persönl. Ausgaben													
15 Körperpflege													
16 Gesundheitspflege													
17 Bildung / Unterh.													
18 Beiträge													
19 Taschengeld													
20													
21													
22													
23													
24 Summe (15–23)													

25 **Fahrgeld / Auto**													
Besondere Ausgaben/Rücklagen 26 Hausrat / Möbel													
27 Urlaub													
28 Versicherungen													
29 feste Sparrücklagen													
30 Kredittilgung													
31													
32													
33 Summe (26–32)													
34 **Ausgaben insges.** (9,10,11,14,24,25,33)													
Einnahmen													
Einnahmen 35 Gehalt / Lohn													
36													
37													
38													
39 **Einnahmen-Summe** (35–38)													
Ergebnisse													
Einnahmen (39)													
Ausgaben (34)													
Einnahmen sind größer													
Ausgaben sind größer													
Sparkassenbuch Einzahlungen													
Sparkassenbuch Abhebungen													
Stand Ende des Monats													

Haushalt und Verbrauch

Der Einkauf ist ein für den Haushalt und die Wirtschaft bedeutender Vorgang. Durch die Vielfalt der Produkte ist es für den Einzelnen schwer, einen Marktüberblick zu behalten. Darum hat es sich der Staat zur Aufgabe gemacht, den Verbraucher durch gesetzliche Vorschriften, durch Beratungsstellen, Broschüren und Aufklärungsaktionen zu informieren und zu schützen.
Durch Kenntnis der wichtigsten Verbraucherschutzgesetze, Wissen über die rechtlichen Grundlagen und Folgen eines Kaufvertrages sowie eine richtige Zahlungsabwicklung ist eine erfolgreiche Lösung der Aufgaben des Bereichs »Einkauf« sichergestellt.

Stellung des Verbrauchers am Markt

Beim Wirtschaftssystem der Bundesrepublik Deutschland handelt es sich um eine *soziale Marktwirtschaft.* Einer ihrer Hauptziele ist die bestmögliche Versorgung des Verbrauchers.

Kennzeichen unserer Marktwirtschaft sind die Konsumfreiheit und der Wettbewerb.

Konsumfreiheit
Wettbewerb

Konsumfreiheit heißt: jeder kann über seinen Bedarf und die Verwendung der ihm zur Verfügung stehenden Mittel selbst entscheiden. Der *Wettbewerb* kommt durch ein großes Angebot vieler Anbieter mit unterschiedlichen Waren von unterschiedlicher Qualität zustande. Die Konkurrenz regt zur Qualitäts- und Mengensteigerung an.

Der freie Markt wird bestimmt durch Angebot und Nachfrage

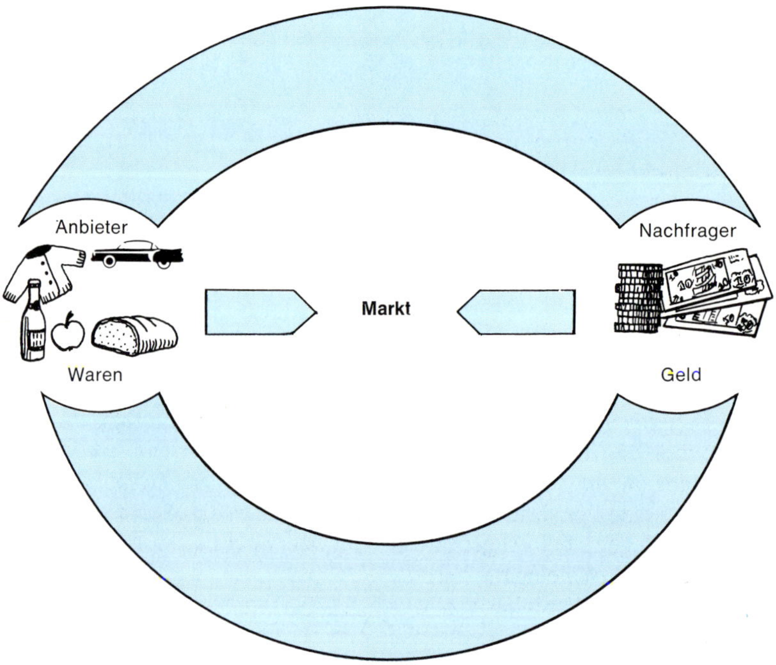

Das Zusammentreffen von Angebot und Nachfrage erfolgt am Markt.

Dabei ergänzen sich die Interessen: der Anbieter will seine Waren verkaufen, der Nachfrager will kaufen. Beide bestimmen durch ihr Verhalten den Preis, der einerseits vom Warenangebot und der Qualität, andererseits von der Kaufkraft und der Nachfrage seitens des Verbrauchers abhängt.
Zu den wichtigsten Mitteln am Markt gehört *die Werbung.*
Ihr Ziel ist es, den Umsatz zu steigern und Vertrauen zu dem Produkt oder seiner Herstellerfirma zu schaffen. Dabei versucht die Werbung, bestimmte Bedürfnisse – einen Kaufwunsch – zu wecken.
Die Werbung betont Vorzüge und verschweigt Nachteile. Der Verbraucher muß deshalb das angepriesene Produkt kritisch und sachlich prüfen. Er sollte überlegen, ob die Werbung ihn überzeugt oder überredet. Ein unkritischer Verbraucher wird von der Werbung nur allzuleicht getäuscht oder überrollt.

Werbung

Werbung treffen wir in vielfältigen Formen:
In Radio, Fernsehen, Kino, Geschäften, Zeitungen, Anschlagtafeln, Prospekten. Daneben gibt es Vertreterbesuche, Werbebriefe, Werbevorführungen, Werbegeschenke, Preisnachlässe und Sonderverkäufe.

Einkaufsregeln

Der Verbraucher sollte sich seiner Stellung am Markt bewußt sein und
- Kenntnisse über das Warenangebot erwerben,
- alle Informationshilfen ausnutzen,
- den Einkauf vorplanen, unüberlegte »Spontankäufe« vermeiden,
- Ware kritisch prüfen und Preis, Qualität und Gebrauchswert vergleichen,
- Verpackungen (Größe/Inhalt; Gesamtpreis/Verpackungsaufwand) kritisch betrachten,
- seine Rechte wahren und
- erworbene Güter sparsam und wirtschaftlich verwenden!

Verbraucherschutzgesetze

Es gibt zahlreiche Gesetze und Verordnungen, die den Verbraucher schützen.

Ganz besonders wichtig sind:
das Lebensmittelgesetz (siehe Seite 200),
das Textilkennzeichnungsgesetz (siehe Seite 215),
die Preisauszeichnungs-Verordnung.

Preisauszeichnungs-Verordnung

Die Preisauszeichnungs-Verordnung verpflichtet den Anbieter zur Preisauszeichnung. So muß die Ware im Schaufenster und im Verkaufsraum deutlich lesbar mit der Preisangabe versehen sein. Friseure, Wäschereien, Reparaturwerkstätten usw. müssen eine Preisliste aushängen, Gaststättenbetriebe Speisen- und Getränkekarten auslegen; bei Angebot von warmen Speisen ist ein Verzeichnis mit Endpreisen am Lokaleingang Pflicht.
Alle Kataloge zur Warenbestellung müssen Preisangaben enthalten. Grundsätzlich sind Endpreise anzugeben.

Eichgesetz

Das Gesetz über das Meß- und Eichwesen enthält z. B. wichtige Bestimmungen über Zulassung und Eichung von Meßgeräten (Waagen, Zähler), die bei Verwendung im geschäftlichen Verkehr alle geeicht sein müssen. Das erkennt man dann an einem Stempelzeichen. Der 2. Abschnitt dieses Gesetzes ist die *Fertigpackungsverordnung*. Sie verpflichtet zur Grundpreisangabe pro Kilo oder Liter, um die Möglichkeit des Preisvergleiches zu geben und eine Preisverschleierung durch die Angabe »krummer Gewichte« zu vermeiden. Fertigpackungen dürfen keine größeren Füllmengen vortäuschen als sie wirklich enthalten. »Mogelpackungen« mit großen Hohlböden, doppelten Wandungen sind verboten. Die Füllmenge muß deutlich auf allen Packungen angegeben sein.

Das Gesetz betreffend die Abzahlungsgeschäfte regelt Kaufverträge mit Ratenzahlung. Es legt fest, daß der Vertrag zu einem Ratenkauf schriftlich abgeschlossen werden muß. In ihm müssen Barzahlungspreis, Teilzahlungspreis, Zahl und Fälligkeit der Raten und der effektive Jahreszins enthalten sein. Bei einem Abzahlungsgeschäft kann binnen einer Woche schriftlich (per Einschreiben) die Kauferklärung widerrufen werden.

Das Gesetz gegen unlauteren Wettbewerb und das Gesetz gegen Wettbewerbsbeschränkungen (Kartellgesetz) betreffen, wenn auch nur unmittelbar, den Verbraucher: Durch Verbot unlauterer Werbung (»Lockvogelangebote«) wird der Verbraucher ebenso geschützt, wie durch die Garantie des freien Wettbewerbs auf Anbieterseite.

Gütezeichen für Kunststoff-Mülltonnen

Gütezeichen für Zinngeräte

Gütezeichen Werkzeuge

Verschiedene Lebensmittelgruppen (Geflügel, Eier, Gemüse, Obst, Kartoffeln, Butter) müssen durch Angabe von *Güteklassen* gekennzeichnet sein. Durch sie ist dem Verbraucher »auf den ersten Blick« eine Qualitätszuordnung möglich. Weitere Hilfen für den Verbraucher:
Warenzeichen geben Auskunft über die Herkunft einer Ware aus einem bestimmten Betrieb. Man nennt Sie auch Herkunftszeichen. Sie gelten immer nur für einzelne Erzeugnisse. Artikel mit einem Warenzeichen werden als Markenartikel bezeichnet.

Gütezeichen sind Wort- und Bildzeichen, die von Firmengruppen, die sich zusammengeschlossen haben, vergeben werden. Diese Zeichen sind nicht firmengebunden und gelten für ganze Warengruppen. Waren mit Gütezeichen müssen aus genau festgelegtem Werkstoff bestehen und nach modernen Arbeitsmethoden hergestellt oder behandelt worden sein. Unternehmen, deren Erzeugnisse und Leistungen diese Zeichen tragen, haben sich zu sogenannten Gütegemeinschaften zusammengeschlossen. Ihr Ziel ist die Gütesicherung ihrer Waren und Leistungen. Die mit dem Gütezeichen ausgewiesenen Produkte werden vom Reichsausschuß für Lieferbedingungen und Gütesicherung beim Deutschen Normenausschuß (RAL) überwacht. *RAL-Testate* beschreiben die Wareneigenschaften eines Gutes. Jedes RAL-Testat hat eine Nummer und ist am einzelnen Produkt angebracht. RAL-Testate gibt es z. B. für Unterwäsche, Pullover, Bügeleisen, Bodenstaubsauger.

Verbandszeichen besagen, daß die Qualität der Ware den Anforderungen der entsprechenden Fachverbände genügt. Eine Gruppe von Verbandszeichen sind die Prüfzeichen.

Soll ein bestimmtes Warenzeichen (Firmenzeichen, Verbandszeichen, Marke) gegen Nachahmung und Mißbrauch warenzeichenrechtlich geschützt werden, so läßt man es beim Deutschen Patentamt eintragen. Ein derart registriertes Warenzeichen wird durch ein ® kenntlich gemacht.

Lebensmittel-Kennzeichnungs-Verordnung

Die **Lebensmittel-Kennzeichnungs-Verordnung** soll den Verbraucher über das Produkt informieren und ihn vor Täuschung bewahren. Die Verordnung sieht für nahezu alle Lebensmittel folgende Kennzeichnungselemente vor, die leserlich an einer ins Auge fallenden Stelle angebracht sein müssen:
- Verkehrsbezeichnung,
- Mindesthaltbarkeitsdatum,
- Mengenkennzeichnung,
- Verzeichnis der Zutaten,
- Anschrift des Herstellers.

Deutsches Weinsiegel

Verbraucherschutzvorschriften sichern die Rechte des Verbrauchers. Seine Pflicht ist es, diese Rechte zu kennen und wahrzunehmen.

Vertragsgrundlagen, Kaufvertrag

Um ein Rechtsgeschäft wie den Abschluß eines Vertrages eingehen zu können, muß man rechts- und geschäftsfähig sein.

Rechtsfähigkeit

Rechtsfähigkeit ist die Fähigkeit, Träger von Rechten und Pflichten zu sein.

Jeder Mensch ist rechtsfähig: So ist z. B. auch ein Baby erbberechtigt. Rechtsfähigkeit besitzen aber auch »juristische Personen«, (z. B. ein eingetragener Verein, eine Aktiengesellschaft, ein Verband ...).

Geschäftsfähigkeit

Geschäftsfähigkeit ist die Fähigkeit, Rechtsgeschäfte selbständig und gültig abzuschließen.

Nicht jeder Mensch ist geschäftsfähig:
- *Geschäftsunfähig* ist er bis zum 7. Lebensjahr, bei dauernder Geisteskrankheit oder nach Entmündigung wegen Geisteskrankheit.
- *Beschränkt geschäftsfähig* ist er vom 7. bis zum 18. Lebensjahr, nach Entmündigung wegen Geistesschwäche oder Suchtkrankheit.
- *Voll geschäftsfähig* ist er vom 18. Lebensjahr an.

Beschränkt Geschäftsfähige dürfen nur Kaufverträge abschließen, die etwa dem Wert ihres Taschengeldes entsprechen (Taschengeldparagraph).

Vertragsabschluß

Verträge stellen ein Rechtsverhältnis zwischen zwei Seiten dar.

Damit ein Vertrag gültig wird, müssen beide Parteien eine *Willenserklärung* abgeben. Die eine Partei muß ein Angebot machen, die andere Partei muß annehmen. *Antrag und Annahme* der Vertragsbedingungen sind also wesentliche Bestandteile des Vertrages. Wichtige Verträge sind z. B. der Mietvertrag, der Arbeitsvertrag, der Werkvertrag, der Werklieferungsvertrag, der Kaufvertrag.

Kaufvertrag

Kaufvertrag

Vor Abschluß des Kaufvertrages erfolgt die Anfrage des Käufers und das Angebot des Verkäufers.

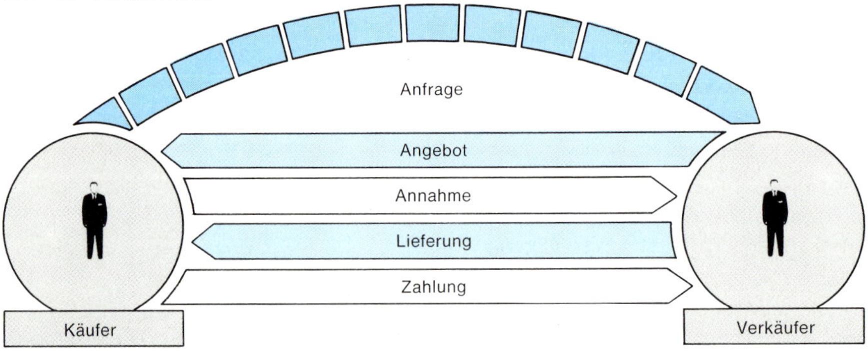

Durch Annahme des Angebotes ist der Kaufvertrag geschlossen.

Er beinhaltet die Veräußerung von Sachen und Rechten. Der Käufer ist zur Zahlung verpflichtet, der Verkäufer zur Lieferung einwandfreier Ware. Nicht bestellte Ware braucht nicht bezahlt zu werden, sie muß lediglich eine angemessene Zeit sorgfältig aufbewahrt werden. Bei Abschluß von Ratenzahlungskäufen ist ein Rücktrittsrecht binnen einer Woche eingeräumt (siehe Seite 30).

Die Form des Kaufvertrages ist normalerweise nicht vorgeschrieben (Ausnahme z. B. Ratenzahlungskauf, Grundstückskauf), er kann mündlich, fernmündlich, schriftlich oder stillschweigend (über Automaten) abgeschlossen werden.
Bei Abschluß eines *schriftlichen* Kaufvertrages sollte man besonders auf folgendes achten:

- Genaue Angabe von Art der Ware, Menge und Preis.
- Lieferungs- und Zahlungsbedingungen prüfen.
- Auf Erfüllungsort und Gerichtsstand achten.
- Kleingedrucktes sorgfältig lesen.
- Kaufentscheidung nochmals überdenken – nichts überstürzen.
- Anzahlung nur gegen Quittung an Personen mit Ausweis und Inkassoberechtigung.

Störungen des Kaufvertrages, Mahnverfahren

Lieferungsverzug

Der Kaufvertrag muß vom Verkäufer und vom Käufer erfüllt werden (Lieferung und Bezahlung). Der *Verkäufer* ist verpflichtet, zum vereinbarten Liefertermin die bestellte Ware in einwandfreiem Zustand zu liefern. Bleibt die Lieferung durch Verschulden des Verkäufers aus, kann der Käufer vom Vertrag zurücktreten und evtl. Schadenersatz verlangen.

Beispiel: Sie bestellen in einem Fachgeschäft ein Kaffeeservice. Es soll ein Weihnachtsgeschenk sein. Sie vereinbaren die Lieferung am 22. Dezember. Das Kaffeeservice wird am 28. Dezember geliefert, da das Geschäft im Trubel der Vorweihnachtszeit den Auftrag übersehen hat. Sie brauchen das Service weder anzunehmen, noch etwas dafür zu bezahlen.

Lieferung mangelhafter Ware

Weist die neugekaufte Ware Mängel auf (z. B. andere Warenart, verdorbene Ware, beschädigte Ware, andere Güte), so hat der Käufer das Recht auf

Wandelung = Rückgabe der mangelhaften Ware gegen Rückzahlung des Kaufpreises
oder
Minderung = Ermäßigung des Preises
oder
Lieferung einer mangelfreien **Ersatzware**.
In besonderen Fällen kann auch *Schadenersatz* verlangt werden; z. B. wenn durch mangelhafte Ware weiterer Schaden verursacht wurde.

Beispiel: Sie kaufen bei einer Kelterei einen Kasten Apfelsaft und stellen zu Hause fest, daß der Saft vergoren ist. Sie geben die Ware zurück und erhalten den Kaufpreis rückerstattet.

Reklamation

Die Reklamation oder Mängelrüge muß allerdings unverzüglich nach Erhalt der Ware erfolgen, daher ist jede Warenlieferung genau zu überprüfen. Der Anspruch auf Wandelung, Minderung oder Schadenersatz erlischt 6 Monate nach Übergabe der Ware.
Nur wenn es vereinbart ist, muß sich der Käufer auf Nachbesserungen bzw. Beseitigung des Mangels einlassen. Sie sind für ihn kostenlos.

Zahlungsverzug

Mahnverfahren

Bezahlt der *Käufer* den Kaufpreis der Ware nicht – aus Vergeßlichkeit oder da er nicht zahlen will oder kann – so kommt er in *Zahlungsverzug*. Dann wird der Verkäufer ihn normalerweise an seine Zahlungsverpflichtung erinnern. Der Anspruch auf Bezahlung kann in einem gerichtlichen *Mahnverfahren* geltend gemacht werden. Der Schuldner erhält dann einen Mahnbescheid (früher Zahlungsbefehl genannt). Diesen stellt das Amtsgericht aus, in dessen Bezirk der Gläubiger (= Antragsteller) wohnt. Der Schuldner (= Antragsgegner) muß dann binnen zwei Wochen nach Zustellung des Bescheides die geforderten Beträge zahlen oder Widerspruch erheben. Diesen muß er innerhalb von 14 Tagen nach Zustellung des Bescheides (schriftlich oder zu Protokoll) beim Amtsgericht einlegen. Der Widerspruch muß nicht begründet werden. Allen Mahnbescheiden liegt ein Widerspruchsformular bei, das nur ausgefüllt zu werden braucht. Das Gericht prüft bei Zustellung des Mahnbescheides nämlich nicht, ob die Forderung begründet ist. Das bedeutet, daß der Käufer auch dann einen Mahnbescheid bekommen kann, wenn er z. B. wegen mangelhafter Lieferung reklamicrt hat.
Durch den Widerspruch wird ein *Zivilprozeß* eingeleitet. Das Gericht fordert dann den Antragsteller auf, seinen Anspruch zu begründen. Der »Schuldner« hat die Möglichkeit, die Klage zu erwidern. Wird kein Widerspruch erhoben, erläßt das Amtsgericht auf entsprechenden Antrag einen Vollstreckungsbescheid (früher Vollstreckungsbefehl). Auch gegen diesen kann der »Schuldner« binnen zwei Wochen Einspruch erheben, es kommt dann ebenfalls zur Verhandlung.

Vollstreckungsbescheid

Wenn der Schuldner weder zahlt, noch Einspruch einlegt, wird aus dem Vollstreckungsbescheid eine *Zwangsvollstreckung*, d. h. der Gerichtsvollzieher pfändet Wertgegenstände aus dem Eigentum des Schuldners.

Zahlungsarten, Zahlungsformen

Barzahlung

Zahlung mit *Bargeld* ist heute eigentlich nur noch dort anzutreffen, wo es um verhältnismäßig kleine Summen geht und diese ohne großen Aufwand und Risiko übergeben werden können, z. B. beim täglichen Einkauf oder im Lokal. Bei Barzahlung sollte man sich eine Quittung geben lassen; z. B. den Kassenzettel.

Zahlkarte/Postüberweisung

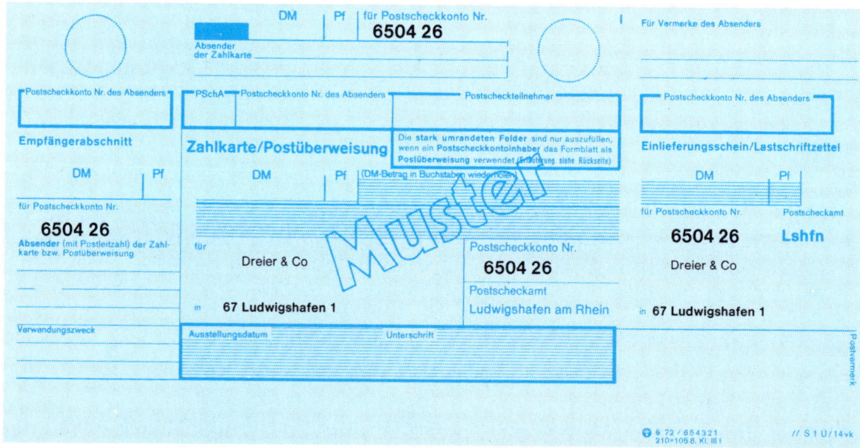

Postanweisung

Eine *Barzahlung* auf »Umwegen« ist das Zahlen per *Postanweisung*; der Absender zahlt den Geldbetrag beim Postamt ein, der Empfänger bekommt das Geld bar ausgezahlt.

Heute gewinnt immer mehr die *halbbare* und *bargeldlose* Zahlung an Bedeutung. Kreditinstitute und die Post bieten rationelle, sichere und kostensparende Zahlungsweisen an.

Voraussetzung für die halbbare Zahlung ist, daß entweder der Zahlende oder der Empfänger ein Girokonto oder Postscheckkonto hat.

Zahlkarte

Halbbare Zahlung erfolgt durch

Zahlkarte Der Geldbetrag wird mit einer Zahlkarte auf das Postscheckkonto des Empfängers eingezahlt. Die Post schreibt diesem Konto den Betrag gut.

Zahlschein der Banken Der Geldbetrag wird bar eingezahlt und auf das Konto des Empfängers überwiesen.

Barscheck Der Zahlende übergibt einen Barscheck, der Empfänger bekommt das Geld durch die Bank des Ausstellers in bar ausgezahlt. Er kann das Geld entweder bei der entsprechenden Bank abholen, oder er kann den Scheck seiner Bank geben, die den Betrag seinem Konto gutschreibt. Der Scheck muß innerhalb von 8 Tagen nach Ausstelldatum eingelöst werden. Der Empfänger muß dann auf der Rückseite des Schecks den Erhalt der Geldsumme quittieren.

Verrechnungsscheck

Verrechnungsscheck – Der Geldbetrag geht unbar von Konto zu Konto, wenn auf dem Scheckformular vermerkt ist: »Nur zur Verrechnung«. Da ein solcher Verrechnungsscheck von unberufenen Dritten nicht eingelöst werden kann, kann er mit der Post verschickt oder von Kindern überbracht werden (z. B. die Kosten für einen Freizeitaufenthalt oder für Privatunterricht).

Eurocheque

Eurocheque – Seit 1972 gibt es den *Eurocheque mit der Eurochequekarte.* Durch die ec-Karte wird garantiert, daß der eingelöste Scheck bis 300 DM oder in entsprechendem Wert anderer Währung eingelöst wird, wenn Scheck und Karte zusammen vorgelegt wurden. Der Scheckempfänger muß nur prüfen, ob die ec-Karte gültig ist und ob Name, Kontonummer, Kreditinstitut und Unterschrift auf Karte und Scheck übereinstimmen. Dieses System ist heute in vielen Ländern Europas verbreitet. Haben Zahlender und Empfänger ein Konto, so kann eine *bargeldlose Zahlung* erfolgen.

Banküberweisung – Per Überweisung erfolgen über die Hälfte aller unbaren Zahlungen in Deutschland. Sie ist rechtlich gesehen *die Anweisung eines Kontoinhabers an seine Bank, von seinem Konto Geld abzubuchen und einem anderen Konto gutzuschreiben.*

Dauerauftrag

Dauerauftrag – Eine besondere Form der Überweisung stellt der Dauerauftrag dar, der für Absender und Empfänger eine große Erleichterung im Zahlungsverkehr bietet. *Mit ihm weist der Auftraggeber seine Bank an, zu bestimmten Terminen* – z. B. jeden 1. des Monats – *eine bestimmte Summe auf ein bestimmtes Konto zu überweisen,* z. B. DM 500,– Miete an jedem 15. des Monats oder DM 47,– Zeitungsgeld vierteljährlich. Regelmäßig wiederkehrende Zahlungen in gleicher Höhe werden am besten durch Dauerauftrag erledigt; allerdings werden bei einem Dauerauftrag erhöhte Überweisungsgebühren fällig.

Lastschrift

Lastschrift – Wenn die Zahlungen zwar regelmäßig wiederkehren, aber in der Höhe unterschiedlich sind, kann man das *Lastschriftverfahren* wählen. Es ist z. B. zum Begleichen der Strom- und Wasserrechnungen, der Heizkosten und Telefongebühren geeignet.

Der Zahlungspflichtige ermächtigt den Zahlungsempfänger, bestimmte Beträge durch Lastschrift einzuziehen. Der Zahlungsempfänger darf dann Beträge bis zu einer bestimmten Höhe vom Konto des Zahlungspflichtigen abbuchen lassen.

Wechsel

Wechsel – Neben den üblichen Zahlungsmitteln kann der Käufer dem Verkäufer auch einen Wechsel geben. *Mit dem Wechsel (Solawechsel) verpflichtet sich der Aussteller dem Verkäufer oder einer anderen Person zu einem bestimmten Termin eine bestimmte Summe zu zahlen.* Der Wechsel ist nicht nur *Zahlungsmittel* sondern auch *Kreditmittel* für den Käufer, da der Wechsel ja erst später »bezahlt« zu werden braucht. Der Wechsel unterliegt strengen rechtlichen Formvorschriften. Die Unterzeichnung eines Wechsels muß sorgfältigst überlegt werden.

Sofort- und Ratenzahlung

Rabatt
Ratenzahlung

Normalerweise wird eine gekaufte Ware sofort bezahlt. Bei Sofortzahlung wird meist ein Preisnachlaß: *Skonto* (Barzahlungsrabatt) gewährt. *Rabatte* sind Preisnachlässe; sie werden bei Abnahme größerer Warenmengen gegeben oder bei besonderen Anlässen gewährt. Auch treue Kunden oder Mitarbeiter des Betriebes erhalten Rabatt. Es kann vorkommen, daß bei größeren Anschaffungen (Auto, Stereoanlage) die Kaufsumme nicht sofort in voller Höhe bezahlt werden kann. Dann kann man entweder bei einer Bank einen Kredit aufnehmen oder aber einen Ratenkauf tätigen. In beiden Fällen erhält man die Ware sofort, muß diese aber erst im Lauf der Zeit in Raten abbezahlen, bzw. den Kredit in Raten zurückzahlen. Anzahl und Höhe der Raten müssen schriftlich festgelegt und von beiden Vertragspartnern – Käufer und Verkäufer – unterschrieben werden (siehe Seite 30). Jedoch ist der Preis bei Ratenkauf immer höher als der Barzahlungspreis, denn es entstehen Bearbeitungskosten und Zinsen. Mit einem Bankkredit ist aber Sofortbezahlung abzüglich Skonto möglich; das ist im allgemeinen günstiger als ein Ratenzahlungsvertrag. Grundsätzlich gilt: Wer pünktlich und bar zahlt, bekommt eine Ware billiger als der, der verspätet (kein Skonto, evtl. Verzugszinsen) oder in Raten zahlt.

Prüfen Sie Ihr Wissen

1. *Nennen Sie fünf Beispiele für verbraucherbewußtes Verhalten!*
2. *Nennen Sie je ein Beispiel für Gütezeichen, Prüfzeichen und Warenzeichen.*
3. *Erläutern Sie die wichtigsten Vorschriften der Preisauszeichnungsverordnung!*
4. *Welche Rechte und Pflichten hat der Verkäufer / der Käufer?*
5. *Welche Möglichkeiten hat der Käufer bei Erhalt von mangelhafter Ware?*
6. *Wie verläuft ein Mahnverfahren?*
7. *Nennen Sie Vor- und Nachteile von Barzahlung und bargeldloser Zahlung!*
8. *Was ist beim Ratenkauf zu bedenken?*

Nachrichten- und Güterverkehr

Die sachgemäße Übermittlung von Aufträgen, Informationen und Gütern ist auch für einen reibungslosen Arbeitsablauf im Haushalt wichtig.

Mündlicher Nachrichtenverkehr

Post

Das wichtigste Unternehmen, des Nachrichtenverkehrs ist die *Deutsche Bundespost (DBP).* Sie hat folgende Hauptaufgaben:

- Überbringung schriftlicher und mündlicher Nachrichten.
- Beförderung von Personen (Postomnibusse) und von Gütern (Päckchen, Pakete, Sperrgut, Zeitungen).

- Übermittlung von Geldbeträgen (Postanweisung).
- Führen von Spar- und Girokonten (Postsparbuch, Postscheckkonto).

Telefon

In der Bundesrepublik Deutschland werden an einem normalen Arbeitstag etwa 51 Millionen Orts- und Ferngespräche geführt.

- Das Telefonieren ist ein unmittelbarer mündlicher Nachrichtenaustausch zwischen miteinander verbundenen Teilnehmern.

Für Gespräche in ein anderes Ortsnetz muß die Vorwahlnummer (Ortsnetzkennzahl) und die Rufnummer gewählt werden, im eigenen Ortsnetz genügt die Rufnummer.
Die Nummern der Telefoninhaber stehen in den amtlichen *Fernsprechbüchern*, die es für jedes Ortsnetz gibt. Die Teilnehmer sind hier alphabetisch aufgeführt. Wichtige Nummern, wie Feuerwehr und Notruf, stehen auf der ersten Seite. Kennt man eine Telefonnummer nicht, kann man diese über die *Fernsprechauskunft* erfragen.

Richtiges Telefonieren

Einige Grundregeln für das **Telefonieren**:
- Deutlich und klar sprechen.
- Zu Beginn des Gespräches Namensnennung.
- Schwierige Telefongespräche oder teure Ferngespräche mit Stichwortzetteln vorbereiten.
- Wichtige Ergebnisse eines Telefongespräches als Notiz aufzeichnen. Schreibgerät soll stets beim Telefonapparat bereitliegen.
- Im Gesprächsverhalten auf den Gesprächspartner und die Situation eingehen.
- Flüssiges Beherrschen des deutschen Fernsprech-Buchstabieralphabets.

Schriftlicher Nachrichtenverkehr

Bei der schriftlichen Nachrichtenübermittlung bieten sich folgende Möglichkeiten:

Briefverkehr

- Brief und Postkarte,
- Drucksache und Briefdrucksache,
- Telegramm und Fernschreiben.

Briefe sind schriftliche Nachrichten, die in einem Umschlag verschlossen sind. Post- oder Ansichtskarten sind offen. Eine Drucksache z. B. ist ein gedruckter Glückwunsch oder eine Anzeige; es darf nur noch Ort, Tag und Absender angegeben werden; bei der Briefdrucksache sind weitere handschriftliche Zusätze bis zu 10 Worten erlaubt. Die Sendungen müssen ordnungsgemäß beschriftet und frankiert werden. Die Portogebühren, die für den Transport zu entrichten sind, sind im Postgebührenheft und zum Teil im amtlichen Fernsprechbuch zu finden. Gegen eine zusätzliche Gebühr werden eilige Sendungen als *Luftpost* oder per *Eilzustellung*, wichtige als *Einschreiben*, wertvolle als *Wertsendung* verschickt. Dafür gibt es spezielle Aufkleber.
Die Briefsendungen werden durch Einwerfen in die gelben Briefkästen oder durch Abgabe beim Postamt auf die Reise geschickt. Die Leerungszeiten sind an

Versandfertiger Brief

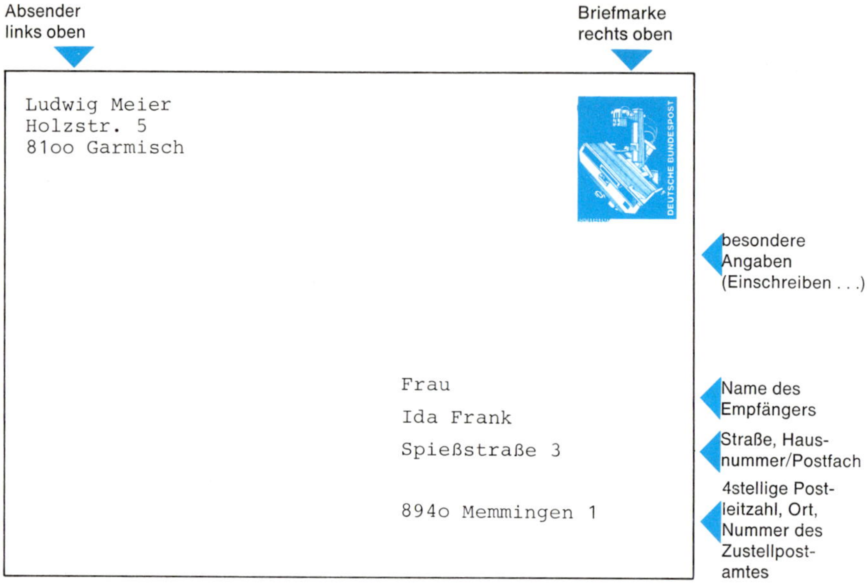

den Briefkästen angegeben; haben diese einen roten Punkt, werden sie häufiger als andere geleert, z. B. auch sonntags. Der Brief kann entweder per Einwurf im Hausbriefkasten oder im *Postfach* den Empfänger erreichen. Beim Postfach kann die Post mehrmals täglich abgeholt werden.

Postfach

Standardbriefe

Briefe müssen bestimmte *Normmaße* haben. (Länge 14–23,5 cm, Breite 9–12 cm, Höhe bis 0,5 cm); der Standardbrief darf maximal 20 g wiegen. Bei höherem Gewicht sind die Portokosten erhöht.

Als Briefe gelten Sendungen bis 1000 g im Inland und 2000 g im Ausland.

Schriftliche Nachrichten können auch per Fernschreiber und als Telegramm weitergegeben werden.

Fernschreiben

Beim *Fernschreiben (Telex)* findet eine unmittelbare fernschriftliche Nachrichtenübermittlung statt. Dazu muß sowohl der Empfänger als auch der Sender Telexteilnehmer bei der Post sein. Er ist dann mit seinem Fernschreibergerät an das öffentliche Fernschreibernetz angeschlossen und hat eine eigene Nummer, über die ihn jeder Telexteilnehmer erreichen kann. Das Fernschreibgerät hat einen Sende- und Empfangsteil, und ähnelt einer elektrischen Schreibmaschine. Wird das Gerät mit Tastendruck bedient, wird das getastete Zeichen als Impuls im Telexnetz weitergeleitet und erscheint schließlich als lesbares Zeichen im Fernschreiber des Empfängers. Ist er gerade anwesend, kann eine Art schriftliche Unterhaltung zustandekommen.

Telegramm

Die Nachrichtenübermittlung per *Telegramm* wird erforderlich, wenn der Adressat einer Nachricht telefonisch nicht erreichbar ist. Man kann ein Telegramm bei der Telegrammannahme telefonisch aufgeben, oder am Schalter des Postamtes schriftlich einreichen. Dem Empfänger wird es durch Eilboten oder durch Telefon, gegebenenfalls auch durch Fernschreiben übermittelt.

Güterversand

Neben der Nachrichtenübermittlung ist noch der *Güterversand durch Post und Bahn* von großer Wichtigkeit.

Päckchen

Päckchen sind Sendungen bis zu 2 kg Gewicht und können ohne Paketkarte verschickt werden. Ihre Beförderungsgebühr ist niedriger als die für Pakete. Es gibt auch Luftpost-, Eil-, Nachnahme- und Einschreibpäckchen.

Pakete

Pakete werden zusammen mit einer Paketkarte aufgegeben. Das Paketgewicht darf höchstens 20 kg betragen. Der Absender zahlt die Paketgebühr, die sich nach Gewicht und Entfernung richtet, und erhält als Beleg den Einlieferungsschein. Der Empfänger muß die Zustellgebühr entrichten, falls er das Paket auf dem Postamt nicht selbst abholt. Auch hier gibt es Schnell-, Luftpost-, Nachnahme- und Wertpakete.

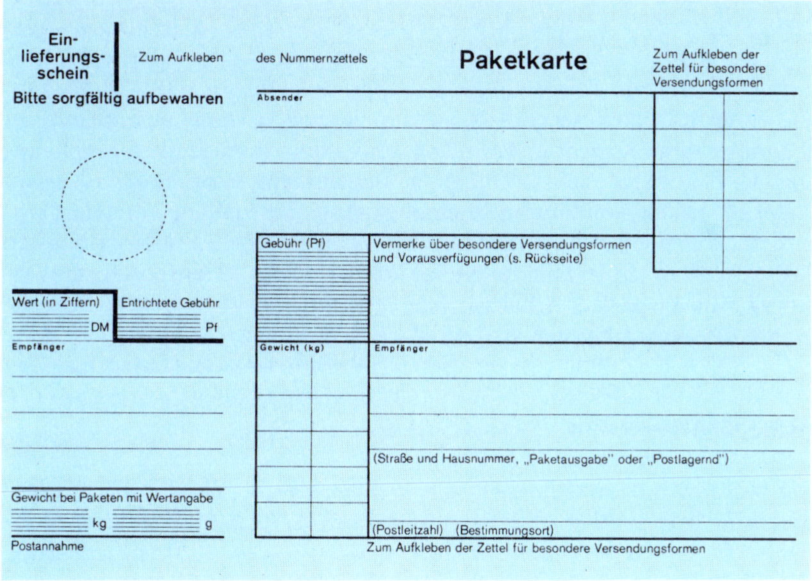

Vorderseite einer Paketkarte der Deutschen Bundespost

Wurfsendungen

Wurfsendungen sind Drucksachen oder Warensendungen gleichen Inhalts, die an alle Haushaltungen verteilt werden. Ihr Gewicht beträgt maximal 50 g.

Sperrgut

Sperriges Gut wie Skier, Körbe, die sich wegen ihrer Form nicht stapeln lassen oder die modernen Förderanlagen nicht passieren können, werden als Sperrgut behandelt. Die Mehrarbeit kostet 50% Zuschlagsgebühr.

Außer gefährlichen Gütern befördert die Post alle Sendungen, die gut verpackt und beschriftet und nicht gegen strafgesetzliche Bestimmungen, das öffentliche Wohl oder die Sittlichkeit verstoßen. Über die Gebühren gibt das Postgebührenheft Auskunft.

Bahntransport

Der Transport der Sendungen erfolgt mit dem Flugzeug oder in der Bahn. Dazu hat die Post Gepäckwagen der Bahn gemietet oder läßt eigene Postzüge laufen. Auch die Deutsche Bundesbahn (DB) ist ein Gütertransportunternehmen.

Darüber hinaus gibt es noch den Transport im *Container*. Dabei handelt es sich um weltweit einheitlich große Behälter, in denen Güter nach dem Bestimmungsort sortiert sind. Die Normmaße der Behälter erleichtern das Verladen und Umladen auf Schiff, Lastkraftwagen und Eisenbahnwaggon.

Für den Haushalt sind folgende Transportmöglichkeiten der DB interessant:

Stückgut	Ein ganzer Güterzug ist mit verschiedenen Gütern beladen: Maschinenteile, Säcke, Kaufhauswaren, Autoersatzteile ... Stückgüter, die in eine Richtung gehen, werden zu einer Wagenladung zusammengestellt.
Expreßgut	Sowohl ganze Güterzüge als auch an fahrplanmäßige Eil-, Personen- und Schnellzüge angehängte Waggons transportieren schnellverderbliche oder eilige Waren wie Blumen, Tiere, Arzneimittel, Filme oder auch Reisegepäck.
TEEM	Diese neue Transportform gibt es für grenzüberschreitende Schnellgüter. Diese Güterzüge transportieren z. B. Obst, Fisch, Fleisch und andere schnellverderbliche Güter vom Verladeort (Hafen in Italien) direkt bis zum Ankunftsort (Großmarkthalle in München), ohne durch Zollkontrollen große Zeiteinbußen hinnehmen zu müssen.

Frachtbrief

Für alle Güter im Bahntransport ist ein vierteiliger *Frachtbrief* auszufüllen, der Angaben über Art, Gewicht und Umfang des Gutes, Absender und Empfänger enthält. Die Güter sind dann auch bei der Bundesbahn versichert. Bei Versendung oder Bestellung von Gütern ist eine vorherige Feststellung der Transportkosten immer empfehlenswert. So muß der Aufwand für die Transportkosten zum Wert der Ware (z. B. Haushaltsgerät kostet DM 80,– Transportkosten DM 40,–) oder zum ersparten Arbeitsaufwand (z. B. Selbsttransport des Reisegepäcks) in guter Beziehung stehen.

Kosten

Prüfen Sie Ihr Wissen

1. Was ist beim Telefonieren zu beachten?

2. Unter welchen Voraussetzungen ist ein Schreiben als Briefdrucksache, als Drucksache oder per Einschreiben zu versenden?

3. Schauen Sie im Postgebührenheft nach, was Drucksachen, Briefdrucksachen, Päckchen und Pakete mit verschiedenem Gewicht gegenwärtig kosten!

4. Welche Beförderungsart wählen Sie

– für eine Kiste mit frischem Obst,

– für ein Fahrrad,

– für das Reisegepäck,

– für frisches Pflanzgut?

Kapitel 2
Arbeiten – Arbeitstechnik

Es wird immer notwendiger, die Erkenntnisse der Arbeitswissenschaft bei der Lösung hauswirtschaftlicher Aufgaben anzuwenden, um das Arbeiten bei guten Arbeitsbedingungen möglichst rationell und unfallsicher zu gestalten.

Grundbegriffe der Arbeitslehre

Um das Grundwissen der Arbeitslehre erfassen und auf die Praxis übertragen zu können, ist die Klärung einiger Begriffe Voraussetzung.

Arbeit

Über zuviel Arbeit wird oft geklagt – aber ganz ohne Arbeit können wir anscheinend auch nicht leben. Untersuchungen zur Situation von Arbeitslosen haben gezeigt, daß Nichtarbeit – auch ohne finanzielle Verschlechterung – zu seelischen Konflikten führt.

Zielgerichtete Tätigkeit

Der Begriff »Arbeit« hat sich im Laufe der Jahrhunderte stark gewandelt. Heute wird Arbeit deutlich gegen nicht zielgerichtete Tätigkeiten abgegrenzt. Unter Arbeit wird allgemein jede Tätigkeit des Menschen verstanden, die zur Erfüllung einer Aufgabe dient. »Arbeit ist jede fortgesetzte, angespannte und geordnete Tätigkeit, die der Erzeugung, Beschaffung, Umwandlung, Verteilung oder Benutzung von materiellen oder ideellen Daseinsgütern dient.« (Hellpach, 1951). Der Begriff »wirtschaftliche Arbeit« ist also nicht auf das körperliche (physische) Tätigsein beschränkt, sondern auch die geistigen, psychischen Tätigkeiten sind hier gemeint.

Im Betriebsgeschehen wird unterschieden zwischen leitender, planender, verwaltender und ausführender Arbeit, wobei diese Tätigkeiten – im Gegensatz zum Haushalt – meist von verschiedenen Personen ausgeführt werden.

Außerdem wird unterschieden zwischen
- selbständiger und unselbständiger,
- selbstbestimmter und fremdbestimmter,
- gebundener und ungebundener Arbeit.

Begriff »Arbeit«

Die verschiedenen Inhalte des Begriffs Arbeit können wie folgt zusammengefaßt werden:

Arbeit aus der Sicht des arbeitenden Menschen ⟶ Tätigkeit zur Erfüllung einer Aufgabe

Arbeit im volkswirtschaftlichen Sinn ⟶	Produktionsfaktor zur Herstellung von Gütern und Leistung von Diensten
Arbeit im ergonomischen Sinn ⟶	Umsatz von Energie und Verarbeitung von Information während der Tätigkeit der Menschen
Arbeit in der Mechanik ⟶	Kraft × Weg
Leistung in der Physik ⟶	$\frac{\text{Arbeit}}{\text{Zeit}}$

Muskelarbeit

Muskelarbeit wird immer häufiger durch mechanische Kräfte ersetzt (Elektrizität, Dampf); die Arbeit des Menschen wird erleichtert – er muß allerdings mehr planen, beaufsichtigen, lenken, leiten und steuern.

Geistige Arbeit

Geistige Arbeit nimmt immer weiter zu. Sie erstreckt sich auf alle menschlichen Tätigkeiten – auch in das scheinbar rein körperliche Tun, denn dieses ist tatsächlich nie frei von Vorgängen wie Überlegen, Durchdenken und Ordnen.
Die Arbeit aus der Sicht der Ergonomie ist die Summe von Energie und Informationen, die während der Tätigkeit umgesetzt und verarbeitet werden muß. In diesem Sinne sind auch Freizeitbeschäftigungen wie Schwimmen, Tennisspielen, Wandern und Spazierengehen »Arbeit« – denn es wird körperliche Energie verbraucht und Geisteskräfte müssen eingesetzt werden. Langweilige und nicht gern verrichtete Arbeit belastet den Menschen besonders.

Monotone Arbeit verringert die Konzentration, verlängert die Reaktionszeiten, läßt den Blutdruck absinken und erzeugt Unlust. Monotonie wird vor allem dann empfunden, wenn der Mensch unterfordert ist, d. h. wenn seine Fähigkeiten nicht ausgeschöpft werden.

Arbeit im Haushalt

Arbeitsaufwand im Haushalt – Jede Arbeit, die im Haushalt getan wird, »kostet« Arbeitszeit und -kraft. In den Haushalten der Bundesrepublik Deutschland werden im Jahr annähernd soviel Arbeitsstunden geleistet, wie in allen Erwerbsbetrieben. Die Arbeitszeit und die Arbeitskraft im Haushalt soll nicht »verschwendet« werden. Das geschieht vor allem dort, wo ohne Planung gearbeitet und schlecht organisiert wird.
Durch Organisation wird eine Ordnung geschaffen. Erst diese macht es möglich, daß die anfallenden Arbeiten zur richtigen Zeit, mit möglichst wenig Kosten und in guter Qualität erledigt werden.
Ein Beispiel hierfür ist der im voraus aufgestellte Speisezettel: Das geplante Mittagessen ist bekannt, der Einkauf ein oder zwei Tage vorher ermöglicht die Auswahl preiswerter Lebensmittel, der rechtzeitige Kochbeginn sichert die pünktliche Mittagsmahlzeit, gut abgeschmeckt und nett angerichtet.

Arbeitsablauf

Damit eine Arbeit richtig organisiert werden kann, muß sie zunächst gegliedert werden; d. h. der Ablauf einer Arbeit wird in überschaubare Abschnitte zerlegt.

Beispiel Gesamtablauf: Wäsche schrankfertig machen
Wenn es notwendig wird, kann so ein Teilablauf nochmals weiter unterteilt werden, z. B. in einzelne Ablaufstufen.

Teilabläufe des Gesamtablaufs »Wäsche schrankfertig machen«

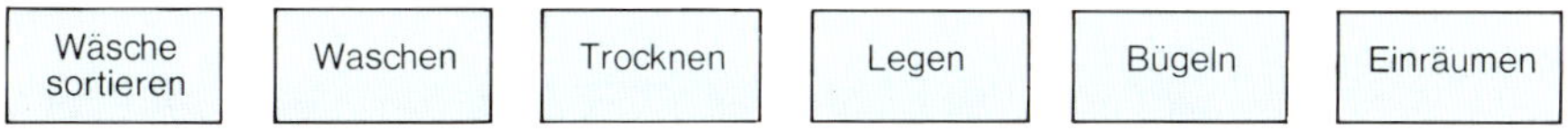

Beispiel Teilablauf: Bügeln
Ablaufstufen: Arbeitsplatz vorbereiten; Bügeleisen einstellen; Wäschestück bügeln; Wäschestück weghängen.

Auch diese Ablaufstufen lassen sich weiter unterteilen, so z. B. wenn beim Bügeln eines Wäschestückes einzelne Arbeitsbewegungen gezeigt oder untersucht werden sollen.

Ablaufbeschreibung

Diese Betrachtung des gesamten Arbeitsablaufes in einzelnen Teilstücke ermöglicht es, Fehler bzw. »Schwachstellen« zu erkennen, um nachher diese zu beseitigen oder zu verbessern. Nach dieser Gliederung des Ablaufes kann eine Arbeit auch erst beschrieben werden. Solche Ablaufbeschreibungen sind z. B. viele Koch- und Backrezepte, die festlegen was zu tun ist, d. h. welche Zutaten in

Ablaufbeschreibung »Kuchenbacken«

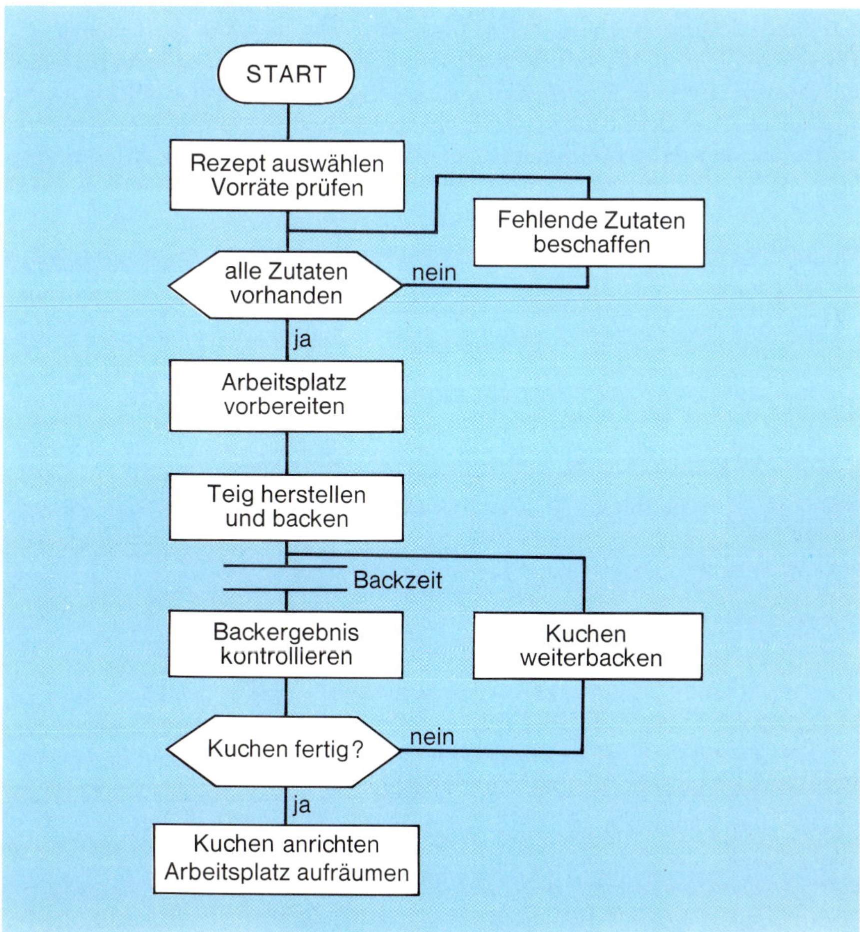

welcher Reihenfolge (zuerst Zwiebel schneiden, dann in Fett andünsten ...) und mit welchen Betriebsmitteln (z. B. Handrührgerät) zu bearbeiten sind, daß ein bestimmtes Gericht entsteht.
In vielen Betrieben z. B. auch in Großküchen werden solche Ablaufbeschreibungen anschaulich dargestellt.

Arbeitszeit

Die Zeit, die für eine Arbeit gebraucht wird, ist ein wichtiger Anhaltspunkt. Genau wie der Arbeitsablauf kann auch die Gesamtzeit für eine Arbeit gegliedert, d. h. in ihre »Einzelzeiten« zerlegt werden.

Tätigkeitszeit ist die Zeit, in der der arbeitende Mensch körperlich oder geistig tätig ist, um eine aufgetragene Arbeit entsprechend dem Arbeitsablauf zu erledigen.

Wartezeit ist die Zeit, die für den Fortgang der Arbeit wichtig ist, in der die arbeitende Person aber nicht tätig sein muß. Wartezeiten sind z. B. Kochzeiten bei Kartoffeln, Maschinenlaufzeiten beim Waschen usw. Die Wartezeit kann für andere Tätigkeiten genutzt werden, wenn sie mindestens 1 Minute dauert.

Rüstzeit ist die Zeit, die zum Vorbereiten und Nachbereiten einer Arbeit benötigt wird, in der jedoch noch nichts an der eigentlichen Arbeit geschieht. Zur Rüstzeit gehören Bereitstellen der Arbeitsgeräte und Hilfsmittel, Bereitmachen der Geräte und des Arbeitsplatzes (z. B. Maschine zusammensetzen), Reinigen der Arbeitsgeräte und Wegräumen der Geräte und Hilfsmittel.

Gliederung der Arbeitszeiten

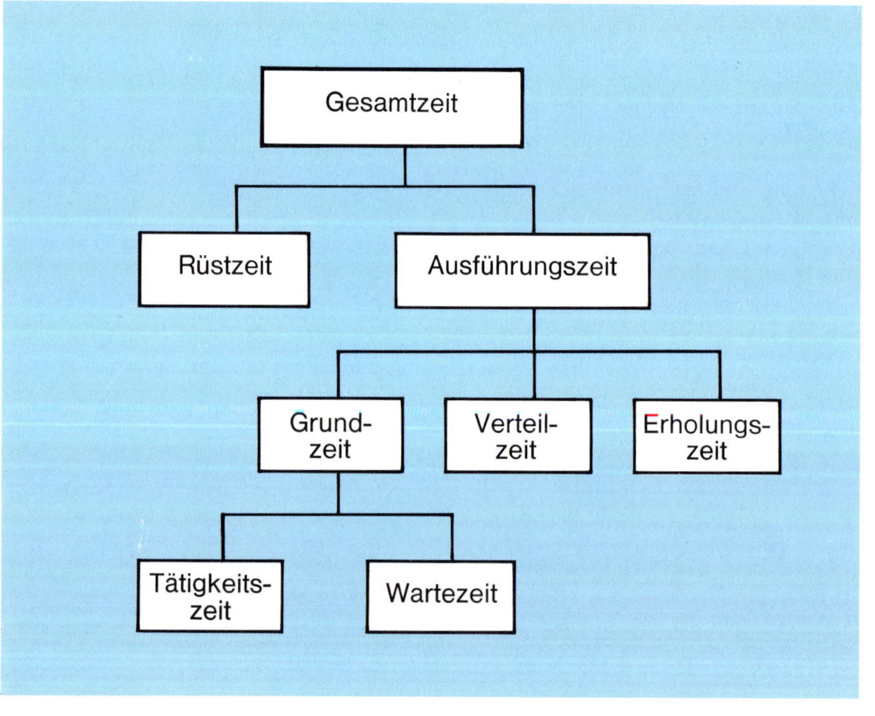

Verteilzeit entsteht durch unregelmäßige Unterbrechungen bei der Arbeit, wie z. B. Telefongespräche, Stromausfall, Nase putzen.

Erholungszeit ist die Zeit, die der arbeitende Mensch braucht, um auftretende Ermüdungen auszugleichen.
Die **Grundzeit** ist die Summe der Tätigkeits- und Wartezeit.
Die **Gesamtarbeitszeit** ist die Summe aller Zeiten.

Prüfen Sie Ihr Wissen

1. *Erläutern Sie den Begriff »Arbeit« (2 Begriffsbestimmungen)!*
2. *Nennen Sie 3 Beispiele für Ablaufbeschreibungen zu hauswirtschaftlichen Tätigkeiten!*
3. *Geben Sie an, in welche »Einzelzeiten« die Gesamtzeit für eine Arbeit gegliedert werden kann!*

Menschliche Arbeit und Leistung

Die menschliche Arbeit und Leistung ist von vielen Einflüssen abhängig. Um zu einem guten und befriedigenden Arbeitsergebnis zu kommen, müssen vor allem die Leistungsfähigkeit des Menschen und der bestmögliche Einsatz der Kräfte beachtet werden.

Leistung, Antriebe, Fähigkeiten

Leistungsfähigkeit

Die menschliche Leistung setzt sich aus mehreren Faktoren zusammen. Die Leistungsfähigkeit wird bestimmt durch *Antriebe* (Motivation), durch das *körperliche Befinden* und durch *Fähigkeiten,* die z. B. durch Anlage, Ausbildung, Übung gebildet werden. Der Mensch ist im Laufe eines Tages nicht immer gleichmäßig leistungsfähig. Es ergeben sich Schwankungen, die nicht durch den Willen zu steuern sind. Der Leistungsrhythmus ist durch Veränderungen im Nervensystem bestimmt, die sich auf den Stoffwechsel und die Funktion der Organe auswirken. Die beste Leistung ist zu erzielen, wenn die Arbeit der »physiologischen Leistungskurve« angepaßt ist.

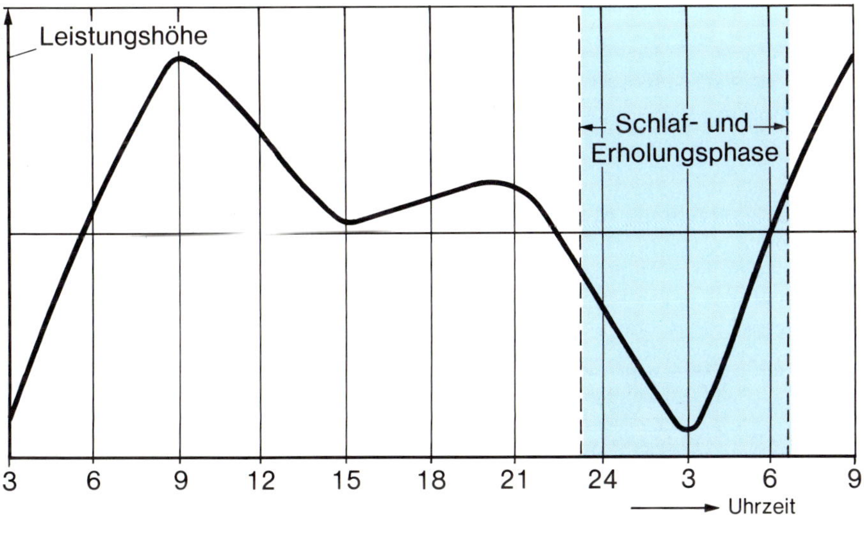

Schema des Verlaufs der physiologischen Leistungsbereitschaft über 24 Stunden

Arbeiten, die hohe Leistung erfordern wie

Betten machen Wäsche aufhängen Komplizierte Mahlzeiten bereiten Gartenarbeiten, z. B. umgraben	Soweit möglich am Vormittag zwischen 9.00 und 11.00 Uhr erledigen!

Am Nachmittag leichtere Arbeiten einplanen wie
Schuhe putzen,
Nähen oder Bügeln im Sitzen,
leichte Gartenarbeit,
Hausreinigung.

Energieverbrauch

Bei jeder Arbeit, die der Mensch leistet, wird eine bestimmte Menge Energie verbraucht. Diese Energie wird durch die Nahrung (Fett, Kohlenhydrate, Eiweiß) dem Körper zugeführt. Der Brennstoffbedarf ist umso größer, je mehr Muskelarbeit geleistet wird.
Der Energieverbrauch wird in Kilojoule (früher Kilokalorien) angegeben.

Energieverbrauch bei verschiedenen Hausarbeiten	KJ pro Minute	KJ pro Stunde
Fußboden scheuern, gebückte Haltung, Badewanne scheuern, Garten umgraben	28	1680
Teppiche und Matratzen klopfen und bürsten	24	1440
Fußboden wischen oder wachsen, gebückt, Betten auslegen, Wäsche waschen	20	1200
Fußboden mit Stielgerät bearbeiten, Garten gießen (2 × 10 l)	16	960
Geschirr spülen, Kartoffeln schälen, Fenster putzen, Wäsche bügeln, staubsaugen	12	720
Schuhe putzen, Teig kneten, Unkraut jäten	8	480
Kocharbeit im Stehen, Maschinennähen (Fußantrieb)	6	360
Schreiben im Sitzen, Näharbeit im Sitzen	4	240

Energieverbrauch bei Großküchenarbeit		
Reinigung der Küche	20	1200
Reinigung Herd	13	760
Flaschen in Spülmaschine einlegen	8	460
Gehen mit Last (20 kg)	17	–
Treppensteigen mit Last (20 kg)	73	–

Neben den Energien für die Arbeit = *Arbeitsumsatz,* benötigt der Körper Energie für die Erhaltung des Ruhe-Stoffwechsels = *Grundumsatz.*

Energieumsatz

Eine Frau hat bei leichter Arbeit einen Energieumsatz von ca. 8800 kJ, bei mittelschwerer Arbeit im Haushalt etwa 10 000 kJ.

Grundumsatz (eines Erwachsenen)	= Körpergewicht in kg × 4,2 kJ pro Stunde	ca. 6000 kJ/24 Std
Arbeitsumsatz	= Leistungsumsatz Körpergewicht in kg × 35–50 kJ pro Stunde	leichte Arbeit 1920 kJ/8 Std 4 kJ/Minute mittelschwere Arbeit 3200 kJ/8 Std 6.4 kJ/Minute
Freizeitumsatz		leichte Arbeit 1200 kJ/24 Std mittelschwere Arbeit 1200 kJ/24 Std
Gesamtumsatz		leichte Arbeit 9300 kJ/24 Std mittelschwere Arbeit 10 200 kJ/24 Std

Die Schwere einer Arbeit läßt sich aus dem Arbeitsenergieverbrauch ablesen.

Bereich	leichte Arbeit	3–5 kJ/Minute	= 180 – 300 kJ/Std
	mittelschwere Arbeit	6–10 kJ/Minute	= 360 – 600 kJ/Std
	schwere Arbeit	11–17 kJ/Minute	= 660 – 1020 kJ/Std

Dauerleistungsgrenze

Muß eine Arbeit über längere Zeit oder den ganzen Arbeitstag über ausgeführt werden, so ist die *Dauerleistungsgrenze* zu beachten. Sie liegt bei Frauen bei 11 kJ/Minute, bei Männern bei 16 kJ/Minute.

Dynamische und statische Arbeit

Bei der körperlichen Tätigkeit werden zwei Formen der Arbeit unterschieden:

Dynamische Arbeit (Bewegungsarbeit) – Hier wechseln Anspannung und Entspannung der Muskeln rhythmisch ab. Während der Entspannung werden dem Muskel über das Blut neue Energien zugeführt und verbrauchte Stoffe (Stoffwechselprodukte) abtransportiert. Bei dieser Form der Muskelarbeit gehen ca. 20–30% der zur Verfügung stehenden Energie für die Körperhaltung verloren.

Statische Arbeit (Haltearbeit) – Hier ist die Phase der Anspannung der Muskeln länger als die Entspannungsphase. Es entsteht ein ungünstiges Verhältnis zwischen Durchblutung und Stoffwechseltätigkeit. Es kommt zu einer Anhäufung von Stoffwechselprodukten, die Muskeln ermüden. In krassen Fällen kommt es zum »Muskelkater«. Bei statischer Arbeit gehen ca. 60–80% der Gesamtenergie für die Körperhaltung verloren.

Beispiele für dynamische Arbeit	**Beispiele für statische Arbeit**
Fenster putzen	Wäsche aufhängen
Staub wischen	Gardinen abnehmen und aufhängen
Arbeitshand beim Kuchenrühren	Tablett tragen
	Rührschüssel halten

- Da statische Arbeit in erster Linie durch Körperhaltungen verursacht wird, ist es notwendig ganz besonders auf die Körperhaltung zu achten.
- Statische Arbeit vermeiden, da sie stark ermüdet.

Körperhaltung bei der Arbeit

Durch die richtige Körperhaltung bei der Arbeit kann Kraft gespart und die Tätigkeit wirkungsvoller gemacht werden. Körperhaltungen sind verschieden anstrengend. Stark ermüdend sind Bücken, Hocken sowie Überkopfarbeiten, da sie viel statische Muskelarbeit erfordern.

Stehen

Langdauerndes *Stehen* belastet die Wirbelsäule und die gesamte Skelettmuskulatur, vor allem, wenn dabei noch Lasten gehoben werden müssen oder Arbeitsgeräte zu bewegen sind.

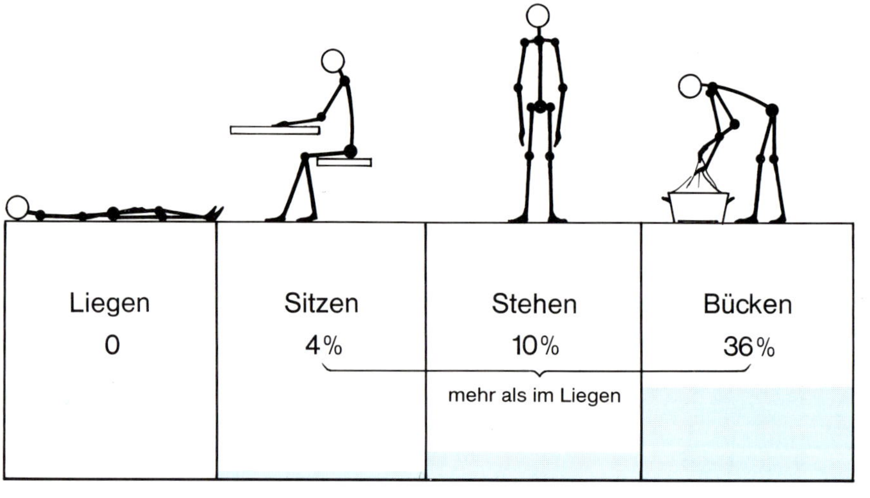

Energieverbrauch bei unterschiedlicher Körperhaltung ohne Arbeitsleistung

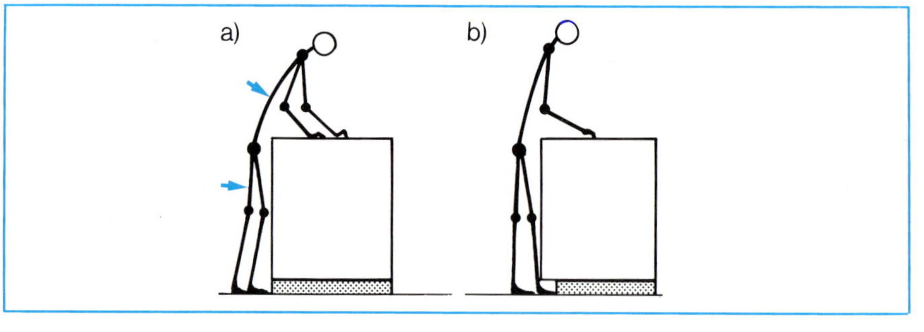

Fehlender Fußraum erfordert eine stärkere statische Belastung der Bauch- und Rückenmuskulatur

Beim *Sitzen* werden ebenfalls die Wirbelsäule sowie die Muskelgruppen des Rükkens, des Beckens und der Oberschenkel beansprucht. Die beste Voraussetzung für richtiges Sitzen ohne vorzeitige Ermüdung sind gute Sitzmöbel. Bei einem *Arbeitsstuhl* muß die Sitzfläche groß genug sein, um eine ausreichende Unterstützung zu geben. Sitzhöhe und Rückenlehne sollen verstellbar sein; die Rückenlehne soll den Körper in der Höhe des 5. Lendenwirbels abstützen, ca. 18–24 cm über der Sitzfläche. Der Arbeitstuhl auf Rollen muß 5 Beine haben, und die Rollen müssen festzustellen sein.

Der gute Arbeitsstuhl

Für die gute *Arbeitshaltung* ist es wichtig, daß beim Sitzen die Beine unter dem Arbeitstisch ausreichend Platz finden; der »Kniefrei-Raum« sollte ca. 30 cm tief, 40 cm breit und 65 cm hoch sein. Das ist z. B. bei vielen Bügelbrettern nicht gewährleistet. Beim Arbeiten im Stehen müssen die Füße genügend Raum haben, da sonst eine vorgeneigte Körperhaltung erzwungen wird (siehe Abbildung Seite 48 unten).

Bei den Tätigkeiten im Haushalt sollte jeweils überlegt werden, ob besser im Sitzen, oder im Stehen gearbeitet wird. Überall wo der Einsatz des Körpergewichtes notwendig ist oder wo ausladende Armbewegungen gemacht werden, wird besser im Stehen gearbeitet. Das gilt z. B. für Reinigungsarbeiten oder das Zusammenlegen großer Wäschestücke. Feinarbeiten wie Nähen erfordern »Handruhe« und werden besser sitzend erledigt. Auch manche Küchenarbeiten wie das Putzen größerer Mengen Gemüse lassen sich kräftesparend im Sitzen erledigen, z. B. an einem in passender Höhe ausziehbaren Arbeitsbrett.

Arbeitsbewegungen

Neben der Körperhaltung beeinflussen die Arbeitsbewegungen entscheidend den Zeit- und Kraftaufwand einer Arbeit. »Sparsame aber wirksame« Arbeitsbewegungen ermöglichen ein gleichmäßiges Arbeiten ohne vorschnelle Ermüdung. Für alle Bewegungen gilt:

- Bewegungen harmonisch ineinander übergehen lassen,
  z. B. – schlangenförmige Bewegungen beim Fensterputzen.

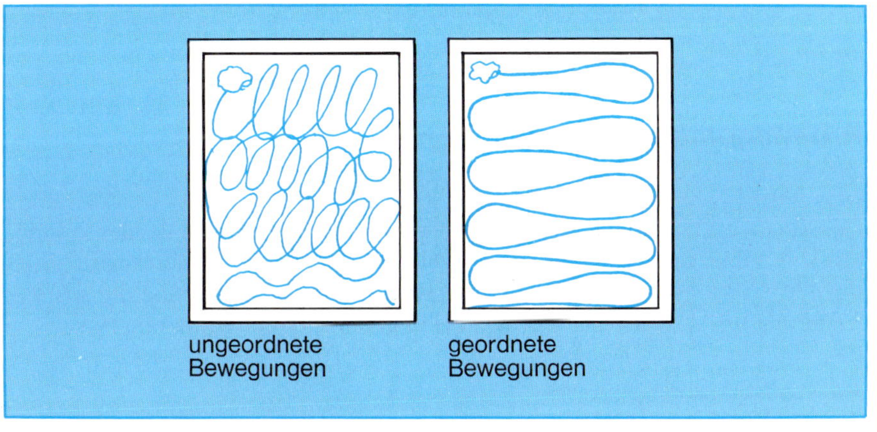

Geordnete Arbeitsbewegungen ermöglichen ein wirksames Arbeiten.

- Besser schwungvolle als genau abgezirkelte Bewegungen ausführen,
  z. B. – Trichter zum Einfüllen von Flaschen verwenden,
  – richtige Griffausbildung,
  – Stecknadeln auf Nadelkissen besser als in Behälter,
  – Aufhängevorrichtungen für Arbeitsgeräte.

- Bewegungen nicht gegen die Schwerkraft ausführen,
  z. B. – keine Überkopfarbeit, dagegen Abwärtsbewegungen beim Handreiben.
- Kreisbewegungen sind leichter auszuführen als Hin- und Herbewegungen
  z. B. – beim Kuchen rühren, Polieren oder Einwachsen kreisende Bewegungen.
- Beide Hände bei der Arbeit benutzen, da dadurch besserer Arbeitsrhythmus und gleichmäßigere Ermüdung der Hände erreicht werden.

Eine echte »Beidhandarbeit« ist im Haushalt nur bei wenigen Vorgängen möglich. Bei den meisten Arbeiten sollte die Arbeitshand gewechselt, d. h. abwechselnd mit der rechten und der linken Hand gearbeitet werden. Oft ist allerdings die linke Hand ungeübter und mit ihr das Ergebnis – vor allem anfangs – oft nicht so gut. Deshalb ist hier eine Übung von Anfang an notwendig.
Überkreuzgriffe sollen vermieden werden. Sie führen zu einer starken statischen Belastung des Schultergürtels.

Überkreuzgriffe beim Spülen vermeiden

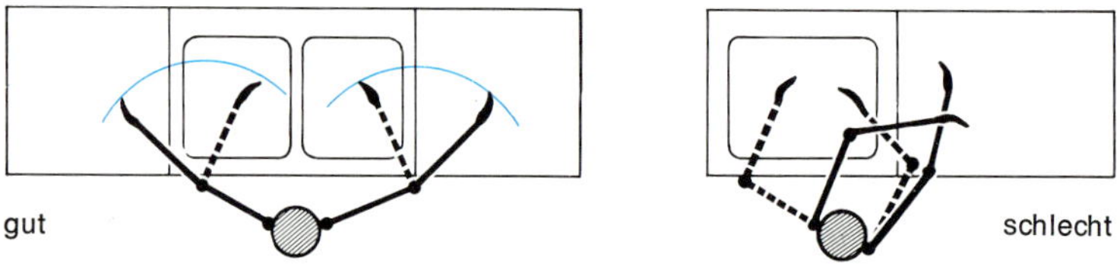

Prüfen Sie Ihr Wissen

1. *Welche Arbeiten im Haushalt sind sehr anstrengend, welche sind leichter? Nennen Sie je 3 Beispiele!*
2. *Erläutern Sie den Begriff »dynamische Arbeit«, und geben Sie 3 Beispiele dafür an!*
3. *Begründen Sie, warum statische Arbeiten zu rascher Ermüdung führen!*
4. *Welche Arbeiten lassen sich besser im Sitzen, welche besser im Stehen ausführen? Nennen Sie je 2 Beispiele.*

Arbeitsgestaltung

Jede Arbeit kann nur so gut ablaufen, wie sie vorher »gestaltet« ist. Allerdings: Keine Arbeit ist so gut getan, daß sie nicht noch besser verrichtet werden könnte. Die Hausarbeit wird zwar heute sehr viel besser als manche Industriearbeit eingestuft, aber der häufige Wechsel von kurzdauernden Arbeiten und die ständige Änderung des Arbeitsplatzes bringen eine gewisse »Nervosität« mit sich.

Arbeitsgrundsätze

Arbeitsgestaltung im Haushalt zielt darauf ab, daß

- der Arbeitsablauf ruhig wird,
  z. B. durch Zusammenfassen gleicher Tätigkeiten,
- die Arbeitstechniken verbessert werden,
- die Arbeitsplätze dem daran arbeitenden Menschen angepaßt werden und für die Arbeit geeignet sind.

Diese Grundsätze für die Arbeitsgestaltung gelten gleichermaßen für Arbeiten in der Erwerbswirtschaft. In den Industriebetrieben sind Arbeitsstudienexperten – sog. REFA-Fachleute – mit der Gestaltung der Arbeit beauftragt. Der REFA-Fachausschuß Hauswirtschaft im Verband für Arbeitsstudien und Betriebsorganisation e. V. hat es sich zur Aufgabe gemacht, die in der Industrie bewährten Maßnahmen für den Haushalt anwendbar zu machen. So ist auch hier die Möglichkeit gegeben, die Arbeit zu verbessern und erleichtern.

REFA

REFA-Grundsätze

Grundsätze für die Arbeitsgestaltung

Sie sind das Ergebnis jahrelanger Untersuchungen und vielfacher Erprobungen in der Praxis und die Voraussetzung für die Verbesserung einer Arbeit.

1.
Frauen und Männer sind für körperliche und geistige Arbeiten nach entsprechenden Ausbildungsvoraussetzungen gleich gut geeignet. Nur für körperliche Schwerarbeit sind Frauen u. a. aufgrund ihres geringeren Muskelanteils weniger geeignet als Männer.

2.
Ältere Menschen sollen an den Arbeitsplätzen beschäftigt werden, deren Anforderung ihrer beruflichen Erfahrung und ihrer körperlichen Leistungsfähigkeit entspricht.

3.
Eine gezielte und systematische Arbeitsunterweisung verkürzt die Einübungszeit.

4.
Der Arbeitsplatz muß so gestaltet sein, daß die Arbeit in richtiger Höhe und möglichst bequemer Körperhaltung ausgeführt werden kann.

5.
Die Aufbewahrung von Geräten, Arbeitsmitteln und Materialien am Arbeitsplatz soll stets übersichtlich und griffbereit sein.

6.
Die Griffe an den Arbeitsmitteln sind so zu gestalten, daß eine normale Handhabung und eine optimale Kraftübertragung ermöglicht wird.

7.
Arbeitsmittel sollen so gestaltet sein, daß die statische Belastung möglichst gering ist (Eigengewicht) und die Benutzung mit beiden Händen ermöglicht wird.

8.
Arbeitsplatz und Betriebsmittel sind so zu gestalten, daß Verletzungen praktisch unmöglich sind und der Arbeitende sich nicht dadurch gehemmt fühlt, daß er Verletzungen befürchten muß.

9.
Arbeitsmittel und Einrichtungsgegenstände sollen so gestaltet sein, daß sie leicht zu handhaben und einfach zu reinigen und zu pflegen sind.

10.
Gute Beleuchtung steigert die Leistung und vermindert die Fehler bei der Arbeitsausführung.

11.
Gute und regelmäßige Belüftung des Arbeitsraumes, richtige Temperatur und Luftfeuchtigkeit vermindern die Ermüdung des Arbeitenden. Dünste, Staub und Abfälle sollen möglichst umgehend und unmittelbar beseitigt werden, sofern ihre Entstehung nicht vermieden werden kann.

12.

Die Ernährung des arbeitenden Menschen soll so gestaltet werden, daß die Arbeitsleistung während des Tages nicht behindert, sondern unterstützt wird.

13.

Eine systematische Pausengestaltung ist rationeller als das willkürliche Einlegen von Pausen.

14.

Jeder Arbeitsplatz soll dem Arbeitsablauf so weit als möglich angepaßt werden, damit unnötige Transporte und Wege vermieden werden.

15.

Die Beförderung von Lasten von einer Arbeitsstelle zur andern soll mit Hilfe von angepaßten Transportvorrichtungen erfolgen.

Die Grundsätze sind übertragen auf den Haushalt vor allem in folgenden Punkten wichtig:

- Gestaltung des Arbeitsplatzes,
- Verbesserung des Arbeitsablaufs,
- Verbesserung der Arbeitshaltung,
- Verbesserung der Arbeitstechnik und
- Einsatz zweckentsprechender Arbeitsmittel.

Das Ziel aller Überlegungen ist es, mit dem geringsten Aufwand an Zeit, Kraft und Material ein gutes Ergebnis zu erzielen. Jede Arbeit sollte überlegt ausgeführt werden; eine gute gelungene Arbeit erhöht auch die Arbeitsfreude.

Verbesserung des Arbeitsablaufs und der Arbeitsmittel

Der Arbeitsablauf soll sinnvoll und harmonisch sein, er soll möglichst nicht unterbrochen werden und keine unnötigen Wege mit sich bringen.

Planung

Bei Hausarbeiten gleiche Arbeiten zusammenlegen und die Häufigkeit des Arbeitswechsels verringern.

Beispiele: Bei der Wohnungsreinigung in allen Räumen zuerst abstauben oder feucht abwischen, dann alle Bodenbeläge mit dem Staubsauger reinigen und zwar textile und nichttextile Beläge in einem Arbeitsgang mit Hilfe einer Umschaltdüse. – Beim Bügeln mit der Maschine zuerst alle kleinen Wäschestücke auf der nur halb beheizten Bügelmaschine bügeln, dann alle großen Stücke bügeln, anschließend alle Teile zusammenlegen.

Arbeitsmittel

Die Arbeitsmittel sollen stabil und handlich, leicht zu handhaben und zu reinigen, arbeitsbereit und gut erreichbar untergebracht sein. Es sollte jeweils nur das für den betreffenden Zweck geeignete Arbeitsmittel verwendet werden.

Beispiele: »Handlich« bedeutet, daß es für die Hand der arbeitenden Person passen muß. Bei der Auswahl eines Arbeitsgerätes muß dieses deshalb in die

Hand genommen werden. Das gilt vor allem für Arbeitsmittel mit denen noch längere »Handarbeiten« durchgeführt werden, z. B. Messer zum Schneiden von Gemüse und Fleisch, Schäler zum Kartoffelschälen, aber auch Bügeleisen, Staubsaugerschlauch.

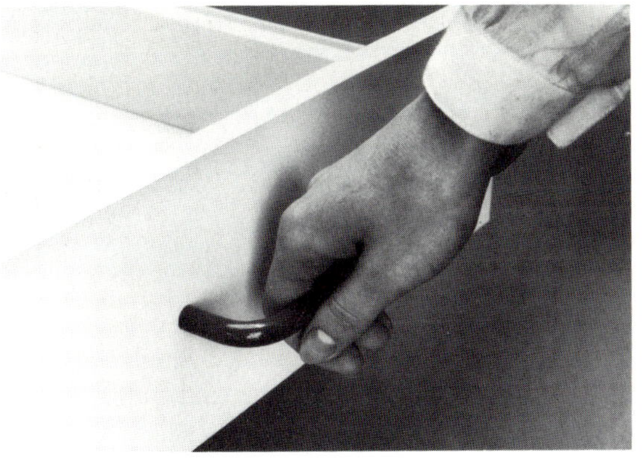

Handlicher Griff an einer Schublade

Arbeitsplatz

Der Arbeitsplatz soll in seinen Abmessungen der arbeitenden Person weitgehend angepaßt sein und nicht mehr oder weniger Raum einnehmen als zum unbehinderten Arbeiten nötig ist. Alle Arbeitsmittel sollen griffbereit untergebracht sein. Gute Beleuchtung und Belichtung sind notwendig. Sitzmöglichkeit sollte vorhanden sein, wenn es die Tätigkeit erlaubt.

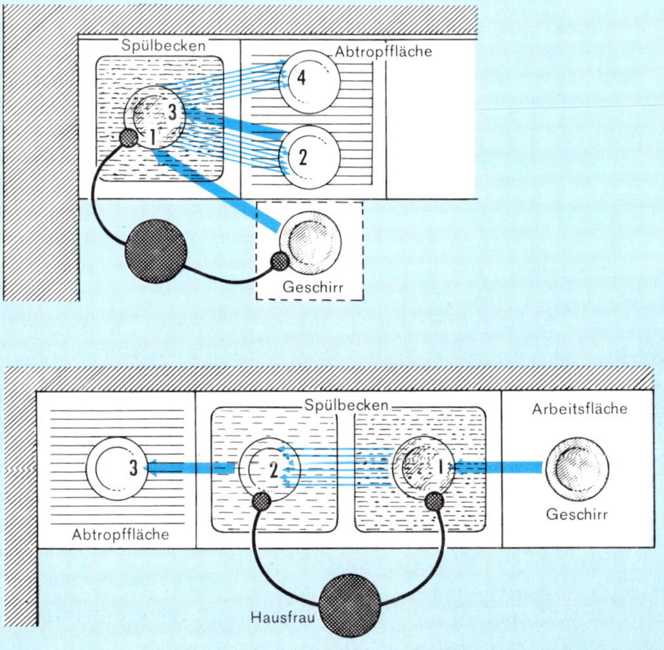

Arbeitsplatz Spülen

»Schlecht geplant«
1 Geschirr stapelweise einsetzen,
2 einzeln rechts abstellen,
3 stapelweise einsetzen, heiß spülen,
4 einzeln rechts abstellen
Grifflängen für 6 Teller »10,5 m«,
Zahl der Bewegungen für 6 Teller »103 Griffe«

»Gut geplant«
1 Geschirr stapelweise einsetzen, heiß spülen,
2 einzeln absetzen
3 stapelweise herausnehmen, abstellen
Grifflängen für 6 Teller »5,9 m«,
Zahl der Bewegungen für 6 Teller »52 Griffe«

Beispiele: Am Arbeitsplatz »Spülen« kann schnell, leicht und sicher gearbeitet werden, wenn die Abmessungen und die Anordnung der Abstellflächen und

Spülbecken so geplant ist, daß Rechtshänder von rechts nach links arbeiten können.

Horizontaler Greifbereich

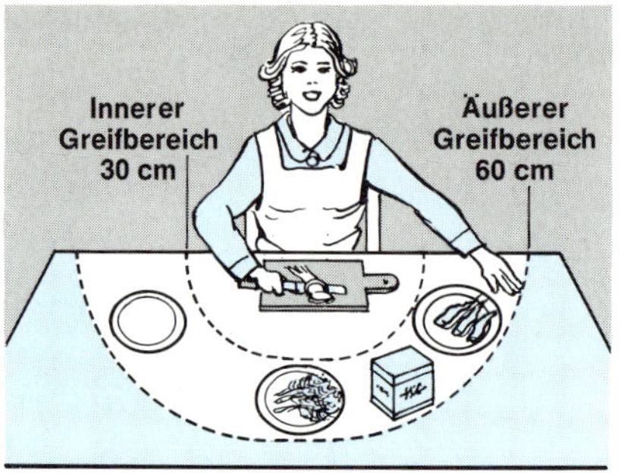

Folgende Anhaltsmaße gelten für die Greifbereiche (horizontal):

innerer Greifbereich: 30–35 cm Tiefe und 80 cm Breite,

äußerer Greifbereich: 55–60 cm Tiefe und 140 cm Breite.

Greifraum

Als Grundlage für die Gestaltung eines Arbeitsplatzes muß der horizontale *Greifraum* beachtet werden. Der innere Greifraum liegt im Aktionsradius der Unterarme, bei locker herabhängenden Oberarmen. Der äußere Greifraum dagegen liegt innerhalb des Aktionsradius bei ausgestreckten Armen.

Vertikaler Greifbereich

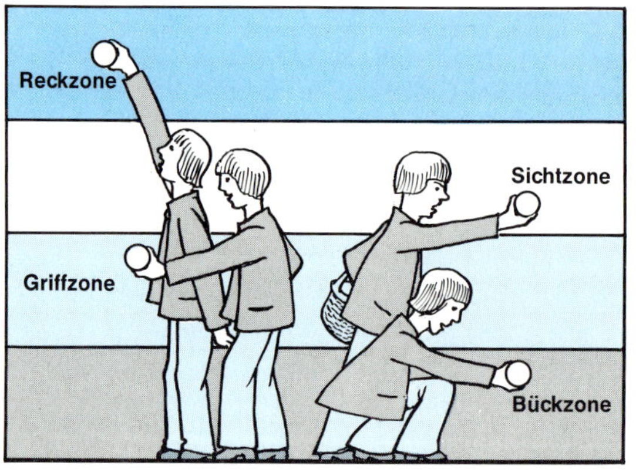

Arbeitsplätze, bei denen vorwiegend im inneren Greifbereich gearbeitet wird, sollten demnach mindestens 80 cm Breite haben, für größere Arbeiten (z. B. Bügeln großer Stücke, Zuschneiden) kann der Tisch 120–140 cm breit sein.

Belichtung

Eine gute *Belichtung* des Arbeitsplatzes ist gegeben, wenn das Tageslicht von links kommt und das Fenster ausreichend groß ist.

Beleuchtung

Eine gute Beleuchtung des Arbeitsplatzes erfordert eine gleichmäßige Allgemeinbeleuchtung des Raumes – zweckmäßigerweise mit Warmtonleuchtstoffröhren – ohne starke Helligkeitsunterschiede im Raum. Deckenleuchten werden am besten in Fensternähe angebracht. Zusätzlich beleuchtet werden ungünstig gelegene Arbeitsplätze – z. B. bei denen das Tageslicht im Rücken ist. Helle Wände, Decken und Möbel sichern gute Beleuchtung und Belichtung.

Die Beleuchtungsstärke wird in *Lux* gemessen.

6 Watt je $m^2 \triangleq 100$ Lux

z. B.: Küche erforderliche Lux $350 \triangleq 21$ Watt/m^2; bei einer Größe von 15 m^2 werden ca. 300 Watt zur ausreichenden Beleuchtung benötigt.

Die erforderliche Beleuchtungsstärke hängt von der Feinheit der Tätigkeit und vom Alter der arbeitenden Person ab (eine ältere Frau braucht bei groben Arbeiten eine doppelt so starke Beleuchtung wie eine jüngere).

Art der Arbeit	erforderliche Lux
grob (Bettenmachen)	80–170
mittel (Fußboden reinigen)	170–350
fein (spülen, nähen, lesen)	350–700

Merkmale für eine richtige Arbeitshaltung im Sitzen

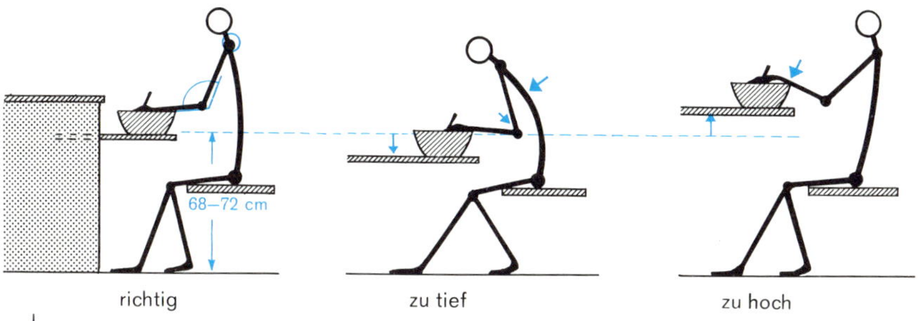

Merkmale für eine richtige Arbeitshaltung im Stehen

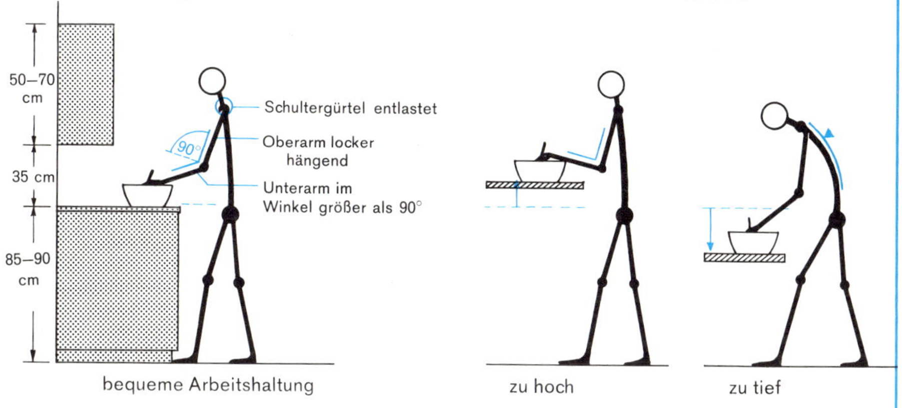

Arbeitshaltung

Die Arbeitshaltung soll ungezwungen und natürlich sein (Merkmale für gute Arbeitshaltung siehe S. 48).

Im Haushalt sollte vor allem vermieden werden, längerdauernde Arbeiten in schlechter Arbeitshaltung auszuführen, z. B. Bügeln oder Geschirrspülen. Bei kurzdauernden Arbeiten ist die Haltung weniger entscheidend.

Arbeitshöhe

Arbeitsplätze von 85–90 cm Höhe zum Arbeiten im Stehen mit flachen Geräten oder Geschirr sind durch die Normhöhen der Küchen oder Elektrogeräte gegeben.

Beim Spültisch verringert sich die Arbeitshöhe von 85 cm auf ca. 70 cm, wenn im Becken gearbeitet wird. Der Platz für Arbeiten im Sitzen (Ausziehbrett in der Küche) ist bei normaler Körpergröße 65–70 cm hoch. Diese Höhe ist außerdem für stehend ausgeführte Arbeiten mit hohen Geräten geeignet (Handrührgerät, Passiermaschine auf Kochtopf, Küchenmaschine; der Arbeitsplatz sollte darum

Arbeitshöhen

		mittlere Höhe
Küche	Arbeitsplatz zum Sitzen	65–67–70 cm
	Arbeitsplatz zum Stehen	80–85–90 cm
	Spüle	85–90–100 cm
Bügeln	Arbeitsplatz zum Sitzen	60–63–65 cm
	Arbeitsplatz zum Stehen	75–80–85 cm

Richtige Länge des Stiels von Besen und Schrubber

ausreichend groß – mindestens 60 cm breit – und genügend belastbar sein. Weitere Arbeitshöhen bieten z. B. fahrbare Tische oder Hocker.
Auch bei der Auswahl von Arbeitsmitteln sollte die Arbeitshaltung ausprobiert werden. So ist z. B. die Stiellänge bei Besen und Schrubber entscheidend dafür, wie damit gearbeitet werden kann, ein zu kurzer Stiel verlangt Bückarbeit. Die Länge des Stiels muß abhängig von der Körpergröße der arbeitenden Person ausgewählt werden: der Stiel des Gerätes soll der Person bis zu Mund oder Nase reichen.

Arbeitsbewegungen und Arbeitstechnik

Die Arbeitsbewegungen sollen sparsam aber wirksam sein (siehe auch Seite 52). Alle diese Regeln sollen auf alle Handarbeiten im Haushalt angewandt werden. Für jede Arbeit gibt es eine geeignete Arbeitstechnik, die es erlaubt, die Arbeit leicht, schnell, gut und sicher auszuführen.

Beispiel Fensterputzen
- rechtes äußeres Fenster mit linker Hand putzen,
- linkes äußeres Fenster mit rechter Hand putzen,
- rechtes inneres Fenster mit rechter Hand putzen,
- linkes inneres Fenster mit linker Hand putzen

jeweils mit geordneten Bewegungen wie auf Seite 49 beschrieben.

Beispiel Fußboden reinigen
Arbeitstechnik beim Naßreinigen:
In einer Ecke des Raumes wird angefangen und zur Tür hin gearbeitet. Der Raum wird nach Reichweite der Arme in Arbeitsabschnitte eingeteilt, der Eimer muß jeweils günstig zum Abschnitt stehen.
Arbeitstechnik beim Staubsaugen:
Die zu reinigenden Flächen werden in Abschnitten – nach Reichweite der Arme, möglichst ohne Bücken – systematisch abgesaugt. Nur so ist gewährleistet, daß jede Stelle einmal erreicht wird.

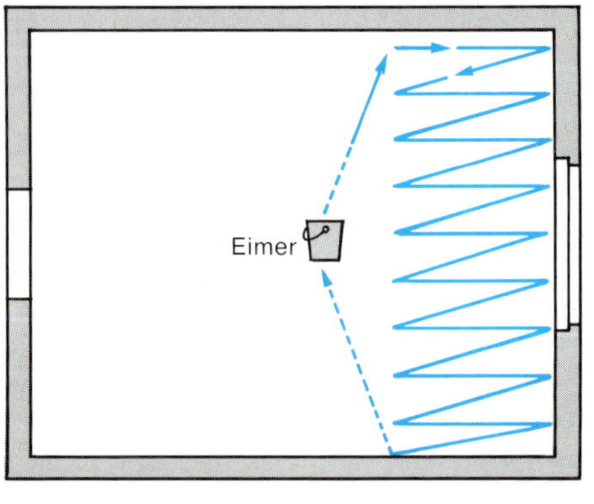

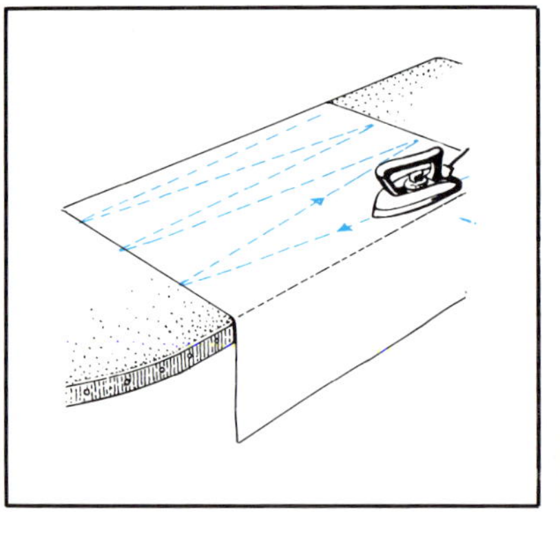

Links: Arbeitstechnik beim Naßwischen eines Zimmers

Rechts: Arbeitstechnik beim Bügeln

Beispiel Wäschepflege
Arbeitstechnik beim Handbügeln:
Zuerst Wäschestück glatt auflegen, um größere Flächen ohne Absetzen des Bügeleisens zu glätten;

Bügeleisen gleichmäßig und langsam über den Stoff führen (siehe Zeichnung) – von sich weg bügeln.
Von rechts bügeln, ohne Druck, gleichmäßig Strich für Strich.
Die Wärme des Eisens auf den Stoff wirken lassen.
Falten und Kräusel mit der Spitze des Bügeleisens bügeln, Knöpfe mit der Knopfnute umbügeln.

Beispiel Nahrungszubereitung
Arbeitstechnik beim Gemüseschneiden:
In Stücke schneiden (Spargel, Bohnen, Schwarzwurzeln, Lauch): mehrere Teile fassen, rechts schließen die Enden gleichmäßig ab, mit ziehendem Schnitt zerteilen.
In Scheiben schneiden (Gurken, Tomaten, Porree, Rettich, Kohlrabi, Rote Rüben (Rote Bete), gekochter Sellerie): größere Gemüse halbieren, die Hälften mit der Schnittfläche auflegen, schneiden.
In Würfel schneiden (Möhren, Kohlrabi, Sellerie).
In Stifte schneiden (Kartoffeln, Wurzelpetersilie).
In kleine Würfel (Zwiebeln).
Beim Schneiden von Stiften und Würfeln zuerst auf dem Brett das Schneidgut in Scheiben zerteilen. Mehrere Scheiben aufeinanderlegen, in Streifen, dann in Würfel schneiden.

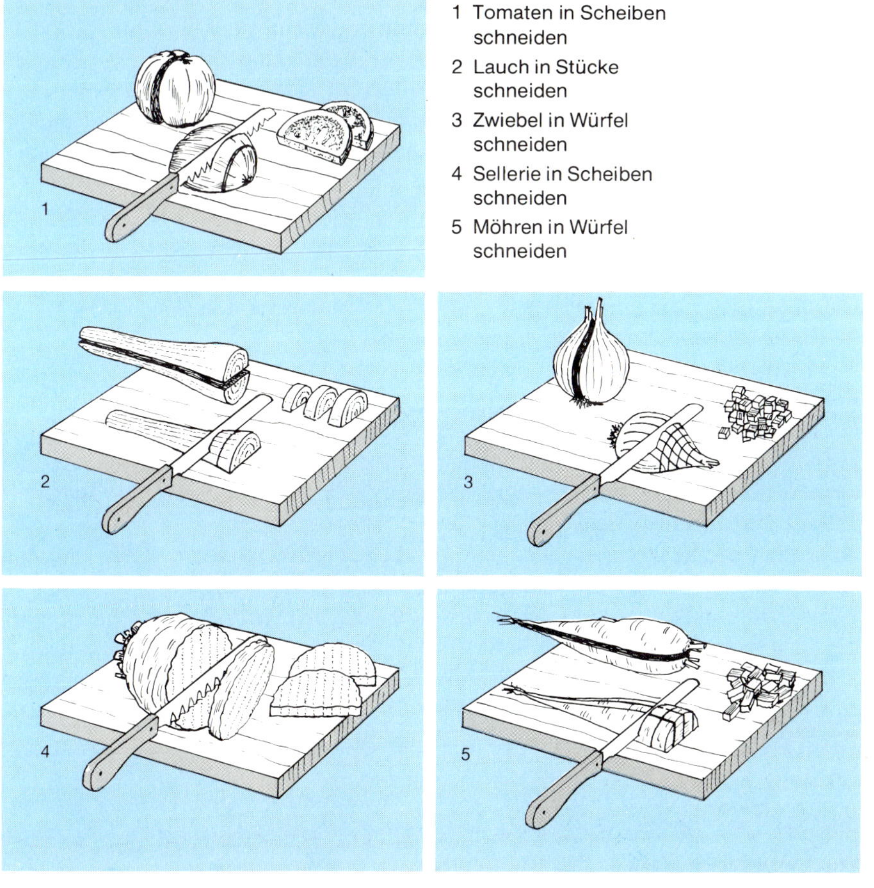

1 Tomaten in Scheiben schneiden
2 Lauch in Stücke schneiden
3 Zwiebel in Würfel schneiden
4 Sellerie in Scheiben schneiden
5 Möhren in Würfel schneiden

Möhren mehrmals längs, dann quer in Stifte schneiden.
Zwiebeln nach dem Schälen von der Wurzel zum Stiel halbieren, mit der Schnittfläche auf ein Schneidbrett legen. Vom Stiel her die Zwiebel in Scheiben schneiden. Dabei aufpassen, daß die Wurzelscheibe nicht durchgeschnitten wird. Dann quer zu den Längsschnitten die Zwiebel in Würfel schneiden.

Prüfen Sie Ihr Wissen

1. *Nennen Sie 5 Grundsätze zur Arbeitsgestaltung!*
2. *Geben Sie 3 Gesichtspunkte an, die bei der Auswahl von Arbeitsmitteln berücksichtigt werden sollen!*
3. *Erläutern Sie an je einem Beispiel aus den Bereichen Nahrungszubereitung und Hauspflege eine gute Arbeitstechnik!*

Rationalisierung der Hausarbeit

Für den Haushalt wird – ähnlich wie in der Industrie – als Ziel der Rationalisierung gefordert, daß mit möglichst geringem Aufwand an Arbeitszeit und -kraft bei geringen Kosten der bestmögliche Erfolg erzielt wird: leichter, schneller, besser, sicherer arbeiten.
Meist wird die Technik als das entscheidende und wichtigste Mittel zur Rationalisierung im Haushalt angesehen. Sie trägt aber in der Hauptsache nur zur Erleichterung und Vereinfachung der Einzelarbeiten bei, wie Waschen, Trocknen, Bügeln, Kühlen, Gefrieren usw. Für die gesamte Bewältigung der Haushaltsaufgaben kann eine organisatorische Rationalisierung eine viel größere Wirkung haben als die Technisierung einzelner Arbeiten.

Organisatorische Rationalisierung

Die erste Frage bei der organisatorischen Rationalisierung lautet:
Ist die betreffende Arbeit überhaupt notwendig?

Beispiele
Die vollerwerbstätige Hausfrau, die wenig Zeit für den Haushalt hat, wird überlegen, ob sie noch selbst Kuchen backt, ob sie die Wäsche zu Hause wäscht oder ausgibt, ob sie Bügelarbeiten weglassen kann (z. B. bei pflegeleichter Wäsche, bei Trikot- und Frotteewäsche).
Allgemeinrezepte können hier nicht gegeben werden, sondern jeder Haushalt muß nach seiner Situation entscheiden, welche Arbeiten durchführbar sind.
Wenn Zeit und Kraft knapp sind, sollte die Frage, ob eine Arbeit überhaupt nötig ist, für alle Arbeitsbereiche gestellt werden. Erst, wenn diese Frage bejaht wird, d. h. die betreffende Arbeit durchgeführt werden soll, dann sind 5 weitere Fragen zu stellen:
Was? Wann? Wo? Wer? Wie?

Beispiel:
Was? **Was?** Aufgaben planen: was ist zu tun?

Arbeiten festlegen nach
- Art – z. B. Beköstigung,
- Umfang – z. B. für 3 Personen,
- Häufigkeit – z. B. täglich 4 Mahlzeiten.

Daraus entstehen
- Wochen-Speisezettel,
- Einkaufszettel,
- Gartenplan,
- Reinigungsplan.

Wann?

Wann? Der richtige Zeitpunkt für Hausarbeiten soll bei der Planung berücksichtigt werden. Folgende Überlegungen sind wichtig:

- Persönliche »Bestzeit« nach Tagesleistungskurve (siehe Seite 45) und Motivation.
- Haushaltspezifische »Bestzeiten«:
  Feststehende (gebundene) Zeiten einplanen: Schulzeiten, Ladenöffnungszeiten, Arbeitszeiten …

Aber:
- Hausputz zum Wochenende oder besser anfangs der Woche.
- Mittagessen in 3 Schichten oder später, aber gemeinsam.
- Festen Waschtag oder täglich 1–2 Waschmaschinen füllen.

Wo?

Wo? An dem Arbeitsplatz, der für die betreffende Arbeit geeignet und eingerichtet ist. Der Arbeitsplatz muß so gestaltet sein, daß die Arbeit in richtiger Höhe und bequemer Körperhaltung ausgeführt werden kann.

Wer?

Wer? Eine Arbeit soll von demjenigen ausgeführt werden, der körperlich und geistig dazu geeignet ist, Neigung und Zeit für diese Arbeit hat, entsprechend ausgebildet und unterwiesen ist.

Wie?

Wie? Die Grundsätze der Arbeitsgestaltung bei jeder Arbeit beachten:
Arbeitsablauf – Arbeitsmittel – Arbeitsplatz – Arbeitshaltung und Arbeitsbewegungen (siehe Seite 49)
Leichter – besser – sicherer arbeiten!

Technische Rationalisierung

Die technische Rationalisierung wird von 2 Aspekten bestimmt:
- Die bauliche Gestaltung der Wohnung mit ihrer Ausstattung und Einrichtung, insbesondere natürlich der Wirtschafts- und Sanitärräume (siehe Seite 248 ff)
- Die Technisierung und Automatisierung der einzelnen Arbeiten im Haushalt. Die Haushalte der Bundesrepublik Deutschland sind heute schon weitgehend technisiert, zur Mindestausstattung gehören z. B. Kühlschrank, Herd, Staubsauger. So ist oft bei der Anschaffung von neuen Elektrogeräten und -maschinen die Zeitersparnis recht gering; sehr oft wird nur die Arbeit angenehmer gemacht. Bei der Entscheidung für technische Rationalisierung ist es darum für jeden Haushalt wichtig, zu fragen ob und wie damit der tägliche Arbeits-

plan verändert wird, ob und wieviel Zeit eingespart werden kann, und wieweit die Arbeit erleichtert, d. h. angenehmer wird. Auch die Qualität der Arbeit kann eine Rolle spielen; so spült z. B. der Geschirrspüler mit heißem Wasser von 65° C und ist damit in der Hygiene dem Handspülen überlegen.

Die Entscheidung für eine Technisierung wird erleichtert, wenn das gewohnte Arbeitsverfahren mit dem geplanten neuen Verfahren verglichen wird und zwar hinsichtlich der

- verwendeten Arbeitsmittel,
- der körperlichen und geistigen Belastung,
- des Zeitaufwands oder Zeitbedarfs,
- der Kosten,
- der Qualität des Arbeitsergebnisses.

Verfahrensvergleiche

Beispiele für Verfahrensvergleiche

Vergleich von Arbeitsmitteln
Kartoffeln schälen: Messer – Sparschäler
Mürbteig bereiten: Handrührgerät – Standküchenmaschine
Bohnen schneiden: Messer – Handschnitzelgerät – Küchenmaschine
Kaffee kochen: Schnellfilter – Kaffeemaschine
Bügeln: Herrenhemd von Hand – Bügelmaschine
Wäsche trocknen: Leine – Wäschetrockner

Vergleich der körperlichen und geistigen Belastung
Staubsaugen (großen Raum): Handstaubsauger – Bodenstaubsauger
Wäsche aufhängen auf Leine und abnehmen – Wäschetrockner bedienen

Vergleich Zeitbedarf
Verwendung vorgefertigter Lebensmittel statt »frischer« Zutaten für das Mittagessen

Vergleich Kosten
Spülen von Hand – Spülmaschine
Wäschetrocknen auf der Leine – Wäschetrockner
Marmelade selbsthergestellt – gekauft

Vergleich der Qualität des Arbeitsergebnisses
Kartoffelbrei aus frischen Zutaten – Pürreepulver (ohne und mit Milch)
Marmelade selbsthergestellt – Industrieprodukt
Herrenhemd bügeln von Hand – bügeln mit Maschine
Tischtuch bügeln von Hand – bügeln mit Maschine
Knopfloch nähen von Hand – mit Maschine
Saumnähen von Hand – mit Nutzstichmaschine – mit aufgebügeltem Nahtband

Prüfen Sie Ihr Wissen

1. *Welche Fragen sind vor Erledigung einer Arbeit zu stellen? Erläutern Sie dies an einem Beispiel!*
2. *Welche Punkte sollten bedacht werden, wenn ein gewohntes Arbeitsverfahren durch ein neues ersetzt werden soll?*

Arbeitssicherheit

Der Anteil der häuslichen Unfälle am gesamten Unfallgeschehen ist erschreckend hoch. Stürze machen über 80% dieser Unfälle aus, viele enden tödlich. Betroffen sind vorwiegend ältere Menschen. Säuglinge und Kleinkinder ersticken häufig. Aber auch Vergiftungen mit Medikamenten, Reinigungs-, Körperpflege- und Schädlingsbekämpfungsmitteln kommen oft vor; pro Woche sterben daran in der Bundesrepublik Deutschland 2 Kinder.

Unfallgefahren im Haushalt

Die Unfallgefahren sollten jedem bewußt sein und ihn zu unfallsicherem Verhalten veranlassen. Was muß beachtet werden, um Unfälle zu vermeiden?

Geräte

Geräte – Beim Einkauf von Geräten und Einrichtungen ist es wichtig, darauf zu achten, daß sie den Vorschriften des Gesetzes über technische Arbeitsmittel (Maschinenschutzgesetz) genügen. Haushaltsgeräte fallen gemäß § 1, Abschnitt 2 unter den Geltungsbereich des Maschinenschutzgesetzes. Darin ist festgelegt, daß technische Arbeitsmittel nur in den Verkehr gebracht werden dürfen, wenn sie den allgemein anerkannten Regeln der Technik sowie den Arbeitsschutz- und Unfallverhütungsvorschriften entsprechen.

GS – geprüfte Sicherheit

Elektrische Sicherheit – In den Bestimmungen des VDE (Verband deutscher Elektrotechniker) wird z. B. die Sicherheit vor elektrischem Schlag gefordert. Geräte, die das Verbandszeichen des VDE oder das Zeichen »GS« (= geprüfte Sicherheit) – z. B. am Typenschild – tragen, zeigen damit, daß sie die entsprechenden Sicherheitsvorschriften erfüllen.

VDE-Zeichen, dieses Zeichen allein ist nicht mehr zulässig.

Gastechnische Sicherheit

Gastechnische Sicherheit – Die Sicherheit von Gasverbrauchseinrichtungen wird durch die gemeinsam von DNA (Deutscher Normenausschuß) und DVGW (Deutscher Verein von Gas- und Wasserfachmännern e. V.) erteilte DIN-DVGW-Registriernummer bestätigt. Beim Gebrauch von Gasgeräten soll unbedingt die Bedienungsanweisung beachtet werden. Bei Gasgeruch sind sofort Türen und Fenster zu öffnen. Es darf kein Feuer angezündet und auch kein elektrischer Schalter betätigt werden, da Explosionsgefahr besteht. Flüssiggas (Propan, Butan) ist schwerer als Luft, lagert daher am Boden und muß aufgewirbelt oder durch Türen hinausgelüftet werden.

Feuertechnische Sicherheit

Feuertechnische Sicherheit – Schutz vor Verbrennungen usw. Im Gegensatz zur elektrischen und gastechnischen Sicherheit kann der Benutzer hier selbst prüfen, inwieweit erforderliche Sicherheitsmaßnahmen getroffen worden sind. Vorsicht ist in erster Linie beim Heizen geboten. Streichhölzer dürfen Kindern nicht zugänglich sein. Der Gebrauch von brennbaren und explosiven Stoffen soll nach Möglichkeit eingeschränkt werden. Jeder Haushalt sollte Maßnahmen für vorbeugenden Feuerschutz treffen, Feuerlöscher und Rufnummer der Feuerwehr bereithalten.

Küchengeräte

Küchengeräte – Wenn kleine Kinder im Haushalt sind, wird für alle Herdarten die Anbringung eines Schutzgitters empfohlen, damit Töpfe von ihnen nicht heruntergezogen werden. Nach der Seite oder nach hinten ausgerichtete Stiele

Herd mit Schutzgitter

und Griffe sind auf dem Herd eher dem Zugriff der Kinder entzogen als nach vorne herausstehende. Die Abdeckplatte sollte gegen unbeabsichtigtes Zuklappen gesichert sein (evtl. abschrauben und für die Herdplatten Einzelabdeckungen verwenden).
Kühl- und Gefrierschränke und *Gefriertruhen* müssen auch von innen zu öffnen sein.
Küchenmaschinen sollen so gebaut sein, daß Zahnräder, Riementriebe, offen laufende Teile (z. B. an Zerkleinerungsmaschinen, Mixern) gegen zufällige Berührung geschützt sind und Ansatzteile nur im Stillstand der Maschine ausgewechselt werden können. Einlauf und Auslauf der Zerkleinerungsmaschinen (z. B. Reibe-, Schneide- und Schnitzelmaschinen, Fleischwolf) müssen so gestaltet oder mit einem besonderen, dauernd befestigten Schutz so ausgerüstet sein, daß ein Hineingreifen unmöglich ist und Verletzungen durch sich drehende Teile verhindert werden.
Zum Nachdrücken des Füllgutes muß ein mit Hebelgriff versehener Deckel oder ein Stößel benutzt werden.

Elektrische Kaffeemühlen, Mixer und ähnliche Maschinen müssen eine Sicherung haben, die ein Öffnen des Deckels nur bei Stillstand des Mahlwerks gestattet und nicht zuläßt, daß die Maschinen bei geöffnetem Deckel in Betrieb gesetzt werden können, oder sie sollen so gestaltet sein, daß eine Berührung rotierender Teile unmöglich ist.

Allesschneider (Brot- und Aufschnittmaschinen) müssen an der Messerschneide bis auf Schnittbreite abzudecken sein. Zum Nachdrücken kleinerer Stücke sind Schlitten und Restehalter zu verwenden.

Büchsenöffner sollen an Büchsen und Deckel keinen scharfkantigen Rand (Grat) hinterlassen. Der Griff (Heft) von (Küchen-)Messern muß breiter als die Klinge und so geformt sein, daß ein Abrutschen vom Griff zur Klinge vermieden wird.

Geschirr, Kochtöpfe und Pfannen sollen mit Siebdeckel und Schütt- oder Tropfrand versehen werden, Henkel und Griffe wärmeisoliert und so ausgeführt sein, daß eine sichere Handhabung gewährleistet und eine Berührung der Topfwand verhindert wird.

Dampfdruckkochtöpfe müssen mit einem Sicherheitsventil gegen Überschreitung des Höchstdruckes ausgerüstet sein. Dieses soll eine Vorrichtung besitzen, daß sich lösende Teile keine Verletzungen und Schäden hervorrufen können. Eine Deckelsicherung muß das Öffnen eines unter Druck stehenden Topfes verhindern und darf das Öffnen nur dann zulassen, wenn gleichzeitig mit dem Lösen der Deckelsicherung eine Entspannung des Dampfdruckes ermöglicht wird.

Unfallverhütung

Sturz- und Stolpergefahren

An der Spitze der tödlichen Haushaltsunfälle stehen Stürze, deshalb sollen alle Sturz- und Stolpergefahren beseitigt werden durch Wahl trittsicherer Fußbodenbeläge und Abstreifer, Unterlegen von Schaumstoff oder Gitter unter lose Teppiche. Lose Kabel nicht herumliegen lassen, Treppen nicht bohnern. Überall ist auf ausreichende Beleuchtung zu achten, insbesondere in Fluren und Gängen. Hier müssen Schalter an jedem Gangende angebracht sein. Vorsicht beim Fensterputzen. Hier – wie für alle Arbeiten in der Höhe – Sicherheitsleitern benutzen. Fenster und Balkontüren sind vor allem vor Kleinkindern gegen unbeaufsichtigtes Öffnen zu sichern. Steckdosen werden zweckmäßigerweise mit einer »Kindersicherung« ausgestattet. Alle fehlerhaften Stellen an Elektrogeräten, vor allem an Kabeln müssen schnell und fachgerecht beseitigt werden. Wenn Geräte zerlegt werden, muß vorher der Netzanschluß gelöst werden. Besondere Vorsicht verlangt der Umgang mit Elektrogeräten im Sanitärbereich; vor allem darf nie ein Gerät während des Badens benutzt werden.

Steckdosen

Statt wackeliger Aufbauten immer standfesten Tritt oder eine Sicherheitsleiter benützen.

Arbeitskleidung

Zweckmäßige Arbeitskleidung schützt den Arbeitenden vor Verletzungen und gesundheitlicher Schädigung und ist damit eine wichtige Voraussetzung für eine gute Leistung. Bei der Arbeitskleidung ist insbesondere auf gutes Schuhwerk zu achten: feste standsichere Absätze, keine »losen« Sandalen. Die Schürzen und Kleiderschürzen sollen keine weghängenden Teile oder unzweckmäßige Taschen haben, mit denen man in Türklinken hängen bleiben kann.

Statt Schürze mit Bändern lieber einen zweckmäßigen Arbeitskittel mit genügend großen Taschen. Hier besteht nicht die Gefahr des Hängenbleibens, außerdem können kleine Arbeitsmittel mitgenommen werden.

Vergiftungsunfälle – insbesondere bei Kindern – lassen sich vermeiden, wenn folgende Vorsichtsmaßnahmen beachtet werden:

- Nach jeder Benutzung wird das entsprechende Mittel sogleich ordnungsgemäß weggeräumt.

Hausapotheke

- Die dreiteilige Hausapotheke hat sich bewährt. Sie enthält zwei offene Fächer für die Mittel der Ersten Hilfe und Krankenpflege und ein verschlossenes Fach für die Arzneimittel (Seite 141).
- Reinigungsmittel oder andere Chemikalien nur in Giftflaschen (eckig!) aufbewahren und deutlich beschriften. Niemals in Getränkeflaschen oder Nahrungsmittelgläser umfüllen. Ein hastiger Schluck aus der giftgefüllten Flasche wurde oft schon zum Verhängnis.

Chemikalien

- Putz-, Fleckenentfernungs- und Schädlingsbekämpfungsmittel gehören nicht in die Hausapotheke. Sie verbleiben in ihren Originalbehältern und werden in einem besonderen, verschließbaren Fach z. B. im Besenschrank aufbewahrt.
- Körperpflegemittel, vornehmlich Sprays, können für Kinder gefährlich werden, wenn sie in die Augen, Schleimhäute oder Atmungsorgane gelangen. Die Behälter sind deshalb so abzustellen, daß Kinder nicht heranreichen können.
- Eltern dürfen Kinder niemals eigenmächtig mit Medikamenten versorgen. Manche für Erwachsene harmlose Arzneimittel sind für Kinder selbst in geringer Dosis schon giftig.

Verschlüsse

- Eltern müssen nachdrücklich »kindergesicherte« Verschlüsse für Arzneimittelgefäße und Chemikalienbehälter fordern und die entsprechende Entwicklung auf dem pharmazeutischen Markt aufmerksam und kritisch verfolgen. Der Drehkappenverschluß für Arzneimittelflaschen hat sich als sicher erwiesen. Es besteht aber auch bei kindersicherem Verschluß die Gefahr, daß Flüssigkeit ausläuft und u. U. die Haut des Kindes verätzt.

Vergiftungen

Informations- und Behandlungszentren für Vergiftungsunfälle

In der Bundesrepublik und in Berlin (West) gibt es zur Zeit 16 Informations- und Behandlungszentren für Vergiftungsfälle. Davon sind 14 durchgehend 24 Stunden besetzt. Die Telefonnummern der Kliniken für Giftunfälle sollte in jeder Hausapotheke vorgemerkt sein. (Siehe auch Seite 141–144.)

Prüfen Sie Ihr Wissen

1. Nennen Sie 5 der häufigsten Unfallursachen im Haushalt und Maßnahmen zu ihrer Vermeidung.

2. Welche Sicherheitsvorkehrungen sind bei Küchengeräten besonders zu beachten?

Kapitel 3
Erziehung – Mitmenschen

In der Erziehungslehre wird die Entwicklung des Kindes vom Beginn seines Lebens bis zum Eintritt in das Erwachsenenalter dargestellt. Dabei wird auch aufgezeigt, welche Gefährdungen auftreten, und wie man ihnen begegnen kann. In der Anfangsphase liegt die Verantwortung für die Entwicklung eines Kindes noch ganz bei den Eltern (oder deren Stellvertreter). Später lernen Kinder und Jugendliche immer mehr Verantwortung für sich selbst zu tragen, bis sie dann als junge Erwachsene ganz in die Eigenverantwortung entlassen werden.
Die Familie ist die Keimzelle neuen Lebens und eine Lebensgemeinschaft, die heranwachsende Kinder in ihrer Entwicklung fördert und prägt, die darüberhinaus aber auch Kranken und Bekümmerten, Alten und Gebrechlichen Geborgenheit anbieten kann. Die Verantwortung für die Erfüllung dieser vielfältigen Aufgaben tragen Eltern für ihre heranwachsenden Kinder und erwachsene Kinder für ihre alternden Eltern. Wenn schicksalhaft diese gegenseitige Fürsorge nicht mehr gewährleistet ist, z. B. bei Krankheit oder Tod verantwortlicher Familienglieder, dann werden Aufgaben der Familie ersatzweise von sozialen Einrichtungen übernommen, z. B. in Heimen oder Tagesheimen für Kinder, für Behinderte, für Kranke oder für Alte. Leben im Heim kann jedoch nie soviel bedeuten wie das Leben in einer Familie.

Erwachsen werden – Familie gründen

Verantwortliche Elternschaft setzt voraus: Kenntnis der hormonellen Regelung im Körper des Mannes und der Frau, Einblick in die Möglichkeiten der Empfängnisregelung und der Familienplanung, sowie Information über die Entwicklung eines Kindes.

Reifung zum Mann und zur Frau

Reifwerden ist ein Entwicklungsprozeß, der die Kindheit abschließt und ins Erwachsenenalter hineinführt. Bestimmend für diese Zeit des Umbruchs, die als *Pubertät* bezeichnet wird, sind seelisch-geistige und körperliche Reifungsprozesse, die etwa im Alter von 12 Jahren einsetzen (bei Mädchen etwas früher, bei Jungen etwas später). Die oft stürmisch verlaufende Entwicklung erreicht ihren Höhepunkt um das 15. Lebensjahr und geht ab dem 17. Lebensjahr in eine ruhiger werdende Phase über, die als *Adoleszenz* bezeichnet wird (siehe auch Seite 129).

Pubertät

Die seelisch-geistige Reifung beginnt mit einer Nach-innen-Wendung. Dabei lernt der junge Mensch seine Einmaligkeit, seine Individualität kennen, und dies bringt er auch nach außen in Kleidung und Haarschnitt zum Ausdruck. Deutlich wird

Seelisch-geistige Reifung

ihm jetzt aber auch die Kluft, die ihn von anderen trennt; er fühlt sich einsam und oft auch von anderen unverstanden. Indem er sich nun aber intensiv mit sich selbst beschäftigt, wächst in ihm ein neues Selbstverständnis. Dieser Selbstfindung folgt dann wieder eine Nach-außen-Wendung, welche die Phase der Adoleszenz einleitet. In erneuter Hinwendung zur Mitwelt gewinnt nun der Heranwachsende allmählich einen eigenen Standort im gesellschaftlichen Miteinander. Die innere Unruhe schwindet, das Denken gewinnt an Klarheit, Berufs- und Lebensziele werden ins Auge gefaßt. Häufig wird zu dieser Zeit auch die elterliche Familie verlassen: Man will ‚auf eigenen Füßen stehen' und sich Lebensgefährten selbst suchen. Der junge Mensch ist erwachsen geworden. Er ist nun in der Lage, sein Leben selbständig und in eigener Verantwortung zu führen, und er ist auch bereit, Verantwortung für andere zu übernehmen. Damit ist eine gewisse Reife der Gewissensbildung erreicht; aus dem reifen Jugendlichen ist ein junger Erwachsener geworden.

Körperliche Reifung

Parallel zur seelisch-geistigen Reifung verläuft *die körperliche Reifung,* die anfangs in stärkerem Längenwachstum, später in vermehrtem Breitenwachstum äußerlich sichtbar wird, die aber auch typisch männliche oder typisch weibliche Merkmale stärker hervortreten läßt. Ein Mensch erreicht die körperliche Reife, wenn seine Anlagen sich so weit entwickeln, daß sie in Funktion treten können. Die Geschlechtsorgane sind bereits bei der Geburt angelegt, und in den Keimdrüsen werden auch schon *geschlechtsspezifische Hormone* produziert. Bis zur Geschlechtsreifung in der Pubertät kreisen im Blut der Jungen und Mädchen gleiche, aber sehr geringe Mengen beider Hormonarten. Mit Beginn der Pubertät ändert sich das Verhältnis der Hormone: beim Mädchen werden mehr weibliche, beim Jungen mehr männliche Hormone gebildet. Das wird sichtbar in der Ausprägung *sekundärer Geschlechtsmerkmale:* Behaarung an Achsel und Scham bei beiden Geschlechtern, Brustentwicklung bei Mädchen, Bartwuchs und Stimmbruch bei Jungen. Diese äußeren Merkmale sind Anzeichen für funktionelle Änderungen im Körperinnern: In den männlichen Organen kommt es zur Samenbildung und gelegentlich auch zum Samenerguß (Pollution). In den weiblichen Geschlechtsorganen löst sich alle vier Wochen eine reife Eizelle ab, und es kommt – wenn keine Befruchtung stattfindet – zur monatlichen Regelblutung (Menstruation), die 4–6 Tage dauert.

Sekundäre Geschlechtsmerkmale

Hormonale Steuerung

In die hormonale Steuerung sind bei der Frau drei Organe mit Drüsenfunktion einbezogen: Ein Hormon der Hirnanhangdrüse (Hypophyse) wirkt anregend auf die Eierstöcke (Ovarien); das von den Eierstöcken daraufhin produzierte Hormon regt die Entwicklung der Gebärmutter (Uterus) an und wirkt gleichzeitig zurück auf die Hirnanhangdrüse, deren Hormonproduktion dadurch umgestellt wird. Auch beim Mann wird die Produktion von geschlechtsspezifischen Hormonen, die in den Hoden und in der Vorsteherdrüse (Prostata) gebildet werden, von der Hirnanhangsdrüse angeregt.

Disharmonien in der Entwicklung

Eine Verschiebung in der voneinander abhängigen Steuerung mehrerer Organe und anderer abhängiger Drüsen kann zu Disharmonien in der Entwicklung führen. Bei vorzeitig beginnender Pubertät, bei jahrelang anhaltender, unregelmäßiger, schwacher oder verspäteter Menstruation muß ein Arzt befragt werden, der gegebenenfalls mit Hormongaben die Körperfunktion wieder ins Gleichgewicht bringen kann. Zu beachten ist aber: *Hormone sind Stoffe, die in kleinster Menge große Wirkungen auslösen.* Schon eine geringe Über- oder Unterfunktion einer Hormondrüse kann weitreichende Folgen haben. Werden Hormonpräparate verordnet, so müssen sie pünktlich, regelmäßig und sehr genau dosiert eingenommen

Hormonpräparat

werden. Das gilt z. B. auch für die »Anti-Baby-Pillen«, die auf Hormonbasis aufgebaut sind.

Körperpflege

Besonderer Aufmerksamkeit bei der *Körperpflege* bedürfen die sehr empfindlichen Schleimhäute der Geschlechtsorgane. Beim Mann wird die Gliedspitze (Eichel) unter Zurückziehen der Vorhaut täglich gereinigt, denn die hier liegenden Talgdrüsen sondern ein Sekret ab, das bei mangelnder Pflege zum Entzündungsherd werden kann.

Bei der Frau werden äußere Waschungen mit klarem Wasser vorgenommen; Scheidenspülungen sind nicht erforderlich (sie könnten mehr schaden als nutzen!). Besonders wichtig ist die Körperpflege der Frau zur Zeit der Regelblutung und der Schwangerschaft; es wird dann, weil die Drüsenfunktion gesteigert ist, mehr Sekret und Schweiß gebildet. Häufiger Wäschewechsel ist angezeigt.

Desodorantien

Die Verwendung von desodorierenden Mitteln kann Waschen und Wäschewechsel nicht ersetzen. Diese Mittel können bestehenden Geruch nicht beseitigen; sie können nur geruchsbildende Zersetzung hemmen. Desodorantien hemmen aber nicht nur geruchsbildende Bakterien, sondern greifen auch die gesunde und notwendige Mikroflora der Haut an. Wird so die Haut ihres natürlichen Schutzes beraubt, ist sie offen für Erkrankungen durch Pilze, die Hautausschläge (Ekzeme) verursachen. Besonders empfindlich ist die zarte Schleimhaut der Scham; sie sollte immer nur mit reichlich frischem Wasser abgespült werden.

Familienplanung durch Empfängnisregelung

Die geschlechtliche Vereinigung ist Ausdruck der Liebe zwischen Mann und Frau. Eine Empfängnis ist jedoch nicht immer erwünscht; dafür werden viele Gründe angeführt.

> Wir wollen noch warten, denn wir sind noch zu jung, ... stehen noch in der Ausbildung. Unsere finanzielle Lage, . . . unsere Wohnverhältnisse, ... unsere berufliche Laufbahn lassen es ratsam erscheinen, jetzt noch kein Kind zu zeugen. – Als Eltern wollen wir für genügend Abstand zwischen zwei Geburten sorgen und auf den Gesundheitszustand der Mutter Rücksicht nehmen. – Auch im Interesse der Kinder ist es vielleicht notwendig, die Zahl der Geschwister zu begrenzen. – Manche Eheleute müssen auf Kinder ganz verzichten.

Jedes Kind sollte ein Wunschkind sein dürfen. Schon vor der Geburt wirkt sich die freudige Erwartung günstig auf die Entwicklung des Kindes aus. Mit der Geburt darf dann das Wunschkind in eine Familiengemeinschaft eintreten, die sich auf seine Ankunft freudig vorbereitet hat und nun bemüht ist, ihm die Geborgenheit zu geben, die es für seine Entwicklung braucht. Familienplanung trägt dazu bei, daß Kinder als Wunschkinder geboren werden können.

Empfängnis regeln

Empfängnisregelung heißt: Liebesverkehr ohne Angst vor unerwünschten Folgen. Mit allen Methoden der Empfängnisverhütung sind jedoch gewisse Risiken verbunden. Die folgende Übersicht zeigt, welche Mittel angeboten werden, wie sicher sie sind, und was bei ihrer Verwendung zu beachten ist.

Hormonpräparate – Ovulationshemmer in Form von Pillen: »Anti-Baby-Pille«. *Bester und zuverlässigster Schutz,* regelmäßige tägliche Einnahme erforderlich.

Verhindert das Heranreifen einer befruchtungsbereiten Eizelle: unterdrückt den Eisprung (die Ovulation). Die unterschiedliche Zusammensetzung der Präparate und die verschiedenartigen Reaktionen bei Frauen erfordern die Verschreibung durch den Arzt.

Mechanische Verhütungsmittel – Gummischutz über das Glied des Mannes (Kondom), Gummikappe für den Muttermund der Frau (Pessar). Diese Mittel sind nur bei richtiger Anwendung einigermaßen zuverlässig. Kondome sind in Apotheken und Drogerien käuflich, Pessare werden vom Arzt angepaßt, beziehungsweise eingesetzt.

Chemische Verhütungsmittel – Pasten, Zäpfchen oder Sprays, die in der Scheide einen samentötenden Schaum entwickeln, sind sehr unzuverlässig in ihrer Wirkung. Nur bei gemeinsamer Anwendung mit einem Pessar können sie dessen Zuverlässigkeit verbessern.

Aufpaßmethode – Unterbrochener Geschlechtsverkehr (Coitus interruptus) ist äußerst unzuverlässig, schenkt keine volle Befriedigung und ist für beide Partner belastend.

Zeitwahlmethode nach Knaus-Ogino – Die Berechnung der unfruchtbaren Tage enthält ein großes Risiko, denn nur selten ist der Menstruationszyklus ganz regelmäßig.

Spirale – Intra-Uterin-Pessar

Menstruationskalender

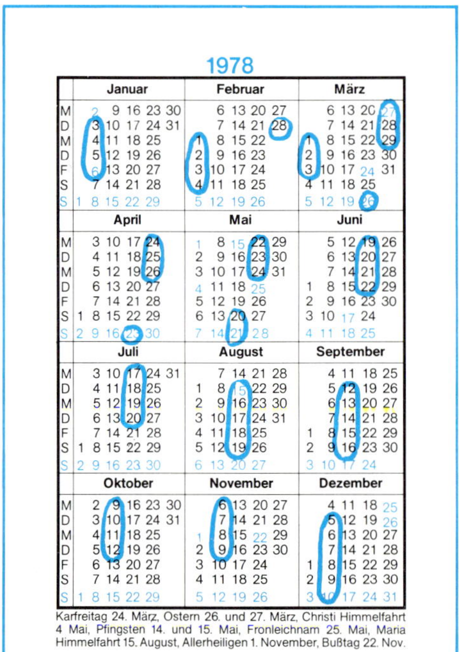

Ratschläge zur Begünstigung einer Empfängnis – Sie gehören ebenfalls zur Familienplanung, denn manche Ehepaare warten lange Zeit vergeblich auf Nachwuchs. Hier kann die *Zeitwahlmethode nach Knaus-Ogino* hilfreich sein, um die besonders empfängnisbereiten Tage zu berechnen. Noch genauer läßt sich die Zeit höchster Empfängnisbereitschaft mit der *Temperaturmethode* ermitteln, denn nach dem Eisprung erhöht sich die Basaltemperatur um 0,5 Grad. In Apotheken gibt es Kurvenblätter und Spezialthermometer, die das Ablesen vereinfachen. – Wenn trotz Empfängnisbereitschaft der Kinderwunsch nicht in Erfüllung geht, sollten beide Partner einen Arzt befragen. Gründe sind nicht immer nur bei der Frau zu suchen; die Ursache kann auch beim Mann liegen (etwa 30% aller Fälle).

Empfängnis begünstigen

Temperaturmethode

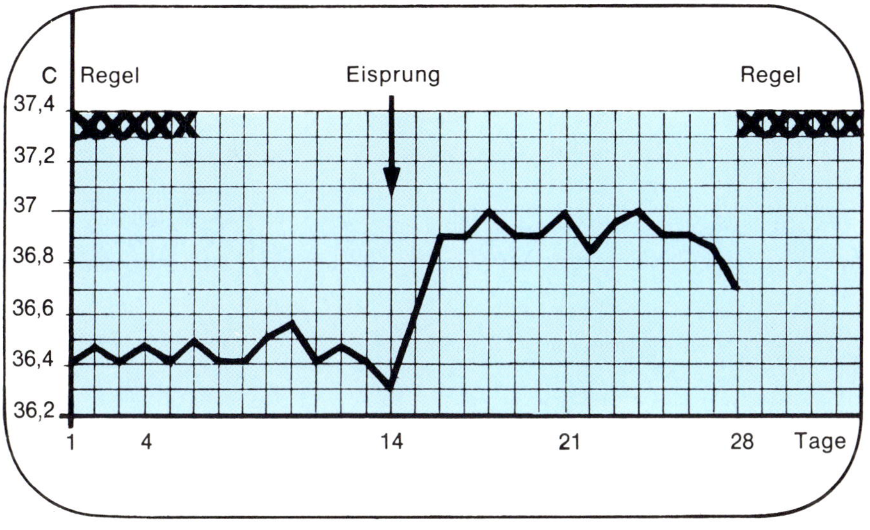

Temperaturkurve mit Eisprung am 14. Tag

Kinder gelten seit altersher und bei allen Völkern als Segen. Meist wurden sie in eine Großfamilie hineingeboren, die ihnen menschliche und wirtschaftliche Sicherheit bot. Umgekehrt sah man in Kindern die Garanten für den Fortbestand der Familie und die Sicherung ihres Besitzes. Zu bedenken ist auch die früher sehr hohe Kindersterblichkeit, die der großen Geburtenzahl die Waage hielt. Heute, unter gewandelten Lebensverhältnissen in der industrialisierten Welt, sieht man in Kindern mehr eine Bereicherung des eigenen Lebens; gleichzeitig billigt man ihnen eigene, auf ihre kindliche Welt bezogene Daseinsformen zu.
In der vorindustriellen Gesellschaft haben die Familien viele Kinder, weil Kinder mit ihrer Arbeitskraft zum Unterhalt der Familie beitragen und später auch den Eltern Alterssicherung gewähren. Mit der Entwicklung zur Industriegesellschaft sinkt die Kinderzahl der Familien, weil die Kinder durch eine lange Schul- und Ausbildungszeit ihre Eltern finanziell belasten und sich auch gesellschaftliche Nachteile ergeben, z. B. bei der Wohnungssuche. Ursache dafür ist das Konsumdenken, das den Lebenserfolg am Konsum mißt. Dem muß entgegengehalten werden, daß höhere Lebenserfüllung uns durch Kinder geschenkt wird, selbst dann, wenn der Einzelne seinen Konsum zugunsten der Kinder beschränken muß.

Befruchtung

Die Entwicklung des ungeborenen Kindes

Die Entwicklung eines Kindes beginnt mit der *Befruchtung* einer Eizelle durch die beim Geschlechtsverkehr herangeführte Samenzelle eines Mannes. In der befruchteten Eizelle verschmilzt der Eizellkern mit dem eingedrungenen Samenzellkern zum Urzellkern des neuen Lebewesens. Wichtige Entscheidungen über den neuen Menschen werden mit der Verschmelzung der Kerne getroffen, denn sie enthalten die in den Genen fixierte Erbinformation, und damit ist alles, was im Menschen erblich angelegt ist, bestimmt: sein Geschlecht, sein Aussehen, seine Erbgesundheit, seine ererbte Intelligenz.

Die Befruchtung

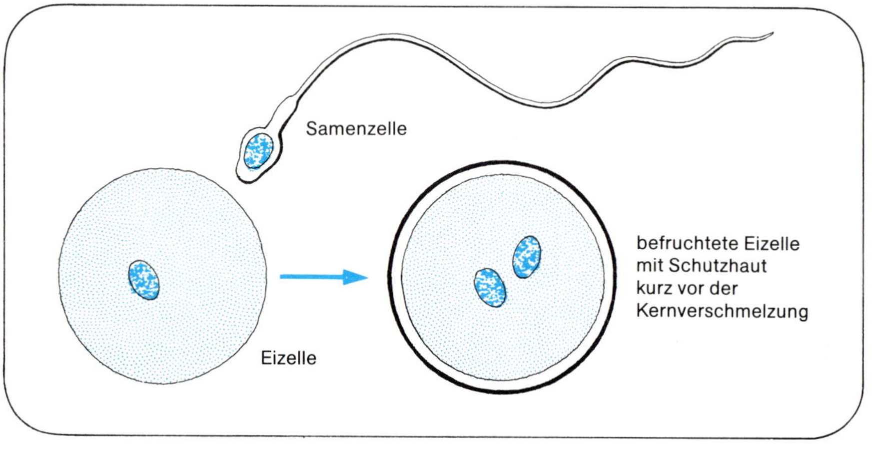

Die *Entwicklung* bis zum geburtsreifen Kind verläuft danach in drei Phasen:

1.–3. Monat

1.–3. Monat – Aus der befruchteten Eizelle entwickelt sich ein Embryo, bei dem bereits Arme und Beine, das Gesicht mit den Augen, Gehirn und Nerven, Skelett und innere Organe zu erkennen sind (siehe Abb. Seite 72). Am Ende des 3. Monats hat der Embryo eine Größe von 10 cm. Der Leib der Mutter vergrößert sich in dieser Zeit nur wenig; die Schwangerschaft ist äußerlich noch nicht sichtbar.

4.–6. Monat

4.–6. Monat – Die Leibesfrucht zeigt nun schon menschliche Formen und wird Fetus genannt. Arm- und Beinbewegungen werden spürbar; das zunächst knorpelige Skelett verknöchert; alle wesentlichen Organe werden fertig ausgebildet. Die Herztöne werden von außen abhörbar; ihre Zahl ist etwa doppelt so hoch wie die der Mutter. Die Größenzunahme des Fetus ist beträchtlich: am Ende des 6. Monats hat er eine Länge von 30 cm. Die Schwangerschaft wird nun am Mutterleib auch äußerlich sichtbar, und die Mutter braucht jetzt Umstandskleider mit Bauchweite.

7.–9. Monat

7.–9. Monat – Der Fetus reift zum Kind und wächst dabei auf eine Größe von 50 cm heran. Im 7. Monat werden die Lungen atmungsfähig. Das Kind ist dann so weit entwickelt, daß es auch bei einer verfrüht einsetzenden Geburt lebensfähig ist. Nach 9 Monaten ist das Kind voll entwickelt; es besitzt nun ein schützendes Fettpolster und hat Reservestoffe gesammelt. Die schützende und nährende Hülle des Mutterleibes kann nun verlassen werden.

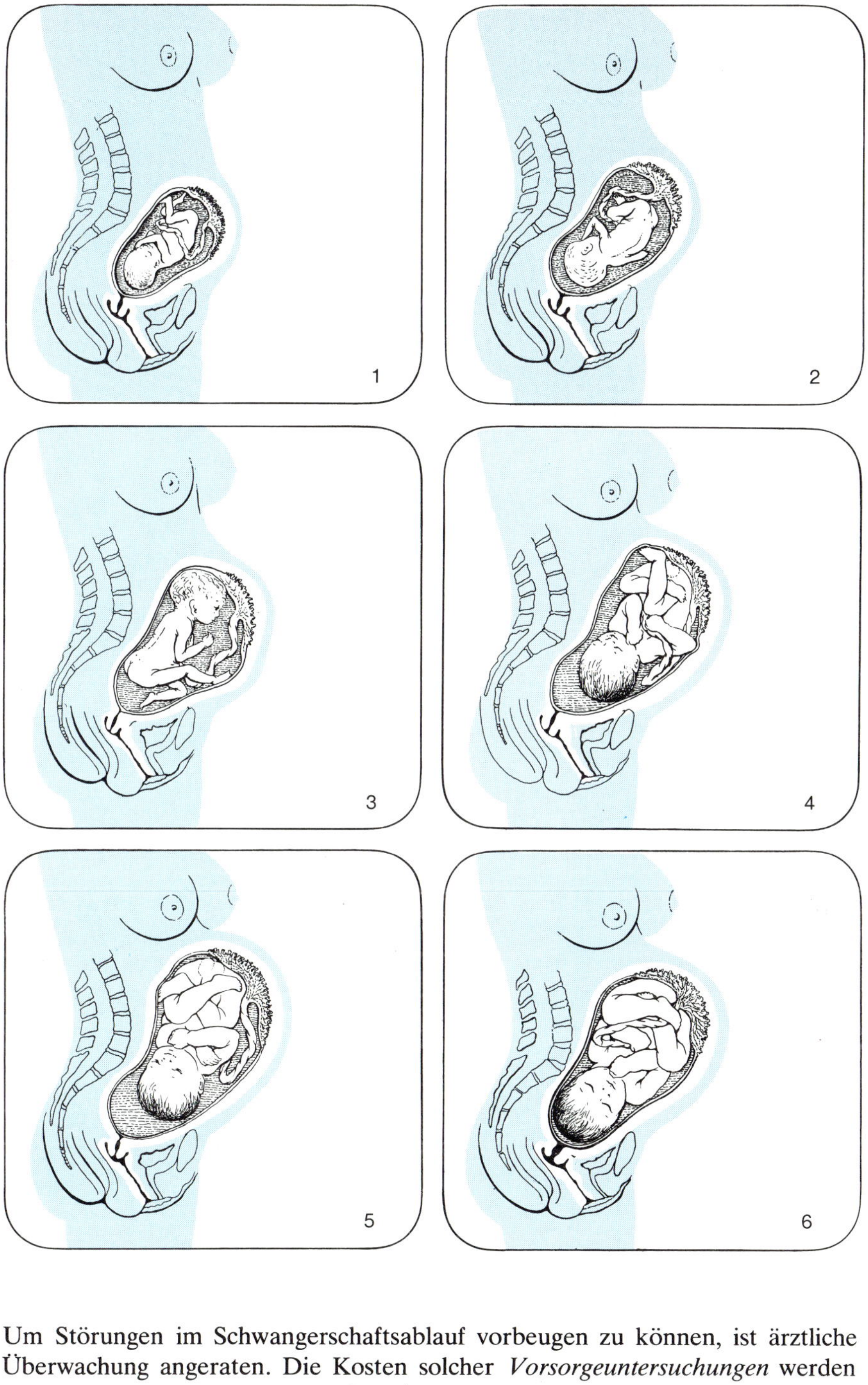

Ab dem 5. Schwangerschaftsmonat sind die Bewegungen des Kindes spürbar, und der Arzt kann die Herztöne abhören (1).
Im 6. Schwangerschaftsmonat nimmt die Größe des Kindes beträchtlich zu (2).

Im 7. Schwangerschaftsmonat kann das Kind seine Lage im Uterus noch verändern (3).
Später dreht es sich in die für die Entbindung richtige Lage: Kopf nach unten (4).

Im 8. Schwangerschaftsmonat steigt der Uterus bis zum Rippenbogen hoch und kann Magendruck und Kurzatmigkeit auslösen (5).
Im 9. Schwangerschaftsmonat senkt sich der Uterus wieder, weil nun der Kopf des Kindes ins kleine Becken eintritt (6).

Vorsorgeuntersuchungen

Um Störungen im Schwangerschaftsablauf vorbeugen zu können, ist ärztliche Überwachung angeraten. Die Kosten solcher *Vorsorgeuntersuchungen* werden von der Krankenkasse getragen (S. 77). Die normale Entwicklung des Kindes im Mutterleib kann durch Außeneinflüsse (z. B. Krankheiten der Mutter) oder durch innere Ursachen (z. B. Erbschäden) gefährdet sein. Tritt eine so starke Störung auf, daß die Funktion wichtiger Organe ausfällt, so stirbt die Leibesfrucht ab, und es kommt zu einer *Fehlgeburt* (Abgang, Abort).

Fehlgeburt

Im 3. Schwangerschaftsmonat zeigt der Fetus bereits menschliche Formen, die immer mehr ausreifen.

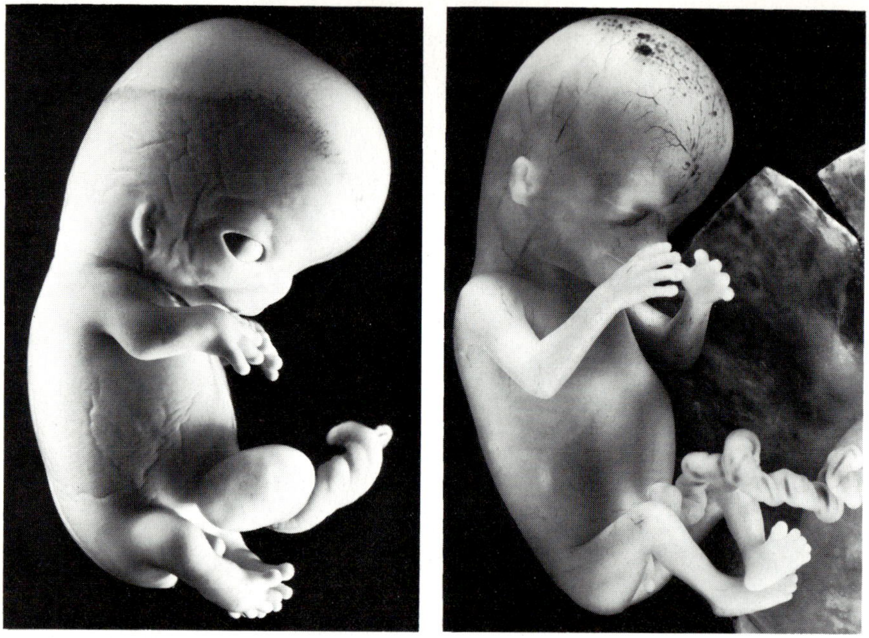

Embryonalentwicklung und Bildung wichtiger Organe

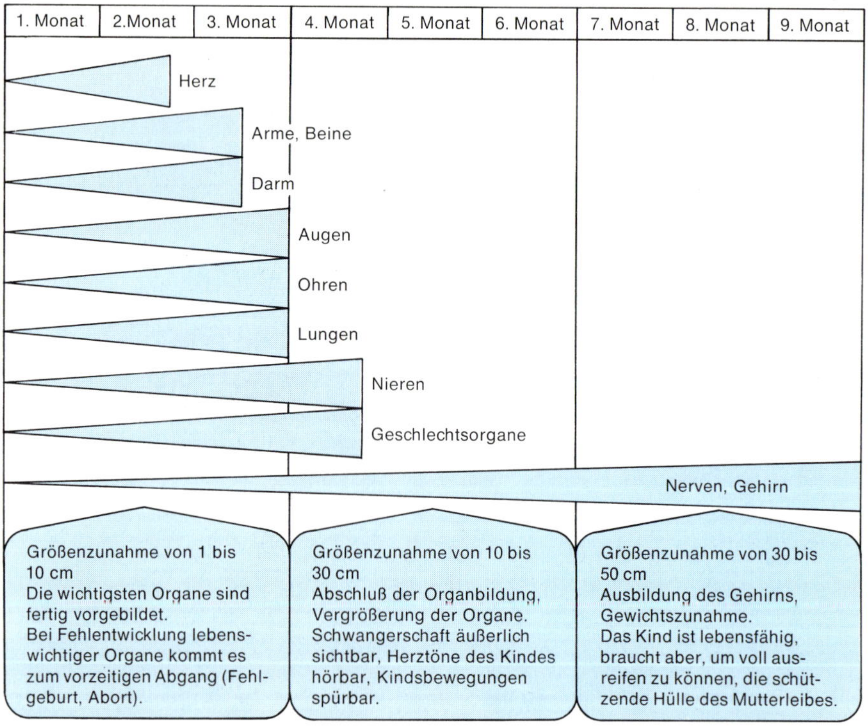

Mißbildungen

Hirnschäden

In der Frühzeit der Schwangerschaft (1.–3. Monat) ist das Risiko einer *Organmißbildung* am größten, denn in dieser Zeit werden alle wichtigen Organe gebildet (siehe Grafik). Tritt ein Störfaktor erst später auf, so vermag er nur noch Organe mit später Entwicklungsphase zu schädigen; vor allem das Gehirn kann bis zur Geburt und auch noch darüberhinaus durch Giftstoffe geschädigt werden.

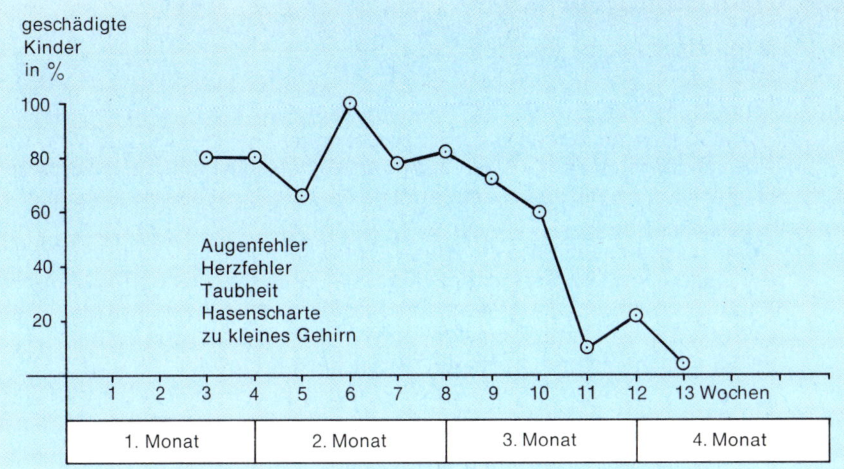

Zeitpunkt der Rötelerkrankung während einer Schwangerschaft und Prozentzahl der geschädigten Kinder (100% = 62 beobachtete Fälle)

Röteln

Sensible Phase

Contergan-Katastrophe

Mißbildungen und Hirnschäden können durch Gifte oder durch *Infektionskrankheiten* verursacht werden. Obenstehende Tabelle zeigt die Schädigung des Kindes in Abhängigkeit vom Zeitpunkt einer Rötelerkrankung (Impfung gegen Röteln s. S. 91). In jeder Organentwicklung gibt es sensible Phasen, in denen Störeinflüsse besonders schwerwiegende Folgen haben. Das zeigte sich auch bei der Contergan-Katastrophe: Um 1960 wurden bei Neugeborenen sehr viele Mißbildungen beobachtet, die darauf zurückzuführen waren, daß die Mütter in den ersten Schwangerschaftsmonaten das Medikament Contergan eingenommen hatten. Weil alle Gifte die Organbildung stören können, ist während der Schwangerschaft Enthaltsamkeit geboten:

Bei Schwangerschaft Nikotin, Alkohol und andere Drogen meiden, Medikamente nur im Notfall einnehmen, bei Infektionskrankheiten sofort den Arzt verständigen!

Zum Nachdenken

Was raten Sie Ihrer gerade schulentlassenen Tochter (15), die nach Empfängnisverhütungsmitteln fragt?

Ein Kind erwarten

Für die werdenden Eltern ist wichtig zu wissen, wie die Schwangerschaft festgestellt wird, wie lange sie dauert, und was sich dabei verändert. Die Umstellung auf eine Schwangerschaft kann auch Belastung bedeuten: über mögliche Hilfen für werdende Mütter sollte man sich rechtzeitig informieren. An den Vorbereitungen zur Geburt kann die ganze Familie teilnehmen.

Beginn einer Schwangerschaft

Im Tagebuch einer jungen Frau lesen wir:

»Heute wurde mir bewußt, daß meine Monatsregel eigentlich überfällig ist. Und noch kein Anzeichen dafür ist zu bemerken, keine Leibschmerzen wie sonst, nur eine gewisse Übelkeit. Könnte das etwa bedeuten, daß ich schwanger bin? – Schön wäre es, denn Gerd und ich wünschen uns ein Kind. Aber in anderer Hinsicht ist es doch auch problematisch: Wie werde ich die neun Monate durchstehen? Wird mir immer übel sein? Kann ich mit dickem Bauch mich überhaupt sehen lassen, etwa an meiner Arbeitsstätte? Muß ich den Beruf nicht ganz aufgeben? Aber schaffen wir es dann auch finanziell? Fragen über Fragen! Mir schwirrt der Kopf. Ich will mit Gerd alles besprechen. – Aber ist es denn schon sicher, daß ich schwanger bin?«

Urintest

Für die Frau ist erstes Anzeichen einer beginnenden Schwangerschaft das Ausbleiben der Regelblutung. Gewißheit gibt aber erst ein Urintest oder das Hören der kindlichen Herztöne. Den *Urintest* kann man bereits im 2. Schwangerschaftsmonat (frühestens 14 Tage nach Ausbleiben der Regelblutung) beim Arzt oder in der Apotheke durchführen lassen. Es gibt aber auch Testmaterial zu kaufen, so daß man zu Hause selbst den Urintest durchführen kann. Dieser Schwangerschaftsnachweis beruht darauf, daß im Urin der Schwangeren eine erhöhte Hormonmenge nachgewiesen werden kann. Ist das Testergebnis positiv, so deutet das mit hoher Wahrscheinlichkeit auf eine Schwangerschaft hin. Letzter und sicherster Nachweis ist das *Abhören der kindlichen Herztöne,* das ab dem 5. Schwangerschaftsmonat möglich ist.

Herztöne

Geburtstermin

Die Schwangerschaft dauert rund neun Monate. Man kann den Tag der Geburt auf einfache Weise berechnen, indem man zum 1. Tag der letzten Menstruation 7 Tage und 1 Jahr hinzuzählt und von diesem Datum 3 Monate zurückrechnet; so erhält man den voraussichtlichen Geburtstermin.

Beispiel: 1. Tag der letzten Menstruation 3. Juni 1979. Geburtstermin 3. 6. + 7 Tage = 10. 6. + 1 Jahr − 3 Monate = 10. 3. 1980.

Lebensführung während der Schwangerschaft

Hanna und Horst erwarten ihr erstes Kind; bei Maria und Michael hat sich das zweite Kind angekündigt. Die werdenden Väter treffen sich gelegentlich und sprechen miteinander über das, was sich in ihrem Ehe- und Familienleben durch die Schwangerschaft der Frau und Mutter verändert hat und noch verändern wird. Horst berichtet: »Hanna achtet jetzt sehr auf gesunde Ernährung und betreibt sorgfältige Körper- und Schönheitspflege. Kummer mit der Figur hat sie noch nicht, aber Kleidungsstücke mit Bauchweite hat sie schon vorbereitet. An unseren Wanderungen und dem Schwimmen nimmt meine Frau noch rege teil; nur in die Sauna und zum Leistungssport geht sie jetzt nicht mehr. Wir sprechen viel über unser Kind, und ich merke, daß das Hanna wohltut. Manchmal muß ich sie auch trösten oder ermuntern, denn es kommen natürlich auch Zeiten der Unsicherheit oder Verzagtheit über die werdende Mutter, zumal wenn sie ihr erstes Kind erwartet.«

»Das ist bei uns natürlich etwas anders,« erwidert Michael; »wir erwarten das zweite Kind und Maria kennt sich nun schon aus mit dem, was so eine Schwangerschaft mit sich bringt. Ab dem 6. Monat wird Maria wieder regelmäßig zur Schwangerschaftsgymnastik in die Klinik gehen und auch täglich zu Hause einige Übungen durchführen. Sie sagt, die Geburtsvorbereitung durch Gymnastik, vor allem die Atem- und Entspannungsübungen haben ihr bei der Geburt sehr geholfen und Erleichterung gebracht. – Für uns gibt es aber noch ein anderes Schwangerschaftsproblem, und das heißt: wie bereiten wir unseren dreijährigen Sohn auf die Ankunft eines Geschwisterchens vor? Vielleicht ist es gut, wenn er schon jetzt zu spüren bekommt, daß seine Mutter nun mehr mit sich und dem kommenden Baby beschäftigt und nicht mehr allein für ihn da ist. Für mich als Vater ist das eine gute Gelegenheit und eine wichtige Aufgabe, mich noch mehr als seither mit meinem ›großen‹ Kind zu beschäftigen und es spüren lassen, daß es in eine größerwerdende Familie einbezogen ist.«

Ernährung

Ernährung – Der Bedarf an Bau- und Reglerstoffen ist erhöht: Die Versorgung mit Eiweiß, Mineralstoffen und Vitaminen wird sichergestellt durch Verzehr von viel *Gemüse, Obst, Milch, Quark* und *Käse*. Auch Kalk-Vitaminpräparate können auf Anraten des Arztes vorsorglich genommen werden. – Der Brennstoffbedarf ist nicht erhöht: Überfütterung mit energiereicher Nahrung (Fett, Kohlenhydrate) muß vermieden werden; sie mästet Mutter und Kind und ist oft die Ursa-

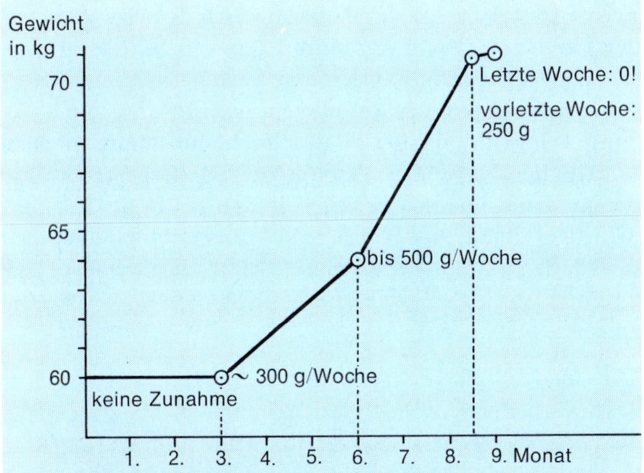

Gewichtszunahme in der Schwangerschaft insgesamt etwa 11 kg

Gewichtskontrolle

Flüssigkeitszufuhr

che für eine erschwerte Entbindung. *Gewichtskontrolle* ist wichtig! – Ballastreiche und milchsaure Kost (Vollkornbrot, Sauermilchprodukte) kann der Darmträgheit vorbeugen. – Damit im Körper nicht zu viel Wasser eingelagert wird, ist die *Flüssigkeitszufuhr* auf 1 Liter je Tag zu begrenzen. Bohnenkaffee und Tee dürfen maßvoll genossen werden. Alkohol ist in großen Mengen schädlich: keinen Branntwein genießen und von Wein, Bier oder Sekt höchstens ein kleines Glas. Bei Neigung zu Fehlgeburten oder Blutungen ist Alkohol strikt verboten.

Bevorzugen	**Einschränken**	**Meiden**
Milch, Sauermilch	fette Speisen	Alkohol
Quark, Käse	stark Gewürztes	Nikotin
mageres Fleisch	fettes Fleisch	*Kinder können schon im Mutterleib nikotinsüchtig werden, so daß nach der Geburt Entzugserscheinungen auftreten. Dies gilt auch für andere Rauschmittel.*
Fisch, Eier	Zucker, Süßigkeiten	
Vollkornbrot	Kochsalz	
Obst, Gemüse	Kaffee, Tee	

Körperpflege und Kleidung – Die beste Schönheitspflege ist eine gesunde Lebensweise mit ausreichendem *Schlaf* (täglich 8 Stunden) und viel *Bewegung* an frischer Luft; Spaziergänge und leichte Wanderungen sowie Schwimmen sind anzuraten. Schwangerschaftsgymnastik ist ab dem 6. Monat jeder werdenden Mutter zu empfehlen; die Kosten für 12 Gymnastikstunden trägt die Krankenkasse. Diese Turn-, Entspannungs- und Atemübungen steigern nicht nur das körperliche Wohlbefinden, sie erleichtern auch die Entbindung, und sie wirken sich günstig aus auf die Dehnung und später auf die Rückbildung des Leibes. Alle Sportarten, die mit Erschütterungen verbunden sind oder den Körper zu sehr anstrengen, müssen unterbleiben. Regelmäßiges und gründliches *Waschen* bzw. *Duschen* ist während der Schwangerschaft besonders wichtig, denn der Körper neigt in dieser Zeit zu vermehrter Schweißabsonderung. Dampfbäder oder Sauna sind aber nicht erlaubt. Nach dem Baden oder Duschen sollten Brust, Bauch und Hüften mit einem Hautöl eingerieben werden, damit *Schwangerschaftsstreifen,* die bei ungleichmäßiger Hautdehnung auftreten, möglichst vermieden werden. Wäsche und Kleidung müssen wegen der Neigung zu vermehrter Schweißabsonderung öfter als sonst gewechselt werden. In der 2. Hälfte der Schwangerschaft wird figureinhüllende *Umstandskleidung* nötig. Auch die werdende Mutter darf der Mode Rechnung tragen und sich hübsch machen. Schönheitspflege ist wichtig: eine gepflegte Frisur und ein dezentes Make-up können von der Figur ablenken.

Gymnastik

Duschen

Wäsche und Kleidung

Ehe- und Familienleben – Die Liebesgemeinschaft zwischen Mann und Frau kann normalerweise auch bei bestehender Schwangerschaft fortgesetzt werden. *Geschlechtsverkehr* ist erlaubt, nur sollte er in den ersten drei Monaten behutsam erfolgen, um die Möglichkeit einer Fehlgeburt auszuschalten. Das gilt besonders für die Tage, an denen die Regelblutung fällig wäre. Nur in den letzten sechs Wochen vor der Entbindung muß der Verkehr unterbleiben, um eine Infektion der Geburtswege zu vermeiden. Von großer Wichtigkeit ist auch die Frage, wie Kinder auf die *Ankunft eines Geschwisterchens* vorbereitet werden. Keinesfalls sollten die Eltern ein Geheimnis aus der Schwangerschaft machen. Das Kind spürt, daß etwas im Gange ist, wird unsicher und reagiert dann vielleicht sogar ungezogen. Zu schweren Verhaltensstörungen kann es kommen, wenn ein Kind mit der Geburt eines Geschwisterchens überrumpelt wird. Deshalb ist es richtig, das Kind an der Erwartung des Babys teilhaben zu lassen und seine diesbezüglichen Fragen zu beantworten. Auf diese Weise gewöhnt sich ein Kind langsam daran, seine Stellung in der Familiengemeinschaft neu zu sehen und dennoch zu erfahren: ich gehöre dazu! Das gilt in ähnlicher Weise auch für den Mann, der

Geschlechtsverkehr

Geschwister

Verhaltensstörungen

Ehemann

zum ersten Mal Vater wird und darunter leidet, nun nicht mehr »der Einzige« zu sein. Die Eifersucht auf das Kind wird genährt, wenn die Mutter immer nur »mein Kind« sagt; »unser Kind« muß es heißen, und dem Vater muß Gelegenheit gegeben werden, sich aktiv an der Erwartung (gemeinsamer Besuch von Kursen für werdende Eltern) und später an der Betreuung des Kindes zu beteiligen. Die »Dreieinigkeit« von Vater, Mutter und Kind beschreibt der Dichter Hans Thyriot mit den Worten:

»Alle Wege in meinem Leben führen zu dir, zu dir –
Alle deine Wünsche, all' deine lieben Gedanken enden bei mir –
All' unser Glück und all' unsre Hoffnung kreisen um dich, du Kind –
Kleiner, seliger, leuchtender Stern unsres Bundes: Wir sind!«

Hilfen für die werdende Mutter

Vorsorge-untersuchung

Vorsorgeuntersuchungen – Jede Frau, die ein Kind erwartet, sollte sich regelmäßig untersuchen und beraten lassen. Vorsorgeuntersuchungen sind auch dann nötig, wenn die Mutter sich nicht krank fühlt. Die Kosten trägt die Krankenkasse; der *Mutterschaftsvorsorgeschein* ist dort anzufordern. Der Arbeitgeber muß für diese Arztbesuche frei geben. Der erste Arztbesuch wird in der 6.–8. Schwangerschaftswoche fällig. Weitere Besuche beim Arzt sind im Abstand von 4 Wochen vorgesehen, in den letzten beiden Monaten sogar alle 14 Tage. Der Arzt untersucht Blut und Urin, um festzustellen:

Blutgruppe, Rhesusfaktor

1. ob keine *Blutgruppenunverträglichkeit* gegeben ist: Bei Blutgruppenunverträglichkeit (Rhesusfaktor!) droht Gefahr für das Kind: es kann im Mutterleib absterben, mit schweren Schäden zur Welt kommen oder kurz nach der Geburt lebensgefährlich erkranken, weil im mütterlichen Körper Antigene gebildet wurden. Ist die Gefahr erkannt, so kann zur Unterdrückung der Antikörperbildung ein Serum verabreicht werden.

Hämoglobin

2. ob der *Blutfarbstoff Hämoglobin* ausreicht: Hämoglobin ist notwendig für den Sauerstofftransport, der während der Schwangerschaft für die Versorgung des Kindes lebensnotwendig ist.

Röteln

3. ob *Immunität gegen Röteln* besteht: Röteln beruhen auf einer Virusinfektion, die sich durch juckende, rote Flecken am Körper anzeigt. Die Krankheit verläuft gutartig, klingt nach wenigen Tagen ab und hat anhaltende Immunität zur Folge. Gefährlich ist sie nur für ungeborene Kinder, die schwere Schäden (Mißbildungen, Schwachsinn, s. S. 73) davontragen, wenn die Mutter während der Schwangerschaft an Röteln erkrankt.

Geschlechtskrankheit, Toxoplasmose

4. ob die Mutter etwa an einer *Geschlechtskrankheit* leidet oder mit *Toxoplasmose* infiziert ist: Beide Infektionen müssen in den ersten drei Schwangerschaftsmonaten ausgeheilt werden; danach könnten sie für das Kind gefährlich werden. – Toxoplasmose wird durch Tiere übertragen. Schwangere sollen im Umgang mit Tieren (auch Haustieren!) sehr vorsichtig und reinlich sein.

Nierenfunktion, Zuckerstoffwechsel

Mutterpaß

5. ob *Nierenfunktion* und *Zuckerstoffwechsel* normal sind (kein Eiweiß, kein Zucker im Urin): Ferner prüft der Arzt den *Blutdruck* und das Gewicht der Mutter, und er kontrolliert die *Herztöne und die Lage des Kindes.* Alle Untersuchungsergebnisse werden im *Mutterpaß* vermerkt. Dieses Dokument sollte die werdende Mutter immer bei sich tragen, damit im Notfall ein fremder Arzt sofort über alle notwendigen Informationen verfügt und ohne Verzögerung helfen kann.

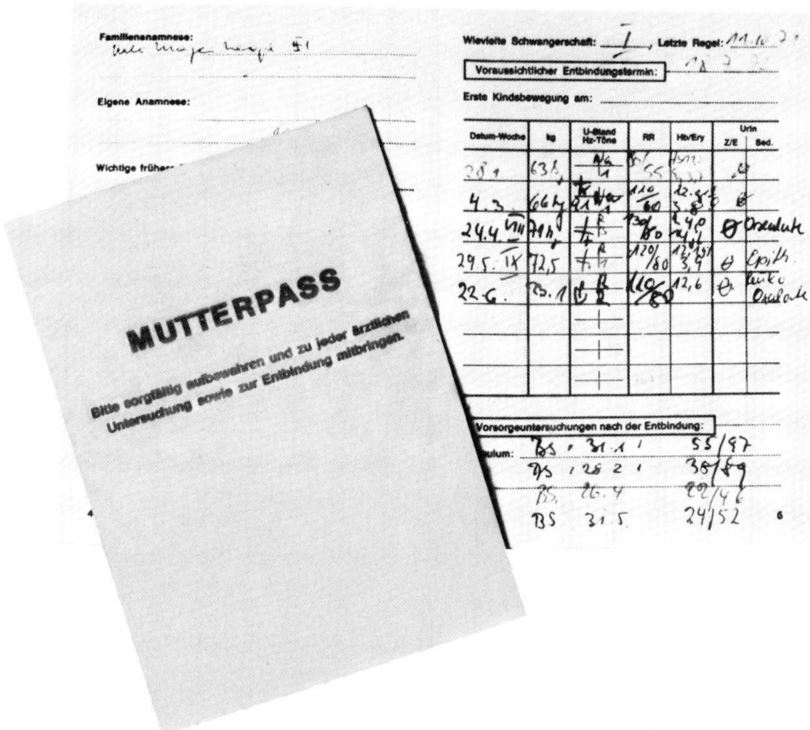

Zahnarzt

Zahnarztbesuche – Sie sind ebenfalls wichtig. Eine alte Volksregel sagt: »Jedes Kind kostet die Mutter einen Zahn!« Das muß aber nicht sein. Weil das Kind zum Aufbau seiner Knochen viel Calcium braucht, wird bei Mangelernährung die Zahnsubstanz der Mutter angegriffen. *Calciumreiche Kost, gründliche Zahnpflege* und rechtzeitige Reparatur kleiner Zahnschäden können den Zahnverfall aufhalten. Der Zahnarzt soll im 3., 6. und 9. Schwangerschaftsmonat aufgesucht werden; eine weitere Untersuchung ist gegen Ende der Stillzeit zu empfehlen.

Mutterschutz

Kündigungsschutz

Mutterschaftsurlaub

Mutterschaftsgeld

Mutterschutzgesetz und Mutterschaftsgeld – Das sind Hilfen für berufstätige Frauen, die in einem Arbeitsverhältnis stehen (Hausfrauen und Selbständige sind ausgenommen). Werdende Mütter stehen unter *Kündigungsschutz* vom Beginn der Schwangerschaft bis 4 Monate nach der Geburt. Die Schwangerschaft soll dem Arbeitgeber bekanntgegeben werden, damit die werdende Mutter nicht mit schweren oder gesundheitsgefährdenden Arbeiten beauftragt wird. Mehrarbeit und Nachtarbeit sind nicht erlaubt. Bei längerer Arbeit in gleicher Körperhaltung muß zu kurzer Arbeitsunterbrechung oder zum Haltungswechsel Gelegenheit gegeben werden. *Mutterschaftsurlaub* darf 6 Wochen vor der Entbindung genommen werden; er dauert bis 8 Wochen nach der Entbindung; er kann auf Antrag nochmals um 4 Monate verlängert werden. Vorher darf die Mutter auf eigenen Wunsch weiterarbeiten; nach der Entbindung besteht absolutes Arbeitsverbot. Während der Arbeitspause wird ein *Mutterschaftsgeld* gezahlt, das dem vorher erzielten Nettolohn entspricht. Frauen, die in keinem Arbeitsverhältnis stehen, bekommen dann Mutterschaftsgeld, wenn sie Anspruch auf Krankengeld oder auf Arbeitslosengeld haben. Versicherte ohne Krankengeldanspruch und mitversicherte Ehefrauen bekommen einen einmaligen Betrag ausgezahlt. In vielen Sonderfällen werden noch andere Hilfen angeboten.

Fall	Hilfe	an wen wenden?	zu beachten:
Jede werdende Mutter	1. Vorsorgeuntersuchungen, Mutterpaß 2. Elternschule 3. Mütter-Gymnastik	Arzt; Vorsorgeschein von Krankenkasse Gesundheitsamt oder Gemeindeverwaltung	Regelmäßig zur Untersuchung gehen. Mutterpaß bei sich tragen. Vater und Mutter gehen gemeinsam zur Elternschule.
Verdacht auf angeborene Schäden	Genetische Beratung **vor** der Schwangerschaft (evtl. Indikation für Schwangerschaftsunterbrechung)	Arzt, genetische Beratungsstelle	Angeborene Schäden bei Verwandten von Mutter und Vater erkunden und dem Arzt vortragen
Berufstätige	1. Mutterschutzgesetz 2. Mutterschaftsgeld	Staatl.Gewerbeaufsichtsamt Krankenkasse	Dem Arbeitgeber soll die Schwangerschaft mitgeteilt werden.
Unverheiratete	Gesetz über die Stellung nichtehelicher Kinder	Jugendamt Vormundschaftsgericht	Alleinstehende Mütter haben »volle elterliche Gewalt«
Schülerin oder Auszubildende	Mutterschutzgesetz	Schule Jugendamt	Die Ausbildung muß nicht unterbrochen, die Schule darf weiter besucht werden.
Heirat Minderjähriger	Ehemündigkeitserklärung	Jugendamt Vormundschaftsgericht	16–18jährige können für ehemündig erklärt werden, wenn der Partner volljährig ist.
Ausweisung aus dem Elternhaus	BGB: Familienrecht § 1360	Jugendamt Sozialamt	Eltern sind zum Unterhalt verpflichtet; sie müssen für Unterhalt u. Unterbringung der minderjährigen Tochter aufkommen.
Unterkunft für Alleinstehende	Mutter-Kind-Heime	Sozialamt Verband alleinstehender Mütter e. V.	Trotz Berufsarbeit ist ein Zusammenleben mit dem Kind möglich.
Finanzielle Hilfe	Sozialhilfe	Sozialamt	Wird nur gewährt, wenn es keine andere ausreichende Hilfe gibt.
Wohnungsbeihilfe	Wohngeld	Sozialamt Wohnungsamt	Unter bestimmten Voraussetzungen wird Wohngeld gewährt.

Zum Nachdenken

1. *Eine Frau bemerkt, daß sie möglicherweise schwanger ist. Wie kann sie sich Klarheit verschaffen?*
2. *Welche schädigenden Einflüsse muß eine werdende Mutter mit Beginn der Schwangerschaft meiden?*
3. *Welche Hilfen kann ein alleinstehendes, junges Mädchen in Anspruch nehmen, wenn es schwanger wird?*

Geburt und Pflege des Kindes

Für die Entbindung in der Klinik oder im Haus sind Vorbereitungen zu treffen; die Hebamme berät und hilft dabei. Die Pflege des Säuglings erfordert große Aufmerksamkeit: eine vernünftige Ernährung und eine sorgfältige Körperpflege sind wichtige Voraussetzungen für das Gedeihen des Kindes.

Geburt und Wochenbett

Zwei werdende Mütter treffen sich bei der Schwangerschaftsgymnastik und besprechen ihre Vorbereitungen zur Geburt. »Ich möchte zu Hause entbinden, damit ich bei meiner Familie bin, und die größeren Kinder gleich vom ersten Tag an ihr Geschwisterchen miterleben können. Mein Mann wird sich für eine Woche Urlaub nehmen und die Haushaltführung übernehmen.« – »Aber das ist doch alles gar nicht so einfach«, gibt ihre Gesprächspartnerin zu bedenken. »Für eine Hausentbindung muß sehr viel mehr vorbereitet werden. Ich bin auf Klinikentbindung eingestellt. Dort ist für alles gesorgt, und ein Arzt ist auch immer bereit, zu helfen, wenn Komplikationen auftreten. Meinen Klinikkoffer habe ich schon gepackt und bereitgestellt.« – »Aber zu Hause kann ich mein Kind den ganzen Tag bei mir haben, kann es beobachten und auch zwischen den Fütterungszeiten einmal mit ihm schmusen.« – »Ja, das ist gut! Aber auch das gibt es heute in fortschrittlichen Kliniken; ›rooming-in‹ nennen sie es. Ich habe mich natürlich für eine solche Klinik entschieden, denn so erlebe ich mein Kind bei Tag und Nacht und lerne seine Lebensregungen kennen – auch seine Unregelmäßigkeiten wie Röcheln, Niesen, Schluckauf. Wenn man das von Anfang an miterlebt und auch bei der Pflege des Kindes mithelfen kann, gibt es nach dem Übergang nach Hause weniger Probleme. Mutter und Kind sind dann schon miteinander vertraut.«

Hausentbindung

Ob Klinikentbindung oder Hausentbindung, die Hebamme ist immer dabei und hilft der Mutter, ihr Kind zur Welt zu bringen. Wer zu Hause entbinden möchte, muß rechtzeitig (etwa im 5. Schwangerschaftsmonat) mit der Hebamme Kontakt aufnehmen und besprechen, welche Vorbereitungen zu treffen sind. – *Klinikentbindung* Die Entbindung in einer Klinik wird heute bevorzugt, weil bei auftretenden Schwierigkeiten sofort Hilfe erreichbar ist und wichtige Untersuchungen beim Neugeborenen vorgenommen werden, z. B. die Untersuchung auf Stoffwechselstörungen (Phenylketonurie, siehe Seite 122). – *Kosten* Die Kosten der Entbindung und den anschließenden Klinikaufenthalt (10 Tage) übernimmt die Krankenkasse (und das Mutterschaftsgeld wird weitergezahlt!). *Klinikkoffer* Ab dem 7. Schwangerschaftsmonat steht der Klinikkoffer gepackt bereit. Es gehören hinein:

1. **Die Urkunden:** Mutterpaß, Personalausweis, Familienstammbuch, Heiratsurkunde (Unverheiratete brauchen stattdessen ihre Geburtsurkunde) und von der Krankenkasse der Kostenübernahmeschein.
2. **Für die Mutter:** Bademantel oder Morgenrock, Hausschuhe, Kniestrümpfe, Waschzeug und Handtücher, 4–6 Nachthemden oder Schlafanzugkittel (vorne aufknöpfbar), evtl. ein Bettjäckchen, 10 kochfeste Schlüpfer, Monatshöschen und Monatsbinden, 2 Stillbüstenhalter, Kleidung und Wäsche für den Heimweg.
3. **Für Babys Heimweg:** Je ein Hemdchen, Jäckchen, Mützchen, Nabelbinde, Moltoneinschlagtuch, Schwedenhöschen Gr. 1, Zellstoffwindel (oder Zwischentuch, Mullwindel und Wegwerfeinlage), ein Babysteppbettchen oder eine frischgewaschene Wolldecke.

Wehen
Fruchtwasser

Die nahende Geburt kündigt sich an, wenn Wehen einsetzen und in regelmäßigen Abständen wiederkehren, wenn Fruchtwasser abgeht oder wenn Blutungen auftreten. Dann wird es Zeit, die Klinik aufzusuchen. Die Geburt wird durch *Wehen* eingeleitet: der Muttermund am Gebärmutterausgang öffnet sich dabei immer weiter, bis schließlich die Fruchtblase platzt und das *Fruchtwasser* ausfließt. Danach setzen Preßwehen ein, und die Mutter kann nun durch aktives Pressen mithelfen, die Geburt zu beschleunigen. Ist der Kopf des Babys aus dem mütterlichen Becken herausgetreten, so hilft die Hebamme (oder der Arzt) mit ein paar Griffen, das Kind vollends herauszuholen. Das Schreien des Neugeborenen zeigt an, daß über die Lungenatmung nun der eigene Stoffwechsel in Tätigkeit gesetzt wurde. Danach erfolgt das *Abnabeln:* die Nabelschnur, mit der das Kind noch am Nährgewebe der Mutter (dem Mutterkuchen) hängt, wird zweifach abgebunden

Abnabeln

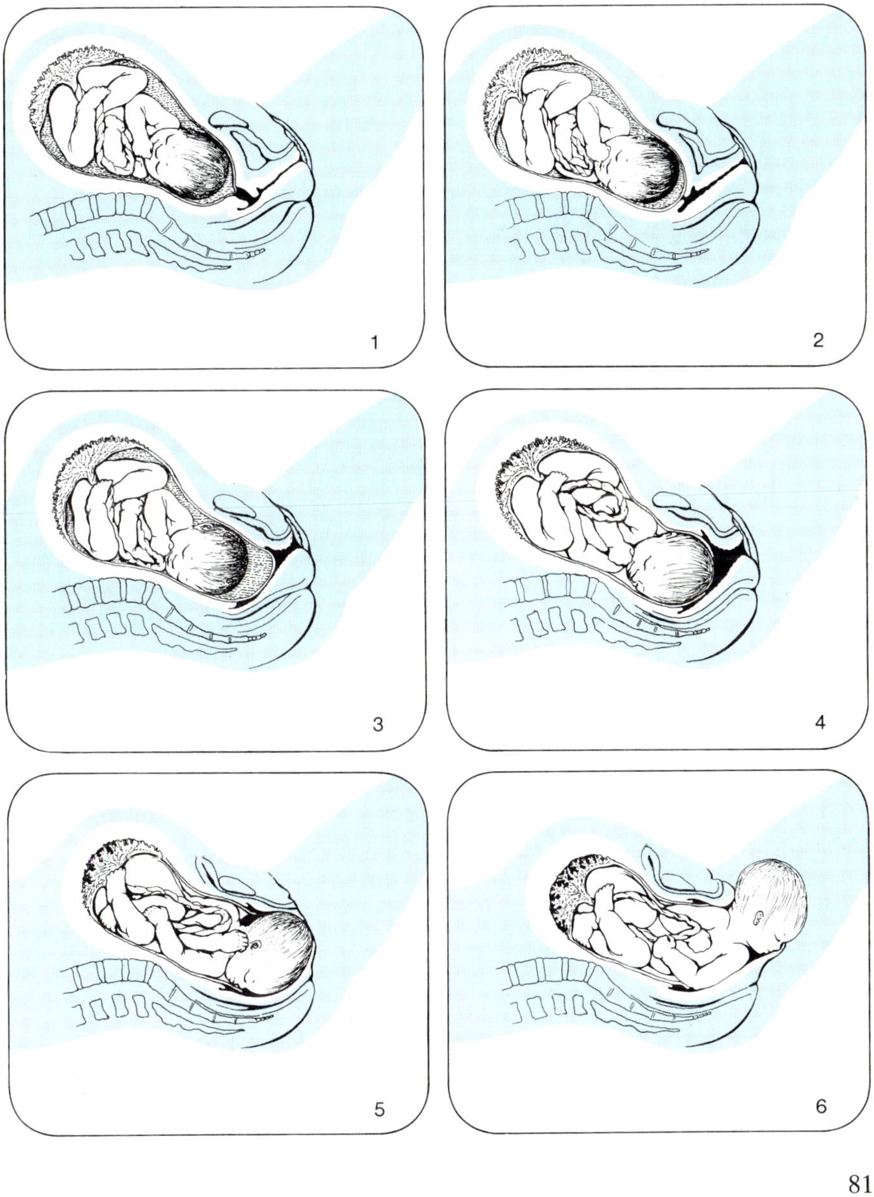

Das Kind am Ende der Schwangerschaft (1) und im ersten Stadium der Geburt (2)

Das Ende der Eröffnungsphase (3) und nach dem Springen der Fruchtblase die Austreibungsphase (4)

Am Ende der Austreibungsphase wird der Kopf des Kindes sichtbar (5) und wenn er den Geburtskanal passiert hat (6) folgt der übrige Körper mühelos. Das Kind ist geboren.

Nachgeburt
Wochenfluß
Geschlechtsverkehr
Gymnastik
Nachuntersuchung

und dann zwischen den Abbindungsstellen durchtrennt. – Und jetzt ist es endlich soweit! Die Mutter darf ihr Kind sehen, und es wird ihr auch für kurze Zeit auf die Brust gelegt (erster Hautkontakt!). Für die Mutter hat die Geburt noch ein kleines Nachspiel: Das Nährgewebe des Kindes wird als *Nachgeburt* durch einige schwache Wehen ausgepreßt. Dabei entsteht in der Gebärmutter eine große Wundfläche, die anfangs blutiges Sekret absondert. Dieser *Wochenfluß* wird allmählich immer heller und hört 4–6 Wochen nach der Geburt ganz auf. Solange die Gebärmutter und etwaige Verletzungen in den Geburtswegen nicht verheilt sind, ist größte Sauberkeit geboten, um gefährliche Infektionen der mütterlichen Organe (Kindbettfieber) auszuschließen. Es darf jetzt noch kein Vollbad genommen werden, und der Geschlechtsverkehr muß unterbleiben. – Für die Rückbildung der mütterlichen Organe und die Straffung der Bauchmuskulatur ist Wochenbettgymnastik empfehlenswert. Am Ende der Wochenbettzeit (6–8 Wochen nach der Geburt) geht die Mutter zur ärztlichen *Nachuntersuchung.* Erst dann ist sie wieder voll einsatzfähig und kann auch ihre Berufsarbeit wieder aufnehmen.

Die Ernährung des Säuglings

Der Säugling erhält seine Nahrung aus der mütterlichen Brust. Erst wenn diese Quelle der Natur versiegt, wird zu Flaschennahrung übergegangen.
Folgendes ist wichtig zu wissen:

Stillen

Stillen will geübt sein, denn erst durch das Saugen des Babys wird die Milchabsonderung angeregt. Anfangs ist manchmal viel Geduld nötig, und die Mutter muß ihr Kind häufiger an die Brust anlegen, damit das Kind das Saugen übt und dadurch die Milchbildung verbessert. An der Mutterbrust lernt das Kind von früh an, daß nur Anstrengung zum Erfolg führt. Falsch wäre es, vorschnell ihm Nahrung aus der Flasche zu reichen. Erst wenn feststeht, daß das Kind an der Mutterbrust nicht mehr satt werden kann, darf zur Flasche übergegangen werden.

Muttermilch

Muttermilch ist immer richtig in der Zusammensetzung und in der Temperatur; sie ist keimfrei und enthält Abwehrstoffe gegen Infektionen. An der Mutterbrust wird ein Kind nicht nur satt; es stillt auch sein Verlangen nach Geborgenheit durch Hautkontakt mit der Mutter.

Flaschennahrung
Fertignahrung
Zusatznahrung

Bei **Flaschennahrung** ist darauf zu achten, daß Flasche und Sauger stets keimfrei gehalten werden, um den im Säuglingsalter so gefürchteten Darminfektionen vorzubeugen. Die *Kaltsterilisation* in einem Sterilisierungsbad (aufgelöste Tabletten) hat sich bewährt. – Im Vergleich zu Frauenmilch enthält Kuhmilch mehr Eiweiß und weniger Kohlenhydrate. Um Ernährungsstörungen bei Säuglingen zu vermeiden, wird *Kuhmilch* mit Wasser verdünnt (⅔ Milch, ⅓ Wasser) und mit Kohlenhydraten (Nährmehle und Zucker) angereichert. Verwendet wird pasteurisierte Trinkmilch oder H-Milch mit 3,5% Fett, das homogenisiert sein sollte (s. S. 180–181). Unverdünnte Vollmilch, darf Babys erst ab dem 7. Lebensmonat gegeben werden. – **Milch-Fertignahrungen** sind gut verträglich und leicht zu handhaben. Drei Gruppen sind zu unterscheiden: 1. *Adaptierte Milch-Fertignahrung* ist in ihrer Zusammensetzung der Muttermilch weitgehend angepaßt. 2. *Teiladaptierte Milch-Fertignahrung* enthält außer Milchzucker noch andere Kohlenhydrate und ist etwas dickflüssiger. Diese beiden Gruppen der Milch-Fertignahrungen können vom ersten Lebenstag an gegeben werden. – Die »3. Gruppe« umfaßt *nichtadaptierte Milch-Fertignahrungen,* die einen höheren Eiweiß- und Mineralstoffgehalt aufweisen und an Säuglinge erst nach dem 5. Lebensmonat verfüttert werden dürfen. **Zusatznahrung** zur Muttermilch oder zur Flaschenmilch wird ab der 6. Lebenswoche als Gemüse- oder Obstsaft, später auch in festerer Form als Gemüse- oder Obstbrei gegeben.

Ernährung des Kleinkindes im ersten Lebensjahr

Alter und Gewicht (Durchschnitt) in Gramm	Zahl der Mahlzeiten aus Brust oder Flasche	Zusatznahrung zur Milch und Breimahlzeiten		
1. Monat 4000 g	5	In der 1. und 2. Lebenswoche kann, wenn das Baby nachts nicht durchschläft, eine 6. Milch-Mahlzeit erforderlich sein.		
2. Monat 5000 g	5	ab der 6. Lebenswoche zur 2. und zur 4. Milchmahlzeit einige Teelöffel Gemüse- oder Obstsaft: mit 1–2 TL beginnen, auf 4 TL steigern.		
3. Monat 5800 g	5	zur 2., 3. und 4. Milchmahlzeit je 6–10 TL Gemüse- oder Früchtetrank		
		ab dem 4. Monat werden nach und nach die Milchmahlzeiten durch Breimahlzeiten ersetzt:		
		2. Mahlzeit 10–11 Uhr	3. Mahlzeit 14–15 Uhr	4. Mahlzeit 18–19 Uhr
4. Monat 6600 g	3–4*	6–10 TL Gemüse aus dem Glas zur Milch	6–10 TL Fruchtbrei oder Saft zur Milch	Milchfertigbrei mit Fruchtsaft
5. Monat 7300 g	2–3*	Baby-Menü: Püree aus Gemüse, Kartoffeln, Ei, Fleisch	wie oben	Milch(fertig)brei mit Früchten
6. Monat 7800 g	1	Baby-Menü	wie oben	wie oben
7. Monat 8300 g	1	Baby-Menü	Milch, Fruchtsaft oder Tee, dazu Zwieback oder Brot zum Kauen	wie oben
8.–12. Monat 10 000 g	1	Junior-Kost	wie oben	wie oben
		vorwiegend kaubare Nahrung und allmählich Übergang zu normaler Kost		
	* Die Milchmahlzeit um 22 Uhr kann entfallen, wenn das Baby noch satt ist und schläft.			

Es gibt **Baby-Fertignahrung** als Saft, Pulpe oder Brei aus Obst und Gemüse, Gemüsebrei ohne oder mit Fleischzusatz. Sie wird aus sorgsam ausgewählten Zutaten schonend zubereitet und sorgsam verpackt. – Wichtig ist, daß Babynahrung nur mild gewürzt sein darf, weil ein Übermaß an Kochsalz oder Zucker ungesund ist. Mildgewürzte Fertignahrung sollte niemals nachgezuckert oder nachgesalzen werden; Kinder mit noch unverbildetem Geschmack empfinden mildgewürzte Speisen als schmackhaft.

Fütterungszeiten

Füttern nach Bedarf ist einem erzwungenen Tages- und Mahlzeitenplan vorzuziehen. Neugeborene verlangen oft auch nachts nach Nahrung; sie soll ihnen gegeben werden. Die Erfahrung zeigt, daß der Säugling selbst allmählich zu einem Vierstundenrhythmus mit 8-stündiger Nachtpause findet.

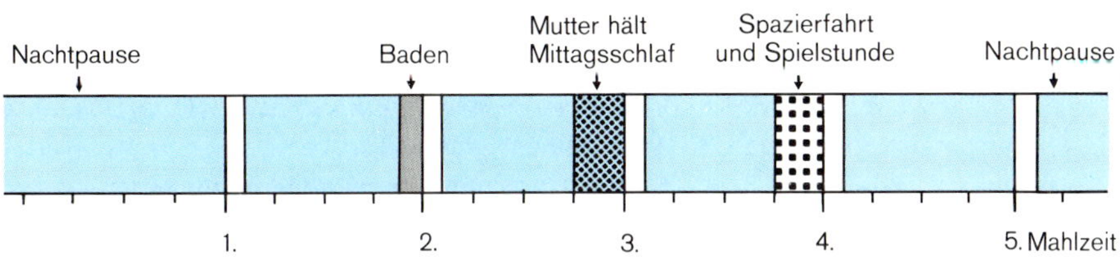

Tagesplan Babypflege

Dauer einer Mahlzeit

Die **Dauer einer Mahlzeit** beträgt 15–20 Minuten. Dreierlei ist dabei wichtig:

1. Bei *zu kurzer Mahlzeit* (z. B. durch ein zu großes Loch im Sauger) ist das Kind zwar satt, aber sein Saug- und Tätigkeitstrieb ist noch nicht gestillt. Man lasse an der leeren Flasche weitersaugen, ohne die Nahrungsmenge zu steigern.

2. Ist durch eine 20-Minuten-Mahlzeit der Saug- und Tätigkeitstrieb erfüllt, und das Kind weint dennoch, so ist es vielleicht *nicht satt* geworden und muß nachgefüttert werden. *Aber:* Nicht jedes Weinen bedeutet Hunger!
3. Weinen nach der Mahlzeit kann auch bedeuten, daß das kindliche *Kontaktbedürfnis noch nicht ausreichend gestillt* ist. Das kann vorkommen, wenn die Mutter während der Mahlzeit sich ihrem Kind nicht voll zuwendet. Die liebevolle Zuwendung muß ihm dann »nachgereicht« werden.

Aufstoßen

Zum Abschluß der Mahlzeit ist das *»Bäuerchen«* abzuwarten, um verschluckte Luft, die zu Blähungen führen kann, aufstoßen zu lassen.

Überlastung der Verdauungsorgane mit zu reichlich bemessener oder zu hoch konzentrierter Nahrung kann lebensbedrohenden Durchfall auslösen (Seite 92). Ein Zuviel an Nahrung bedeutet ungenügende Durchsäuerung im Magen, und das wiederum hat zur Folge, daß Enzyme, die nur in saurem Milieu wirken, die Nahrung nicht verdauen können. Hinzu kommt, daß bei mangelnder Durchsäuerung auch Nahrungsbakterien nicht abgetötet werden und nun zu einer Infektion des Dünndarmes führen. Dünndarminfektionen behindern den Übertritt von Nährstoffen in den Körper, weil sie die Bewegung des Speisebreies im Darm (die Darmperistaltik) beschleunigen.

Körperpflege und Wäschepflege

Hygienische Kleidung und Bettwäsche, tägliches Baden, Gymnastik und Abhärtung an frischer Luft tragen dazu bei, die anfangs noch sehr zarte Haut des Säuglings zu schützen, zu pflegen und allmählich zu kräftigen. Das Baby wird bekleidet mit Hemdchen und Jäckchen aus Baumwolle, die auskochbar sind.

Wickeln

Zum Aufsaugen der Ausscheidungen wird ein *Wickelpack* angelegt. Bei der herkömmlichen Wickelart werden Mullwindeln zum Dreieck gelegt, zwischen den Beinen hochgezogen und von den Seiten her umgeschlagen. Darüber kommt ein Moltontuch, das locker eingeschlagen wird, damit den Beinchen Bewegungsfreiheit bleibt. Nach kurzer Zeit kann das Moltontuch durch ein Höschen ersetzt werden. Heute werden statt Mullwindeln und Moltontuch vielfach Wegwerfwindeln und wasserdichte Wickelfolien oder Windelhöschen verwendet. Das eine System verwendet Wegwerfwindeln in Windelhöschen, ein anderes Mull- oder Wegwerfwindeln in eine Wickelfolie eingebunden, ein drittes bietet Wegwerfwindelhöschen an. Es gibt viele brauchbare *Windel- und Wickelsysteme.* Man achte darauf, daß durch den gutsitzenden Wickelpack Babys Bewegungsfreiheit nicht eingeengt wird, und daß keine Feuchtigkeitsisolierung auftreten kann.

Trockenlegen

Das **Trockenlegen** erfolgt nach jeder Mahlzeit. Dabei wird das Gesäß mit Watte und Öl gesäubert, und zwar vom Geschlechtsteil zum After hin, um bei Mädchen das Eindringen von Keimen in Scheide oder Harnröhre zu verhindern. Dann wird leicht eingepudert, bei Rötung oder Wundsein auch eingecremt. Kinder, die zum Erbrechen neigen, werden vor der Mahlzeit gewickelt.

Wäsche

Verschmutzte Wäsche ist, wenn sie mit Ausscheidungen in Berührung gekommen ist, baldmöglichst einer Vorreinigung zu unterziehen: sofort mit Leitungswasser ausspülen und anschließend an der Luft trocknen oder in Wasser einweichen bis zur Hauptreinigung und *Desinfizierung* durch Kochen. (Bei Trocknung ist die Bakterienvermehrung gestoppt, im Einweichwasser leider nicht. Nur durch Kochen werden Bakterien zuverlässig abgetötet.) Ganz falsch wäre es, Jäckchen, Lätzchen, Windeln und Höschen ohne Rücksicht auf die Verschmutzung miteinander im Windeleimer einzuweichen. Die Trennung leicht verschmutzter und stärker verschmutzter Wäsche ist unbedingt zu berücksichtigen.

Baden

Das **Baden** des Säuglings wird anfangs vor der 2. Mahlzeit vorgenommen, später vor der Abendmahlzeit. Alle für das Baden notwendigen Dinge müssen griffbereit hergerichtet werden, denn das Baby darf nachher keinen Augenblick unbeaufsichtigt sein. Das Bad selbst kann 5–10 Minuten dauern, aber nicht länger. Dabei soll die Raumtemperatur etwa 22 °C, die Wassertemperatur 35–36 °C betragen (nicht abschätzen, Badethermometer verwenden!). Beim Waschen liegt der Kopf des Kindes auf dem Unterarm der Mutter, und ihre Hand faßt fest die

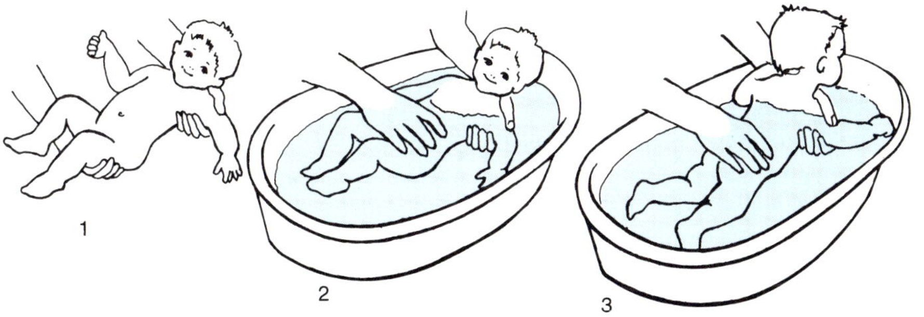

Baden des Säuglings
1 Das Kind wird in die Badewanne gehoben.
2 Rückenlage – dabei das Köpfchen stützen.
3 Bauchlage – das Köpfchen über Wasser halten.

Achsel des Kindes. Gewaschen wird mit einem weichen, auskochbaren Lappen und einer milden Kinderseife. Das Gesicht wird aber nicht mit Seife gewaschen! Nach dem Bad wird das Baby sorgfältig und ohne Reiben abgetrocknet. In den Hautfalten und zwischen den Fingern oder den Zehen darf keine Feuchtigkeit zurückbleiben; vorsorglich werden empfindliche Stellen leicht gepudert. Augen, Nase und Ohren werden nicht im Badewasser gewaschen, sondern nach dem Bad mit einem feuchten, nur für das Gesicht zu verwendenden Lappen gesäubert. Nase und Ohren können bei Bedarf auch mit Wattestäbchen gereinigt werden (aber nicht täglich darin herumbohren!). Finger- und Zehennägel werden geschnitten, sobald sie die Kuppe überragen.

Gymnastik

Babygymnastik gibt Gelegenheit zu spielerischem Erproben von Kraft und Geschicklichkeit. Druck auf die Fußsohle wird mit Gegendruck beantwortet, Bauchlage regt an zum Heben des Kopfes und zum Aufstemmen der Arme, Berührung der Hände löst Greifbewegungen aus. Weil Kleidung die Bewegung behindert, wird am liebsten nackt geturnt (bei 22 °C Raumtemperatur). Gut geeignet ist die Zeit vor dem Baden (vor der Mahlzeit!); die Dauer der Übungen kann von anfangs 5 min allmählich bis auf 15 min gesteigert werden.

Kinderbett

Das Kinderbett soll eine feste und ebene Matratze haben, damit das Kind gerade liegt und seine Wirbelsäule nicht verbogen wird. Aus dem gleichen Grund erhält

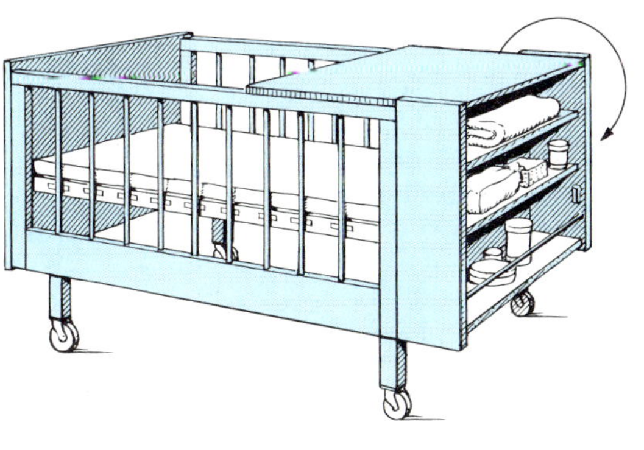

Gitterbettchen für den Säugling mit verstellbarer Matratze und angebauter Wickelkommode, deren Vorderwand durch Hochschieben und Umlegen zum Wickeltisch wird.

der Säugling auch kein Kopfkissen; stattdessen legt man ihm eine frische Mullwindel unter den Kopf. Sie kann leicht erneuert werden, wenn das Kind etwas ausspuckt. Auf die Matratze kommt eine wasserundurchlässige Unterlage und darüber das Leintuch. Zugedeckt wird mit einer leichten Decke in kochbarem Bezug. Der Rost des Bettchens sollte verstellbar sein, damit in den ersten Monaten das Kind hoch liegen kann, und die Mutter sich nicht so tief hinunterbücken muß. Sobald das Kind sich aufzurichten und an den Gitterstäben hochzuziehen beginnt, wird der Bettrost tief gestellt (etwa im 8. Monat).

Zum Nachdenken

Berechnen Sie anhand eines Versandhauskataloges die Kosten für die Babyausstattung.

Erstausstattung

Kinderwagen (zugleich Tragetasche), 1 Kinderbett mit Matratze, 1 wasserdichte Betteinlage (50 × 70), 1 wasserdichte Wageneinlage (40 × 50), 3 Betttücher, 1 Zudecke (Wolldecke, Steppdecke) mit 2 Bezügen, 1 Badewanne, 1 Wickeltisch (mit Fächern für die Babywäsche). – 6 Mullwindeln, 2 Molton-Wickeltücher, 3 Hemdchen, 2 Jäckchen, 1 Windelhose, 2 Strampelhosen (alle Gr. 56), 1 Badetuch, 4 Mullwaschläppchen, 1 Kamm, 1 Bürste, 1 Badethermometer, 1 Windeleimer mit Deckel.

Im Laufe des 1. Jahres werden außerdem gebraucht

In Größe 62–68: 3 Hemdchen, 3 Schlupfjäckchen, 3 Strampelhosen, 3 Windelhosen, 6 Frotteeslips; 4 Lätzchen, 1 Paar Babyschuhe, 2 Schlafanzüge, 1 Schlafsack, 1 Laufstall, 1 Kinderstühlchen, 1 Sportwagen.

Gesundheit und Krankheit

Der Entwicklung des Säuglings und seinen gesundheitlichen Gefährdungen ist Aufmerksamkeit zu schenken; Vorsorgemaßnahmen in Form von Früherkennungsuntersuchungen und Impfungen dürfen nicht versäumt werden.

Normale Entwicklung gesunder Säuglinge

Neugeborenes

Das Neugeborene ist im Durchschnitt 52 cm lang und wiegt 3000–4000 g. Babys, die weniger als 2500 g wiegen oder weniger als 48 cm lang sind, gelten als

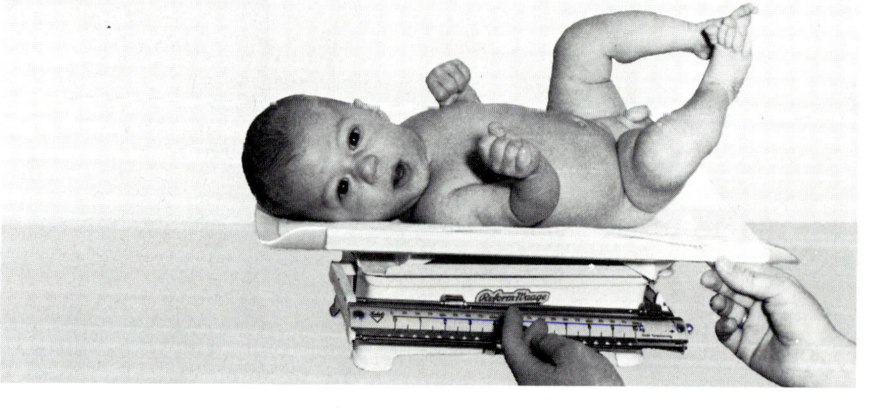

Gewichtskontrolle mit Babywaage
Gewichtszunahme bis 3. Lebensmonat: 150–200 g pro Woche, vom 4. bis 6. Lebensmonat: 130–160 g pro Woche, vom 7. bis 9. Lebensmonat: 100–120 g pro Woche, vom 10. bis 12. Lebensmonat: 70–100 g pro Woche

Frühgeborene, die anfangs noch Spezialpflege brauchen (z. B. häufigere und kleinere Mahlzeiten). In den ersten Tagen nach der Geburt nimmt das Gewicht des Neugeborenen etwas ab, weil die Ausscheidungen größer sind als die Nahrungsaufnahme. Etwa am 4. Tag kommt die Wende: das Gewicht steigt, und spätestens nach 14 Tagen ist das Geburtsgewicht wieder erreicht. Nach dieser Zeit ist auch der Nabel abgeheilt, und das Neugeborene hat sich seiner Umwelt angepaßt. Nun beginnen Wachstum und Entwicklung des Säuglings.

Säugling

Der Säugling wächst im ersten Jahr auf durchschnittlich 75 cm Länge heran und verdreifacht in dieser Zeit sein Geburtsgewicht. (Schon nach 5–6 Monaten hat er sein Geburtsgewicht verdoppelt.) Die Entwicklung zielgerichteter Bewegungen, die Verarbeitung der Sinneseindrücke und die Aufnahme seelisch-geistiger Kontakte nehmen von Monat zu Monat zu.

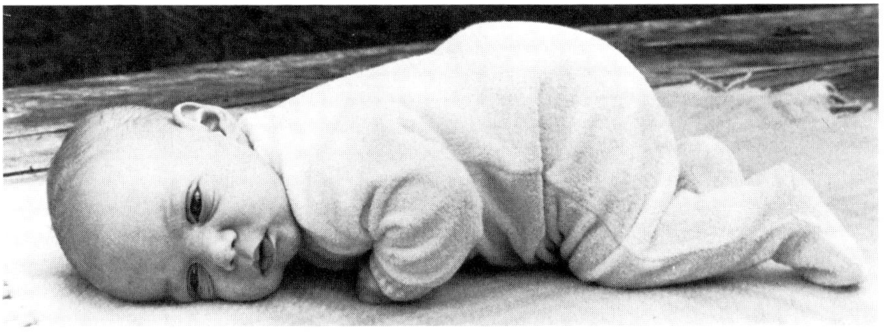

Das Neugeborene kann den Kopf noch nicht halten; die Beine bleiben noch angewinkelt.

Im 1. Monat

Im 1. Monat sind die Bewegungen des Säuglings noch ziellos und unkontrolliert, aber sie machen ihm sichtlich Freude. Einige Reflexreaktionen sind angeboren, z. B. das Umklammern eines dargebotenen Fingers (Greifreflex) und das Erfassen der Brustwarze zum Zweck der Nahrungsaufnahme (Saugreflex). Tast- und Geschmackssinn sind bereits hochentwickelt, dagegen sind Seh- und Hörfähigkeit erst schwach ausgebildet.

Bis 4. Monat

Bis zum 4. Monat lernt das Kind die Bewegung seiner Augen zu steuern und einen Gegenstand mit den Augen zu verfolgen. Es kann jetzt auch den Kopf

Das 4 Monate alte Kind lernt gezielt zu greifen und führt alle Gegenstände zum Mund.

selbständig drehen. In Bauchlage hebt es den Kopf und stützt sich auf die Unterarme. Auch in Schwebelage wird der Kopf hochgehalten und die Beine werden ausgestreckt. Wird das Kind angesprochen, so reagiert es in den ersten Wochen noch mit Saugbewegungen, etwa ab der 6. Woche mit einem Lächeln und im 4. Monat bereits mit jauchzendem Lachen und mit Lippenlauten. Nahrung vom Löffel wird ohne Rückstoß der Zunge angenommen.

Das 6 Monate alte Kind stützt sich mit den Händen auf und hält den Kopf oben.

Bis 6. Monat

Bis zum 6. Monat lernt das Kind gezielt zu greifen und mit Spielzeug zu hantieren; alle Gegenstände führt es aber auch zum Mund und betastet sie mit den Lippen. Gerne plappert es vor sich hin. Mit kräftigen Bewegungen vermag es nun auch, sich aus der Rückenlage auf die Seite zu drehen. Wird es zum Sitzen hochgezogen, so hebt es Kopf und Beine gleichzeitig von der Unterlage; stellt man es auf seine Beine, so tragen diese den Körper.

Bis 8. Monat

Bis zum 8. Monat lernt das Kind, sich ohne Hilfe um seine eigene Achse zu drehen. Es sitzt mit geradem Rücken und kann sich zum Knien hochziehen. Mit

Das 8 Monate alte Kind betrachtet neugierig sein Spiegelbild.

beiden Händen kann es nun verschiedene Gegenstände erfassen und gegeneinander bewegen. Es beginnt, feste Nahrung mit den eigenen Händen zum Mund zu führen und Flüssigkeiten aus einer ihm vorgehaltenen Tasse zu trinken.

Ende des 1. Jahres

Bis zum Ende des 1. Lebensjahres lernt das Kind zu stehen und versucht – an der Hand geführt – erste Schritte. Mit den Händen kann es nun auch getrennte Bewegungen ausführen, z. B. sich mit einer Hand festhalten und mit der anderen

Am Ende des 1. Lebensjahres versucht das Kind – an der Hand geführt – erste Schritte.

ein Spielzeug aufheben. Daumen und Zeigefinger werden zielsicher gegeneinander bewegt und können auch kleine Gegenstände erfassen. Aus dem Lallen des Säuglings wird allmählich **Sprache:** Rufe werden ausgesandt (Mama, Papa), auf Anruf wird reagiert, der eigene Name oder kleine Aufforderungen werden verstanden. Eine reichere Entfaltung der Sprache wird aber erst im 2. Lebensjahr möglich, wenn der Kehlkopf sich entsprechend entwickelt hat. Die ersten **Zähne** – mittlere Schneidezähne unten – brechen im 6.–7. Monat durch; es folgen die mittleren Schneidezähne oben, die äußeren Schneidezähne oben und zuletzt die äußeren Schneidezähne unten. Am Ende des 1. Lebensjahres hat das Kind alle acht Schneidezähne. Die Eckzähne und vier Backenzähne folgen im zweiten Lebensjahr.

Sprache

Zähne

Jede der genannten Entwicklungsstufen kann zeitlich auch etwas früher schon erreicht werden, ohne daß daraus gefolgert werden könnte, dieses Kind sei »Spitze« in der Entwicklung. Man muß geduldig warten, bis das Kind den nächsten Schritt in seiner Entwicklung vollziehen kann. Bei starker Verzögerung in der Entwicklung sollte jedoch der Arzt befragt werden.

Vorsorgeuntersuchungen und Impfungen

Nach der Geburt kommt von der Mutter häufig die ängstliche Frage: »Ist mein Kind auch normal?« – Erleichtert atmet sie auf, wenn ihr mitgeteilt wird, daß bis zu den Fingern und Zehen alles vorhanden und normal entwickelt ist. Dennoch bleibt hier die Frage offen, ob später alle Körperfunktionen und die geistigen Fähigkeiten sich gesund entwickeln werden.

Regelmäßige Gesundheitskontrolle ist wichtig.

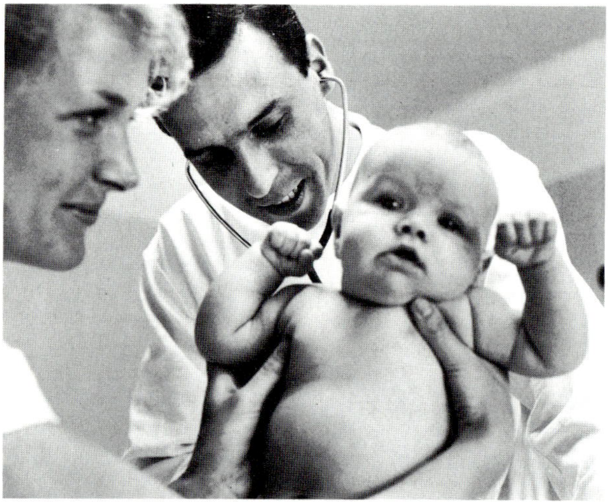

Früherkennungsuntersuchungen

Untersuchungsheft

Vorsorgeuntersuchungen dienen dazu, noch unauffällige krankhafte Veranlagungen so rechtzeitig zu erkennen, daß mit Heilmaßnahmen eingegriffen werden kann, ehe ein nicht mehr rückgängig zu machender Schaden entsteht, oder gar Folgeschäden die Lage noch verschlimmern. Darum spricht man bei diesen Vorsorgeuntersuchungen auch von **Früherkennungsuntersuchungen.** Jedes Kind hat ein Recht darauf, und das heißt zugleich: die Eltern sind verpflichtet, bei ihrem Kind diese Untersuchungen vornehmen zu lassen; bezahlt werden sie von der Krankenkasse. Insgesamt sind bis zum 4. Lebensjahr acht Untersuchungen vorgesehen. Die Untersuchungsergebnisse und die Beobachtungen des Arztes werden in einem vorgedruckten Untersuchungsheft festgehalten.

- **U 1** Bei der **Erstuntersuchung des Neugeborenen** kontrolliert der Arzt *Hautfarbe, Atmung, Herzschläge, Muskeltätigkeit und Reflexe.*
- **U 2** Die **Basisuntersuchung** in der Zeit vom 5.–10. Lebenstag überprüft wichtige *Organe* (Herz, Lunge, Verdauungswege) sowie *Arme und Beine* auf ihre normale Ausbildung und Funktion. Es werden auch *Blutproben* entnommen, die evtl. vorliegende Stoffwechselstörungen anzeigen können (z. B. PKU, die – wenn sie unbehandelt bleibt – geistige Behinderung verursacht; s. S. 122).
- **U 3** **In der 4.–6. Lebenswoche** werden *Herzfunktion* und *Beweglichkeit der Gliedmaßen* (insbesondere die Hüftgelenke) untersucht, und die Frage der Ernährung und Gewichtszunahme wird erörtert.
- **U 4** **Im 3.–4. Lebensmonat** werden *Herz* und *Hüftgelenke* wieder kontrolliert, und der Arzt prüft wichtige *Reflexe,* die auf eine normale Entwicklung des Gehirnes schließen lassen.

U5 Im 6.–7. Lebensmonat werden die *Augen, das Gehör* und die *Gehirnfunktion* überprüft, und es wird gefragt, ob das Kind auf fremde Menschen anders reagiert als auf ihm vertraute Personen.

U6 Im 10.–12. Lebensmonat fragt der Arzt nach der *Sprachentwicklung* und nach *Verhaltensauffälligkeiten,* die auf Störungen in der Entwicklung der Sinnesorgane und des Nervensystems hindeuten könnten.

U7 Im 21.–24. Lebensmonat wird das Hör- und Sehvermögen erneut untersucht, denn nicht erkannte Behinderungen im Hören und im Sehen könnten die geistige – und im Zusammenhang damit auch die körperliche – Entwicklung hemmen.

U8 Im Alter von 3½–4 Jahren wird das Sprachverständnis überprüft, und es werden bei dieser vorerst abschließenden Untersuchung auch die wichtigsten Organfunktionen untersucht.

Impfungen

Impfungen veranlassen den Körper, Abwehrstoffe gegen bestimmte Krankheiten zu bilden. Zur Gesundheitsvorsorge gehört auch die Durchführung der notwendigen Impfungen. Vorgesehen sind folgende Schutzimpfungen:

Schutzimpfungen

In der ersten Lebenswoche	BCG-Impfung gegen Tuberkulose
Ab 3. Lebensmonat	Impfung gegen Kinderlähmung, Diphtherie, Wundstarrkrampf, Keuchhusten, Masern durch Fünffach-Impfstoff, der 3 mal im Abstand von 4–6 Wochen gegeben wird.
Im 6.–18. Lebensmonat	Die Pockenschutzimpfung kann durchgeführt werden, sie ist heute aber nicht mehr gesetzlich verpflichtend.
Im 18.–24. Lebensmonat	Auffrischungsimpfung mit Fünffach-Impfstoff gegen Kinderlähmung, Diphtherie, Wundstarrkrampf, Keuchhusten und Masern.
Im 6. Lebensjahr	Auffrischungsimpfung mit Dreifach-Impfstoff gegen Kinderlähmung, Diphtherie und Wundstarrkrampf.
Im 12. Lebensjahr	Zweite Pockenschutzimpfung und Auffrischungsimpfung mit Dreifach-Impfstoff gegen Kinderlähmung, Diphtherie und Wundstarrkrampf. Für Mädchen Impfung gegen Röteln.
Danach alle 5 Jahre	Auffrischungsimpfungen gegen Kinderlähmung und Wundstarrkrampf bis ins Erwachsenenalter hinein.

Krankheiten des Kleinkindes

Sorgfältige Beobachtung des Kleinkindes ermöglicht es, Krankheitszeichen rechtzeitig zu erkennen und für rasche Heilung zu sorgen.

Appetitlosigkeit

Ernährungsstörungen – Appetitlosigkeit, Erbrechen, Durchfall oder Verstopfung sind Anzeichen für Ernährungsstörungen. Bei *Appetitlosigkeit* bzw. vermindertem Appetit besteht kein Grund zur Besorgnis, solange das regelmäßig durchzuführende Wiegen ergibt, daß die Gewichtszunahme normal ist, und auch das Allgemeinbefinden des Kindes keinen Grund zur Sorge gibt. Vielleicht sind die dem Kind angebotenen Portionen zu groß. Ein Kind soll nie zum Essen gezwungen werden! Verweigert es die Nahrung, so lasse man es ruhig eine Weile hungern; es wird bei der nächsten Mahlzeit sich schon holen, was es braucht. Selbstverständlich muß dann ausgeschlossen sein, zwischen den Mahlzeiten Schleckerzeug zu naschen.

Erbrechen

Zu *Erbrechen* neigen Kinder, die leicht erregbar sind oder beim Trinken viel Luft schlucken: ein Teil der aufgenommenen Nahrung fließt dann wieder aus. Das ist unbedenklich, solange das Kind gut gedeiht (Gewichtskontrolle!). Wenn sich jedoch krampfartiges Erbrechen zeigt, bei dem die Nahrung explosionsartig herausspritzt, muß der Arzt befragt werden. Es könnte sich um einen Krampf des Magenpförtners handeln, der klinisch behandelt werden muß.

Durchfall

Durchfall kann im Säuglingsalter lebensbedrohend werden, weil große Flüssigkeitsverluste (1–$^{1}/_{2}$ l täglich) zur Austrocknung des kleinen Körpers führen. Im Verlauf der Krankheit wird infolge gleichzeitiger Salzverluste das Wasserbindungsvermögen des Körpers immer schlechter. Je jünger das Baby, umso rascher muß ärztlicher Rat eingeholt werden. Nur der Arzt kann entscheiden, ob ein Durchfall harmlos ist und mit Diät und Medikamenten zu Hause behandelt werden kann. Erste Sofortmaßnahme bei Durchfall ist: anstelle der nächsten Mahlzeit(en) wird Kamillentee gegeben, der leicht mit Süßstoff gesüßt wurde. Normalisiert sich die Stuhlbeschaffenheit wieder, so kann vorsichtig zuerst mit Möhrensuppe, dann mit Schleimabkochungen begonnen werden, wobei die Milchzugabe ganz allmählich bis zum Normalmaß gesteigert wird. Älteren Säuglingen kann auch zerdrückte Banane oder geriebener Apfel als Durchfalldiät gegeben werden. Bei einer Durchfallstörung darf das Kind ruhig ein wenig hungern (vermehrtes Schreien muß ertragen werden), aber es darf **niemals Durst leiden.** Da es viel Flüssigkeit ausscheidet, muß ihm auch viel Flüssigkeit gegeben werden (Kamillentee!). Eventuell auftretende Nebenerscheinungen müssen bei Durchfall sehr genau beobachtet werden: Sind die Stuhlentleerungen mit Eiter, Blut oder Schleim vermischt und besteht gleichzeitig Fieber oder Erbrechen, so handelt es sich um eine schwere Erkrankung: *Brechdurchfall,* und es muß sofort der Arzt verständigt werden. Die letzte Stuhlwindel wird dem Arzt vorgelegt, damit rasch die Diagnose gestellt und mit der Behandlung begonnen werden kann.

Brechdurchfall

Verstopfung

Verstopfung ist selten krankhaft. Beim Brustkind ist die Zahl der Entleerungen verringert, wenn es nicht genügend Muttermilch bekommt. – Trockener und weiß-grauer Stuhl zeigt an, daß das Kind zuviel Milch bekommt. – Die Darmträgheit kann angeregt werden, indem man Milchzucker statt Kochzucker verwendet und bei Obst und Gemüse solche Sorten bevorzugt, die leicht abführen: Apfelsinensaft, Pflaumenmus, Spinat. Ein Einlauf sollte nur auf Anraten des Arztes gemacht werden.

Schnupfen
Husten

Erkältungen und andere Infektionen – Erkältungskrankheiten wie *Schnupfen* oder *Husten* werden durch Tröpfcheninfektion (Niesen, Husten) von Mensch zu

Mensch übertragen. Vorbeugend sollte die Pflegerin, wenn sie erkältet ist, sich ein Tuch vor Nase und Mund binden. Säuglinge können bei verstopfter Nase beim Trinken schlecht atmen; man reinigt die Nasenlöcher mit ölgetränktem Wattestäbchen. Nasentropfen dürfen nur nach ärztlicher Verordnung gegeben werden. Ganz allgemein gilt: Bei Erkältung von Nase und Rachen braucht das Kind viel frische Luft, und die Luft soll feucht sein (evtl. Verdampfungsschalen aufstellen). Wenn *Fieber* hinzukommt, muß der Arzt befragt werden, denn aus einer Bronchitis kann sich eine Lungenentzündung, aus einem Schnupfen eine Mittelohrentzündung entwickeln. Wenn ein Husten mit hörbarem Einziehen der Luft einhergeht, besteht Verdacht auf *Keuchhusten* und ärztlicher Rat ist erforderlich.

Fieber
Lungenentzündung
Mittelohrentzündung
Keuchhusten

Haut- und Nabelerkrankungen – Bei Neugeborenen kann eine *Rötung der Augenbindehaut* auftreten; sie wird durch vorsichtiges Auswaschen mit Kamillentee behandelt. Verschwindet die Rötung nach einigen Tagen nicht, oder wird vielleicht sogar Eiter abgesondert, so muß unverzüglich ein Arzt zugezogen werden, denn eine solche Infektion kann zu Schädigung der Hornhaut und zu Sehbehinderung führen.

Rötung der Augen

Weißer Mundbelag wird durch einen Pilz hervorgerufen und kann Vorbote für andere Krankheiten sein. Den Belag soll man nicht auswischen! Anhaltender Belag muß dem Arzt gezeigt werden.

Mundbelag

Milchschorf ist ein Ekzem, das mit kleinen juckenden Bläschen im Gesicht beginnt und lange anhalten kann (1–2 Jahre). Ursache dafür ist eine Überempfindlichkeit gegen Reizstoffe, die in der Nahrung des Kindes oder in seiner Umwelt vorkommen können. Die erkrankte Haut wird mit Hautöl oder Heilsalbe behandelt, aber nicht mit Wasser oder Seife gewaschen. Um das Aufkratzen der erkrankten Haut zu verhindern, werden dem Kind immer sorgfältig die Nägel beschnitten. Auch das Überziehen von Handschuhen kann Kratzen verhindern.

Milchschorf

Schmieriger Belag am Nabel und Rötung der Bauchhaut sind Anzeichen für eine *Nabelinfektion.* Da eine durch Diphtherie- oder Tetanusbakterien hervorgerufene Nabelinfektion lebensgefährlich werden kann, ist ärztliche Hilfe und klinische Behandlung erforderlich. Ein *Nabelbruch* zeigt sich durch eine kirsch- bis nußgroße Vorwölbung im Nabelbereich an. Oft kann der Arzt durch einen sachgerecht angelegten Heftpflasterverband den Bruch zum Ausheilen bringen. Nur hartnäckige Fälle müssen operativ behandelt werden.

Nabelinfektion

Nabelbruch

Aufgabe der Eltern ist es, die Anweisungen des Arztes genau zu beachten und durch sorgfältige Pflege zur raschen Gesundung ihres Kindes beizutragen. Sehr wichtig ist in Krankheitstagen die seelische Betreuung des Kindes: die Nähe vertrauter Personen ist unerläßlich! Sind beide Eltern berufstätig, so dürfen bei Krankheit eines Kindes unter 8 Jahren Vater oder Mutter zu Hause bleiben. Gegen ein entsprechendes Attest bekommen Krankenversicherte in jedem Kalenderjahr für jedes Kind unter 8 Jahren bis zu 5 Tage Krankengeld, wenn sie zur Pflege und Betreuung des Kindes der Arbeit fernbleiben müssen.

Sorgfältige Pflege
Seelische Betreuung

Zum Nachdenken

1. *Welche Bedeutung haben Vorsorgeuntersuchungen im Säuglings- und Kleinkindalter?*
2. *Welche Krankheitszeichen machen es erforderlich, einen Arzt um Rat und Hilfe zu bitten?*

Prägung durch Familie und Umwelt

Die Rolle der Eltern als Bezugspersonen, die Rolle der Geschwister als Konkurrenten und die Rolle der Umwelt, die menschliches Verhalten mehr prägt als die Erbanlage, müssen klar erkannt werden, um Kinder vor Fehlentwicklungen zu bewahren.

Die Eltern-Kind-Beziehungen

Drei Frauen sitzen mit ihren Säuglingen im Wartezimmer zur Mütterberatung. Frau A nutzt die Zeit zum Zeitschriftenlesen; ihr Kind Alexander liegt im Kinderwagen und schaut sich die ungewohnte Umgebung an. Etwas scheint ihn zu beunruhigen, er beginnt zu weinen. Darauf schiebt ihm seine Mutter den Schnuller zu, und schon ist er wieder beruhigt. – Frau B hat ihre Bärbel auf eine mitgebrachte Decke gesetzt und bietet ihr Spielzeug an. Aber das Kind nimmt das dargebotene Spielzeug nicht an; es starrt nur vor sich hin und schaukelt mit dem Oberkörper hin und her. – Frau C wird von ihrem lebhaften Christoph in Atem gehalten: er setzt es durch, daß sie sich dauernd mit ihm beschäftigt, ihn herzt und drückt, mit ihm spielt und mit ihm spricht. – Die beiden anderen Frauen flüstern sich zu: »Das Kind ist ja übernervös und tyrannisiert seine Mutter!« Sich selbst schätzen sie glücklich, weil ihre Kinder ruhig und zufrieden sind.

Bei der anschließenden Untersuchung stellt sich heraus:
Christoph ist normal entwickelt: er kann alles, was Kinder seines Alters normalerweise können sollen. Alexander zeigt einen kleinen Entwicklungsrückstand. Der Mutter wird geraten, dem Kind mehr Anregungen zu geben, viel mit ihm zu spielen und zu sprechen. Bärbel ist in ihrer Entwicklung stark zurückgeblieben und zeigt bereits Entwicklungsschäden: ihre Schaukelbewegungen (Stereotypien) sind eine typische Reaktion von Kindern, die ohne enge Mutterbindung aufwachsen. Da Bärbel erst kürzlich aus einem Heim zu ihrer Pflegemutter kam, ist zu hoffen, daß ihre Verhaltensstörungen abgebaut und ihr Entwicklungsrückstand aufgeholt werden können.

Stereotypien

Der Vergleich eines Familienkindes mit einem körperlich gesunden Heimkind zeigt, daß bei Massenpflege Kinder in ihrer Sprache und Sozialentwicklung zurückbleiben.
Viele derartige Untersuchungen haben ergeben: das Kind braucht eine feste **Bezugsperson;** meistens ist es die Mutter. Der Kontakt zur Mutter, ihr Spiel und ihre Zärtlichkeit sind lebensnotwendige Anreize für die Entwicklung des Kindes. Kinder, die ohne liebende Zuwendung einer Bezugsperson aufwachsen, verkümmern. Anfangs zeigt sich diese Verkümmerung im seelischen Bereich, später kommt es zu körperlichem Verfall bis hin zu erhöhter Sterblichkeit, weil das Kind den Lebenskampf, den es alleine nicht durchstehen kann, aufgegeben hat. Verkümmerungen, die bei Heimkindern zuerst beobachtet wurden, bezeichnet man als *Deprivationssyndrom* (Deprivation = aus der Privatsphäre herausgenommen, Syndrom = Erscheinung).

Bezugsperson

Deprivationssyndrom

Wenn die Mutter als Bezugsperson ausfällt, müssen andere Menschen diese Rolle übernehmen: Der Vater und die älteren Geschwister sollten immer an der Babybetreuung teilnehmen, um bei unvermeidlicher Abwesenheit der Mutter für das Baby da zu sein. Der Vater ist wie die Mutter eine wichtige Bezugsperson für das

Hautkontakt mit dem Vater; aus sicherem Hort heraus kann die Umgebung neugierig beäugt werden.

Vaterrolle

Baby, vorausgesetzt er nimmt seine Vaterrolle ernst und fördert durch direkte Zuwendung die Entwicklung seines Kindes. Gelingt es, daß beide Eltern mit dem Baby so vertraut sind, daß sie sich wechselseitig vertreten können, so wird das Kind sich beim Vater geborgen fühlen, wenn die Mutter zwischendurch sich einer anderen Beschäftigung für den Haushalt oder für den Beruf zuwendet.

Beide Eltern berufstätig

Ein Beamtenehepaar hat unter Berufung auf die im Grundgesetz verankerte Gleichberechtigung von Mann und Frau durchgesetzt, daß für beide Eltern Halbierung der Arbeitszeit gestattet wird, wenn sich beide gleichermaßen um die Erziehung ihres neugeborenen Kindes kümmern wollen. Da der Dienstherr darauf nicht eingehen wollte, weil »ein Kleinkind in der Frühphase seines Lebens biologisch und funktionell der Mutter zuzuordnen« sei, wurde vom Verwaltungsgericht entschieden, daß dies einer Funktionsverteilung in Ehe und Familie entspreche, »die ausschließlich aus Gründen der Tradition so gehandhabt wird«. Es dürfe aber nicht übersehen werden, »daß diese Rollenverteilung ... von den Ehepartnern auch in anderer Weise geregelt werden kann«. Beide dürfen nun mit halber Stelle berufstätig sein und wechselweise ihr Baby betreuen.

Ersatzmütter

Adoptivmütter, Pflegemütter und Kinderdorfmütter sind leiblichen Müttern gleichzusetzen, wenn sie ihre Mutterrolle ernst nehmen und zum Wohle des

Heimkinder verkümmern, wenn zu wenig Entwicklungsanreize geboten werden.

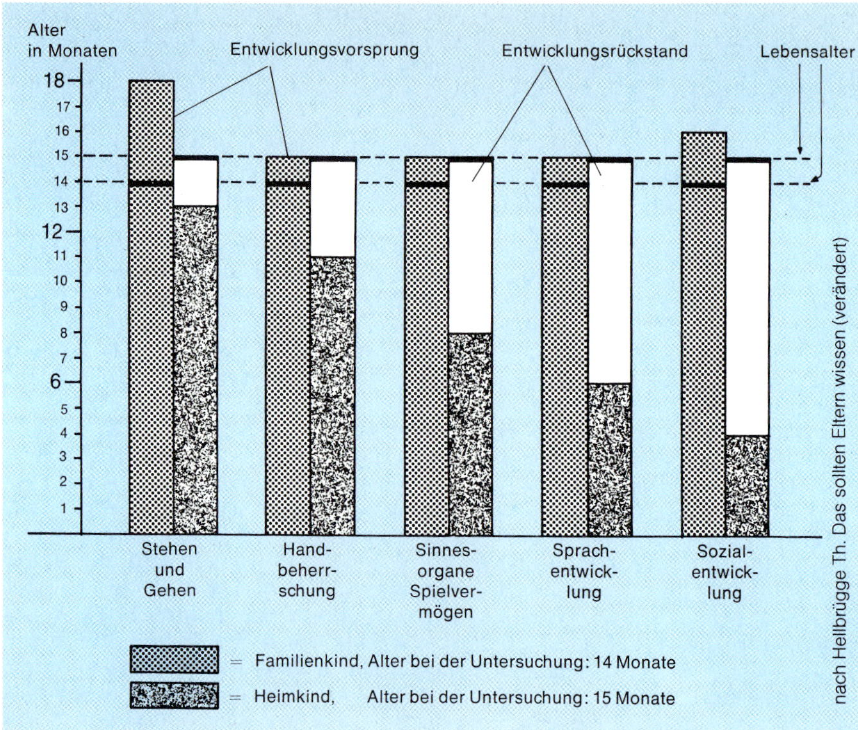

Kindes verwirklichen. Aber: Pflegerinnen in Säuglingsheimen und Kinderkrippen können keine Mutterrolle übernehmen; sie wechseln zu oft (Schichtdienst), und sie müssen gleichzeitig bis zu 8 Säuglinge betreuen. Dabei erfahren die Kinder zu wenig Aufmerksamkeit und Anerkennung ihrer »Leistungen« (Laufenlernen, Sprechenlernen), so daß Anreiz zu weiteren Bemühungen nicht gegeben wird. Anders ist es in Heimen mit Familienstruktur, in denen eine Erzieherin mit mehreren Kindern verschiedenen Alters in einer abgeschlossenen Wohnung lebt. Hier ist eher die Möglichkeit gegeben, daß Säuglinge eine echte Mutterbindung entwickeln. Das enge Zusammenleben von Mutter und Kind ist vor allem

Hier kann sich Urvertrauen nicht entwickeln.

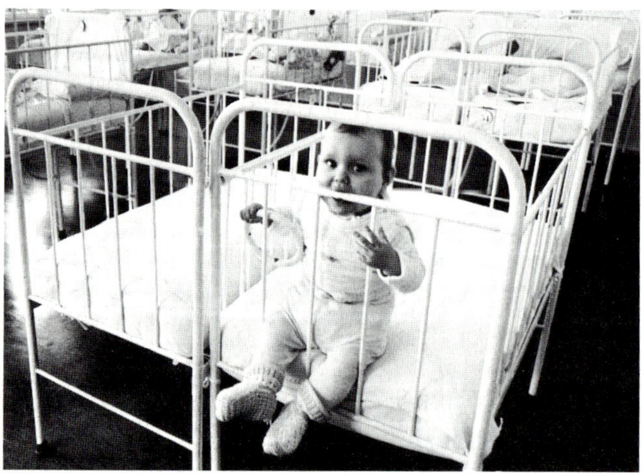

vom 3. bis zum 18. Lebensmonat wichtig. Diese Zeit gilt als *sensible Phase,* in der durch Wechsel der Bezugspersonen, der gewohnten Umwelt und des Tagesablaufes die kindliche Entwicklung gestört werden kann. Es muß darauf geachtet werden, daß nie alle drei Faktoren gleichzeitig verändert werden: Wird eine Ersatzmutter für kurze Zeit gebraucht, so sollte sie sich neben der Mutter einarbeiten und dann das Baby in seiner gewohnten Umgebung und nach dem eingespielten Tagesplan betreuen. Ist ein Wechsel des Aufenthaltsortes nicht zu umgehen (Klinikaufenthalt), so sollte eine dem Kind vertraute Person bei ihm bleiben.

Sensible Phase

Da von allen Sinnesempfindungen der Tastsinn des Säuglings am ausgeprägtesten entwickelt ist, wird über *Haut-Kontakt* die erste Mutter-Kind-Bindung aufgebaut. Später kommen *Blick-Kontakt* und *Sprech-Kontakt* hinzu. Dem Säugling müssen ausgiebig Kontaktmöglichkeiten angeboten werden: beim Stillen, beim Füttern, beim Trockenlegen, beim Spielen und beim Ausfahren ist Gelegenheit dazu. Mütter und Väter dürfen eigenen, zärtlichen Impulsen folgen. Ein Zuviel an Zuwendung gibt es im 1. Lebensjahr nicht; die Gefahr der Verwöhnung ist jetzt noch nicht gegeben. Erst später lernt das Kind, sein Tun unter Kontrolle zu bringen, und erst dann lernt es auch, sich zu beherrschen oder vielleicht andere zu tyrannisieren.

Hautkontakt
Blick-Kontakt
Sprech-Kontakt

Verwöhnung?

Das Kind in der Geschwisterreihe

Alle dem Kind nahestehenden Personen wirken prägend auf seine Entwicklung ein. Bei Erstgeborenen und Einzelkindern erfolgt die Prägung vorrangig durch Vater und Mutter. Kommen Geschwister hinzu, so sind diese – weil altersmäßig näherstehend – für ein Kind vorrangige Sozialpartner; an ihnen wird es sich orientieren, mit ihnen wird es wetteifern – auch um die Gunst der Eltern!
Weil nun aber die familiäre Situation für alle Kinder verschieden ist, gibt es nicht nur Unterschiede von Familie zu Familie (andere Eltern – anderer Erziehungs-

Geschwister im Spiel miteinander

stil), sondern auch große Unterschiede zwischen Geschwistern. In der gleichen Familie kommt es daher zu sehr unterschiedlichen Ausprägungen der Charaktere: erfolgreiche neben entmutigten Kindern, laut quengelige neben still zufriedenen Kindern, sehr selbständige neben ungeschickten und hilflosen Kindern. Je nach Stellung in der Geschwisterreihe werden bestimmte Charakterzüge verstärkt ausgebildet.

Einzelkind

Das älteste Kind ist einige Zeit Einzelkind. In dieser Zeit findet es viel Beachtung durch seine Eltern und erfährt Lob und Anerkennung für alles, was es neu dazu lernt. Das kann zu einer Art Erfolgszwang führen, so daß ein Kind ehrgeizig versucht, immer an erster Stelle zu stehen. Schwierigkeiten treten fast immer dann auf, wenn Geschwister hinzukommen. Da die Mutter sich intensiv mit dem Baby beschäftigen muß, fühlt sich das ältere Kind vernachlässigt und weniger geliebt. Häufig kommt es dann dazu, daß Kinder, die bereits sauber waren, wieder einnässen, wieder aus der Flasche trinken möchten und wieder im Wagen gefahren zu werden verlangen. Heilsam kann es sein, wenn man ihnen dann konsequent Babypflege, Babynahrung und ausschließlich Babyspielzeug zukommen läßt und alle Vorzüge aus dem Leben größerer Kinder ebenso konsequent ausschaltet. Das wird Kindern bald lästig oder langweilig, und sie möchten gerne wieder »groß« sein. Ermutigt man sie dann, ihre Rolle als das große, dem Baby überlegene Kind anzunehmen, so verschwindet das Babyspielen bald.

Rückfall ins Babyalter

Rivalität

Kronprinz

Solche Schwierigkeiten treten verstärkt auf, wenn die Rivalität unter gleichgeschlechtlichen Geschwistern ausgetragen wird. Ist jedoch das erstgeborene Kind ein Junge, so wird die Führungsrolle des ›Kronprinzen‹ durch ein nachgeborenes Schwesterchen weniger bedroht. Umgekehrt kann jedoch ein erstgeborenes Mädchen sehr um sein Selbstwertgefühl kämpfen müssen, wenn die Eltern den nachgeborenen Bruder in der Rolle eines »Stammhalters« sehen.

Stammhalter

Nesthäkchen

Das jüngste Kind ist Nesthäkchen. Jedes nachgeborene Kind darf einige Zeit diese Rolle genießen: es wird von den Eltern und von den älteren Geschwistern betreut und oft auch ein wenig verwöhnt. Auf die Dauer kann das dazu führen, daß dieses Kind sich daran gewöhnt, immer fröhlich zu nehmen, ohne geben zu müssen. So entfällt der Ansporn zur Leistung: Es genießt die Babyrolle möglichst lange und wird erst spät selbständig. Bestärkt wird dies durch die Haltung der älteren Geschwister, die ihre Führungsrolle dann nicht bedroht sehen. Leider gibt es auch Mütter, die ihr jüngstes Kind möglichst lange in der Babyrolle genießen möchten. – Nesthäkchen lernen bei dieser Behandlung sehr bald, Schwierigkeiten mit den ›Großen‹ aus dem Weg zu gehen, sich an Gegebenheiten anzupassen (ältere Geschwister sind eine solche Gegebenheit!) und dennoch die Erfüllung der eigenen Wünsche durchzusetzen. Eine Methode, die erwachsengewordene Nesthäkchen dazu bringt, immer zu versuchen, andere ›um den Finger zu wikkeln‹.

Das mittlere Kind hat es am schwersten, sich zu behaupten: die Führungsrolle des ältesten und die Nesthäkchenrolle des jüngsten Kindes sind ihm nicht in die Wiege gelegt. Von Anfang an besteht die Notwendigkeit, einerseits sich gegen ältere und tüchtigere Geschwister durchzusetzen und deren Vorzugsstellung zu brechen, andererseits aber auch sich neben den stärker umsorgten jüngeren Geschwistern zur Geltung zu bringen und zu zeigen: ›Ich bin auch noch da!‹ Oft werden von mittleren Kindern verzweifelte Anstrengungen gemacht, sich ›ins rechte Licht zu rücken‹. Haben sie Erfolg damit, so entwickeln sie sich zu »Ellenbogenmenschen«, die sich auch unter schwierigsten Umständen durchzusetzen vermögen. Erleben sie bei ihrem Kampf um eine anerkannte Stellung in der

Ellenbogenmenschen

Entmutigte

Geschwisterreihe aber Mißerfolg, so kann sie das nachhaltig entmutigen, sie ängstlich, verzagt und im Erwachsenenleben erfolglos machen. Daneben gibt es einen dritten Typ, der sich sagt: wenn ich nicht so tüchtig sein kann wie meine älteren Geschwister und nicht so geliebt werde wie meine jüngeren Geschwister (umsorgt = geliebt!), so will ich etwas Besonderes sein. Sie verkörpern dann manchmal ausgefallene ›Typen‹, die aus der herkömmlichen Lebensart ausbrechen. Für den aus seiner Mittelstellung Ausbrechenden kann dies zu einer befreienden und beglückenden Lösung seiner Probleme führen.

Ausbrecher

Nicht immer prägt sich die Stellung in der Geschwisterreihe in der oben beschriebenen Weise aus. Es wurde bereits gesagt, daß Buben in Kronprinzenrolle auch als Nachgeborene ältere Schwestern entthronen können. Ähnliches gilt für die unterschiedliche Begabung oder Robustheit der Geschwister. Ist das ältere Kind schwächlich oder behindert, so werden jüngere Geschwister es leichter haben, in die Rolle des Erfolgreichen aufzusteigen.

Begabung
Robustheit

Aufgabe der Eltern

Je nach Familiensituation und Stellung in der Geschwisterreihe entwickeln Kinder mit ähnlichen Erbanlagen sich zu recht unterschiedlichen Charakteren. Aufgabe der Eltern ist es, durch erzieherische Maßnahmen bei ängstlichen oder unterdrückten Kindern das Selbstwertgefühl zu verstärken, andererseits aber das Überlegenheitsgefühl tüchtiger und erfolgreicher Kinder etwas zu dämpfen. (Im Spiel verlieren lernen kann zur Entkrampfung der unter Erfolgszwang stehenden Kinder beitragen!) Befreiend wird für Kinder die Erkenntnis, nicht immer vollkommen sein zu müssen (nobody is perfect!), aber dennoch immer geliebt zu werden.

Umwelteinfluß oder Erbanlage?

Umwelteinfluß

Der **Umwelteinfluß** auf heranwachsende Kinder ist nicht auf Personen beschränkt. Auch die sachlichen Gegebenheiten der Umwelt wirken sich aus: Ob ein Kind in enger Berührung mit Nachbarn in einem Großstadt-Miethaus lebt oder ob es in ländlicher Umgebung in einem Haus mit Garten heranwächst, ob es

Spielplätze sind gut. Abenteuerspielplätze oder ein Garten mit Möglichkeiten zum kreativen (eigenschöpferischen) Spiel sind besser.

Umgang mit Tieren oder nur Umgang mit toten Dingen hat, ob seine Umwelt zwanghaft geordnet ist oder ob sie Freiheit zu abenteuerlichen Erlebnissen läßt – alles das wirkt mitbestimmend auf die Entwicklung eines Kindes ein.

Zwillingsforschung

Aus der *Zwillingsforschung* geht hervor, daß der Umwelteinfluß nicht alleinbestimmend ist. Vergleicht man die Entwicklung eineiiger Zwillinge (mit genau gleichen Erbanlagen), so zeigt sich, daß auch dann, wenn diese Zwillinge unter sehr unterschiedlichen Umwelteinflüssen heranwachsen, die Ausprägung bestimmter Merkmale weniger abweichend ist als bei zweieiigen Zwillingen (mit unterschiedlichen Erbanlagen).

Erbanlage

Körperliche Merkmale wie Größe, Gewicht und Augenfarbe sind weitgehend erbbedingt (80–100%). Auch die *Intelligenz* (der Intelligenzquotient oder IQ) erwies sich als in hohem Maße von der Erbanlage abhängig (70–80%). Beim **Schulerfolg** dagegen zeigte sich, daß dieser stärker von der Umwelt beeinflußt ist (nur zu 50–60% erbbedingt). Insgesamt ist zu beobachten, daß menschliches Verhalten stark umweltgeprägt ist. Darum ist es wichtig, die auf Kinder einwirkenden Umwelteinflüsse zu überwachen und regelnd einzugreifen: gute Einflüsse begünstigen, schädliche Einflüsse unterdrücken oder ausschalten.

Zum Nachdenken

1. *Eine alleinstehende Mutter muß ihren Säugling, während sie berufstätig ist, in fremde Obhut geben. Zur Wahl stehen:*
   - *die Kinderkrippe, in der ausgebildete Pflegerinnen sich um Säuglinge und Kleinkinder kümmern;*
   - *die Nachbarsfamilie, in der drei Kinder heranwachsen, deren Mutter nicht berufstätig sein kann, die sich aber gerne durch Betreuung eines fremden Kindes ein Taschengeld verdienen möchte;*
   - *eine alleinstehende, ältere Dame, die als Babysitter das Kind in seiner häuslichen Umgebung betreuen könnte.*

   Diskutieren Sie die Vor- und Nachteile dieser drei Möglichkeiten!

2. *Die Zwillinge Dagmar und Franz haben einen älteren Bruder Peter. Welche Möglichkeiten für Fehlentwicklungen sind mit dieser Geschwisterkonstellation gegeben, und worauf müssen die Eltern besonders achten?*

Erzieherisches Verhalten

Wer Kinder erziehen will, muß sich fragen, welcher Erziehungsstil und welche Erziehungsgrundsätze und Erziehungsmittel ihm helfen können, zum Wohl des Kindes ein bestimmtes Erziehungsziel zu erreichen.

Erziehungsstile und Erziehungsgrundsätze

In den folgenden drei Bildern sind drei unterschiedliche Erziehungsstile charakterisiert. Versuchen Sie die Erziehungssituationen zu beschreiben, indem Sie die folgenden Begriffe den Bildern zuordnen:

Anerkennung, Ansprache, autoritär, belehren, besser wissen, demütigen, eigene Wege gehen, ermutigen, Freiheit, Folgsamkeit, Führen, Gewährenlassen, Gleich-

gültigkeit, herablassend, Herrschsucht, Hilfe, Interesselosigkeit, keine eigene Meinung, kooperativ, konsequent, Liebe, Miteinander, Rat erteilen, Schimpfen, Stütze geben, Toleranz, Ungebundenheit, Vertrauen, Zusammenarbeit, Zuwendung, Zwang, Zwiesprache.

Alles gewähren

Eine **alles gewährende Erziehung** gelingt nicht, weil das Zusammenspiel zwischen Kind und Erzieher fehlt (erstes Bild). Wenn jegliche Einwirkung auf den anderen unterbleibt, wird man einander gleichgültig und jeder geht seiner Wege. Welchen Weg? Aus der unbeschränkten Freiheit im Kindesalter entwickelt sich die Bindungslosigkeit und Ichsucht des Erwachsenenalters.

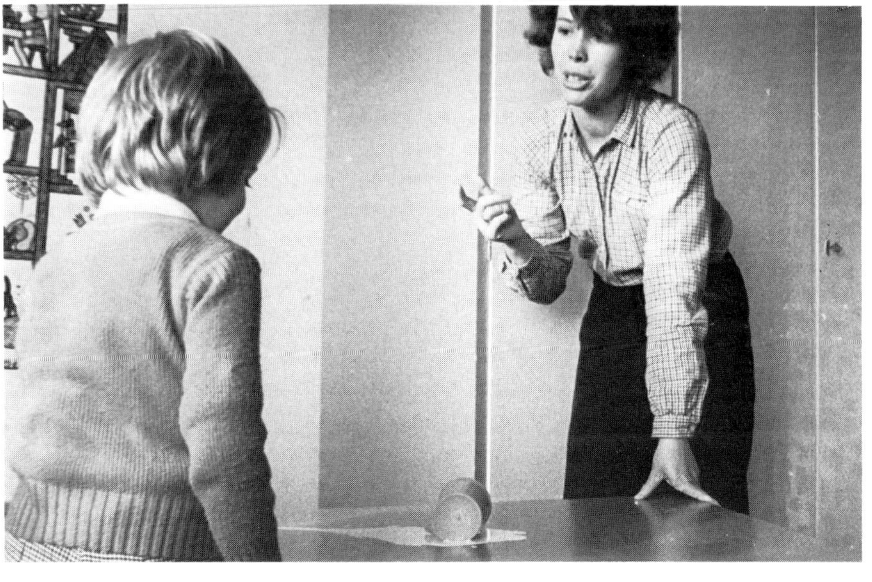

Autoritär

Eine **autoritäre Erziehung** verlangt Unterordnung und Anpassung an die Wünsche und Vorstellungen des Erziehers; widersetzt sich das Kind dem Zwang, so wird mit Drohen und Schimpfen gearbeitet (zweites Bild). Das Ergebnis einer solchen Erziehung sind pedantische Menschen, die sich ängstlich an Vorschriften klammern und eine freie Selbstentscheidung scheuen.

Kooperativ

Anzustreben ist eine **kooperative Erziehung**, bei der Kind und Erzieher in Zusammenarbeit (= Kooperation) einen gangbaren Weg suchen. Zunächst begibt sich der Erzieher mit dem Kind auf gleiche Ebene und wendet sich ihm zu (drittes Bild). Dadurch verliert die Beziehung den bedrohenden Charakter, der bei autoritärer Erziehung gegeben ist; zugleich wird auch gleichgültige Abwendung vermieden, wie sie bei alles gewährender Erziehung vorkommt. Merkmale kooperativer Erziehung sind in erster Linie *Liebe, Zuwendung, Ansprache, Toleranz* und *Vertrauen.* Aber auch Elemente einer gewährenden oder einer autoritären Erziehung treten hier in Erscheinung:

Freiheit

Die *Freiheit* des Partners ist zu achten; ihm muß immer ein freier Spielraum zur Entfaltung seiner persönlichen Eigenart bleiben. Dieser Freiraum ist aber nicht schrankenlos wie bei der gewährenden Erziehung. In der Erziehung müssen auch deutlich Grenzen gesetzt werden. Nur so lernt der

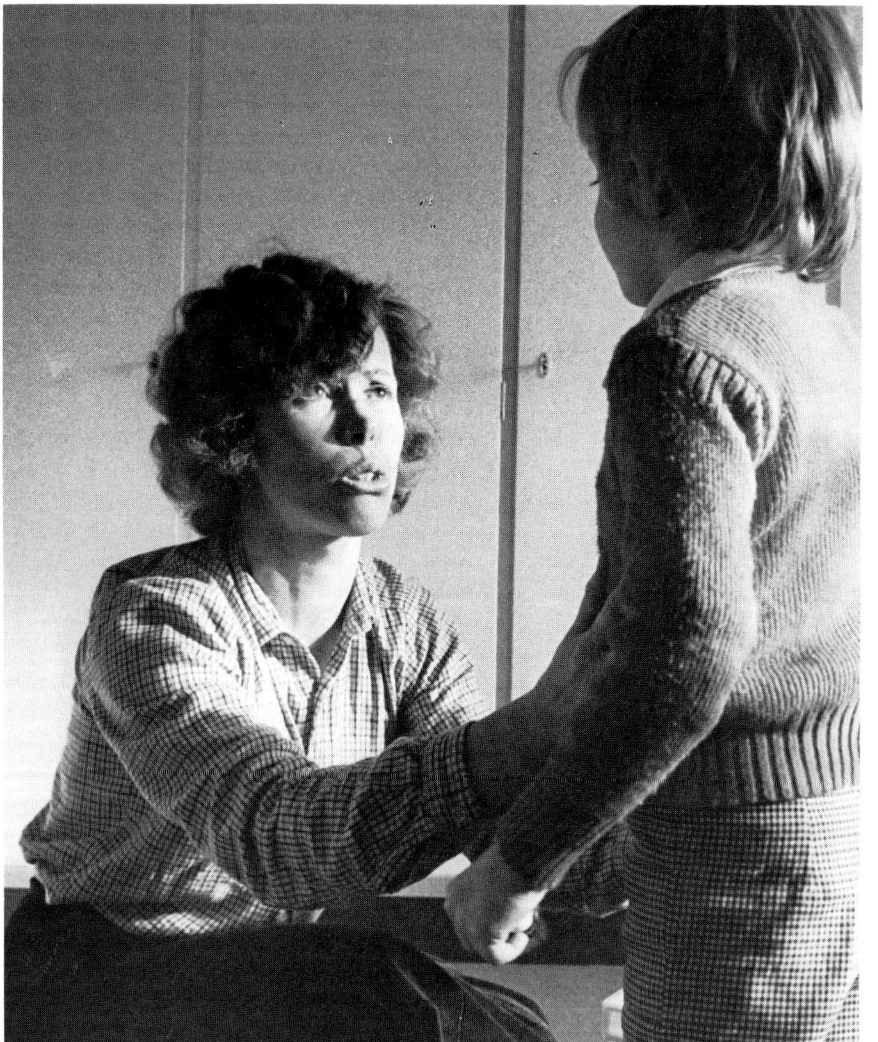

Heranwachsende Rücksicht zu nehmen auf die Rechte – vielleicht sogar Vorrechte – anderer. Es ist auch nötig, bestehende *Ordnung* zu achten, damit die Rechte anderer Menschen nicht verletzt werden. Die Durchsetzung einer Erziehung zur Ordnung verlangt Festigkeit und Konsequenz und wird durch gutes Beispiel unterstützt; sie darf aber niemals wie bei autoritärer Erziehung in Herrschsucht ausarten. Das Motto einer kooperativen Erziehung kann so formuliert werden: **Soviel Autorität wie nötig und soviel Freiheit wie möglich**, um in gegenseitiger Achtung und Liebe einen gemeinsamen Weg zu finden.

Ordnung

Belohnung und Strafe als Erziehungsmittel

In der Erziehungspraxis wird mit Lob oder Tadel, mit Belohnung oder Strafe gearbeitet. In einem Schulversuch wurde die Wirkung dieser Erziehungsmittel getestet, indem drei gemischte Schülergruppen mit annähernd gleichem Leistungsstand für einige Zeit getrennt unterrichtet und unterschiedlich behandelt wurden.

Schulversuch

Gruppe 1 erhielt Anerkennung bei allen Leistungen (auch bei schwachen Leistungen: Lob), in *Gruppe 2* wurden alle Leistungen bemängelt (Tadel), in *Gruppe 3* verhielt sich der Erzieher neutral gegenüber allen Leistungen (kein Lob, kein Tadel).

Die Lernfortschritte waren unterschiedlich:
Gruppe 1 kräftiger und gleichmäßiger Anstieg der Leistungen.
Gruppe 2 mäßiger Anstieg, dann allmähliches Absinken der Leistungen.
Gruppe 3 kurzzeitiger Anstieg, dann immer stärker werdender Leistungsabfall.

Dieser Schulversuch zeigt auf, was auch in anderen Situationen der Kindererziehung beobachtet werden kann: Lob und Anerkennung steigern die Leistung und fördern die Entwicklung. Hört das Kind aber nur Ermahnungen, Tadel und Schimpfen, so erlahmen seine Bemühungen, und auf Leistungsanforderung reagiert es in zunehmendem Maße bockig oder verstockt. Am schlimmsten wirkt sich aber Neutralität in der Erziehung aus: Nichtbeachtung, Gleichgültigkeit und Interesselosigkeit treffen das Kind so schwer, daß es seine Bemühungen ganz einstellt und selbst auch in Gleichgültigkeit verfällt: Stereotypien bei Kleinkindern (z. B. Schaukeln mit dem Körper, Seite 94) oder Wurstigkeit bei größeren Kindern (zu beobachten bei Heimkindern, denen zu wenig persönliche Ansprache zuteil wurde).

Positive Erziehungsmittel
Negative Erziehungsmittel

Neutralität in der Erziehung

Der Einsatz bestimmter Erziehungsmittel ist auch vom Alter abhängig. Mit *Lob* darf man im Säuglings- und Kleinkindalter verschwenderisch umgehen; aber mit zunehmender Reife des Kindes muß auch das Lob des Erziehers realitätsgerecht werden. Man hüte sich vor Lobhudelei, denn damit würde dem Kind signalisiert: ›Ich meine es zwar gut mit dir, aber ernstnehmen kann ich dich nicht‹; die Wirkung wäre ähnlich verheerend wie bei Gleichgültigkeit. – *Tadel* wird vom Kind erst ab dem 2. Lebensjahr verstanden; er soll sich auf wenige Worte beschränken. Mit zunehmendem Verständnis des Kindes erfordert Tadel auch eine Begründung, und es ist an die Einsicht des Kindes zu appellieren.

Lob

Lobhudelei

Tadel

Auch andere Formen der Belohnung oder Strafe werden angewandt. Durch alle Altersstufen hindurch ist *Zuwendung* (Zeit-haben oder Sich-Zeit-nehmen) eine gute und sinnvolle Belohnung für das Kind. Vorsicht ist jedoch geboten bei Belohnung mit Geld, Süßigkeiten oder anderen Geschenken. Eine solche mate-

Zuwendung

Materielle Belohnung

rielle Belohnung sollte auf außergewöhnliche Fälle beschränkt bleiben: Tapferkeit angesichts schmerzhafter Erlebnisse, eine über die normale Begabung weit herausragende Leistung oder Hilfeleistungen, die vom Kind die Zurückstellung eigener Interessen (Spielen) verlangen.

Liebesentzug

Die schlimmste Strafe für ein Kind ist der *Liebesentzug,* der sich z. B. darin äußert, daß mit dem Kind nicht mehr gesprochen wird. Verweigerung des Sprechkontaktes oder das Anschweigen ist eine Form seelischer Grausamkeit und als Erziehungsmittel abzulehnen. Andere Formen des strafenden Entzugs sind: Entzug des Essens, des Taschengeldes, des Fernsehens ... Als Strafe sinnvoll sind diese Entzugsformen aber nur dann, wenn zwischen der Straftat und der Strafe ein Zusammenhang besteht, z. B. angerichteten Schaden vom Taschengeld bezahlen.

Ausschluß aus der Gemeinschaft

Freiheitsentzug

Körperliche Züchtigung

Hat ein Kind durch sein Verhalten das Zusammenleben mit anderen empfindlich gestört, so kann es mit kurzfristigem *Ausschluß aus der Gemeinschaft* bestraft werden. Aussperren darf aber nicht mit Einsperren verwechselt werden: Einsperren in Form von Stubenarrest oder Bettarrest bedeutet *Freiheitsentzug;* das ist ein ungeeignetes Erziehungsmittel und daher abzulehnen. Ebenso ungeeignet und ebenfalls abzulehnen sind Prügel. Leichte *körperliche Züchtigung,* etwa ein Klaps, kann angebracht sein, wenn ein Kind sich wiederholt verbotswidrig verhält und dadurch vielleicht sich oder andere gefährdet. Aber nach dem 10. Lebensjahr ist jegliche körperliche Züchtigung zu unterlassen.

Strafarbeiten

Strafarbeiten sind eine Art Wiedergutmachung, das heißt, sie sollen dazu dienen, Versäumtes nachzuholen oder eine gestörte Ordnung wieder herzustellen. Abzulehnen sind alle Strafarbeiten, die nicht diesem Zweck dienen. Einsetzbar sind sie aber erst ab dem 7. Lebensjahr, denn erst dann kann das Kind zwischen Spiel und Arbeit unterscheiden.

Konsequenz

Verhalten des Erziehers

Eine verhängte Strafe muß immer auch konsequent durchgehalten werden. Das Androhen einer Strafe, die nicht ausgeführt werden kann, ist zu unterlassen, denn es verführt dazu, auch andere – vielleicht lebenswichtige – Anordnungen des Erziehers leichtfertig zu übertreten. Gerade dieser Fall zeigt, daß Fehlverhalten des Kindes auch durch ungeschicktes Verhalten des Erziehers ausgelöst werden kann. Der Erzieher sollte sich deshalb, bevor er straft, überlegen, ob er nicht von Strafe absehen muß, weil eigenes Fehlverhalten den Fehler des Kindes ausgelöst hat.

Verantwortung des Erziehers

Hilfe zur Selbsthilfe

Aufgabe des Erziehers ist es, dem Kind Hilfestellung zur Entfaltung seiner Persönlichkeit zu geben; es ist sozusagen Hilfe zur Selbsthilfe. Mit Erreichen des Erziehungszieles erlischt die Verantwortung des Erziehers; seine Aufgabe ist eine Aufgabe auf Zeit. Zu beachten ist, daß mit Erreichen bestimmter Entwicklungsstufen der Aufgabenbereich mehr und mehr schrumpft; das heißt aber, daß Erziehung sich zuletzt selbst überflüssig macht.

Ende der Erziehung

Falsch wäre es, die Erziehung von einem Tag zum andern abbrechen zu lassen, etwa mit dem Tag der *Volljährigkeit.* Eltern sollten sich rechtzeitig klar machen, daß ihrem erzieherischen Wirken diese Grenze gesetzt ist; das heißt aber, daß ihre Erziehung entbehrlich geworden sein sollte, wenn das Kind volljährig wird.

Der Erzieher empfängt die Kinder als ein ihm anvertrautes Gut, das er zu betreuen und zu entwickeln hat, bis er es eines Tages anderen Erziehern weitergibt oder in die Selbständigkeit entläßt. Ein falsches Verständnis von Erzieherschaft liegt vor, wenn z. B. Eltern das Kind als Eigentum betrachten und glauben, sie könnten mit ihm machen, was sie wollen. Auch wenn Eltern die finanzielle Versorgung ihrer Kinder zu tragen haben (eventuell über das Volljährigkeitsalter hinaus), können sie nicht sagen: »Ich bezahle, also bestimme ich!« – Das Recht des Kindes ist zu achten! Allzuoft wird es mißachtet oder buchstäblich mit Füßen getreten: auf entsetzliche Weise werden Kinder von ihren Eltern oder Erziehern, die diesen Namen nicht verdienen, mißhandelt, gequält, gefoltert, in den Tod getrieben oder bei Selbstmord der Eltern in den Tod mitgenommen. Demgegenüber sei betont: Das Kind hat ein Recht auf Leben! Das heißt: der Erzieher hat darüber zu wachen, daß das Kind körperlich und seelisch unverletzt bleibt. Darüberhinaus muß er es auch in seiner Entwicklung so fördern, daß es zu einem gesunden und lebenstüchtigen Menschen heranwächst; denn auch das gilt: das Kind hat ein Recht auf Erziehung. Wenn Eltern oder Erzieher diese Rechte des Kindes verletzen, so kann aufgrund bestehender Gesetze (§ 218 StGB, § 1610 BGB) Strafe verhängt werden.

Recht des Kindes

Recht auf Leben

Recht auf Erziehung

Rechte des Kindes verpflichten Eltern und Erzieher zur Achtung vor dem Kind, und das sollte heißen: liebende Anerkennung als Partner im Erziehungsprozeß. Erzieher, die solche Partnerschaft möglich werden lassen, werden ohne Autoritäts- und Machtkämpfe die Erziehung in Liebe und Vertrauen zum Zögling gestalten.

Recht auf Achtung

Zum Nachdenken

Lesen Sie die folgenden drei Erziehungsbeispiele, zu denen teilweise eine Stellungnahme gegeben wird. In ähnlicher Weise sollen Sie zu Beispiel 2 und 3 selbst Ihre Meinung äußern.

1. Beispiel

1. Eine Mutter geht mit ihrem Sohn Bodo (2) zum Einkaufen. Sie bittet Bodo, nicht davonzulaufen, während sie mit dem Einkauf beschäftigt ist. Doch als sie an der Kasse steht, entfernt sich Bodo in Richtung Ausgang. »Komm zurück«, ruft die Mutter; Bodo bleibt für einen Augenblick stehen, setzt jedoch seinen Weg fort, als er sieht, daß die Mutter sich wieder ihrem Einkauf zugewandt hat. Wiederholtes Rufen der Mutter nützt nichts, auch die Drohung: »wenn du auf die Straße läufst, wirst du überfahren ...«, beeindruckt das Kind nicht. Es versteckt sich in einer Ecke, bis seine Mutter nach ihm suchen wird.

Bitte ... sich nebensächlich fühlen, weil unbeachtet ... Kommando ... kurzer Blickkontakt – wieder unterbrochen ... wenn du dich nicht um mich kümmerst, gehe ich eigene Wege ... Drohung ohne Wirkung ... Machtprobe ...

Die Mutter könnte das Weglaufen ihres Kindes vermeiden: engen Kontakt halten, bei der Hand nehmen, Beachtung schenken, miteinander reden; zur Mitarbeit veranlassen, Waren aus dem Einkaufskorb auf den Kassentisch legen lassen.

2. Beispiel

2. Sandra (5) und Patricia (3) sitzen mit ihren Eltern zu Tisch; ein Platz ist noch frei. Da kommt Boris (8) atemlos aus dem Garten hereingestürmt und setzt sich dazu. Seine Mutter ruft entsetzt: »Wie du wieder aussiehst! Deine Hände sind schmutzig, dein Haar ist ganz verwildert und dein Hemd starrt vor Schmutz!

Schämst du dich nicht, so zu Tisch zu kommen? Marsch ab ins Badezimmer, und nachher ...« Plumps, da fiel Patricias Milchbecher um, und schon beginnt ein Streit zwischen Sandra und Patricia. »Du hast mich geschubst ...« – »nein, du hast mich schlagen wollen, und hast dabei den Becher umgestoßen!« – Der Vater schaltet sich ein und verlangt, daß Sandra die Pfütze beseitige; aber diese protestiert: »Meine Schuld war es ja nicht!« – »Aber du hättest auf Patricia aufpassen können«, erwidert der Vater. Patricia beobachtet zufrieden die Szene und Mutter wischt wortlos die Milch auf. Und dann beginnen sie ihre Mahlzeit in grimmigem Schweigen.

Unpünktlichkeit ... Mißachtung der Ordnung ... Demütigung durch Beschimpfung ... Befehl und Drohung ... Ablenkung durch ein neues Problem ... die Ältere soll Ordnung machen; sie ist ja geschickter und vernünftiger und hätte aufpassen sollen ... Widerspruch ... impulsiv durchkreuzt die Mutter die Erziehungsbemühung des Vaters. So kommt es, daß jedes Familienglied auf ein anderes böse ist, nur Unruhestifter Patricia (klein, hilflos, unschuldig) ist froh, daß sie nicht zur Verantwortung gezogen wurde.

Wie hätte trotz der Fehler, die die Kinder machen, der Familienfriede gerettet werden können?

3. Beispiel

3. Jürgen (7) beobachtet, wie Straßenarbeiter Laub zusammenkehren. Dann fängt er an, fertige Laubhaufen wieder breitzutreten. Ein Arbeiter sagt: »Laß das!« Jürgen macht weiter. Seine Mutter arbeitet nebenan im Garten, kann sehen, was Jürgen treibt, kümmert sich aber nicht darum. Als ein Arbeiter bittet, sie möge doch ihren Sohn davon abhalten, die Laubhaufen breitzutreten, antwortet die Mutter: »Ich kann doch nicht ständig hinter dem Kind herlaufen und sorgen, daß es nichts Falsches tut; ich habe doch selbst so viel Arbeit in meinem Garten.« Diese Antwort verärgert die Arbeiter so sehr, daß sie Jürgen nun drohen, ihn mit dem Laub in den Karren zu stecken und auf dem Abfallplatz abzuladen. Schreiend versteckt Jürgen sich im Garten.
Deuten Sie die Situation und überlegen Sie, welches erzieherische Handeln hier angebracht gewesen wäre.

Kleinkind und Vorschulkind

Dies ist die Phase der Lösung aus enger Mutterbindung. Der Aktionsraum des Kindes wird größer: in dem Maß wie seine Beweglichkeit und seine Geschicklichkeit größer werden, geht das Kind nun auch eigene Wege. Seine Sprachentwicklung erweitert zunehmend auch seinen geistigen Horizont, und über die Sprache als Verbindungsmittel werden Sozialkontakte möglich.

Sprachentwicklung

Saskia ist beim Kindergartenfest aufgefallen, weil sie mit reichem Wortschatz so munter erzählen konnte. Die Kindergärtnerin erinnert sich, daß Saskia, als sie mit 3 Jahren aufgenommen wurde, gern den Erzählungen anderer zuhörte, selbst aber kaum ein Wort sprach. Damals hatte Frau D. erzählt, daß Saskia als ihr Pflegekind erst seit einem halben Jahr bei ihr sei. Der Arzt habe festgestellt, daß organisch alles in Ordnung sei, und geraten, in Gegenwart des Kindes und mit ihm viel zu sprechen, auch wenn etwa eine Antwort zunächst ausbliebe. – Das hatte sich bewährt: Saskia konnte dank liebevoller Aufnahme in der Pflegefamilie die versäumte Sprachentwicklung nachholen. Dabei fällt auf, daß sie wie ihre Pflegemutter schwäbischen Dialekt spricht.

Sprache wird durch Nachahmung gelernt, sobald bestimmte Reifungsprozesse in Hirn und Kehlkopf abgeschlossen sind (Ende des 1. Lebensjahres). Da Sprache Nachahmung ist, übernimmt das Kind Worte, Tonfall und Aussprache seiner Erzieher; wir sagen: es erlernt seine *Muttersprache.*

Muttersprache

Taube Kinder lernen, da sie nicht hören können, auch nicht sprechen, obwohl ihr Sprechapparat des Kehlkopfes normal entwickelt ist. So kann das Nichtsprechenlernen eines Kleinkindes anzeigen, daß eventuell mit seinem Gehör etwas nicht in Ordnung ist. – Die verzögerte Sprachentwicklung kann aber auch durch eine Verzögerung hirnorganischer Reifungsvorgänge bedingt sein.

Unsere Hirnfunktionen sind abhängig von der Zahl der Schaltverbindungen zwischen den Nervenzellen. Beim Neugeborenen sind sie noch lückenhaft; aber bereits nach 3 Monaten hat sich ein Netz von Verbindungen gebildet, das sich in der Folgezeit noch weiter verdichtet. Voraussetzung dafür ist, daß viele Sinneseindrücke zur Verarbeitung angeboten werden. Wenn das Auge eines Säuglings stets nur die weiße Zimmerdecke und sein Ohr nur gelegentlich den Schritt der Pflegerin wahrnimmt, so fehlt es an Gelegenheit, die Sinnesorgane in der Aufnahme von Umweltreizen zu üben und im Gehirn assoziative Verbindungen dazu zu entwickeln. Folge davon ist, daß auch die Reaktionen unterentwickelt bleiben: solche Kinder lernen nicht zu spielen, zu laufen, zu sprechen.

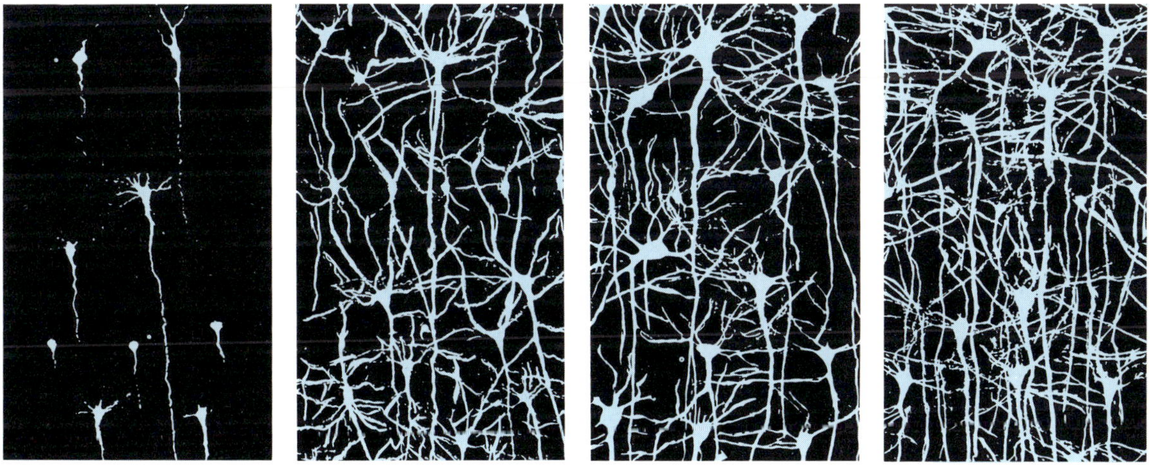

a b c d

Nervenzellen im Großhirn: a bei der Geburt, b nach drei Monaten; ein Netz von Verbindungen hat sich gebildet. c nach 1½ Jahren, d nach drei Jahren; die Verbindungen zwischen den Nervenzellen verdichten sich.

Die Nachahmungsbereitschaft des Kindes und seine Lust zum Sprechen werden durch die Zuwendung der Mutter oder anderer Bezugspersonen gefördert. Im 2. Lebensjahr wird im Spiel der Wortschatz durch *Zeigen und Benennen von Gegenständen* erweitert. Sprechzwang und Sprechübungen können jedoch die Bereitschaft zum Sprechen lähmen. Ab dem 3. Lebensjahr soll man dem Kind

Sprechübungen

Babysprache

Sprachverständnis

Sprachlosigkeit

Mutismus

geduldig seine zahlreichen Fragen beantworten, denn dadurch lernt es neue Worte und Sinnzusammenhänge. Niemals sollten aber Erwachsene die Babysprache nachahmen, denn das kann den Entwicklungsprozeß der kindlichen Sprache nur verzögern. Man soll und muß im Gespräch mit dem Kind auch solche Worte anwenden, die das Kind noch nicht nachsprechen kann, denn Kinder verstehen mehr, als sie nachsprechend ausdrücken können. *Sprachverständnis* geht dem Sprechen voraus. Wichtig ist auch, daß in Gegenwart des Kindes sorgfältig und nicht zu schnell gesprochen wird. Sprache hören wirkt anregend auf das Sprechen des Kindes; Schweigen in der Umgebung des Kindes wirkt bedrohend und verzögert die Sprachentwicklung. Bedrohung und Angst können Ursache der Sprachlosigkeit sein. Wird ein Kleinkind von seiner Mutter und aus seiner vertrauten Umgebung plötzlich und ohne Vorbereitung herausgerissen (z. B. Einlieferung in ein Heim oder in eine Klinik), so kann *angstvolles Verstummen* (Mutismus) die Folge sein. Mit viel Liebe und Geduld läßt sich ein Sprachrückstand beheben. Wichtig ist, daß dies so rechtzeitig geschieht, daß bis zur Einschulung der Rückstand aufgeholt ist.

Die Entwicklung der Sprache verläuft in 6 Stufen:

1. Lall-Monologe	ab 6. Monat	
2. Schallmalerei	ab 10. Monat	ma-ma, da-da, wau-wau
3. Einzelwörter für einen ganzen Satz stehend	ab 12. Monat	milli: ich will Milch ham: ich will haben wieb: bitte lieb sein!
4. Wortverbindungen in Aufzählung einen Sachverhalt schildern	ab 18. Monat	Oma tommen, Lade geben, Eva essen!
5. Wortwandlung nach Regeln der Grammatik	ab 24. Monat	is' Puppas Hose; gut geslaft! will größer Buch haben!
6. Haupt- und Nebensätze unter Beachtung der Grammatik	ab 30. Monat	Wenn Schnee kommt, fahren wir mit dem Schlitten.

Entwicklung zur Selbständigkeit

1. Schritt: Laufenlernen

Der 1. Schritt zur Selbständigkeit ist Laufenlernen; er wird zu Beginn des 2. Lebensjahres getan. Das Kleinkind löst sich aus der engen Mutterbindung, bewegt sich frei und geht auf Entdeckungsreise, solange es die Mutter in erreichbarer Nähe weiß. Aus Beobachtungen an Kleinkindern (und Experimenten mit Affenkindern) weiß man, daß ein Kind im Beisein der Mutter vieles interessant findet und neugierig untersucht, daß aber, wenn die Mutter fort ist, die Neugier des Kindes erlischt, und es sich nicht mehr von der Stelle rührt. Das schönste Spielzeug ist uninteressant, wenn das Kleinkind damit alleine gelassen wird. Die Mutter muß zwar nicht immer mit ihm spielen, aber doch so nahe sein, daß man Blickkontakt oder Sprechkontakt miteinander halten kann. Wird eine Situation für das Kind bedrohlich, so eilt es zur Mutter und beruhigt sich am schnellsten, wenn es sich ankuscheln kann (Hautkontakt!).

Der 2. Schritt zur Selbständigkeit heißt: alleine essen. Daß dabei anfangs viel daneben geht und das alleinessende Kind der Mutter mehr Arbeit macht als beim Füttern, muß hingenommen werden. Hindert man das Kind daran, mit stets neuen Aufgaben alleine fertig zu werden, so erwächst daraus Unentschlossenheit und Passivität; das kann bis ins Erwachsenenalter hineinwirken! – Noch vieles andere möchte das Kleinkind alleine tun: sich waschen, sich kämmen, sich anziehen, auf einen Stuhl klettern oder noch höher hinauf: auf den Tisch, auf den Schrank ... Viele Mütter werden ungeduldig dabei und helfen nach, oder sie sind besorgt um ihr Kind und greifen ein oder verbieten, weil sie ihr Kind beschützen wollen. Solche Situationen sind konfliktgeladen: Wird das Kind der Mutter gehorchen und sich – weil es ja auch bequem ist – weiter von ihr bedienen lassen, oder ist sein Drang zum Selbständigwerden so stark, daß es gegen Mutters Wunsch sich durchsetzt? Die kluge Mutter läßt es auf einen Machtkampf gar nicht erst ankommen. Sie weiß, daß der Wunsch zum Selbständigwerden nicht unterdrückt werden darf. Geduldig beobachtet sie die Bemühungen ihres Kindes, hilft auch einmal unmerklich nach, wird aber trotzdem dem Kind das Gefühl lassen, es ›alleine geschafft‹ zu haben.

2. Schritt: alleine essen

Schrankenlose Freiheit zum Ausprobieren könnte aber das Kind auch in gefährliche Situationen führen oder Hab und Gut anderer Menschen schädigen. Hier müssen mit aller Deutlichkeit *Grenzen* gesetzt werden. Das Kind muß lernen, daß es Verbote gibt, die man beachten muß (Straßenverkehr), weil einem sonst Unangenehmes widerfährt.

Grenzen

»Kann selber«

3. Schritt: sauber werden

Der 3. Schritt zur Selbständigkeit heißt: sauber werden. Die Sauberkeitserziehung liegt im Interesse der Mutter, weil das Arbeitsersparnis bringt (im Gegensatz zu Aktivitäten des Kindes wie ›alleine essen‹, die für die Mutter aufwendiger sind). Weil das so ist, wird oft sehr früh damit begonnen, das Kind aufs Töpfchen zu setzen, oft zu früh! Heute weiß man, daß erst am Anfang des 2. Lebensjahres die Hirnfunktionen so weit gereift sind, daß eine willkürliche Betätigung der Ausscheidungsorgane möglich wird. Um das 3. bis 4. Lebensjahr wird ein gesundes Kind von alleine sauber. Anhaltendes Einnässen oder Einkoten beruht nicht auf mangelnder Sauberkeitserziehung, sondern ist oft durch seelische Vernachlässigung ausgelöst.

Dressur

Andressierte Sauberkeit kann zu zwanghaftem und aggressivem Verhalten führen. Zwang und langes Topfsitzen müssen vermieden werden, damit nicht durch das Negativerlebnis einer solchen Dressur Verhaltensstörungen ausgelöst werden. Richtiger ist es, wenn man dem Kind die Funktion der Abgabe erklärt und es regelmäßig versuchen läßt, Erfolg zu haben. Echte Sauberkeit ist erst dann erreicht, wenn das Kind seine Organe zu beherrschen gelernt hat und freiwillig zur Toilette geht.

Trotzphase – ein schwieriger Zeitabschnitt

Trotzphase

Die Trotzphase ist für die Entwicklung zur Selbständigkeit ebenfalls bedeutsam. Dabei geht es um ein geistig-seelisches Selbständigwerden. Die Trotzphase beginnt um die Mitte des 2. Lebensjahres und endet etwa mit 4 Jahren. Das Kind sagt zum ersten Mal ›nein‹, es lernt ›ich‹ zu sagen und seinen Willen auszudrükken; und das heißt oft: ›ich will nicht!‹

Trotzende Kinder wehren sich dagegen, Anweisungen zu befolgen, die ihnen lästig und störend erscheinen, oft weil sie ihren Sinn nicht verstehen. Es ist daher sehr wichtig, den Kindern geduldig zu erklären, was da von ihnen verlangt wird; danach ist darauf zu warten, daß das Kind aufgrund neugewonnener Einsicht sich entschließt, die gegebenen Anweisungen zu befolgen. Dazu ein Beispiel aus der Sauberkeitserziehung:

Die Mutter schickt Adrian (2½) zur Toilette. »Warum soll ich ...« fragt Adrian, und seine Mutter erwidert: »weil es nötig ist«. Doch Adrian sieht die Notwendigkeit nicht ein und antwortet: »nein«. – Der Vater, der das mitangehört hat, hat eine andere Idee. »Komm, Adrian, wir gehen Blumen betrachten.« Und dann schauen sie nach, welche neuen Blüten sich entfaltet haben, und Adrian darf auch den feinen Duft riechen. Schließlich nimmt Vater eine Handvoll Torfdünger und streut sie um die Pflanze. Er erklärt auch, daß darin das Aa von Tieren und Menschen sei, und daß die Blumen besonders schön blühen, wenn sie es bekommen. »Wenn du auf die Toilette gehst, bekommen dein Aa auch die Blumen, denn von der Toilette läuft das Aa durch ein Rohr bis zu einer Stelle, wo es für die Blumen gesammelt wird.« – Plötzlich hat Adrian das dringende Bedürfnis, die Toilette aufzusuchen, und sie gehen zusammen ins Haus. Fragend schaut die Mutter den Vater an. »Er geht Blumen düngen!« erklärt ihr der Vater und erzählt die Geschichte; denn Mutter wird sie noch oft ihrem Adrian wiederholen müssen, weil das Blumendüngen für ihn wichtig geworden ist.

Die Fälle, in denen trotziges Nein durch Vernunftgründe aufgehoben werden kann, sind jedoch selten. Häufiger ist es so, daß das trotzende Kind nicht nur zum geforderten Tun nein sagt, sondern ebenso die Einsicht in Vernunftgründe verweigert. Und selbst wenn ihm die Gründe einleuchten, sagt es doch nein: es will nicht tun und will nicht einsehen; es will seinen Willen durchsetzen und sich behaupten, indem es anders entscheidet, als seine Umwelt erwartet. Das muß anerkannt werden.
Die Trotzphase ist ein notwendiger Entwicklungsabschnitt. Trotzreaktionen dürfen nicht unterdrückt und sollten auch nicht bestraft werden. Oft werden Trotzreaktionen von den Eltern ausgelöst; deshalb sollten Eltern bei Schwierigkeiten mit trotzenden Kindern überlegen, ob sie nicht etwas falsch gemacht oder vielleicht zu wenig mit Erklärungen vorbereitet haben. Die Trotzphase ist für alle Beteiligten sehr anstrengend und verlangt Geduld und nochmals Geduld! Als Erzieher darf man auf Trotz des Kindes keinesfalls impulsiv reagieren; zuerst sollte man überlegen, wie dem Kind am besten zu helfen sei, und dann erst handeln.

Sozialentwicklung, Sexualität

Säuglingsalter (1. Lebensjahr) – Am Anfang des Lebens ist das Kind noch ganz mit sich selbst beschäftigt. Es ist dies die Phase der *Selbsterhaltung* (Vorrang der Nahrungsaufnahme) und der *Selbstbetrachtung* (Spiel mit sich selbst). Später wendet das Kind beobachtend sich auch seiner Umgebung zu. In einer *1. Zuwendung zur Umwelt* reagiert es mit fröhlicher Kontaktaufnahme zu allen Menschen, die sich ihm freundlich nähern und liebevoll zuwenden. Mit der Zeit lernt das Baby Stimme und Gesicht der Mutter (des Vaters, der Geschwister) genauer kennen. Dann zeigt es gegenüber Fremden immer mehr Zurückhaltung; man sagt: es »fremdelt«.

Kontaktaufnahme

Fremdeln

Kleinkindalter (2.–3. Lebensjahr) – In der jetzt folgenden *Phase der Selbstfindung* ist das Kind wieder mehr mit sich selbst beschäftigt. In dem Maß wie das Kleinkind selbständiger wird und ›ich‹ sagen lernt, wird es auch befähigt, sich anderen Menschen zuzuwenden. Diese *2. Zuwendung zur Umwelt* geschieht nun aktiv, indem das Kind auf andere zugeht und etwa sagt: »Spiel mit mir!« Im Spiel mit anderen erfährt es nun aber auch eine *Begrenzung durch andere* und lernt,

Aktive Zuwendung

Begrenzung

mein und dein zu unterscheiden. Spielsachen, die es zuvor in Alleinbesitz hatte (Phase des ›Allmein‹), muß es nun mit anderen teilen. Das will geübt sein und beginnt schon in der häuslichen Erziehung, wenn dem Kleinkind klargemacht wird, daß es von Vaters Schreibtisch nichts wegnehmen und Mutters Nähkasten nicht ausräumen darf. Je konsequenter die Eltern auf der Beachtung solcher *Tabuzonen* bestehen, um so leichter lernt das Kind seine Spielkameraden zu respektieren, und später wird es auch das ›Revier‹ anderer Menschen achten.

Tabuzonen

Tabuzonen achten lernen

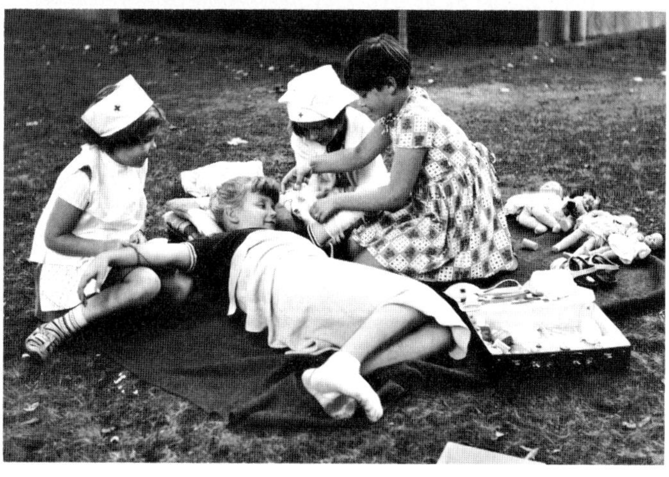

Doktorspielen

Vorschulalter (4.–6. Lebensjahr) – Hat sich das Kleinkind zum Spielkameraden entwickelt und ist damit gemeinschaftsfähig geworden, so ist es nun auch reif geworden, einen Kindergarten zu besuchen. Das Kleinkind hat sich zum Vorschulkind gewandelt. Die *Einordnung in eine Gemeinschaft* gelingt jedoch nicht von heute auf morgen; sie muß vorbereitet werden durch das Spiel mit einzelnen Kindern, das sich allmählich erweitert zum Spiel in einer Gruppe. In dieser Zeit beginnt auch die *Phase des Rollenspiels.* Was Kinder beschäftigt, wird spielend durchlebt. Sehr beliebt ist in diesem Alter das »Vater-Mutter-Kind-Spiel«, mit dem Kinder versuchen, ihre Rolle als Sozialpartner zu finden.

Kindergarten

Rollenspiel

Der *Geschlechtsunterschied* wird jetzt erstmals bewußt und im Spiel berücksichtigt: Weil Jungen ›wie der Vater‹ und Mädchen ›wie die Mutter‹ sind, fallen ihnen im Spiel auch diese Rollen zu. Zugleich erwacht aber auch die Neugier der Kinder; sie entdecken und zeigen sich gegenseitig die unterschiedlichen Geschlechtsmerkmale beim Zeige- oder Doktorspiel. Dabei kommt es gelegentlich auch zu lustvollem Betasten der Geschlechtsorgane, das aber im allgemeinen bald aufhört, wenn das Interesse des Kindes auf andere Dinge gelenkt wird. Zu anhaltenden sexuellen Spielereien kommt es nur dann, wenn Kindern die Beglückung durch mütterliche Zuwendung oder andere positive Erlebnisse versagt bleibt.

Sexualität

Sehr stark beschäftigt Kinder im Vorschulalter auch die Frage, woher die kleinen Kinder kommen. Alle Fragen nach der *Sexualität* sollten von den Eltern ohne Hemmungen wahrheitsgetreu und sachlich beantwortet werden. Das Kind verlangt nur zu wissen, was es verkraften kann; weitergehende Erklärungen erübrigen sich, beziehungsweise sind aufzuschieben, bis das Kind zu einem späteren Zeitpunkt danach fragt.

Zum Nachdenken

1. *Die Reife zum Besuch eines Kindergartens ist nicht an ein bestimmtes Lebensalter gebunden. Versuchen Sie zu beschreiben, welchen Entwicklungsstand ein Kind erreicht haben muß, um sich in eine Kindergartengruppe einordnen zu können.*
2. *Durch einen Verkehrsunfall verliert ein 14 Monate altes Kind beide Eltern und wird selbst mit Verletzungen in ein Krankenhaus eingeliefert. Eine alleinstehende und berufstätige Tante eilt herbei, um für das Kind zu sorgen. – Überlegen Sie, wie man dem Kind am besten helfen kann! Dabei ist zu bedenken: sein Aufenthalt im Krankenhaus und seine Unterbringung nachher bei der Tante und das heißt: tagsüber entweder in einer Kinderkrippe oder in einer Pflegefamilie?*

Gefährdung und Förderung der kindlichen Entwicklung

Verhaltensstörungen sind nicht angeboren; sie werden durch Fehlhaltungen der Eltern und der Umwelt erworben. Die Früherkennung und Behandlung solcher Milieuschäden ist wichtig. Das Spielverhalten der Kinder gibt dabei wichtige Aufschlüsse über die Notsituation, in der ein Kind sich befindet. Mit geeigneten und altersspezifischen Spielen läßt sich vieles im Verhalten des Kindes steuern, bessern und normalisieren.

Fehlgeleitete Erziehung

Anhaltendes Fehlverhalten der Erzieher löst beim Kind Fehlhaltungen aus, die oft nur sehr schwer wieder zu beheben sind. Bleibt eine solche Fehlhaltung des Kindes bestehen, so kann sie im Erwachsenenalter in seelische Krankheit oder in Verwahrlosung und Kriminalität führen.

Erziehungsfehler

Schwerwiegende **Erziehungsfehler** sind (nach Christa Meves: Erziehen lernen, Seite 171–172, gekürzt):

Im 1. Lebensjahr:
Stundenlanges Schreienlassen, Fütterung ohne Sauganstrengung.
Folgeerscheinungen sind Kopfschaukeln, Bettnässen, Daumenlutschen, Eßgier, Habgier, Passivität in der Kindheit; im Erwachsenenalter: Schlafstörungen, Nikotin- und Alkoholmißbrauch, Drogensucht, Mutlosigkeit, Selbstmord.
In der sensiblen Phase
vom 3.–18. Lebensmonat: Mangelnder Haut- und Blickkontakt, Mutter-Kind-Trennung über längere Zeit.
Folgeerscheinungen sind: Kopfschaukeln, Daumenlutschen, Haarereißen, Kratzen, Schweigsamkeit und scheinbarer Schwachsinn in der Kindheit; im Erwachsenenalter: Kontaktnot, Mißtrauen, Taktlosigkeit, keine feste Bindung, Einzelgängertum.
Vom 2.–5. Lebensjahr:
Alleinlassen, einsperren, schlagen, Liebesentzug; ängstliches Behüten, Sauberkeits- und Ordnungsfanatismus, Unterdrückung von Trotz und Aggressivität.
Folgeerscheinungen sind Nägelbeißen, Muskelzucktics, Stottern, nächtliches Aufschreien, Gegenstandsängste (Phobien), Schmutzangst und Waschsucht, Leistungswiderstand oder Perfektionismus im Kindesalter; im Erwachsenenalter: Zwangsneurosen, Pedanterie, Ordnungsfanatismus, Sauberkeitszwang, Übergefügigkeit, Starrsinn, Jähzorn, Geiz, Quälsucht, Einschränkung der schöpferischen Phantasie.

Es fällt auf, daß gegenteilige Reaktionen die gleiche Ursache haben können. Hier kommt die jeweilige Veranlagung eines Menschen mit zum Durchbruch. Zwei Typen lassen sich unterscheiden:

Seelisch-geistige Krankheit

Der schwache, ängstliche Typ – Er flüchtet sich in *seelisch-geistige Krankheit.* Ausgehend von Resignation im Säuglingsalter über eine Phase der Übergefügigkeit treten Minderwertigkeitsgefühle auf und es kommt zu Leistungsstörungen durch Passivität. Die Lösung vom Elternhaus bleibt aus, Partnerbindung mißlingt, der Mensch vereinsamt und wird aus Angst vor Partnerbindung und Sexualität in Hysterie getrieben; oder er hat Angst vor Aggression und entwickelt eine Zwangsneurose; oder seine Angst vor Entscheidungen löst bei ihm depressive und neurotische Zustände aus.

Verwahrlosung Kriminalität

Der starke, draufgängerische Typ – Er gleitet ab in *Verwahrlosung und Kriminalität.* Ausgehend von einer starken Gier, die eine Phase erhöhter Aggressivität zur Folge hat, kommt es zur Geltungssucht aufgrund von Unsicherheit in der Geschlechtsrolle und zu Leistungsstörungen durch ungerichtete Aktivität. Statt friedlicher Lösung kommt es zu Haß- und Rachegefühlen gegen die Eltern, und

die Elternbindung reißt (oft ganz plötzlich) ab. Nach Mißlingen einer Partnerbindung erfolgt Flucht in Nikotin-, Alkohol- oder Drogenabhängigkeit, die wiederum Stehlen und Vagabundieren zur Folge hat. Bei starker Herrschsucht kann es zu Gewaltverbrechen kommen, bei Perversion und Promiskuität können Hochstapelei, Prostitution und Triebverbrechen die Folge sein.
Aufgabe der Erziehung ist es, das Kind vom ersten Lebenstag an in Liebe so zu führen, daß Abgleiten in eine solche ›Laufbahn‹ verhindert wird.

Beratung und Hilfe

Eltern, die täglich mit ihrem Kind zusammen sind, bemerken oft gar nicht, daß sich eine abwegige Entwicklung anbahnt. Mit ein Grund dafür ist, daß auch die Eltern selbst oft in ihrer Persönlichkeitsstruktur Abweichungen von der Norm aufweisen und dadurch unfähig sind, ähnliche Störungen bei ihrem Kind zu erkennen.

> Eine Musiklehrerin beobachtete bei drei Kindern der gleichen Familie, daß sie mit starken Zischlauten sprachen. Sie nahm Kontakt mit den Eltern auf, um ihnen eine Sprecherziehung ihrer Kinder zu empfehlen. Im Gespräch mit beiden Eltern erkannte die Musiklehrerin, daß auch der Vater mit Zischlaut sprach, während bei der Mutter eine klare Aussprache zu beobachten war. Das Vorbild des Vaters war hier offenbar so stark, daß alle seine Kinder ihn nachahmten.

Das Beispiel zeigt, daß Fehler der Eltern, die bei den Kindern auftreten, von den Eltern selbst oft gar nicht bemerkt werden können, weil sie selbst in dem gleichen Fehlverhalten befangen sind.

Rat und Hilfe bieten an:

Mütterberatung

1. **Der Arzt bei Mütterberatung und Vorsorgeuntersuchungen** im 2.–4. Lebensjahr. Untersuchungen in diesem Lebensalter sind sehr schwierig, weil diese Kinder in einer Phase stärkster Mutterbindung stehen. Sie empfinden die Untersuchung als Bedrohung und wehren sich dagegen. Es erfordert viel Geduld, das Vertrauen des Kindes zu gewinnen. Einige Kinderärzte bieten Spezialsprechstunden für Kleinkinder an. Schon der Aufenthalt in einem kindgemäßen Wartezimmer kann zur Beruhigung des Kindes beitragen. Wenn Kleinkinder sich hartnäkkig weigern, zum Arzt ins Sprechzimmer zu gehen, kann es hilfreich sein, einige Male das Wartezimmer des Arztes nur zum Spielen aufzusuchen. Hat das Kind sich an die fremde Umgebung etwas gewöhnt und dabei auch den Arzt schon einmal zu Gesicht bekommen, wird es eher zu einer Untersuchung bereit sein. – Die Untersuchung im 4. Lebensjahr ist weniger schwierig, da Kinder in diesem Alter bereits beginnen, ohne ständigen Begleitschutz der Mutter die Welt zu erobern. Wenn Kinder angstfrei sind, lassen sie sich willig vom Arzt zeigen, wie untersucht wird, und sie werden es dann im »Doktorspiel« nachahmen (oder: vor dem Gang zum Arzt im Doktorspiel Ängste abbauen).

Arztbesuch

Kindergarten
Schule

2. **Die Erzieher im Kindergarten und in der Schule** beobachten das Kind in der Gruppe. Dabei können sie vergleichend wichtige Beobachtungen machen, Auffälligkeiten feststellen und dann die Eltern beraten. Eltern sollten regelmäßig die

Aussprache mit den Erziehern suchen (Elternsprechstunden!), auch dann, wenn kein besonderer Grund zur Nachfrage gegeben ist. Voraussetzung für eine sorgfältige Beobachtung und Beratung Einzelner ist, daß die Gruppe oder Klasse, die einem Erzieher anvertraut ist, nicht zu groß ist.

Eltern-Kind-Programm

3. **Das Eltern-Kind-Programm** bietet praktische Erziehungshilfe. Bei dieser »kindzentrierten Elternarbeit« wird im Umgang mit Kleinkindern gezeigt, wie man erzieherisch einwirken kann. Eltern können dabei ihren Erziehungsstil überprüfen, indem sie beobachten, wie andere Eltern mit ihren Kindern umgehen. Beratend und helfend stehen ihnen Erzieher mit einer Spezialausbildung für Frühpädagogik zur Seite. Kinder lernen hierbei in einer kleinen Gruppe mit anderen Kindern zu spielen (und haben Vater oder Mutter in ihrer Nähe!); sie werden damit vorbereitet auf den Kindergarten mit seinen größeren Gruppen.

Erziehungsberatung

Testmethoden

4. **Die Erziehungsberatung** erfolgt in Zusammenarbeit von Psychologen und Familientherapeuten. Hier werden auffällig gewordene Kinder und deren Familiensituation untersucht (Diagnose). Zur Erfassung der kindlichen Persönlichkeitsstruktur gibt es spezielle und erprobte *Testmethoden;* darunter ist das diagnostische Puppenspiel besonders geeignet, die Situation eines Kindes in seiner Familie zu erkennen.

Tobias (5) sollte in einem Puppenhaus mit Garten eine Familie so wie zu Hause unterbringen. Seine älteren Geschwister (10, 8) setzte er zusammen an einen Tisch, »weil sie erst Hausaufgaben machen und dann zusammen spielen«; in die Küche kam »Helga, die uns das Essen kocht«; seine Mutter bettete er auf der Terrasse auf eine Liege, denn »sie ist immer müde«. Der Vater bekam keinen Platz im Haus; von ihm war nicht die Rede. Sich selbst aber plazierte Tobias alleine im Sandkasten spielend.

Ergebnis
Rat

Ergebnis: Tobias hat das Gefühl, keiner hat Zeit für mich. Am wenigsten Zeit für sein Kind nimmt sich der Vater; er wird daher ganz vergessen. – Rat: Der Vater soll sich mehr mit seinem jüngsten Kind beschäftigen. Tagsüber, wenn der Vater arbeitet und die großen Geschwister mit der Schule beschäftigt sind, soll die

Bewegung macht Freude, lockert den Körper und kräftigt ihn.

Mutter ihrem Jüngsten gleichaltrige Spielkameraden einladen und die Kinder zum Spiel miteinander anregen.

Die *Behandlung* (Therapie) richtet sich nicht allein auf das verhaltensgestörte Kind, sondern bezieht auch die Eltern mit ein. Die Erziehungsberatungsstellen arbeiten oft auch eng zusammen mit Schulen und anderen Erziehungseinrichtungen, damit Lehrer und Erzieher bei der Früherkennung von Verhaltensstörungen mithelfen können.

Behandlung

Förderung im Spiel

Spielend erprobt das Kind seine Kraft und Beweglichkeit, übt seine Geschicklichkeit, bereichert sein Sprechen und Denken, und im Spiel werden seelische Konflikte und Spannungen abreagiert. Darum für das Spiel folgendes beachten:

1. Kein bestimmtes Spiel aufzwingen, immer nur zum Spiel anreizen, Wahlmöglichkeit lassen.
2. Bewegungsspiele haben Vorrang! Wenn Kinder ihren starken Bewegungsdrang nicht ausleben können, werden sie unruhig, quengelig und unleidlich. Anhaltende Bewegungsverhinderung läßt auch Muskeln verkümmern und hat Haltungsschäden zur Folge.
3. Nicht mit Spielzeug überhäufen! Zum Spielen braucht das Kind in erster Linie seinen Körper und seinen Geist. Spielzeug ist immer nur Mittel zum Zweck.
4. Das beste Spielzeug ist Material, das dem Kind Möglichkeiten zum freien Gestalten anbietet: Sand, Ton und Plastilin zum Formen; Farben und Papier zum Malen; bunte Papiere, Bilder, Schere und Klebstoff zum Ausschneiden und neuem Gestalten, Bauklötze in verschiedenen Formen und Farben.
5. Das Kind bevorzugt interessante Spiele; das sind Spiele, bei denen es seine körperlichen oder seine geistigen Fähigkeiten zeigen und entwickeln kann. Für das Klein- und Vorschulkind gibt es noch keinen Unterschied zwischen Spielen und Lernen.
6. Spiele und Spielzeug sollen ungefährlich und altersgemäß sein.

Spielanreiz

Bewegungsspiele

Spielzeug

Spielmaterial

Spielend lernen

Ungefährlich
Altersgemäß

Beim Malen kann der Phantasie und Gestaltungskraft freier Lauf gelassen werden.

Dem Alter entsprechende Spiele und Spielzeug

Babyalter

Babyalter (0–1 Jahr) – Wiegen, hopsen, verstecken, suchen, finden; Kontakt finden, Alleinsein ertragen. Greifen einfach geformter, sich bewegender oder laut-gebender Gegenstände: Stofftiere, hängende Kugeln, Rassel, Klapper, Beißring.

Spielzeug fürs Babyalter (0–1 Jahr): Rassel, Klapper, Beißring, Greifspielzeug, Stofftier

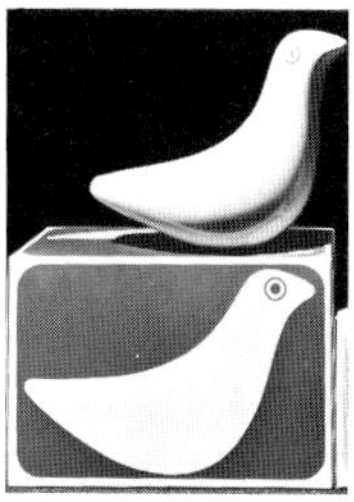

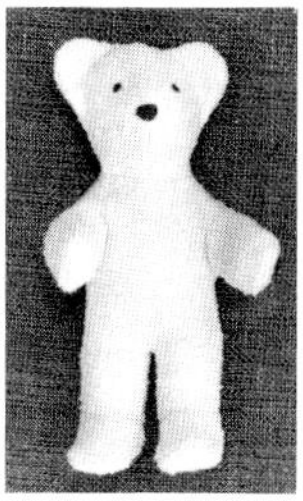

Kleinkindalter

Kleinkindalter (1–3 Jahre) – Laufen, klettern, springen (Übung der Motorik, Erobern eines erweiterten Aktionsraumes), Ballspiel, Musik mit Schlaginstrumenten (Geschicklichkeit, Rhythmik, Gehör), Lieder, Geschichten und Sprachspiele (Sprachverständnis und Sprechfähigkeit), Wasser, Sand, Ton, Plastilin und Fingerfarben (freies Gestalten). Material zum Zerreißen, Zerteilen, Zerbrechen (Aggressionsentladung), Möglichkeiten zum Sammeln, Einfüllen, Verschließen, Öffnen und Ausschütten (Umgang mit Material und Besitz), Holz- oder Stofftiere, Puppen, Autos (reale Lebenssituationen nachahmen, Bedrückungen abreagieren).

Formenbox ein gutes Lernspielzeug (1 1/2–3 Jahre) Der Deckel des Holzkastens hat fünf verschieden geformte Öffnungen, durch die jeweils nur ganz bestimmte Klötze passen. Das Kind sortiert und wählt aus und lernt bald, die verschiedenen Formen zu unterscheiden und sie durch die richtigen Öffnungen zu stecken. Das Erfolgserlebnis erhöht die Freude am Spiel und gibt dem Kind Selbstvertrauen.
Entwurf: Erkki Jussila

Kindergartenalter

Kindergartenalter (4–6 Jahre) – Laufen, klettern, springen, fahren ›um die Wette‹ (Motorik, Kontakt und Konkurrenz zu Gleichaltrigen), Hüpfseil, Stelzen, Bälle: Handball, Fußball, Federball (Geschicklichkeit), Glockenspiel und andere einfache Instrumente (Gehör und Rhythmik), Tanzspiele, Gruppenspiele, einfache Gesellschaftsspiele wie Lotto, Domino und Würfelspiele (in der Gruppe Kontakt finden, sich einordnen, sich anpassen), Rollenspiele: Mutter und Kind, Kaufmann, Modenschau, Doktorspiel (Vorübung aufs Erwachsensein), Bilderbücher, Malen und Gestalten (Alleinbeschäftigung mit Phantasieanreiz).

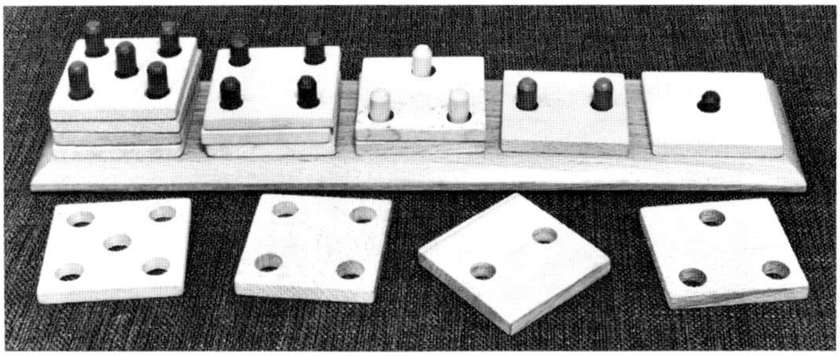

Spielzeug fürs Kindergartenalter (4–6 Jahre). Links: Domino Rechts: Zählbrett

Grundschulalter

Grundschulalter (6–10 Jahre) – Spiele wie im Kindergartenalter, aber mit erhöhtem Schwierigkeitsgrad; Lesebücher, Instrumente zum Musizieren, didaktische Spiele mit Farben, Formen, Zahlen und Texten (gedankliche Beweglichkeit fördern, Freude an der Suche nach neuen Lösungen vermitteln); Material und Werkzeug zum Erlernen wichtiger Techniken und zum Gestalten ›brauchbarer‹ Gegenstände (Handarbeiten, Basteln).

Zum Nachdenken

Das Fernsehen wird von vielen als angenehme Familienunterhaltung und als bequemer Spielgefährte der Kinder betrachtet; andere jedoch empfinden es als Störenfried des Familienlebens und als Verderber der Kinder. – Überlegen Sie, wie das Fernsehen in der Familie zu handhaben sei, um ohne Beeinträchtigung des Familienlebens und der Kindererziehung die positiven Seiten des Fernsehens zu nutzen.

Mit Behinderung leben

Behinderung ist kein unabwendbares Schicksal. Wenn die Ursachen bekannt sind, kann Vorsorge getroffen werden. In vielen Fällen ist Besserung, manchmal auch Heilung möglich. Die Eingliederung Behinderter in unser Arbeits- und Sozialleben muß angestrebt werden.

Formen der Behinderung

Die sehr unterschiedlichen Formen der Behinderung werden in drei Gruppen zusammengefaßt: Körperbehinderung, Sinnesschädigung, Intelligenzschwäche; hinzu kommt noch die Mehrfachbehinderung, bei der Probleme besonderer Art auftreten.

Körperbehindert

Körperbehindert sind Menschen, deren Bewegungsfähigkeit eingeschränkt ist durch: Mißbildungen an Gliedmaßen (Keimschädigung), Gliedverlust (Amputation), Fehlstellung der Hüftgelenke oder der Wirbelsäule, Knochen- und Gelenksentzündungen, spastische Lähmung (Geburtsschaden), Querschnittslähmung (Verletzung der Wirbelsäule), Kinderlähmung (nach Infektion), Epilepsie (Hirnschädigung), Multiple Sklerose, Muskelschwund. – Bei einigen dieser Behinderungen ist, wenn sie frühzeitig erkannt werden, völlige Heilung oder doch

Krankengymnastik hilft, fehlerhafte Anlagen auszugleichen.

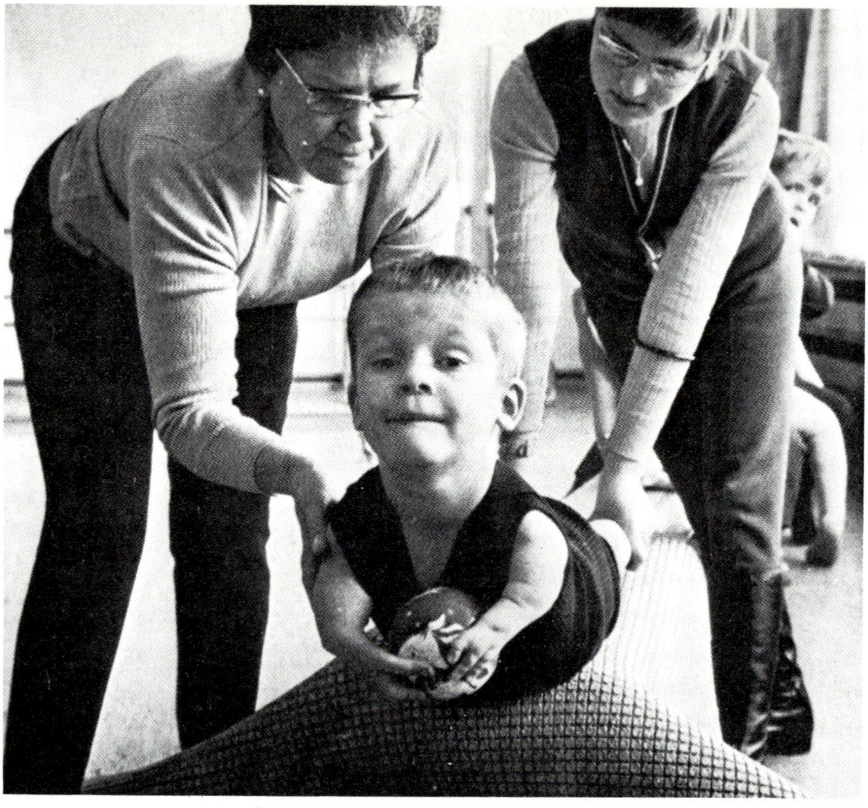

wesentliche Besserung möglich. Läßt sich eine Funktion nicht regenerieren, so muß versucht werden, durch Training anderer Körperteile den Funktionsverlust auszugleichen (z. B. Schreiben mit den Füßen), oder es kann mit Stütz- und Bewegungshilfsmitteln (Krücke, Rollstuhl) geholfen werden, die Beweglichkeit zu verbessern. Auch kosmetische Korrekturen (Kunstglieder) sind wichtige Hilfen.

Blind, taub, stumm – Durch Behinderung der Sinnesfunktionen wird die Beziehung des Menschen zu seiner Umwelt beeinträchtigt und seine Leistungsfähigkeit in Schule und Beruf herabgesetzt.

Sehbehindert

Sehbehinderung tritt auf als Schielen, Kurzsichtigkeit, Weitsichtigkeit, Astigmatismus und allgemeine Sehschwäche. *Sehtests* sind bei Kleinkindern besonders wichtig, denn Sehbehinderung gefährdet die geistige Entwicklung. Bei schweren Sehstörungen werden nur Lichtkontraste und Umrisse wahrgenommen, bei völliger Blindheit ist auch dieses ausgeschlossen. Am schwersten betroffen sind Menschen, die erblindeten, ehe sie lernten, mit Blicken ihre Umwelt zu erfassen. Fehlsichtigkeit kann mit Brille und durch Sehschulung korrigiert werden. Bei schweren Sehstörungen und bei Blindheit ist die Erlernung der Blindenschrift und der Umgang mit der Schreibmaschine hilfreich.

Hörbehindert

Hörbehinderung kann angeboren oder erworben sein. Wenn durch Taubheit der Sprechkontakt zur Umwelt fehlt, ist die geistige Entwicklung beeinträchtigt. Es treten vor allem große Schwierigkeiten beim Erfassen abstrakter Begriffe und Sachverhalte auf. Ist ein Hörrest vorhanden, so kann mit Hilfe eines Hörgerätes

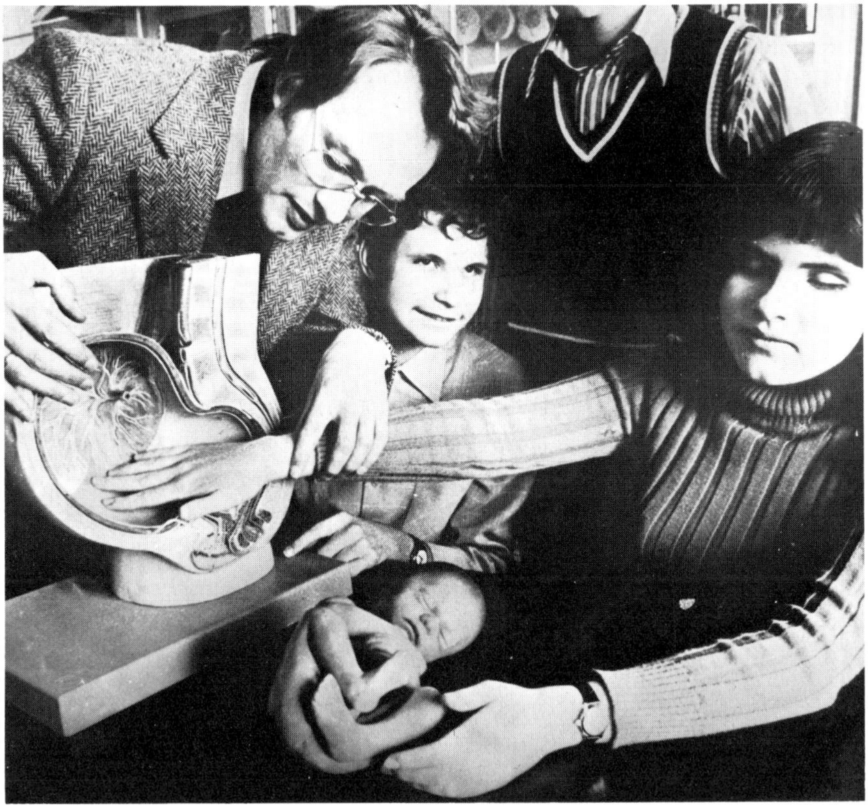

Wie blinde Kinder lernen

(Verstärker) eine Sprache erlernt und damit die Intelligenzentwicklung gefördert werden. Viele Taubstumme brauchten weder stumm noch taub zu sein, wenn vorhandene Hörreste rechtzeitig erkannt und genutzt worden wären.

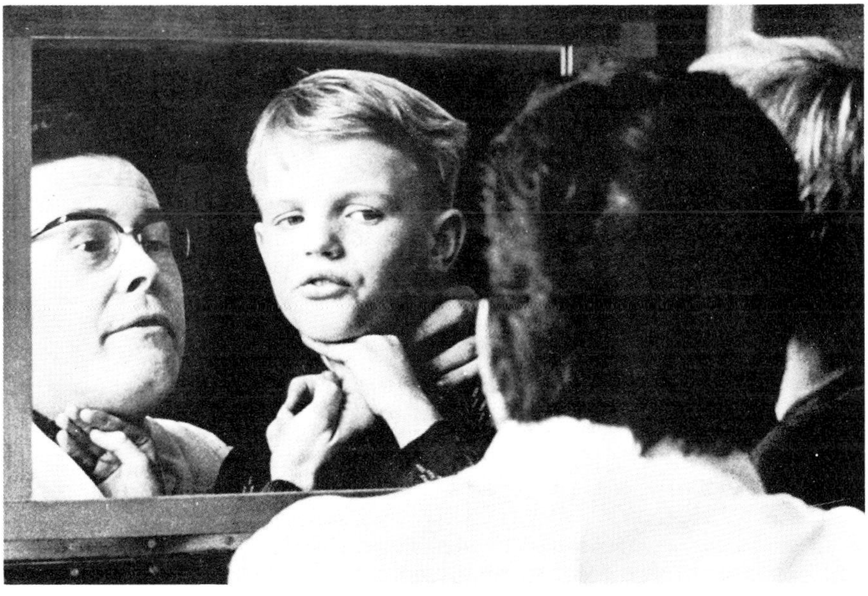

Über die Hand am Kehlkopf lernt ein Gehörloser das Sprechen.

Sprachbehindert

Sprachbehinderung ist in vielen Fällen Folge einer Hörbehinderung, die das Nachahmen gehörter Sprache beeinträchtigt oder ganz unmöglich macht. Gestörte Hirnfunktion (z. B. bei Trisomie) kann Ursache dafür sein, daß im Kleinkindalter Sprache nur verlangsamt oder unvollkommen erlernt wird. *Stammeln oder Stottern* wird durch seelische Verkrampfung ausgelöst. Eine Vielzahl von Sprachbehinderungen leichter bis schwerer Art ist durch *Mißbildung der Sprechorgane* verursacht: Lippen- oder Gaumenspalte (Hasenscharte, Wolfsrachen) und Gebißanomalien beeinträchtigen die Aussprache; chirurgische oder orthopädische Kieferbehandlung und Sprachschulung beim Logopäden sind angezeigt.

Lernbehindert

Intelligenzgeschädigt – Zu unterscheiden ist zwischen Lernbehinderung und geistiger Behinderung.
Lernbehinderung aufgrund von Minderbegabung, Hirnschädigung oder schwerer Verhaltensstörung wird oft erst im Schulalter erkennbar. Durch gezielte Förderung in Sonderschulen ist es möglich, Lernbehinderte so weit zu fördern, daß ihre berufliche und soziale Eingliederung in die Gesellschaft gelingt.

Lernbehinderung in Form der Lese- und Rechtschreibschwäche (Legasthenie) beruht nicht auf Minderbegabung; solche Kinder dürfen nicht in Sonderschulen abgeschoben werden. Sie können Normalschulen (auch Gymnasien!) besuchen; ihre Rechtschreibung erfordert geduldige Korrektur (aber ohne Beurteilung!).

Geistig behindert

Geistige Behinderung durch schwere Hirnschäden, die angeboren, z. B. Trisomie (siehe unten) oder durch eine Stoffwechselstörung, z. B. Phenylketonurie (PKU) nach der Geburt erworben sind. Wird das Vorliegen einer solchen Stoffwechselstörung rechtzeitig erkannt, so kann durch geeignete Diät die Entstehung giftiger Stoffwechselprodukte, die das Hirn vergiften, solange verhindert werden, bis das Gehirn ausgewachsen und gegen das Gift unempfindlich geworden ist (Untersuchung auf PKU bei der Basisuntersuchung für Neugeborene, s. S. 90).
In der Medizin werden drei Schweregrade geistiger Behinderung unterschieden:

Debile
Imbezile
Idioten

1. *Debile,* die noch praktische Arbeiten verrichten können; 2. *Imbezile,* die noch fähig sind, selbst zu essen und ihre Bedürfnisse selbst zu befriedigen; 3. *Idioten,* die voll versorgt werden müssen.
Auch bei Behinderung im geistigen Bereich ist es möglich, die Entwicklung der Intelligenz im Kindesalter durch intensive Zuwendung in der Familie und durch gezielte Lernhilfen zu fördern und zu verbessern.

Bei etwa 10% aller geistig Behinderten liegt Trisomie vor. Wegen der hierbei auffälligen Schrägstellung der Augen wird die Krankheit auch als Mongolismus bezeichnet. Ursache ist eine Fehlentwicklung der Eizelle, die bei jungen Frauen sehr selten vorkommt (1:2000). Sie wird jedoch ab dem 35. Lebensjahr häufiger (bis 1:50), so daß das Risiko für ein mongoloides Kind mit steigendem Alter der Mutter zunimmt. Auch Fehlbildung der Samenzelle eines alten Vaters oder erblich fixierte Fehler sind mögliche Ursachen. Trisomiekranke Kinder sind sehr anfällig gegenüber Infektionen; nur wenige erreichen das Erwachsenenalter. Ihre Entwicklung ist stark verzögert und dauert doppelt so lang wie bei gesunden Kindern. Das bedeutet: ein achtjähriges, mongoloides Kind zeigt den Entwicklungsstand eines vierjährigen Normalkindes; ein mongoloides Kind braucht daher eine verlängerte Schul- und Lernzeit, und – mehr noch als ein gesundes Kind – eine feste Bezugsperson. In

Geistige Behinderung eines trisomiekranken Kindes mit der typischen Mongolenfalte am Auge.

einer Familie aufwachsend, werden bessere Entwicklungschancen geboten als bei Unterbringung in einem Heim. Die Intelligenz mongoloider Kinder ist und bleibt schwach, aber sie haben ein gutes Gedächtnis und eine starke Nachahmungsbereitschaft; das macht sie lernfähig. Es sind liebenswerte Kinder, sie sind kontaktfreudig und freundlich. Bei geeigneter Führung und Erziehung können sie dahin gebracht werden, daß sie in einer ›beschützenden Werkstatt‹ befriedigende Arbeit verrichten, dadurch ihren Unterhalt verdienen und in ihrer Freizeit spezielle Neigungen pflegen und Freude erfahren können. (Die Lebensgeschichte eines mongoloiden Kindes kann nachgelesen werden im Fischer-Taschenbuch 1925: Jan.)

Wichtigster Erziehungsgrundsatz muß sein: Durch Fordern fördern! Das gilt ganz allgemein für die Behandlung Behinderter. Wer sie mitleidig verwöhnt, läßt wertvolle Anlagen verkümmern und begünstigt speziell beim mongoloiden Kind, dem jeglicher Ehrgeiz fehlt, die Entwicklung zum Tyrannen.

Mehrfachbehindert

Mehrfachbehinderung – Einzelbehinderungen sind selten, Mehrfachbehinderungen sind die Regel. Primäre Mehrfachbehinderung ist Folge einer Keimschädigung. Zur sekundären Mehrfachbehinderung kommt es, wenn die primäre Behinderung einen Zweitschaden auslöst. Die Kombination von Körperbehinderung und geistiger Behinderung erschwert die Behandlung und Ertüchtigung in besonderem Maß. Ebenso erschwerend ist eine doppelte Sinnesbehinderung: völlig taub und gleichzeitig stumm zu sein, ist eine schwerwiegende Behinderung. Wenn aber ein Mensch taub, blind und stumm geboren wird, sind seine Chancen ›geistig sehend‹ zu werden sehr gering. Daß es trotzdem möglich ist, zeigt die Lebensgeschichte von Helen Keller, die dank der aufopfernden Zuwendung ihrer Erzieherin Kontakt zur Umwelt fand und ihren Geist entwickeln konnte. Ihre Lebensbeschreibung ist ein ermutigendes Dokument der Hoffnung.

Ursachen erkennen – Vorsorge treffen

Wer die Ursachen kennt und vorsorglich handelt, kann sich und seinen Kindern viel Leid ersparen.

Erbanlage

Krankhaft veränderte Erbanlagen – Die Chromosomen als Träger der Erbinformation können in ihrem Aufbau oder in ihrer Zahl verändert sein. Vorbeugend sollte in den Familien beider Ehepartner nach erbbedingten Leiden geforscht werden. Sind bedenkliche Fälle aufgetreten, so kann durch genetische Familienberatung die Wahrscheinlichkeit, ein krankes Kind zu bekommen, geklärt werden. Bei bestehender Schwangerschaft und starkem Verdacht auf Erbschädigung kann eine Fruchtwasseruntersuchung (Amniocentese) zur Früherkennung erbbedingter Leiden durchgeführt werden; Schwangerschaftsabbruch ist aufgrund eugenischer Indikation möglich.

Keimschädigung

Keimschädigung durch Gifte wie Nikotin, Alkohol, Drogen, Medikamente (Contergan!)
oder durch Infektionen wie Röteln, Toxoplasmose (Seite 73, 194). Die Schädigung kann vor der Geburt nicht festgestellt werden. Besteht jedoch dringender Verdacht auf eine schwerwiegende Schädigung, so kann Schwangerschaftsabbruch wegen eugenischer Indikation beantragt werden.

Geburtsschäden

Geburtsschäden – Es kann vorkommen, daß das Kind kurz vor der Geburt, während einer erschwerten Entbindung oder als Neugeborenes durch Atemstillstand für kurze Zeit unter Sauerstoffmangel zu leiden hat. Dadurch kommt es zu einer *Hirnschädigung,* denn die sehr empfindlichen Nervenzellen im Gehirn sterben ab, wenn sie nicht genügend mit Sauerstoff versorgt werden. Zur Vorbeugung ist ärztliche und apparative Überwachung vor und nach der Geburt angezeigt. Wurde ein Atemstillstand registriert, so muß die Entwicklung eines solchen Risiko-Kindes sorgfältig überwacht werden.

Unfälle

Unfälle können Hirnschädigung, Gliedverlust oder andere Körperschäden zur Folge haben. Vom Ort und vom Ausmaß einer Hirnschädigung ist abhängig, welche Art der Behinderung ausgelöst wird. Vorbeugend sind die Regeln zur *Unfallverhütung* zu beachten. Im Straßenverkehr ist der Sicherheit von Kindern und Jugendlichen besondere Aufmerksamkeit zu schenken: Verhalten im Verkehr einüben, Kinder im Auto nur auf dem Rücksitz, Kleinkinder im sicheren Autokindersitz, für motorisierte Zweiradfahrer Kopfschutz!

Infektionen können auf das zarte Nervengewebe übergreifen und eine *Gehirnhautentzündung* auslösen, die Hirnschädigung zur Folge haben kann. Als Folgeerscheinung einer Syphilis kann es auch zur Auflösung (Paralyse) von Hirnsubstanz kommen. Vorbeugen gegen gefährliche Infektionskrankheiten kann man durch eine gesunde Lebensweise und Schutzimpfungen.

Infektionen

Abnutzungs- und Altersschäden sind ebenfalls Ursache für Behinderungen: Gelenkentzündung, Gelenkversteifung (Gicht!), Rückgratverkrümmung, Lähmung infolge eines Schlaganfalles, Schwerhörigkeit, Altersweitsichtigkeit, Altersstar (eine Linsentrübung). Auch im seelisch-geistigen Bereich sind Alterserscheinungen zu beobachten: Verhärtungen (Sklerose) und Abbauprozesse im Gehirn verursachen Erinnerungsstörungen, Verwirrtheitszustände und Bewußtseinstrübung. Vorbeugen läßt sich durch *körperliches und geistiges Training* und durch aktive Bewältigung sinnvoller Lebensaufgaben.

Altersschäden

Schädigende Umwelteinflüsse müssen heute auch als Ursache für Behinderung ins Auge gefaßt werden: Vergiftung unseres Trinkwassers und unserer Nahrung durch Schwermetalle (Quecksilber, Cadmium, Blei) und Pestizide (Unkraut- und Schädlingsbekämpfungsmittel), sowie die Verseuchung unserer Umwelt durch radioaktive Strahlung. Es ist bekannt, daß Gifte und radioaktive Strahlen die Erbinformation verändern können (Mutation). Man sollte der Gewässerverschmutzung Einhalt gebieten, die Verwendung von Pestiziden auf ein Mindestmaß beschränken und den Umgang mit radioaktivem Material gründlich absichern.

Umwelteinflüsse

Hilfe für Behinderte

Früherkennung einer Behinderung ist die wichtigste Voraussetzung für Heilung oder Besserung. Besonders in der Kleinkindzeit müssen Anzeichen für Behinderung beachtet werden, denn wenn in dieser Zeit Entwicklungsschäden auftreten, so vertiefen und summieren sie sich im Laufe der Zeit.

Früherkennung

Behandlung oder Therapie darf nicht nur auf die spezielle Behinderung ausgerichtet sein, sondern muß den ganzen Menschen umfassen: Krankengymnastik, Beschäftigungstherapie, Sprachtherapie, Musiktherapie und Verhaltentherapie unterstützen und ergänzen einander. Es ist aber unermüdliches und tapferes Training erforderlich!

Therapie

Rehabilitation oder Wiedereingliederung Behinderter in das normale Leben ist anzustreben. Dazu ist Umweltkontakt nötig, denn nur im Zusammenleben mit Gesunden kann der Behinderte sich einen Platz im Sozialgefüge erobern.

Rehabilitation

Zusammenleben mit Behinderten ist auch für Gesunde wichtig, um zu erkennen: Behinderte sind Menschen wie ich, auch sie haben Anrecht auf einen Platz in der menschlichen Gesellschaft, denn sie sind ein Teil davon.

Hilfe zur Selbsthilfe – Das bedeutet: Wir dürfen vom Behinderten aktive Mithilfe erwarten und auch fordern, aber wir dürfen ihn nicht überfordern. Herausforderung steigert die Leistungsfähigkeit, Überforderung aber entmutigt. Hilfestellung ist zu geben, wo sie sinnvoll ist, z. B. öffentliche Einrichtungen, die Rollstuhlfahrern den Zugang ermöglichen: Schulen, Ämter, Telefonzellen, Verkehrsmittel, Toiletten. Behandlung, Unterstützung und Lebenshilfe bieten spezielle Therapiezentren, sowie das Zusammenleben mit Gesunden in der Familie, in integrierten Kindergärten, in Sonderschulen, die in Normalschulen integriert sind, und in beschützenden Werkstätten, die in den Produktionsprozeß einbezogen sind.

Musiktherapie ist eine wirksame Hilfe bei der Behandlung geistiger und seelischer Störungen.

Zum Nachdenken

Denken Sie darüber nach, wie Sie in ihrer Familie, in der Nachbarschaft oder am Arbeitsplatz Behinderten helfen könnten. Lassen Sie sich dazu durch den folgenden Bericht anregen!

Die Kinder einer Heimschule für Sehbehinderte erzählen nach den großen Ferien von ihrem schönsten Ferienerlebnis. Für Elisabeth war das Schönste, mit Eltern und Geschwistern zusammenzusein. Tino hat sein Einzelzimmer besonders genossen und erzählt, wie er da nach Herzenslust musizieren oder Musik hören konnte. Wilfried aber meint: Das Schönste war doch unser Zeltlager! Dort war ich mit ganz normalen Jungen und mit anderen Behinderten zusammen. Für einen Behinderten ist es nicht gerade leicht, da mitzumachen, denn »betreut« wurden wir nicht. Jeder übernahm im Rahmen seiner Möglichkeiten eine Aufgabe oder Verantwortung für das Lager. Und es gab viele Möglichkeiten zur Beschäftigung, zu Spiel und Freude: Kochen, Malen, Basteln, Ponyreiten oder Segeln. Mein besonderer Spaß war das Tandemfahren. Daß ich als Sehbehinderter Radfahren konnte, habe ich meinem Freund Uwe zu verdanken. Uwe allein konnte wegen verkrüppelter Arme und Beine (Conterganschädigung) auch nicht radfahren. Aber zu zweit auf dem Tandem schafften wir es: ich saß vorn zum Treten und Lenken, und Uwe gab mir vom Rücksitz aus an, in welche Richtung ich fahren solle. Das hat uns beiden viel Spaß gemacht!

Schulzeit und Reifezeit

In der Schulzeit und Reifezeit vollendet sich die Persönlichkeitsentwicklung. Besondere Aufmerksamkeit ist der Ablösung aus dem Elternhaus, der Partnerbindung und der Abwehr drohender Suchtgefahren zu schenken.

Probleme des Schulkindes (6.–12. Lebensjahr)

Ulrich (11), Almut (9) und Peter (7) sitzen bei ihren Hausaufgaben. Ulrich geht bald davon, um mit seiner Eisenbahn zu spielen. Almut arbeitet ausdauernd und bittet um Hilfe, wenn ihr etwas nicht gelingt. Als die Mutter nach ihren drei Schulkindern schaut, stellt sie fest, daß Peter, den sie auch »Zappelphilipp« nennen, wieder nicht stillsitzen kann; sie schickt ihn hinaus mit der Aufforderung, einmal ›ums Quadrat‹ zu laufen, und bemerkt dazu: »Ich will sehen, wie schnell du bist!« Im Stillen denkt sie: »Wenn Peter sich ausgetobt hat, wird er auch wieder stillsitzen können.« – Dann wendet sie sich ihrer Almut zu, lobt ihre Arbeit und erklärt dem ängstlichen Kind, daß es nicht so schlimm ist, wenn mal etwas nicht so recht gelingen will. – Nun aber fällt Mutters Blick auf Ulrichs liegengelassene Hefte, und sie stellt fest, daß der Schlingel wieder einmal die angefangene Arbeit nicht zu Ende geführt hat. Als sie ihn zur Rede stellt, brüllt er los: »Ich kann nicht, und ich will auch nicht! Blöde Schule!« Mutter gibt zu bedenken, was Vater wohl dazu sagen wird. Da antwortet ihr der Sohn mit verschmitztem Lächeln: »Vater wird sich freuen: die Eisenbahnschaltung, an der er gestern den ganzen Abend geknobelt hat, habe ich hingekriegt; jetzt läuft die Eisenbahn bestens!«

Individualität

Beim Schulkind ist zu beobachten, daß seine *Individualität* immer stärker hervortritt. Eltern und Erzieher müssen mit ihren Erziehungsmaßnahmen der jeweiligen Eigenart des Kindes Rechnung tragen. Ob sie nun das Kind ermutigen oder dämpfen, mahnen oder trösten, immer soll das Kind spüren, daß die Eltern seine Entwicklung, die jetzt weitgehend von der Schule bestimmt wird, mit Anteilnahme überwachen und fördern. Dabei darf Anerkennung der Leistung nicht fehlen. Kinder, deren Leistungen anerkennend beachtet werden, arbeiten mit Freude und erzielen bessere Ergebnisse als andere, denen Anerkennung versagt bleibt. (Siehe auch Schulversuch Seite 103)

Anerkennung

Geltungsstreben

Die Reifung der Individualität zeigt sich auch im Geltungsstreben der Schulkinder, das sich im Wetteifern um die Gunst der Erwachsenen und im schulischen Leistungswettbewerb zu erkennen gibt. Auch das Prahlen der Jungen (ich habe hingekriegt, was Vater nicht konnte!) und das Sich-Putzen der Mädchen dienen solcher Selbstdarstellung und Selbstbestätigung. Schulkinder lösen sich auch immer mehr aus der häuslichen Sphäre und von den Eltern; sie drängen auf die Straße und zu Freunden. Wenn Eltern diesem *Selbständigkeitsstreben* entgegentreten, reagiert das Schulkind mit Trotz und frechen Antworten (Flegelalter!), bricht aus (Ausreißer), oder es geht stillschweigend eigene Wege und entfremdet sich. Die Erziehung des Schulkindes erfordert viel Geduld, aufmerksame Beobachtung und Bereitschaft zur Hilfe, wenn um Hilfe gebeten wird.

Selbständigkeitsstreben

Seelische Konflikte des Schulkindes zeigen sich oft in Unruhe (Zappelphilipp) und Unzufriedenheit mit sich selbst, in Streitsucht und Launenhaftigkeit und – das ist wichtig zu wissen! – in erhöhter Anfälligkeit für Krankheiten.

Seelische Konflikte

Schulreife – Der Eintritt in die Schule bedeutet für das Kind den Übergang vom Spiel zur Arbeit und setzt voraus, daß es schulreif ist. Die Schulreife ist erreicht,

Schulreife

Das Geltungsstreben zeigt sich bei Jungen und Mädchen in unterschiedlicher Weise.
Der Junge renommiert und prahlt gern; er zeigt sich als »Kraftprotz«.
Das Mädchen behängt sich mit Schmuck und ist bemüht, möglichst »schön« auszusehen.

wenn der Entwicklungsstand des Kindes den Anforderungen der Schule entspricht. Beide Faktoren müssen berücksichtigt werden! Bei zu früher Einschulung wird das Kind entmutigt, bei zu später Einschulung wird es sich in der Schule langweilen. Der Übergang vom Kindergarten zur Schule kann gefördert werden durch *Vorschulklassen*, in denen ohne Leistungszwang spielerisch gearbeitet wird.

Vorschulklasse

Jugendliche in der Pubertät (13.–18. Lebensjahr)

Julia (14) und Katrin (15) kichern und tuscheln miteinander; ein neues Makeup haben sie ausprobiert, um auszusehen wie eine von ihnen angeschwärmte Chansonsängerin. Sie trotzen den Eltern, die so etwas nicht gerne sehen. Den Nachbarsjungen, der mit ihnen spielen möchte, vertreiben sie. Als Lisa (17) vorbeikommt, wollen sie ihr vorschwärmen; doch Lisa findet die beiden lächerlich in ihrem Getue. Sie ist mit Markus verabredet, um miteinander einen sozialkritischen Film anzusehen und später eine Diskothek zu besuchen.

Die seelisch-geistige Entwicklung der Reifezeit vollzieht sich in zwei Phasen: Anfangsphase und Reifephase. In der *Anfangsphase* oder Vorpubertät ist der Jugendliche sehr mit sich selbst beschäftigt: er erlebt seine körperlichen Veränderungen und beobachtet sich selbst. Sein Interesse ist nach innen gewandt, ist *introvertiert*. Dabei entdeckt er sein Ich auf neue Weise, wird sich seiner selbst bewußt, und in der Erprobung dieses neuen Selbstgefühles kommt es zu trotzigen Kraftproben mit Eltern und Lehrern. Der Jugendliche »eckt an«, fühlt sich mißverstanden und zieht sich zurück. Manche sind einsame Träumer und vertrauen,

Anfangsphase

Introvertiert

Freundschaft zwischen Jungen und Mädchen: Gemeinsam auf dem Motorrad in eine neue Zukunft starten ...

was sie bewegt, ihrem Tagebuch an; andere tun sich mit ihresgleichen zusammen, suchen die Freundschaft Einzelner oder schließen sich einer Gruppe Gleichaltriger an. Dabei meiden sich Mädchen und Buben; es ist eine Phase der Abstoßung zwischen beiden Geschlechtern.

Reifungsphase

Extravertiert

Mit zunehmender Reife ändert sich das Verhalten des Jugendlichen. In der *Reifungsphase* wendet er sich nach außen: selbstsicher und ruhiger geworden interessiert sich der reifere Jugendliche nun für die Welt draußen, ist *extravertiert.* Dieses Interesse an seiner näheren und weiteren Umwelt steigert auch die Leistungen in Schule und Beruf, und das wiederum bringt Anerkennung und hebt das Selbstwertgefühl. Das Leben wird zur Aufgabe, zu deren Verwirklichung man sich an Leitbildern orientiert. So formt sich ein eigenes Weltbild, eine eigene Weltanschauung. Im Laufe dieser Entwicklung wird auch die Abstoßung der Geschlechter überwunden. Buben und Mädchen interessieren sich füreinander, suchen gemeinsame Freizeitvergnügen und schmieden Pläne für eine gemeinsame Zukunft.

Adoleszenz

Der Abschluß der Reifungsphase führt aus der Pubertät ins Erwachsenendasein und wird als *Adoleszenz* bezeichnet (17.–20. Lebensjahr).

Ich-findung

Jugendgruppe

Erzieherische Hilfen bei der Selbstfindung Jugendlicher – In der Phase der Ichfindung sollte ein eigenes Zimmer zur Verfügung stehen, das auch nach eigenem Geschmack eingerichtet werden darf. Der Intimbereich ist zu respektieren, das Briefgeheimnis zu wahren, die Möglichkeit, Freundschaften zu pflegen, ist zu gewähren. Eltern müssen ihre Kinder »loslassen« und ihnen die Teilnahme an Aktivitäten außerhalb der Familie in Jugendgruppen, Sportvereinen, Tanzzirkeln erlauben, ja sogar empfehlen. Jugendliche brauchen in diesem Alter familien-

Vorbilder

Ablösung von der Familie

Konflikte

fremde *Vorbilder,* an denen sie sich orientieren können. Es müssen aber ›echte‹ Vorbilder sein, die dem Jugendlichen bei seiner Wertorientierung helfen und in ihm Verantwortungsgefühl reifen lassen. Reine Protestgruppen, die die traditionellen Ordnungen bekämpfen, verfehlen dieses Ziel. Nachdem die *Ablösung von der Familie* vollzogen ist, können von reiferen Jugendlichen (Adoleszente) aus der gewonnenen Distanz heraus die Eltern erneut anerkannt werden. Das gelingt allerdings nur unter der Voraussetzung, daß die Eltern nicht durch ihr Fehlverhalten die Ablösung behinderten. Falsch ist es, *Konflikten* mit Heranwachsenden aus dem Weg zu gehen oder mit Strenge einen faulen Familienfrieden zu sichern. Unter solchen Umständen kommt es entweder zum radikalen und endgültigen Bruch mit der Familie, oder der Jugendliche kommt aus seiner kindlichen Abhängigkeit nicht heraus und wird später Schwierigkeiten haben, sich ein selbständiges Leben aufzubauen. Die gelungene Selbstfindung ist daran zu erkennen, daß nach anfänglicher Verneinung am Ende wieder das Ja steht, das die Mitmenschen liebend anerkennt und die Umwelt tatkräftig zu gestalten bereit ist.

Sexualprobleme

Natalie und Oda berichten einander von ihren Erlebnissen bei einem Tanzabend. Oda hat es genossen, von den Burschen umschwärmt zu werden! Einer war dabei, »der ging aufs Ganze«: erst lud er sie ein, an der Bar mit ihm auf seine Kosten zu trinken, dann meinte er, jetzt müsse auch sie sich erkenntlich zeigen und bereit sein, ihn von seinen körperlich-sexuellen Spannungen zu befreien. Oda wollte kein Spielverderber sein und war auch selbst neugierig. »Hinterher jedoch«, so berichtet Oda enttäuscht, »war ich ihm gleichgültig. Stolz auf seine ›Leistung‹ ging er befriedigt davon. Ich aber fühlte mich einsam und verlassen und hatte Angst, er könne mir ›ein Kind gemacht‹ haben«.
Anderes berichtet Natalie, die mit ihrem Freund Peter zum Tanzabend gegangen war: »Ich lasse Peter niemals für mich bezahlen, obwohl er das schon angeboten hat. Meine Freiheit will ich nicht verkaufen. Peter respektiert das. Er hat auch nichts dagegen, wenn ich mal mit anderen Partnern tanze oder mich vergnüge. Wir verstehen uns gut und sind Freunde. Ob wir aber immer beieinander bleiben und uns später einmal heiraten, ist noch völlig offen.«

Triebbefriedigung

Liebe

Ungebundenheit

Bindung

Die Liebe zwischen Mann und Frau ist mehr als nur biologische Befriedigung des Sexualtriebes. Liebe ist Hingabe an den andern und bezieht sich auf den ganzen Menschen: den Körper, die Seele, den Geist. Wer ohne seelisch-geistige Beziehungen sich rein körperlich mit einem Partner vereinigt, treibt egoistische Triebbefriedigung, Liebe will glücklich machen. Rücksicht im Umgang miteinander und Einfühlungsvermögen in das Denken und die Empfindungen des Partners sind Voraussetzung dafür. Man sagt, »Liebende harmonieren« und meint damit: sie ergänzen einander und finden ihr eigenes Glück in der Beglückung des anderen. Echte Liebe sucht Bindung an den Partner. Der Jugendliche steht in einer Grenzsituation: solange er noch Suchender ist, braucht er die *Ungebundenheit,* die ihm Freiheit läßt zur Selbstfindung und zur Erprobung seiner Kräfte. Erst nach freier Entfaltung seiner Persönlichkeit wird er reif zur *Bindung* an einen Partner und zur Verantwortung für andere. Damit wird die Grenze von der Jugend zum Erwachsensein überschritten.

Suchtgefahren

Rudolf, 18jähriger Sohn eines Rechtsanwaltes, ist rauschgiftsüchtig. Er scheut keine Mühe und keine Kosten, um sich Drogen zu beschaffen, und riskiert dabei auch, mit dem Gesetz, das den Umgang mit Drogen verbietet, in Konflikt zu kommen. Gesundheitlich fühlt er sich, wenn die Drogenwirkung aussetzt, miserabel; sein Versuch, mit Realschulabschluß eine Berufsausbildung zu absolvieren, scheitert. Mädchen, deren Bekanntschaft er sucht, wollen nichts von ihm wissen, und auch unter gleichaltrigen Jungen hat er keine Freunde.

Bekümmert fragen sich die Eltern: wie konnte es dahin kommen?

Im Gespräch mit dem Erziehungsberater wird folgendes erkennbar. Rudolf war schon immer Einzelgänger. In der Schule litt er stark unter Erfolgszwang, hatte Angst und mußte vor Schulaufgaben mit Tabletten beruhigt werden. Früh schon griff er zu Zigaretten und alkoholischen Getränken. Ob er vorher auch schon ein starker Trinker war? Ja, da er kaufaul war, habe die Mutter ihn mit nährenden Getränken und Suppen gefüttert. Die Frage, ob er als Säugling gestillt wurde, wird verneint; die Mutter habe damals in der Rechtsanwaltspraxis mitgearbeitet; Rudolf wurde von den leider häufig wechselnden Hausangestellten versorgt.

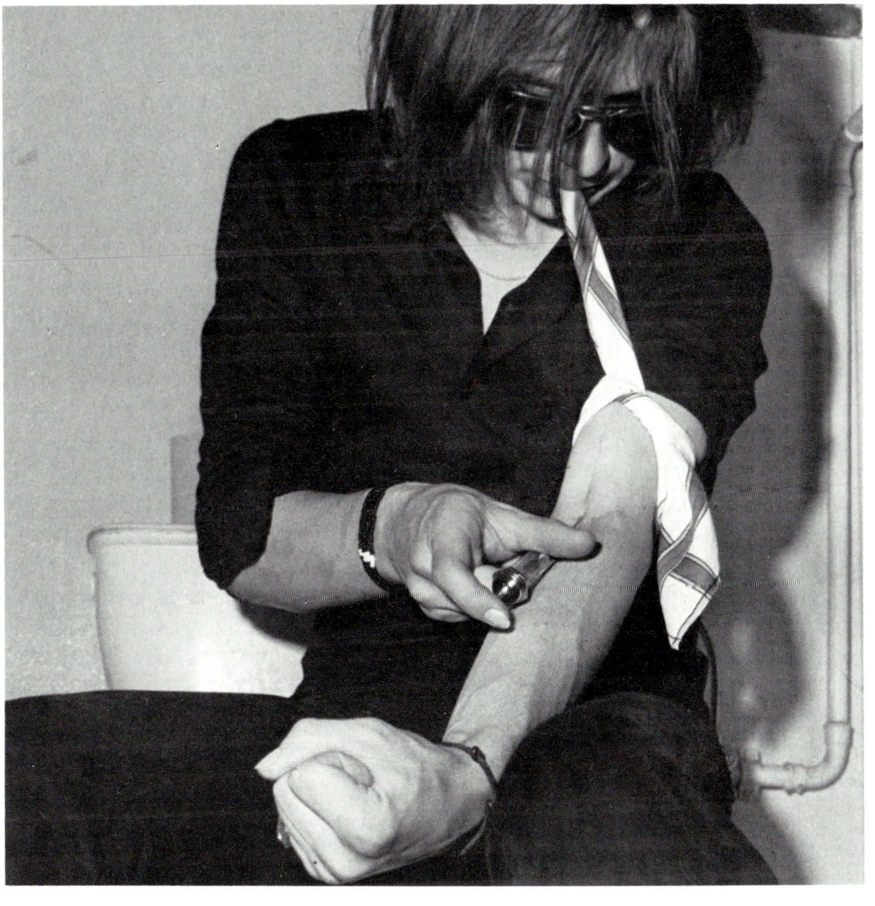

Heroinsüchtiger: Der Griff zur Droge ist kein Ausweg.

Alkohol führt nicht aus unglücklichen Situationen heraus, sondern in tieferes Elend hinein.

Seelisch vernachlässigt

Chronische Verwöhnung

Einzelgänger

Hier zeigt sich, daß die Wurzeln einer Sucht häufig im frühen Kindesalter zu suchen sind: Fehlt dem Säugling die feste Bezugsperson, so bleibt er »seelisch unterernährt«; wird er gleichzeitig mit viel leicht erreichbarer Nahrung verwöhnt (großes Saugerloch!), lernt er ohne Anstrengung zu genießen. Die Folge ist: Antriebsschwäche und mangelnde Aktivität, sowie gieriges Suchen (Sucht!) nach Befriedigung materieller Bedürfnisse: Nahrung, Kleidung, Spielsachen als Ersatz fehlender Zuwendung. Folge chronischer Verwöhnung, der leichten Sofortbefriedigung, ist die Verkümmerung der Eigenaktivität. Später entwickelt sich daraus die Unfähigkeit zu stetiger Arbeit und das *Einzelgängertum,* das aus der Unfähigkeit zur Bindung an andere Menschen resultiert. Das Vergessen persönlicher Schwierigkeiten wird nun im Drogenrausch gesucht.

Entziehungskur

Persönlichkeitsentwicklung

Anstrengung lernen

Drogengefährdete

Drogensüchtige sind in doppelter Weise krank: Erstens ist ihre Persönlichkeitsentwicklung gestört, und zweitens sind ihre Körperfunktionen drogenabhängig geworden. Zur Heilung genügt nicht allein eine *Drogenentziehungskur;* es muß auch die gestörte Persönlichkeitsentwicklung behandelt werden. Das bedeutet in den meisten Fällen, daß nachgeholt werden muß, was in der Kindheit versäumt wurde: Geborgenheit geben (Zuwendung) und Anforderungen stellen (Führung). Der Patient muß also bereit sein, sich anfangs wie ein Kleinkind behandeln zu lassen, um dann allmählich in größere Freiheit und größere Verantwortung hineinzuwachsen. Um das selbstzerstörerische Sichgehenlassen aufzugeben, muß er durchhaltende Anstrengung lernen. Die Behandlung Drogensüchtiger führt nur selten zu dauerhaftem Erfolg; günstiger sind die Heilungschancen für *Drogengefährdete.* Es gilt, die Gefährdung, die in einer gestörten Persönlichkeitsentwicklung begründet liegt, frühzeitig zu erkennen und zu behandeln.

Alkohol

Nikotin

Harte Drogen

Alkohol und *Nikotin* können wie die vorwiegend opiumhaltigen Betäubungsmittel in eine Sucht führen, die Selbstzerstörung der Persönlichkeit zur Folge hat. Während jedoch bei Alkohol und Nikotin kleine Mengen noch nicht in körperliche Abhängigkeit führen, ist bei ›*harten Drogen*‹ größte Vorsicht geboten: schon die kleinste Dosis steigert die Gier! Darum heißt es: Hände weg von Drogen und Maßhalten bei Alkohol und Nikotin.

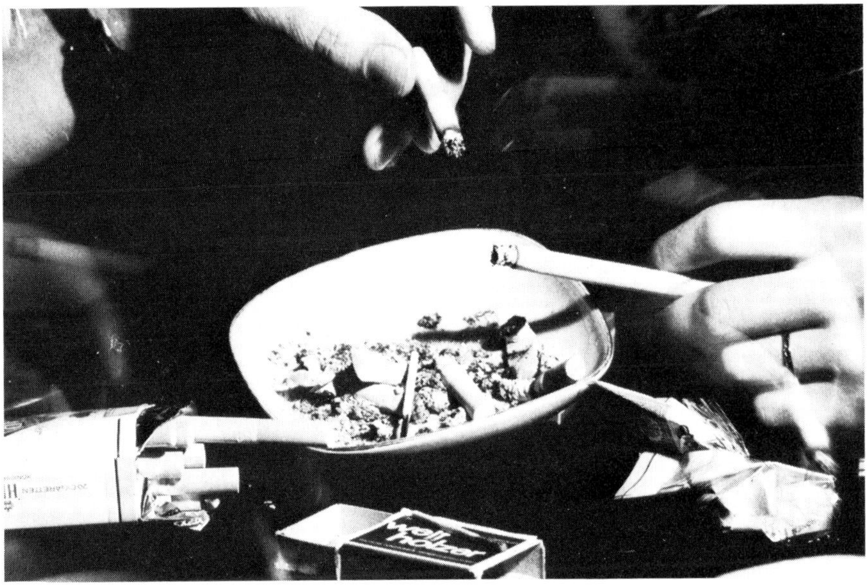

Rauchen geht immer auf Kosten der Gesundheit.

Familie und Gesellschaft

Friedliches Zusammenleben in Familie und Gesellschaft setzt voraus, daß gewisse Spielregeln oder Umgangsformen beachtet und Konflikte ausgetragen werden. Alte und junge Generation sind aufeinander angewiesen und müssen miteinander um eine gute Regelung des gemeinsamen Lebens bemüht sein.

Umgangsformen

Roswitha sitzt auf einer Bank im Park. Eine Frau setzt sich zu ihr und zwar so nah, daß Roswitha versucht abzurücken. Weil sie am Bankende saß, wird nur ein kleiner Abstand gewonnen; sie legt ihren Taschenschirm in die Lücke und errichtet damit sozusagen eine Schranke. (2. Möglichkeit: aufstehen und weggehen.) Später begegnen wir Roswitha zwischen dicht an dicht sitzenden Menschen in einer Straßenbahn. Hier macht sie keinen Versuch, aufzustehen oder abzurücken; aber in ihrem Gesicht spiegelt sich die Spannung, mit der sie versucht, nicht in Körperkontakt mit dem ihr fremden Nachbarn zu kommen.

Der Mensch als Sozialwesen braucht einen gewissen Abstand zum Mitmenschen. Diese *Individualdistanz* variiert in verschiedenen Kulturen und Situationen. Kommt der Mensch einem anderen Menschen zu nah, – wir sagen: »er rückt ihm auf die Pelle« –, so gibt es zwei Möglichkeiten der Reaktion: entweder wird der Bedrängte zurückweichen (sich distanzieren), oder er wird seinen Platz, seinen Besitz, sein Territorium verteidigen. Wenn aber Flucht unmöglich und Verteidigung aussichtslos ist, so wird der Körper in Alarm versetzt. Alarmbereitschaft ohne die Möglichkeit sich abzureagieren wird *Streß* genannt. Ausgelöst wird sie durch Faktoren, die als »Stressoren« bezeichnet werden. Menschen eines sozialen Verbandes können für ihre Mitmenschen Stressoren sein! Streßphänomene treten auf, wenn die Zahl der Menschen auf begrenztem Raum so groß wird, daß

Distanz

Flucht
Verteidigung
Streß

der Einzelne sich nicht mehr distanzieren kann. Abgebaut oder gemildert werden solche Streßphänomene durch Riten des Umganges miteinander, durch unsere *Umgangsformen.*

Gruß als Ritus

Der **Gruß als Ritus** der Begegnung gilt als Zeichen des Friedens: mit ›Schalom‹ (Friede) begrüßen die Israeliten einander; auch unser süddeutsches ›Grüß Gott‹ kann als Friedensgruß verstanden werden. Mit freundlichem Lächeln gibt man zu verstehen, daß man den anderen nicht angreifen will. Die Formen des Sich-Grüßens sind vielfältig. Man kennt das Grüßen auf Distanz: Heben der Hand, Winken, Augengruß und Lächeln, Verbeugen, Entgegenstrecken der Hände, und den Kontaktgruß, dem oft ein Grüßen auf Distanz vorausgeht: Hände geben, Umarmung, Kuß. Meist geht der Begrüßung ein Abschätzen des Begrüßenden voraus, um zu klären, welches Grußverhalten angebracht ist: Grüße ich einen Fremden, so stelle ich mich vor; grüße ich einen Älteren, Stärkeren, Vorgesetzten, so gebe ich zu verstehen, daß ich zu ihm aufschaue; grüße ich einen Gleichaltrigen oder einen Menschen gleichen Ranges, so werde ich weder Überlegenheit noch Unterlegenheit zeigen. Im Grußverhalten wird die Rangordnung anerkannt.

Rangordnung

In jeder Gesellschaft zeigt sich eine *Rangordnung* der Individuen. (Eine völlige Gleichstellung aller Menschen in einer klassenlosen Gesellschaft bleibt Utopie!) Bei neuen Gruppierungen wird die soziale Einordnung überprüft.

> Florian (10), ein zartes Stadtkind, kam als Neuling in eine Dorfschulklasse; in der Pause wurde er von Buben seiner Klasse aufgefordert, mit ihnen zu raufen. Er stellte sich dieser Kraftprobe. Allerdings litt seine gute Hose erheblich darunter. Anderntags verlangte er, in einer robusten, alten Hose zur Schule gehen zu dürfen. Auf die Frage: »Müßt ihr denn immer raufen?« antwortete er: »Das ist doch nur Freundschaftsrauferei!«

»Freundschaftsrauferei«, das heißt: Kräfte messen und die Rangordnung der Kräftigen ermitteln. Daneben gibt es in einer Schulklasse natürlich auch die Rangordnung nach Schulleistungen. Vielerlei Rangordnungen durchziehen unser gesellschaftliches Leben, und kein Mensch ist in allen Bereichen des Lebens nur unterlegen oder überlegen.

Rangordnung setzt Streben nach Rang und Ansehen (Prestige), gleichzeitig aber auch Bereitschaft zum Gehorsam und zum Sich-einordnen voraus. Beides ist dem Menschen angeboren und führt dazu, daß jeder versucht, auf irgendeinem Gebiet »Spitze« zu sein: Fußballkönig, Tennis-As, Schönheitskönigin, Klassenbester, Meister im Schachspiel, erfolgreichster Sammler von Bierdeckeln, Meister im Wurstessen oder im Biertrinken.

Wettkämpfe
Wettspiele
Spielregeln

Wettkämpfe und Wettspiele werden veranstaltet, um die Rangfolge zu ermitteln. Dabei werden Regeln beachtet, die den Gegner vor Schaden bewahren sollen. Wenn die *Spielregeln* eingehalten werden, nennen wir das Verhalten fair, sportlich, sauber, anständig, ehrenhaft.

Umgangsformen

Umgangsformen sind Spielregeln, die uns helfen wollen, andere nicht zu verletzen: keinen körperlichen Schaden zufügen, nicht seelische Nöte oder Ängste auslösen und auch das Gefühl für Ordnung, Harmonie und Schönheit (Ästhetik) berücksichtigen. Durch den Wandel unserer Anschauungen sind auch unsere Umgangsformen ständigem Wandel unterworfen; sie dürfen nicht kritiklos tradiert und autoritär durchgesetzt, sondern müssen immer wieder überprüft werden. Es könnte sein, daß eine ›Anstandsregel‹ ihren Sinn verliert, unsinnig wird und aufzugeben ist.

Zwei Freunde speisen in einem vornehmen Restaurant. Konrad ist entsetzt, daß Wilhelm zum Rührei ein Messer benützt und Kartoffeln mit dem Messer zerteilt. »Das tut man nicht«, hat er gelernt. Aber Wilhelm erklärt ihm: »Das Messer dient zum Zerkleinern der Speisen und als Widerlager zur Gabel beim Aufnehmen der Speisen. Wenn man früher die Regel aufstellte, Ei ohne Messer zu essen und Kartoffeln nicht zu schneiden, so bezog sich das auf die damals noch nicht rostfreien Klingen, die anliefen und Kartoffeln beim Schneiden unappetitlich verfärbten oder eine empfindliche Eierspeise geschmacklich beeinträchtigten. Heute sind unsere Messer rostfrei, und wir können die veraltete Regel vergessen. – Es gilt aber noch heute, daß man das Messer nicht zum Mund führt. Begründung: Verletzungsgefahr!«

Nach Sinn oder Unsinn der Anstandsregeln müssen wir fragen und aus der gegebenen Situation heraus entscheiden, was man mit Anstand tun kann, oder was zu unterlassen ist, weil es andere stören könnte.

Konflikte und Generationsprobleme

Daniel (18), begabter Sohn eines Diplomingenieurs, will vor dem Abitur das Gymnasium verlassen und einen praktischen Beruf ergreifen. Als Begründung gibt er an, bald eigenes Geld verdienen zu wollen, damit er, wie seine Freunde sich ein Auto anschaffen könne. Darauf verspricht der Vater, das Auto zu finanzieren, wenn der Sohn nur auf der Schule bleibe und sein Abitur mache. Dies Entgegenkommen weist der Sohn zurück mit der Bemerkung: »Ihr wollt mich ja nur weiter bevormunden und mich durch ein Studium in eine gesellschaftliche Stellung hineinzwingen, die der euren entspricht, die ich aber ablehne.«

Schwelle zum Erwachsenenalter

Dieser Konflikt ist typisch für junge Menschen, die an der Schwelle zum Erwachsenenalter stehen. Mit der Ausübung eines Berufes wird diese Schwelle überschritten; verbunden damit ist das Bedürfnis nach Selbständigkeit, das durch die Suche nach einem Lebensgefährten noch verstärkt wird. Spannungen und **Konflikte** treten auf, wenn die Selbstverwirklichung eines volljährigen Menschen durch eine verlängerte Berufsausbildung und die damit verbundene finanzielle Abhängigkeit behindert wird, oder wenn ein im Berufsleben stehender junger Mensch von seinen Eltern, seinem Ausbilder, seinem Vorgesetzten oder anderen Vertretern der älteren Generation autoritär bevormundet oder gegängelt wird.

Konflikte

Generationsprobleme

Generationsprobleme sind unvermeidlich; sie treten auch bei älteren Generationen auf, denn jede Altersgruppe ist in ihrer Lebensauffassung von dem geprägt, was sie erlebt hat. Ältere Menschen neigen dazu, sich konservativ zu verhalten: sie möchten das, was sie in ihrem Leben als gut, schön oder richtig erkannten bewahren und an die junge Generation weitergeben. Junge Menschen machen eigene und neue Erfahrungen; das veranlaßt sie, Bestehendes und Überliefertes (die Tradition) in Frage zu stellen und nach neuen Möglichkeiten der Lebensgestaltung Ausschau zu halten. Das ist ihr gutes Recht, denn sie müssen »mit der Zukunft leben«.
Neues Leben und eine neue Zukunft wächst aus dem Konflikt der Generationen, wenn es gelingt, gute Tradition mit neuen Einsichten bereichert fortzusetzen. **Konfliktlösung** gelingt aber nur, wenn die jeweiligen Gegner bereit sind:

Konfliktlösung

- offen miteinander zu reden,
- aufeinander zu hören,
- berechtigte Kritik zu ertragen,
- aufbauende Kritik zu üben.

Aufbauende Kritik vermeidet es, anzuklagen und zu zerstören, ehe Besseres vorgeschlagen und an die morsche Stelle gesetzt werden kann. (Das Ersatzteil muß bereitliegen, ehe mit der Reparatur begonnen werden kann!) Mit aufbauender Kritik kann es gelingen, behutsam die nicht mehr tragfähigen Teile unseres Lebensgebäudes auszuwechseln. Nur ständige *Reformen* können das Leben in Familie und Gesellschaft als tragfähig für die Zukunft der jungen Generation erweisen.

Reformen

Verhält sich die ältere, etablierte Generation (das Establishment) uneinsichtig und versucht, sich mit autoritären Maßnahmen Respekt zu verschaffen, so treibt dies die jüngere Generation zur *Rebellion*; andererseits kann sie aber auch durch allzugroße Nachgiebigkeit und durch Anbiederung die Achtung der Jüngeren verlieren. – Die junge Generation ihrerseits darf nicht den Fehler machen, Reformen zu verlangen, ohne Bestehendes zu prüfen und realisierbare Verbesserungsvorschläge zu unterbreiten. Nur immer gegen alle Regelung des gesellschaftlichen Lebens zu sein, bedeutet Anarchie oder Verneinung von Gesetzen und Ordnungsprinzipien.

Rebellion

Anarchie

Konflikte darf man weder unterdrücken noch beiseite schieben. Wird die Auseinandersetzung versäumt, so kommt es zur Radikalisierung berechtigter Forderungen, und statt langsam verändernder Evolution des gesellschaftlichen Lebens kann es zum plötzlichen Umsturz, zur Revolution kommen.

Radikalisierung

Revolution

Konflikte können fruchtbare Lernprozesse in Gang setzen, wenn dabei zwei sehr wichtige Voraussetzungen beachtet werden:

1. **Grundpositionen**, die den Konfliktpartnern gemeinsam sind und positiv bewertet werden, sind aus dem Streit herauszuhalten. Z. B. die Bejahung der

Bei Demonstrationen treten Konflikte offen zutage.

Familie als einer tragfähigen Lebensgemeinschaft bleibe unangetastet, wenn Kinder sich protestierend aus der engen Bindung an die Eltern lösen.
2. Die **Spielregeln** gesellschaftlichen Lebens sind zu beachten; das heißt, der Kampf sei fair: den Gegner nicht ›fertigmachen‹, sondern ihn zu einsichtigem Reden oder Handeln veranlassen.

Alte Menschen unter uns

Die Zahl der alten Menschen in unserer Gesellschaft hat beträchtlich zugenommen. Im Rentenalter (über 65) standen bei uns um 1900 nur 9%, heute aber bereits 24% der erwachsenen Bevölkerung. Aufgrund einer verbesserten medizinischen Versorgung ist damit zu rechnen, daß die Zahl der im Rentenalter stehenden Menschen weiter zunimmt. Das wirft Probleme auf:

Finanzen

Die finanzielle Versorgung der Rentner muß von einer immer kleiner werdenden Zahl arbeitender Menschen getragen werden. Das Verhältnis der Rentner zu den Werktätigen betrug vor 50 Jahren noch 10:85, heute jedoch 10:55!

Pflege

Die pflegerische Versorgung der altersschwachen, behinderten oder kranken Rentner durch die Familie ist nicht mehr gesichert: höhere Lebenserwartung verlängert die Pflegezeit, die Großfamilie ist selten geworden, Frauen sind berufstätig, die Familienwohnungen sind heute so klein, daß die Aufnahme und Mitversorgung hilfsbedürftiger Angehöriger kaum möglich ist.

Eigenversorgung

Die Versorgung im eigenen Rentnerhaushalt wird bevorzugt, weil das die Pflege eines geruhsamen und individuellen Lebens ermöglicht. Problematisch wird die Eigenversorgung, wenn die Kontakte zur Umwelt mehr und mehr abreißen und Einsamkeit den alten Menschen bedrückt, oder wenn sein Gesundheitszustand ihn dazu zwingt, die Hilfe anderer Menschen in Anspruch zu nehmen.

Alt und einsam – aber der Hund leistet Gesellschaft und bietet Beschäftigung: er braucht Pflege und Ausgang.

Hilfe zur Eigenversorgung

Es erhebt sich die Frage: Was können wir tun, um alten Menschen ein ruhiges, aber doch mit sinnvollen Aufgaben erfülltes Leben zu ermöglichen? In erster Linie ist *Hilfe zur Eigenversorgung* anzubieten. Das fängt dabei an, daß man dem älterwerdenden Menschen außerberufliche Möglichkeiten individueller Lebensgestaltung aufzeigt, und ihn anhält, Hobbys zu pflegen. Wichtig ist auch die Begegnung mit gleichgesinnten Menschen; man kann Geselligkeit im eigenen Heim pflegen oder an Veranstaltungen für Senioren teilnehmen. Auch Begegnungen mit der jüngeren Generation bieten sich an: Babysitten oder Hausaufgabenbetreuung bei Schulkindern kann zur beglückenden Aufgabe werden. Botengänge, Nachbarschaftshilfe und Besuchsdienste bei Kranken können aus der eigenen Einsamkeit herausführen und von eigenen Sorgen ablenken. Auch der bescheidenste Dienst sollte für gut genug erachtet werden (Oma als Haushaltshilfe – auch in Fremdfamilien), wenn er die Möglichkeit gibt, andere zu erfreuen und dabei selbst Freude zu erleben.

Was in jungen Jahren erlernt wurde, wird zur beglückenden Beschäftigung im Alter.

Hilfsdienste

Hilfe zur Eigenversorgung heißt aber auch: **Hilfsdienste** organisieren, die eine Versorgung in der eigenen Wohnung auch bei Krankheit oder zunehmender Behinderung ermöglichen. An vielen Orten übernehmen heute Sozialdienste diese Aufgabe und bieten an: Hilfe bei der Körperpflege (baden!), Begleitung beim Ausgang (Spaziergang, Ämtergang, Kirchgang), Essen auf Rädern und Hauskrankenpflege.

Fremdversorgung im Heim

Volle Fremdversorgung in einem Heim wäre dann nur im Dauerpflegefall nötig.

Zum Nachdenken

1. *Erkunden Sie, welche Sozialdienste in Ihrer Heimatgemeinde angeboten werden.*
2. *Überlegen Sie, wie Sie aktiv dazu beitragen könnten, ältere Mitmenschen zu erfreuen.*

Krankheit in der Familie

Krankenpflege ist in erster Linie Sache der Familie, denn in der gewohnten häuslichen Umgebung fühlt der Patient sich seelisch geborgen; das fördert seine Gesundung. Voraussetzung dafür ist ein geeignetes Krankenzimmer und zuverlässige Krankenpflege. Bei Unfällen oder plötzlicher Erkrankung kann nur dann wirksame Hilfe geleistet werden, wenn der Helfer Sachkenntnis hat und in der Hausapotheke die notwendigen Hilfsmittel zur Verfügung stehen.

Am Krankenbett

Als Mutter vom Einkauf heimkommt, findet sie Albert (16) auf seinem Bett liegend. Es sei ihm nicht wohl, sagt er. Mutter sorgt dafür, daß er sich richtig ins Bett legt, fragt nach seinen Beschwerden, betrachtet seine Haut und seine Zunge und läßt ihn Fieber messen. Dann verständigt sie den Arzt. Bis zu dessen Eintreffen kümmert sie sich um den Kranken und sorgt für Sauberkeit, Ordnung und frische Luft im Krankenzimmer. Solange der Arzt den Patienten untersucht, bleibt sie draußen, hält sich aber bereit, später die Pflegeanordnungen des Arztes entgegenzunehmen und dem Arzt ein frisches Handtuch und Gelegenheit zum Händewaschen anzubieten.

Symptome

Krankheit zeigt sich durch Krankheitszeichen oder Symptome an. Schmerz, Übelkeit, Mattigkeit sind subjektive Symptome, weil nur der Kranke sie empfindet. Als objektive Symptome gelten alle Zeichen, die von außen beobachtet (Hautausschlag) oder mit medizinischen Geräten (Fieberthermometer) festgestellt werden können. Werden dem Arzt die Krankheitssymptome bereits telefonisch mitgeteilt, so kann er daraus in manchen Fällen schon die Krankheit erkennen (Diagnose), kann ermessen, ob der Besuch dringend oder aufschiebbar ist und kann gegebenenfalls Maßnahmen zur Linderung der Beschwerden empfehlen (Therapie).

Diagnose

Pflegerin

Die **Pflegerin** (in Alberts Fall seine Mutter) wird zur Helferin des Arztes, indem sie den Kranken sorgfältig beobachtet und betreut. In der Krankenpflege sind Sauberkeit, Pünktlichkeit und Geduld die wichtigsten Voraussetzungen. Die *Körperpflege* erfordert besondere Sorgfalt, weil Kranke zum Schwitzen neigen und bei längerer Bettlägerigkeit die Haut wund werden kann. Die *Wäsche* des Kranken muß häufiger als normal gewechselt und sollte möglichst durch Kochen desinfiziert werden. Die Verwendung von Zellstoff für Wegwerftücher, -vorlagen und -windeln ist empfehlenswert. Für *Therapiemaßnahmen* ist Pünktlichkeit oberstes Gebot: Medikamente geben, Fieber messen, Packungen oder Wickel machen. Da diese Maßnahmen für den Kranken sehr anstrengend sein können, müssen auch genügend Ruhepausen eingeplant werden. Aber: wenn der Kranke schläft, soll er nicht geweckt werden. *Schlaf* ist heilsam und notwendig und hat deshalb Vorrang vor allen pflegerischen Maßnahmen.

Körperpflege
Wäsche

Therapie

Schlaf

Das Zimmer des Kranken soll ruhig liegen, hell, gut lüftbar und heizbar sein. Bei Schwerkranken, die das Bett nicht verlassen können, wird die Pflege – vor allem das Umbetten – erleichtert, wenn das Krankenbett von beiden Seiten zugängig ist. Das Kopfende sollte nicht dem Fenster gegenüber sein, denn Kranke sind oft lichtempfindlich. Ein Bettrost mit hochstellbarem Kopfteil gibt Stütze beim Sitzen und kann zum Liegen in verschiedener Höhe eingestellt werden. Auch ein verstellbares Fußteil kann wohltuend sein; es verhindert Stauungen in den Bei-

Krankenbett

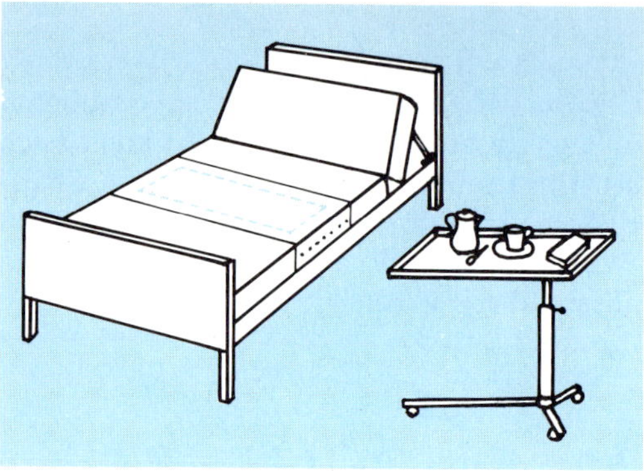

Alles zur Bequemlichkeit von Patienten und Pfleger; auch zu Hause lassen sich ähnliche Bedingungen schaffen.

nen (Krampfadern!). Zum Schutz der Matratze wird im Bedarfsfall eine wasserdichte Unterlage aufgelegt. Um das Bettuch bei häufiger Verschmutzung zu schützen, kommt darauf eine zweite wasserdichte Unterlage, die mit einem Durchzug (150 × 80 cm) abgedeckt und festgehalten wird. Zum gewohnten Kopfkissen erhält der Kranke zusätzlich ein kleines, steifes Nackenkissen (festes Sofakissen) in waschbarem Überzug.

Krankentische

Der *Krankentisch* neben dem Krankenbett hat eine dreifache Aufgabe, weshalb es ratsam ist, drei Tische vorzusehen: auf einem Abstelltisch (Nachttisch oder Wandregal) kann der Kranke ablegen, was er griffbereit am Bett haben will. Auf dem Pflegetisch (Tisch oder Kommode) liegen auf keimfreier Unterlage (frisches Handtuch) die Medikamente, das Fieberthermometer und andere Pflegegeräte. Am fahrbaren Bettisch kann der Kranke bequem essen, schreiben, lesen oder spielen.

Hauspflege
Krankenhauspflege

Organisationen der Krankenpflege

Hauspflege ist der *Krankenhauspflege* vorzuziehen, weil der Patient sich zu Hause seelisch geborgen fühlt. Spezialgeräte zur Krankenpflege: Urinflaschen, Bettschüsseln, Gummiunterlagen, Luftkissen, Toilettenstühle, Krankentische, Rollstühle können von **Krankenpflegeorganisationen** ausgeliehen werden. Bei diesen Organisationen kann gegebenenfalls auch eine Pflegerin angefordert werden. Schon in gesunden Tagen sollte man sich überlegen, wo im Notfall Hilfe zu finden ist (Nachbarschaftshilfe, Gemeindeschwester, Familienpflegerin oder Krankenschwester des Sozialdienstes). Zu dieser Überlegung gehört aber auch, daß man selbst seine Hilfe anbietet.

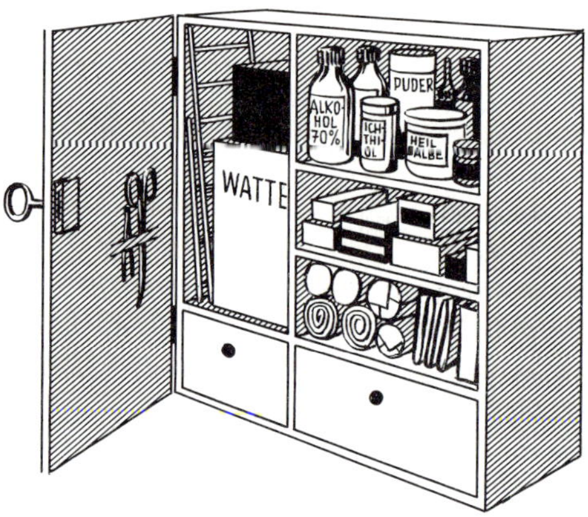

Hausapotheke

Die Hausapotheke

In der Hausapotheke werden Arzneien, Verbandsmaterial und kleine Geräte zur Krankenpflege aufbewahrt. Der Apothekenschrank darf nicht der Ofenhitze oder direkter Sonnenbestrahlung ausgesetzt sein, denn Wärme verändert die Arzneien in ihrer Wirkung oder macht sie unwirksam. Er muß groß genug und übersichtlich eingerichtet sein. Es werden zwei Abteilungen unterschieden:

Das Fach für Verbände und Geräte soll unverschlossen und kann auch größeren Kindern nach Anweisung zugänglich sein.

Verbandsmaterial	Dreiecktuch
Hansaplast-Schnellverband	Verbandklammern
Leukoplast-Klebestreifen	Sicherheitsnadeln
Verbandmull, keimfrei verpackt	Augenklappe
Mullbinden in verschiedener Breite	Fingerling
Zellstofftücher oder -taschentücher	
Zellstoff-Mullkompressen	**Kleine Geräte zur Krankenpflege**
Verbandspäckchen, keimfrei verpackt	Verbandschere
Verband-Polsterwatte	Pinzette
Elastische Binden	Fieberthermometer

Das Fach für Medikamente darf Kindern nicht zugänglich sein, gefährliche Mittel müssen in einem verschließbaren Fach gesondert aufbewahrt werden.

Mittel zur äußeren Anwendung	Mittel zur inneren Anwendung
Desinfektionsmittel (Alkohol)	schmerzstillendes Mittel
Hautschutzcreme	fiebersenkendes Mittel
Sonnenschutzsalbe oder -öl	Beruhigungsmittel (Baldrian)
Insektensalbe (Abwehrmittel)	Abführmittel
Gel zur Juckreizstillung	medizinische Kohle (gegen Durchfall)
Gel zur Abdeckung und Desinfektion von Schürfwunden	Halstabletten (desinfizierend und schmerzstillend),
Lebertran-Heilsalbe	Hustenlöser, Hustenstiller,
Salbe zur Durchblutungsförderung bei Verrenkungen.	Tee mit medizinischer Wirkung.

Auswahl der Medikamente

Bei Auswahl der Medikamente lasse man sich vom Arzt oder vom Apotheker beraten. Medikamente, die vom Arzt für eine bestimmte Erkrankung verordnet wurden, kommen ebenfalls in die Hausapotheke, man muß sich aber den Verwendungszweck merken (aufschreiben!) und auch das Datum des Kaufs notieren. Von Zeit zu Zeit ist der Inhalt der Hausapotheke zu überprüfen, um alte Mittel auszusondern. Vor Anwendung alter und unsachgemäß gelagerter Arzneien wird gewarnt. Aber auch alte Hausmittel sollten nicht ohne Rückfrage beim Arzt oder beim Apotheker angewendet werden. Es sind z. B. vier dieser alten Hausmittel abzulehnen: Iod, Kaliumpermanganat, essigsaure Tonerde und Borsäure; die ersten drei können bei ungenügender Verdünnung oder fortgesetzter Behandlung Ätzungen der Haut oder Schleimhaut hervorrufen; Borsäure dringt durch die Haut ins Blut und kann innere Schäden (Vergiftung) verursachen.

Umgang mit Medikamenten

Bei Verdacht auf eine ernstere Erkrankung oder vor dem Arztbesuch sollte man keine Medikamente einnehmen; sie könnten die Symptome überdecken und dem Arzt die Diagnose erschweren. In der Regel sollte man Medikamente nur auf Anweisung des Arztes einnehmen. Bei nicht rezeptpflichtigen Mitteln sollte man sich anhand des Beipackzettels informieren, worauf bei der Anwendung zu achten ist. Manche Medikamente haben Nebenwirkungen; so können z.B. »beruhigende« oder schmerzstillende Mittel die Reaktionsfähigkeit vermindern (Unfallgefahr!). Zu warnen ist auch vor der Verbindung Medikament – Alkohol. Auch sollte man nicht jedes kleine Unbehagen sofort »chemisch« bekämpfen, leicht entsteht dabei eine Abhängigkeit. In den letzten Jahren ist der Medikamentenverbrauch derart gestiegen, daß man uns bereits das »Geschlecht der Wehleidigen« genannt hat.

- Sorgen Sie für eine gut ausgerüstete, aber überschaubare Hausapotheke.
- Medikamente kühl, dunkel und in verschlossenem Fach aufbewahren.
- Medikamente nicht sinnlos horten, sondern regelmäßig sichten und auf den neuesten Stand bringen.
- Medikamente genau nach Vorschrift verwenden.

Erste Hilfe

Hilfeleistung darf niemals versagt werden; wer es unterläßt, einem anderen in akuter Notsituation zu helfen, kann bestraft werden. Der Helfer muß ruhig und mit Überlegung handeln, er sollte dem Verunglückten ein Gefühl der Geborgenheit geben können. Es ist wichtig, zu wissen, welche Unfälle einem begegnen können (sie sind in alphabetischer Reihenfolge aufgeführt) und wie in jedem einzelnen Fall geholfen werden kann.

Beule, Bluterguß– Eisbeutel oder kalte Kompressen (nasse Tücher) auflegen.

Bewußtlosigkeit, Ohnmacht – Bei blassem Gesicht den Kopf flach lagern, bei gerötetem Gesicht den Kopf erhöht lagern. Bei Brechreiz den Kopf zur Seite legen, damit das Erbrochene auslaufen kann und nicht die Atemwege blokkiert (Erstickungsgefahr).

Brandwunden – Leichte Verbrennungen mit einem juckreiz- und schmerzstillenden Gel abdecken; offene Brandwunden durch keimfreien Verband schützen.

Elektrischer Schlag – Solange der Verunglückte mit dem Strom noch in Berührung ist, darf er nicht angefaßt werden! Im Haus sofort den Strom abschalten, Im Freien mit isolierten Händen (Gummihandschuhe, trockene Lappen, Holzstange) und auf trocknem, isolierendem Untergrund stehend (Brett, Tücher) den Verunglückten vom stromführenden Draht trennen. Bei Bewußtlosigkeit Herzmassage. Sofort den Arzt rufen!

Erfrierungen – Die Haut ist erst blaß, dann gerötet und prickelt (1. Grad). Stärkere Erfrierungen sind rot-violett und es bilden sich Blasen (2. Grad). Völlig tote Haut ist weiß und gefühllos (3. Grad). Langsam auftauen. Allgemeine Unterkühlung: Den Gefährdeten durch Schütteln wachhalten und langsam erwärmen (zu schnelle Erwärmung belastet den Kreislauf zu stark).

Erstickungsanfall durch »Verschlucken«. – Es steckt etwas in der Luftröhre (Schleim, Erbrochenes, Nahrungsteile), das ausgehustet werden muß: Den Hustenden von hinten umfassen und während der Hustenattacke gegen den Leib drücken (Widerlager stärkt den Hustendruck). Gelingt das Aushusten nicht, wird der Kopf tief gehängt (Erwachsene über einen Tisch legen, Kleinkinder an den Beinen hochhalten), und man klopft auf den Rücken (zwischen den Schulterblättern). Gleich den Arzt rufen, wenn man damit keinen Erfolg hat.

Fremdkörper im Auge – Nicht reiben! Augen geschlossen halten, damit der Fremdkörper durch Tränen ausgeschwemmt werden kann. Mit Wasser spülen oder bei zurückgezogenem Lid mit einem Tuchzipfel den Fremdkörper behutsam entfernen; dabei immer zur Nase hin wischen. Läßt sich so die Reibung nicht beheben, Auge abdecken, Arzt aufsuchen.

Fremdkörper in den Verdauungswegen – Sie machen keine Beschwerden, wenn sie rund und glatt sind. Scharfkantige Fremdkörper dagegen können gefährlich werden. Man esse viel Grobkost (z. B. Sauerkraut), die den Darm wie ein Besen ausputzt und den Fremdkörper mitnimmt.

Giftstoffe – Bei Vergiftungen über die Atemwege (Verbrennungsgase oder verdunstende Lösungsmittel) den Verunglückten an die frische Luft bringen und Arzt oder Krankenhaus alarmieren. Bei Atemstillstand muß unverzüglich künstliche Atmung eingeleitet werden.
Bei Vergiftungen über die Verdauungswege sofort bei einem Arzt oder bei einer der Giftzentralen (in Berlin, Freiburg, Hamburg, Mainz, München, Nürnberg) anrufen, dabei das vermutliche Gift angeben und um Ratschläge für die Behandlung bitten.
Bei Vergiftung durch Nahrungsmittel warte man nicht, bis akute Vergiftungserscheinungen auftreten, sondern ergreife sofort Gegenmaßnahmen: zum Brechen reizen, Kohle schlucken, Abführmittel nehmen. Reste der giftigen Nahrungsmittel sind aufzubewahren, damit sie untersucht werden können.

Innere Verletzungen – Durch Sturz oder Verkehrsunfall verursachte innere Verletzungen sind fast immer schwere Verletzungen, die aber von außen nicht gleich zu erkennen sind. Der Schwerverletzte darf nicht bewegt oder aufgerichtet werden (nur bei Brand- oder Explosionsgefahr forttragen!) Man beruhige den Verletzten und rufe den Arzt. Bei Bewußtlosigkeit, Blutungen aus Mund und Nase oder bei Brechreiz muß wegen Erstickungsgefahr der Kopf zur Seite gedreht und der Körper in eine stabile Seitenlage gebracht werden.

Insektenstiche. – Stechende Insekten (Biene, Wespe, Hornisse) hinterlassen manchmal ihren Stachel in der Wunde; er wird herausgezogen und die Einstichstelle mit Salmiakgeist betupft oder mit einer juckreizstillenden und Schwellungen verhütenden Insektensalbe behandelt. Hat man keines dieser Mittel zur Hand, so hilft frischer Urin. Feuchte Umschläge verhindern oder mindern die Schwellung. Bei Stich im Mund oder Rachen sofort zum Arzt! (Erstickungsgefahr!)

Blutsaugende Insekten (Schnaken, Fliegen, Bremsen) können ebenfalls unangenehm »stechen« (sie bohren ihre Mundwerkzeuge durch die Haut). Man versucht sie mit insektenabwehrenden Mitteln fernzuhalten oder behandelt die anschwellenden und juckenden Stiche mit feuchten Umschlägen (mit Alkoholzusatz), mit einer speziellen Insektensalbe oder mit juckreizstillendem Gel.

Offene Wunden – Nicht auswaschen, sondern nur keimfrei abdecken.

Schnittwunden brauchen einen festen Verband oder ein Pflaster, das die

Wundspalte zusammenzieht. Sehr tiefe Schnitte müssen vom Arzt geklammert oder genäht werden. Stark blutende Wunden verlangen einen Druckverband: beim Verbinden die einzelnen Lagen mit der Hand fest auf die Wunde pressen, mehrere Verbände übereinanderlegen. Bringt das die Blutung nicht zum Stehen, so muß wegen möglicher Schlagaderverletzung durch Abbinden die Blutzufuhr gedrosselt werden. Dafür gibt es besondere Schlagader-Abbinder; behelfsmäßig kann auch mit einem breiten Gürtel, einem Schal oder einer Krawatte abgebunden werden. Nicht geeignet sind Schnur oder Draht, weil sie einschneiden. Nach spätestens einer Stunde muß der Verband für kurze Zeit gelockert werden, sonst stirbt das von dieser Ader mit Blut versorgte Gebiet ab.

Schürfwunden bluten oft nur wenig, so daß mögliche Verunreinigungen nicht herausgeschwemmt werden. An Körperteilen, die der Luft ausgesetzt sind, kann die Schürfwunde mit einem desinfizierenden Gel abgedeckt werden. Schürfwunden, die unter Kleidungsstücken liegen oder die stark absondern, werden verbunden.

Verunreinigte Wunden nicht mit desinfizierenden Mitteln behandeln, sondern nur keimfrei verbinden und weiter beobachten: bei beginnender Entzündung, die sich durch Klopfen oder schmerzhafte Spannung im Wundgebiet äußert, zum Arzt gehen.

Eine **Infektion mit Wundstarrkrampf** ist bei allen Wunden zu befürchten, die möglicherweise mit Erde oder Staub in Berührung kamen, auch wenn die Wunde nicht entzündet ist (nicht eitert). Nur durch Schutzimpfung kann vorgebeugt werden: Bei nicht bestehendem Impfschutz muß innerhalb von 24 Stunden nach einer verdächtigen Verletzung eine Notfallimpfung erfolgen.

Verrenkungen, Verstauchungen –. Das verletzte Glied ruhigstellen und durch einen Verband schützen. Gegen Schwellung und Schmerzen kalte, feuchte Umschläge auflegen. Bei Knochenverletzungen wird mit dem Verband eine Schiene angelegt.

- Nehmen Sie an einem Erste-Hilfe-Kurs des Deutschen Roten-Kreuzes oder anderer Samariterverbände teil.
- Frischen Sie nach einiger Zeit das dort Gelernte auf (Nachlesen, Handgriffe üben).
- Bei Unfällen Ruhe bewahren und besonnen handeln.

Kapitel 4
Nahrung – Ernährung

Bedeutung der Ernährung

Falsche Ernährung erhöht das Risiko für zahlreiche Erkrankungen, die unsere Lebenserwartung verkürzen. Von der Auswahl der Nahrungsmittel und ihrer Qualität hängt es ab, ob unser Körper mit allen wichtigen Stoffen ausreichend versorgt wird. Die Nahrungsmenge muß dabei dem Bedarf entsprechen. Während unsere Gesundheit durch Überernährung gefährdet ist, ist in anderen Ländern Mangelernährung das Problem. (Über den Nährstoffgehalt unserer Nahrungsmittel informiert die Kleine Nährwerttabelle S. 326).

Ernährung und Gesundheit

Jahrzehntelang galten Infektionskrankheiten als hauptsächliche Todesursache. Dank moderner Medikamente und Durchführung hygienischer Maßnahmen gelang es, diese Erkrankungen erfolgreich zu bekämpfen. Heute sind *ernährungsbedingte Krankheiten* für uns zum Problem geworden; das hat folgende Gründe:

Ernährungsbedingte Krankheiten

- Mit Zunahme der Automation in unserer Arbeitswelt wird immer weniger körperliche Arbeit verrichtet;
- Die Nahrungsaufnahme ist im Vergleich zur körperlichen Arbeitsleistung zu hoch, Übergewicht ist die Folge.
- Streß infolge anhaltender nervlicher Überbelastung verursacht Störungen bei der Nahrungsaufnahme und bei der Verdauung.
- Übermäßiger Konsum von Alkohol, Nikotin, Coffein und Medikamenten verstärkt die Streßfolgen und beeinträchtigt die Verarbeitung der Nahrung im Körper.

Ein weiterer Grund für das Ansteigen ernährungsbedingter Krankheiten ist die *Änderung unserer Verzehrgewohnheiten:* Der Verbrauch an Roggenmehl und Kartoffeln ist sehr stark zurückgegangen, während der Verbrauch an Zucker und Fett in ungesunder Weise angestiegen ist. Günstig zu beurteilen ist der Anstieg im Verbrauch von Obst, Gemüse, Milch und Fleisch. In Ländern der dritten Welt zeigt sich eine andere Situation: ungenügende oder einseitige Ernährung hat Unterversorgung mit lebensnotwendigen Stoffen zur Folge. Eiweißmangel und Vitaminmangel verursachen Krankheiten, die vor allem im Kindesalter zu bleibenden Schäden in der körperlichen und geistigen Entwicklung führen können.

Verzehrgewohnheiten

Stoffe in unserer Nahrung

Was wir essen und trinken bezeichnen wir als Nahrung. Sie setzt sich zusammen aus einer Vielzahl von Lebensmitteln, die teils unverändert, teils zubereitet genossen werden. Einige *Lebensmittel* haben für unseren Körper lediglich anre-

Lebensmittel

Nahrungsmittel

gende Wirkung; wir bezeichnen sie als *Genußmittel*, die keinen eigentlichen Nährwert besitzen. Dagegen enthalten *Nahrungsmittel* wertvolle Inhaltsstoffe, die für die gesunden Funktionen unseres Körpers bedeutsam sind. Sie dienen:

- dem Aufbau und der Erhaltung von Körpersubstanz,
- der Energiegewinnung (Wärme und Arbeitskraft),
- der Bildung von Schutz- und Reglerstoffen.

Nährstoffe

Begleitstoffe

Diese für den menschlichen Organismus notwendigen *Nährstoffe* sind: Kohlenhydrate, Fette, Eiweißstoffe, Mineralstoffe, Vitamine und Wasser.
Mit der Nahrung nehmen wir außerdem noch *Begleitstoffe* auf. Sie erfüllen als Ballaststoffe, Geschmacksstoffe und Farbstoffe bestimmte Aufgaben.

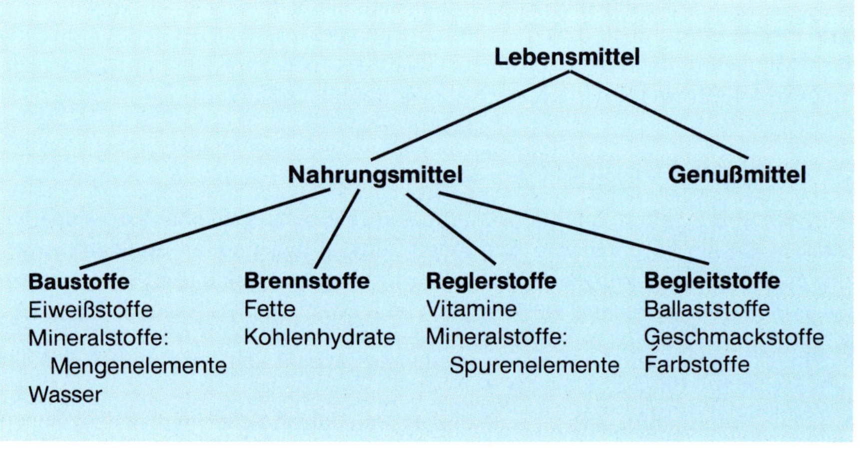

Baustoffe

Baustoffe – Sie dienen dem Aufbau neuer Körpersubstanz. Nicht nur der kindliche Organismus braucht Baustoffe; auch der erwachsene Organismus muß Teile seiner Körpersubstanz immer wieder erneuern. Es werden ständig neue Körperzellen gebildet, weil alte verbraucht oder abgebaut wurden. Sichtbar wird dies z. B. bei der Wundheilung und beim Wachstum der Haare und der Nägel.

Brennstoffe

Kilo-Joule

Brennstoffe – Sie dienen dem Körper zur Aufrechterhaltung seiner Temperatur von 37 °C, zur Bereitstellung von Energie für die Bewegung und für den temperaturbedingten Ablauf von Körperfunktionen.
Der Energiebedarf wird dadurch gedeckt, daß die Brennstoffe als Energieträger unserer Nahrung im Körper mit Sauerstoff umgesetzt (oxidiert) werden; dabei wird Energie frei, die in **Kilo-Joule** (kJ, sprich: dschul) gemessen wird.

Reglerstoffe

Mengenelemente
Spurenelemente

Reglerstoffe – Die Regelung aller Körperfunktionen ist von Wirkstoffen abhängig, die in kleinsten Mengen große Wirkungen entfalten. Dazu gehören Vitamine und Mineralstoffe, die täglich unserem Körper zugeführt werden müssen. – Je nach Höhe ihres Anteils im Körper unterscheidet man bei den Mineralstoffen Mengenelemente (z. B. Calcium und Phosphor) und Spurenelemente (z. B. Iod und Eisen).

Ballaststoffe
Farbstoffe
Geschmacksstoffe

Begleitstoffe – Ein Großteil von ihnen unterstützt das Stoffwechselgeschehen. Ballaststoffe, wie z. B. Cellulose, regen die Darmtätigkeit an; Farbstoffe und Geschmacksstoffe fördern die Drüsensekretion und damit die Verdauung. Bei anderen wieder kann es sich sogar um in der Nahrung enthaltene Giftstoffe handeln (z. B. Blausäure in Bittermandeln) oder um sogenannte Genußgifte (z. B. Coffein in Kaffee und Tee).

Nährstoffbedarf und Energiegewinn

Der Nährstoffbedarf ist im wesentlichen abhängig von Alter, Tätigkeit und Geschlecht. Zum Aufbau, zur Erhaltung der Körpersubstanz sowie zur Energiegewinnung hat der gesunde Erwachsene täglich durchschnittlich folgenden Bedarf:

Je Kilogramm Körpergewicht	Das bedeutet bei 70 kg Körpergewicht
1 g Eiweiß	70 g Eiweiß
1 g Fett	70 g Fett
5 g Kohlenhydrate	350 g Kohlenhydrate

Eiweiß hat hauptsächlich Bedeutung als Baustoff; als Brennstoff wäre es unwirtschaftlich, denn eiweißreiche Nahrungsmittel wie Fleisch, Käse, Fisch sind verhältnismäßig teuer. – *Mineralstoffe und Vitamine* sind ohne Energiegehalt.
Kohlenhydrate liefern sehr rasch Energie (rascher als Fett, das zuvor im Stoffwechsel umgebaut werden muß). So nehmen zum Beispiel Sportler Kohlenhydrate in Form von Traubenzucker zu kurzfristiger Leistungssteigerung zu sich.
Alkohol wird beim Abbau in den Kohlenhydratstoffwechsel eingeschleust.
Alkohol liefert viel Energie, er sollte jedoch nicht als Nahrungsmittel dienen, da er die ohnehin überhöhte Energiezufuhr zusätzlich steigert. Über die gesundheitlichen Gefahren siehe Seite 132.

Fett ist der energiereichste Nährstoff. Sein Energiegehalt ist mehr als doppelt so hoch wie der von Eiweiß oder Kohlenhydraten.

Der Energiegewinn beträgt aus

1 g Fett	39 kJ
1 g Kohlenhydrat	17 kJ
1 g Eiweiß	17 kJ

Unser gegenwärtiger täglicher Eiweiß- und Kohlenhydratverzehr deckt in etwa den Bedarf; aber der Fettverzehr liegt zu hoch; statt 70 g werden täglich 130–140 g gegessen, zum großen Teil als »versteckte Fette« in den Nahrungsmitteln. Das ist bedenklich, denn übermäßige Fettzufuhr schadet dem Körper. Durch Einlagerung von Fett im Unterhautfettgewebe steigt das Körpergewicht an, Herz und Kreislauf werden zusätzlich belastet, und der Körper wird anfällig für Krankheiten.

- Die Nährstoffzufuhr muß dem Bedarf angepaßt werden!
- Auf die in den Nahrungsmitteln versteckten Fette ist besonders zu achten.

Prüfen Sie Ihr Wissen

1. *Welche Änderungen unserer Verzehrsgewohnheiten sind bedenklich?*
2. *Welche Aufgaben haben die Nährstoffe in unserem Körper?*
3. *Berechnen Sie Ihren täglichen Bedarf an Eiweiß, Fett und Kohlenhydraten!*
4. *Wieviel Energie, gemessen in kJ, wird Ihrem Körper mit der aus Frage 3 errechneten Nährstoffmenge zugeführt?*

Die Hauptnährstoffe

Aufbau und Eigenschaften der Kohlenhydrate, Fette und Eiweißstoffe, ihr Vorkommen in den Nahrungsmitteln und ihre ernährungsphysiologische Bedeutung sollen erkannt werden.

Kohlenhydrate

Für den menschlichen Organismus sind Kohlenhydrate der mengenmäßig bedeutendste Nährstoff. Kohlenhydrate werden in grünen Pflanzen unter Einwirkung von Sonnenlicht aus dem Kohlendioxid der Luft und aus Wasser gebildet. Ihre Zusammensetzung aus Kohlenstoff, Wasserstoff und Sauerstoff, letztere im Verhältnis 2:1 wie bei Wasser, veranlaßte die Namensgebung: Kohlen-hydrat (-hydrat bedeutet Verbindung mit Wasser).

Kohlenhydrate in Nahrungsmitteln

Pflanzliche Nahrungsmittel sind die bedeutendsten *Kohlenhydratträger*. Das sind bei unseren Verzehrgewohnheiten vor allem Getreidesorten wie Weizen, Roggen, Mais, Hafer, Reis und deren Produkte wie Teigwaren, Brot und Gebäck. Neben dem Getreide zählen Kartoffeln und Hülsenfrüchte, wie Erbsen, Bohnen, Linsen, zu den wichtigsten Kohlenhydratlieferanten.

Kohlenhydrate in Nahrungsmitteln

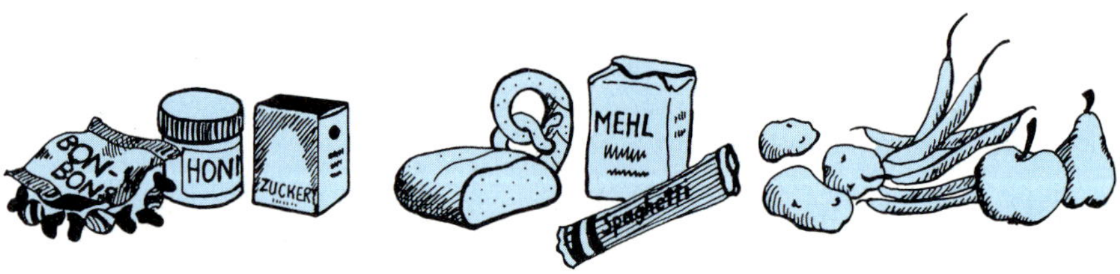

Zucker, Honig und Süßwaren — Sie enthalten Kohlenhydrate als **Einfachzucker** Traubenzucker, Fruchtzucker und als **Doppelzucker** Rübenzucker, der aus Traubenzucker und Fruchtzucker aufgebaut ist

Brot und Backwaren; Mehl-, Nährmittel und Teigwaren — Sie enthalten Kohlenhydrate als **Vielfachzucker** vor allem Stärke, die aus einer Vielzahl von Einfachzuckern aufgebaut ist

Kartoffeln und Kartoffelerzeugnisse; Erbsen, Linsen, Bohnen; Gemüse und Obst — Sie enthalten Kohlenhydrate als **Vielfachzucker** vor allem Stärke, die aus einer Vielzahl von Einfachzuckern aufgebaut ist, daneben auch **Cellulose** und **Pektine.** Obst enthält auch **Einfachzucker** (Fruchtzucker und Traubenzucker)

Hinsichtlich Aufbau und Eigenschaften werden die Kohlenhydrate in Einfachzucker, Doppelzucker und Vielfachzucker unterteilt.

Einfachzucker sind aus 6 Kohlenstoffatomen, 12 Wasserstoffatomen und 6 Sauerstoffatomen aufgebaut ($C_6H_{12}O_6$). In unserer Nahrung kommen Einfachzucker als Traubenzucker, als Fruchtzucker oder als Schleimzucker vor.

Einfachzucker

Doppelzucker bestehen aus zwei Einfachzuckern (die sich unter Wasserabspaltung verbunden haben). Malzzucker, der aus keimender Gerste gewonnen wird, besteht aus zwei miteinander verbundenen Traubenzuckern, Haushaltszucker, aus Zuckerrüben oder aus Zuckerrohr gewonnen, besteht aus Trauben- und Fruchtzucker. Auch Milchzucker gehört zur Gruppe der Doppelzucker und ist aus gleichen Teilen Trauben- und Schleimzucker aufgebaut.

Doppelzucker

Vielfachzucker sind lange Ketten von miteinander verbundenen Einfachzuckern (bis zu 2000 Einfachzucker). Wichtigster Vielfachzucker ist die Stärke, die im Mehlkörper des Getreides, in den Kartoffelknollen und in den Hülsenfrüchten vorkommt. Begleitstoff ist die pflanzliche Gerüstsubstanz Cellulose, die ebenfalls zu den Vielfachzuckern zählt, aber eine andere Kettenbindung als Stärke hat. Mensch und Tier speichern in ihrer Leber Kohlenhydrate in Form des Vielfachzuckers Glycogen (das aus einer verzweigten Traubenzuckerkette aufgebaut ist).

Vielfachzucker

Einfachzucker	**Doppelzucker**	**Vielfachzucker**
Monosaccharide	Disaccharide	Polysaccharide
$C_6H_{12}O_6$	$C_{12}H_{22}O_{11}$	$(C_6H_{10}O_5)_n$
Traubenzucker	Rübenzucker	Stärke
Fruchtzucker	Malzzucker	Cellulose
Schleimzucker	Milchzucker	Glycogen

Küchentechnisch wichtige Eigenschaften von Zucker und Stärke

- Einfachzucker und Doppelzucker sind wasserlöslich und wirken wasseranziehend. Beim trockenen Erhitzen schmilzt der Zucker, färbt sich dann braun, die Süßkraft nimmt ab, es entsteht Karamel. Diese Eigenschaft nützt man bei der Herstellung von Süßspeisen, Krokant und Zuckercouleur.

Wasserlöslich
Wasseranziehend

- *Stärke* ist roh in Wasser unlöslich; beim Erhitzen in Wasser verkleistert sie bei 60–70 °C. Bei trockenem Erhitzen bräunt die Stärke (Geschmacksverbesserung!), verliert aber dabei an Bindekraft. Letzteres erklärt, weshalb zur Herstellung einer dunklen Einbrenne mehr Mehl gebraucht wird als für eine helle Einbrenne. – Beim Kochen mit einer Säure wird Stärke zu Traubenzucker aufgespalten; dabei verliert sie ihre Bindekraft. (Saure Soßen, die mit Mehl gedickt wurden, können sich wieder verflüssigen!)

Verkleistern
Bräunen

Bindekraft

Bedeutung der Kohlenhydrate für den menschlichen Körper

Im Körper werden die Kohlenhydrate verhältnismäßig schnell abgebaut und liefern deshalb rasch Energie. Am schnellsten erfolgt die Umsetzung von Einfachzucker, während Doppel- und Vielfachzucker erst zu Einfachzucker aufgespalten werden müssen. Die energetische Wirkung der Kohlenhydrate hält nicht lange vor; ihr Sättigungswert ist gering. Als Energielieferanten können Kohlenhydrate durch Fett ersetzt werden. Eine Mindestmenge an Kohlenhydraten muß jedoch immer mit der Nahrung zugeführt werden; nur so ist ein störungsfreies Funktio-

Sättigung

Ballaststoff
Cellulose

nieren des Stoffwechsels gewährleistet. Cellulose ist als *Ballaststoff* sehr wichtig für die Verdauung; sie darf in der Nahrung nicht fehlen, obwohl sie keinen Nährwert besitzt. Cellulose regt die Darmtätigkeit an.

Blutzuckerspiegel
Glycogen

Traubenzucker ist in stets gleichbleibender Menge im Blut gelöst. Steigt nach einer Mahlzeit der *Blutzuckerspiegel* an, so wird der überschüssige Traubenzucker in Glycogen umgewandelt und in der Leber gespeichert. Bei Bedarf wird dann wieder Glycogen zu Traubenzucker gespalten und an das Blut abgegeben.

- Die kurzfristige Kohlenhydratspeicherung in Form von Glycogen ist für den Körper sehr wichtig, denn Muskel- und andere Körperzellen müssen zur Energiegewinnung ständig mit Traubenzucker versorgt werden.

Übersteigt die Kohlenhydrataufnahme das Glycogenspeichervermögen, so werden überschüssige Kohlenhydrate in Fett umgewandelt. Langfristig besteht so die Gefahr des Übergewichtes.

Fette

Pflanzenfette

Für den menschlichen Organismus sind Fette die wichtigsten Energieträger. Pflanzen können Kohlenhydrate, die sie mit Hilfe des Sonnenlichtes aufbauen, auch in Fette umwandeln und diese als Reservestoff in ihren Speicherorganen einlagern. Oliven, Sonnenblumen, Sojabohnen, Raps, Rübsen, Lein und Kokospalmen haben ölhaltige Früchte.

Tierische Fette

Neben den aus Pflanzen gewonnenen Fetten und Ölen werden auch *tierische Fette* verzehrt. Butter und Schweineschmalz sind die wichtigsten. Rindertalg und Hammeltalg werden wegen ihres hohen Schmelzpunktes nur noch selten verwendet. Margarine wird aus pflanzlichen Fetten und Ölen (teilweise auch aus tierischen Fetten) hergestellt. Bedeutsam ist auch der Fettgehalt anderer Nahrungsmittel, ihr Gehalt an »versteckten Fetten«. Das Fleisch von Schweinen und Gänsen ist reich an Fett; auch Fisch kann sehr fett sein. Ebenfalls fettreich sind manche Wurst- und Käsesorten.

Fetthaltige Nahrungsmittel

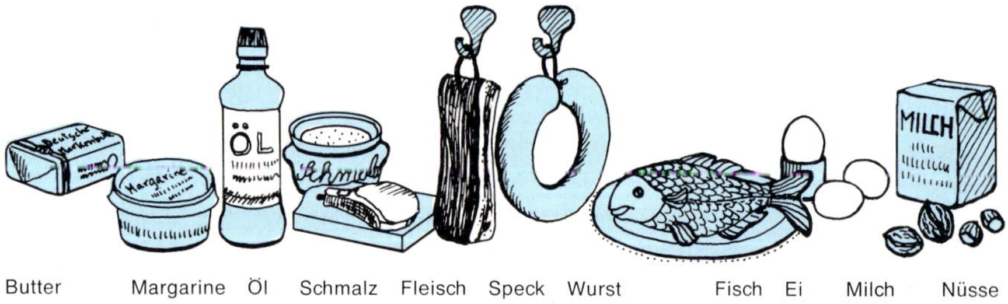

Speisefette sind reine Fette:
Öl und feste Fette = 100% Fett;
Butter und Margarine = 80% Fett
Halbfettbutter, Halbfettmargarine } = 40% Fett

Fetthaltige Nahrungsmittel:
Sie enthalten bis zu 50% Fett.
Diese »verborgenen Fette« müssen bei Berechnung der täglichen Fettmenge beachtet werden.

Aufbau der Fette – hier sind vor allem Kohlenstoff, Wasserstoff und Sauerstoff beteiligt; sie bilden die eigentlichen Fettbausteine: die Fettsäuren und das Glycerin.

Aufbau der Fette

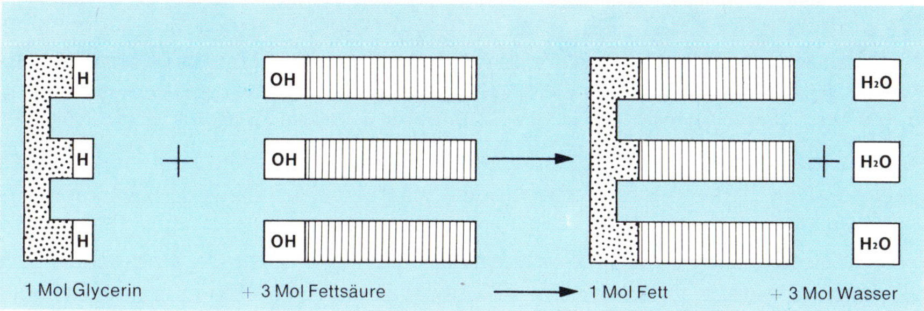

Die Verschiedenartigkeit der Fette ergibt sich aus den jeweils beteiligten Fettsäuren; dabei ist zwischen *gesättigten und ungesättigten Fettsäuren* zu unterscheiden. Je höher der Anteil ungesättigter Fettsäuren, desto weicher ist das Fett. Ein

Gesättigte und ungesättigte Fettsäuren

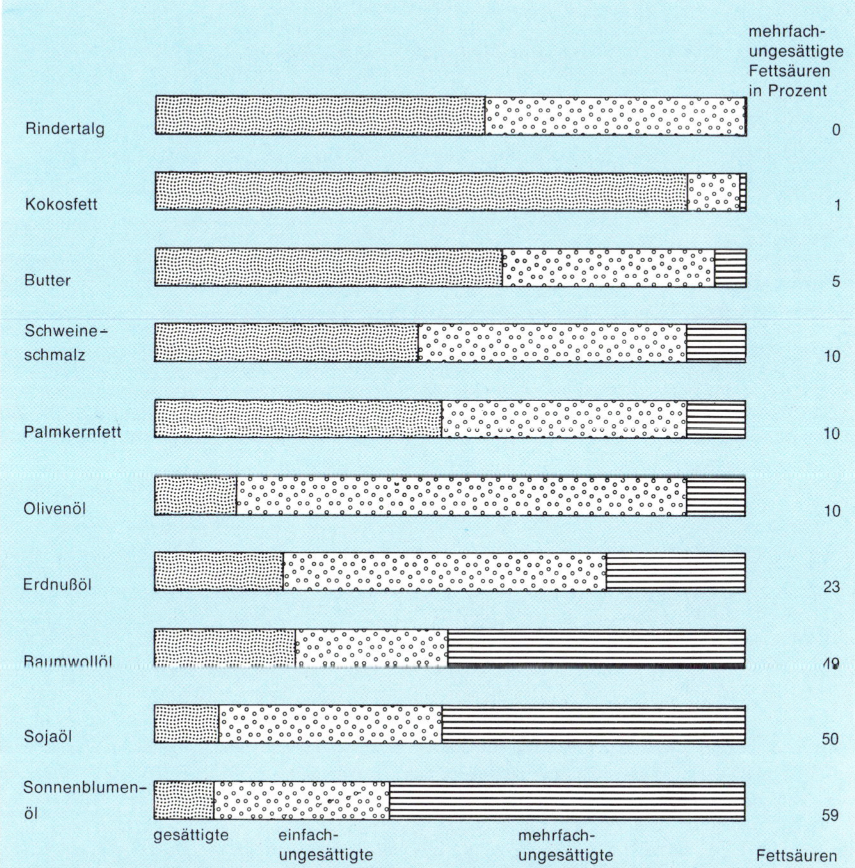

Die mehrfach ungesättigten Fettsäuren sind essentiell.
Je höher ihr Anteil, umso wertvoller ist das Fett für die menschliche Ernährung.

Fettsäuren-zusammensetzung verschiedener Speisefette

hoher Gehalt an mehrfach ungesättigten Fettsäuren macht das Fett besonders wertvoll für unsere Ernährung, denn diese sind lebensnotwendig (essentiell) für den menschlichen Körper.

Flüssige Fette
Feste Fette

Eigenschaften der Fette – Die Speisefette unterscheiden sich in ihrer Konsistenz. Bei Zimmertemperatur flüssige Fette werden als Öle bezeichnet. Butter und Margarine sind halbfest und daher streichfähig. Rinder- und Hammeltalg sind feste Fette. Je größer der Anteil an gesättigten Fettsäuren (Palmitinsäure, Stearinsäure), umso höher liegt der Schmelzpunkt. Ungesättigte, vor allem die mehrfach ungesättigten Fettsäuren erniedrigen den Schmelzpunkt. Öle sind reich an ungesättigten Fettsäuren.

Rauchpunkt

Werden Fette hoch erhitzt, so zersetzen sie sich und beginnen zu rauchen. Der Temperaturbereich, in dem Fette sich unter Rauchentwicklung zersetzen, wird *Rauchpunkt* genannt. Je höher der Rauchpunkt, umso hitzestabiler ist das Fett beim Braten und Fritieren.

- Fette nie bis zum Rauchpunkt erhitzen! Die entstehenden Zersetzungsprodukte sind gesundheitsschädlich.

	Schmelzpunkt	**Rauchpunkt**
Pflanzenöl	unter 5 °C	um 260 °C
feste Pflanzenfette	25–35 °C	um 290 °C
Butter	um 30 °C	um 220 °C

Aufgrund hoher Temperaturen (Fritieren bei 180 °C) garen die Speisen schneller in Fett; außerdem werden Bräunung und Röststoffbildung erreicht.

Emulsion

Fette sind *unlöslich in Wasser*, können aber darin als feine Tröpfchen verteilt schweben, wie z. B. das Fett in der Milch. Das Fett ist *»emulgiert«*.

Fett und Wasser werden durch einen Emulgator zusammengehalten. Emulgatoren sind große Moleküle mit fettfreundlichen Gruppen nach der einen Seite und wasserfreundlichen Gruppen nach der anderen Seite.

Fett-in-Wasser-Emulsion: Fetttröpfchen werden in Wasser schwebend gehalten. Butter, Margarine und Mayonnaise dagegen sind Wasser-in-Fett-Emulsionen, denn sie enthalten mehr Fett als Wasser.

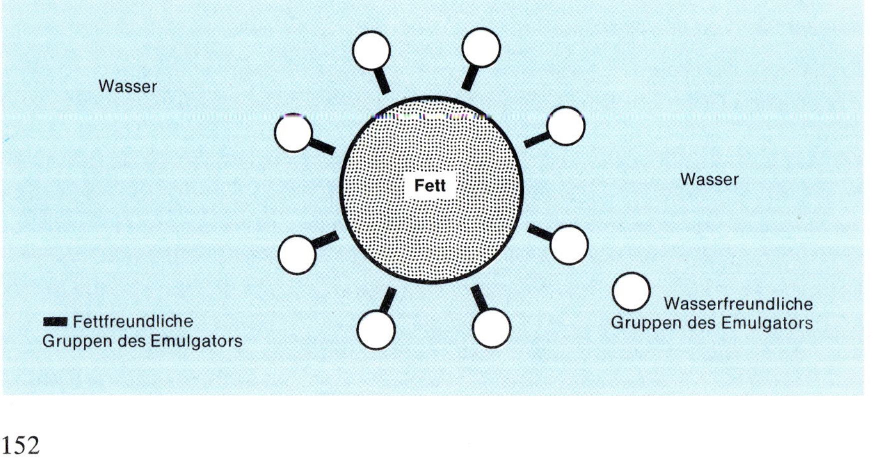

Emulgierte Fette

Emulgierte Fette wie Butter und Margarine sind streichfähig und leichter verdaulich. Sie sind jedoch aufgrund ihres Wassergehaltes nicht so lange lagerfähig wie die wasserfreien Fette.

Ranzig werden

Fette werden ranzig, wenn sie bei Licht, Wärme und Luft (Sauerstoff) gelagert werden. Dabei werden aus dem Fettmolekül Fettsäuren abgespalten, die sich dann weiter zersetzen. Ranzige Fette sind übelriechend, und sie enthalten gesundheitsschädigende Stoffe.

Bedeutung der Fette für den menschlichen Körper

Essentielle Fettsäuren

- Fette enthalten *essentielle Fettsäuren*, die unser Körper notwendig braucht, selbst aber nicht aufbauen kann. Essentiell sind die mehrfach ungesättigten Fettsäuren (Linolsäure, Linolensäure, Arachidonsäure). Da sie für den geregelten Ablauf der Körperfunktionen notwendig sind, ist ihre Zufuhr mit den Nahrungsfetten besonders wichtig.

Schutzfunktion

- Fette haben *Schutzfunktion*; sie umgeben empfindliche Organe wie Nieren, Augen, Herz, um sie vor Stoß und Druck zu schützen. Fett im Unterhautfettgewebe schützt vor Wärmeverlusten. Auf der Haut wirkt das von den Talgdrüsen abgegebene Fett wasserabstoßend, und es erhält die Haut geschmeidig.

Energiereserve

- Fette dienen als *Energiereserve* und werden als Depotfett im Unterhautfettgewebe eingelagert. Kann der Energiebedarf des Körpers durch Nahrungszufuhr nicht gedeckt werden, so werden diese Fettreserven mobilisiert und in der Leber zu Traubenzucker umgebaut. Als Energieträger kann Fett durch Kohlenhydrate ersetzt werden.
- Fette dienen als *Lösungsmittel* für die fettlöslichen Vitamine A und D. In der täglichen Ernährung müssen neben Streich- und Kochfett auch die in den Nahrungsmitteln versteckten Fette berücksichtigt werden.

Versteckte Fette

Streichfett + Kochfett + versteckte Fette = Gesamtfett

Bedarf an sichtbarem Fett

Da bei unserer Ernährung etwa 50% des Gesamtfettbedarfes von den versteckten Fetten in unseren Nahrungsmitteln gedeckt werden, beträgt die Menge des täglich aufzunehmenden sichtbaren Fettes (Streich- und Kochfett) für den Erwachsenen nur 0,5 g je kg Körpergewicht.

Eiweißstoffe (Proteine)

Die Eiweißstoffe oder Proteine bilden mengenmäßig den größten Anteil aller organischen Verbindungen im menschlichen Organismus; sie dienen vorwiegend als Baustoff. Alle Organe, jede Zelle des Körpers, Blut, Lymphe und die Verdauungssäfte (Enzyme) enthalten Eiweiß. Leben ist »an Eiweiß gebunden«.

Aufbau aus Aminosäuren

Bau der Eiweißstoffe – Kohlenstoff, Wasserstoff, Sauerstoff, Stickstoff und Schwefel bauen die *Aminosäuren* auf, die die kleinsten Bausteine des Eiweißes sind. Zu langen Ketten verknüpft, bilden sie unter Abspaltung von Wasser die Eiweißstoffe. Bis zu 20 verschiedene Aminosäuren können im Nahrungseiweiß enthalten sein. Je nach der Reihenfolge der Verknüpfung einzelner Aminosäuren entstehen unterschiedliche Eiweißarten. Jedes Eiweiß, ob im Blut, im Muskel oder im Getreidekorn, hat sein charakteristisches Aminosäurenmuster. Manchen

Eiweißstoffen sind noch spezielle Gruppen angehängt: Metalle, Farbstoffe oder Phosphorsäure.

Unterscheidung wichtiger Eiweißstoffe

einfache Eiweißstoffe (Proteine)	**zusammengesetzte Eiweißstoffe** (Proteide)
100–1000 Aminosäuren	100–1000 Aminosäuren + Metalle, Farbstoffe oder Phosphorsäure
Eiereiweiß (Albumin) Fleischeiweiß (Globulin) Getreideeiweiß (Kleber) Gerüsteiweiß (Kollagen)	Käsestoff (Kasein) Blutfarbstoff (Hämoglobin) Blattgrün (Chlorophyll) Wirkstoffe (Enzyme)

Eiweiß in Nahrungsmitteln

Tierische Nahrungsmittel sind die wichtigsten *Eiweißträger.* An der Spitze liegt Käse (20–40%); es folgen Fleisch, Innereien, Wurst, Fisch und Eier (15–20%). Milch und alle Sauermilchprodukte (3–5%) sind ebenfalls bedeutende Eiweißlieferanten.

Milch Quark Käse Fleisch Wurst Eier Getreideerzeugnisse Kartoffeln Gemüse Hülsenfrüchte

Tierische Nahrungsmittel:
Sie sind reich an Eiweiß (bis 40%).

Pflanzliche Nahrungsmittel:
Sie enthalten wenig Eiweiß (bis 20%).

Eigenschaften der Eiweißstoffe

Wasserlöslichkeit *Kochwasser* *Salz*

Viele Eiweißstoffe sind wasserlöslich. Werden eiweißhaltige Nahrungsmittel gewaschen, so besteht die Gefahr, daß wertvolle Eiweißstoffe in das Waschwasser übertreten. Besonders groß ist der Verlust, wenn zerkleinerte Nahrungsmittel längere Zeit im Wasser liegen oder garen. Darum sollte man das Kochwasser von Fleisch, Fisch oder Gemüse zu Suppe oder Soße verwenden. Garverfahren wie Dämpfen oder Dünsten mit wenig Wasser sind vorzuziehen! Salz entzieht den Lebensmitteln Wasser und – darin gelöst – Eiweiß, darum saftreiche Nahrungsmittel wie Fisch erst beim Garen oder unmittelbar vor der Zubereitung salzen.

Quellung *Gelatine*

Eiweißstoffe quellen durch Wasseraufnahme bei der Herstellung von Mehlteigen oder durch Säurezugabe bei Fleisch und Fisch. Dadurch werden Teige elastisch, Fleisch und Fisch werden kerniger. – Das in Knochen, Knorpeln und Sehnen enthaltene Gerüsteiweiß (Kollagen) quillt beim Kochen in Wasser auf, wird löslich und geht ins Kochwasser über; nach dem Abkühlen erstarrt dieses dann zu Sülze. Aus solchem Gerüsteiweiß wird Gelatine hergestellt.

Gerinnung

Eiweißstoffe gerinnen, geben dabei Wasser ab, ballen sich zusammen und werden fester. Die Gerinnung wird ausgelöst durch erhöhte Temperatur (Eiereiweiß, Fleischeiweiß, Klebereiweiß im Mehl) oder durch Säure (Milcheiweiß Kasein). Beim Zubereiten von Fleisch ist es daher wichtig, dieses in kochendes Wasser oder heißes Fett einzulegen. Dabei gerinnt das Eiweiß rasch und Fleischsaft tritt nur mehr begrenzt aus.

Bedeutung der Eiweißstoffe für den menschlichen Körper

- *Eiweiß ist als Baustoff unentbehrlich.* Unser Körper erneuert das Eiweiß in der Leber und im Blut in 10–20 Tagen; Muskel- und Hauteiweiß werden in etwa 160 Tagen zur Hälfte erneuert. Der wachsende Organismus hat einen erhöhten Eiweißbedarf.

Baustoff

- *Die Aminosäurenzusammensetzung ist ausschlaggebend für den Wert eines Nahrungseiweißes.* Je ähnlicher das Nahrungseiweiß in seinem Aufbau dem Körpereiweiß ist, desto wertvoller ist es für die menschliche Ernährung. Eine bestimmte Eiweißart des Körpers kann nur dann aufgebaut werden, wenn alle dazu notwendigen Aminosäuren vorhanden sind. Zwölf dieser Aminosäuren kann der Organismus selbst bilden, die restlichen acht Aminosäuren müssen ihm mit der Nahrung zugeführt werden; diese Aminosäuren werden als lebensnotwendige oder essentielle Aminosäuren bezeichnet.

Wert des Nahrungseiweißes

- *Tierisches Eiweiß enthält einen größeren Anteil an essentiellen Aminosäuren und ist somit für den menschlichen Organismus wertvoller als pflanzliches Eiweiß.* Eiweißstoffe, die in hohem Maße zum Aufbau von körpereigenem Eiweiß ausgewertet werden können, nennt man »biologisch hochwertig«. Die *biologische Wertigkeit* gibt an, wieviel Gramm Körpereiweiß aus 100 g Nahrungseiweiß aufgebaut werden können.

Essentielle Aminosäure

Biologische Wertigkeit

Das Eiweiß tierischer Nahrungsmittel ist biologisch hochwertig, denn 80–96% der in ihm enthaltenen Aminosäuren können im menschlichen Körper als Baustoff genutzt werden. Dagegen kann pflanzliches Eiweiß nur zu 30–70% für den Aufbau menschlicher Körpersubstanz genutzt werden, weil ihm essentielle Aminosäuren fehlen. Nur Kartoffeln, Sojabohnen und Nüsse bilden eine Ausnahme: ihr Eiweiß kann zu 70–80% als Baustoff genutzt werden.
Bei gleichzeitigem Genuß zweier Nahrungsmittel mit unterschiedlicher biologischer Wertigkeit kann sich eine günstige *Ergänzungswirkung* ergeben. Es kann z. B. das Eiweiß im Mehl bei gleichzeitigem Verzehr mit Ei besser ausgewertet werden, weil die dem Mehleiweiß mangelnde Aminosäure Lysin in Eiern im Überschuß vorhanden ist.

Ergänzungswirkung

Ergänzungswirkung für das Eiweiß verschiedener Nahrungsmittel

Gute Ergänzung	Schlechte Ergänzung
Fleisch + Getreideprodukte	Getreideprodukte + Kartoffeln
Fleisch + Kartoffeln	Getreideprodukte + Gemüse
Eier + Kartoffeln	Hüsenfrüchte + Kartoffeln
Getreideprodukte + Gemüse + Eier	

- Das nicht vollwertige pflanzliche Eiweiß kann durch hochwertiges tierisches Eiweiß vorteilhaft ergänzt werden.

Da Eiweiß im Körper nicht gespeichert werden kann, muß es mit der Nahrung täglich in ausreichender Menge zugeführt werden. Nach anhaltendem *Eiweißmangel* kommt es zum Abfall der geistigen Leistungsfähigkeit, und die Widerstandskraft gegenüber Krankheiten nimmt ab. Bei Kindern und Säuglingen kann

Eiweißmangel

die Entwicklung so gehemmt werden, daß lebenslange Schädigungen auftreten. Während in den hochentwickelten Industrieländern oft zuviel Eiweiß verzehrt wird, herrscht in den Entwicklungsländern Eiweißmangel. Deshalb werden neue Eiweißquellen gesucht; man versucht heute aus Meeresalgen oder aus Erdöl genießbares Eiweiß zu gewinnen.

Mindestmenge an Eiweiß

Wird dem Körper ausschließlich hochwertiges Eiweiß zugeführt, so kann er mit einer Mindestmenge von 0,35 g je kg Körpergewicht auskommen (von der UN-Organisation für Welternährung – FAO – festgestelltes Eiweißminimum). Da in gemischter Kost jedoch immer auch Eiweiß mit geringerer biologischer Wertigkeit verzehrt wird, gilt:

Täglicher Eiweißbedarf des Erwachsenen: 0,9 g je kg Körpergewicht.

Prüfen Sie Ihr Wissen

1. *Was unterscheidet Fette und Kohlenhydrate in ihrer Wirkung als Energieträger?*
2. *Errechnen Sie Ihren täglichen Fettbedarf! Überlegen Sie, wieviel davon Streichfett sein darf!*
3. *Welche Bedeutung hat die Regel: »Fisch zuerst säubern, dann säuern und zuletzt salzen«?*
4. *Erklären Sie die Bedeutung der essentiellen Aminosäuren und der biologischen Wertigkeit des Eiweißes!*

Wichtige Ergänzungs- und Begleitstoffe

Der menschliche Körper ist wie Tier und Pflanze nicht nur aus Kohlenstoffverbindungen wie Eiweiß, Fett und Kohlenhydraten aufgebaut, sondern enthält auch zu 64% Wasser und 5% anorganische Verbindungen, die in der Ernährungslehre als Mineralstoffe bezeichnet werden. Mineralstoffe und Vitamine regeln unsere Körperfunktionen; Ballaststoffe wie Cellulose und Pektin sind funktionsfördernde Begleitstoffe unserer Nahrung.

Mineralstoffe

Mengenelemente
Spurenelemente

Je nach Höhe ihres Anteils unterscheiden wir Mengenelemente und Spurenelemente. Während Mengenelemente in erster Linie Baustoff unseres Körpers sind, haben Spurenelemente vor allem Schutz- und Reglerfunktion.

Mengenelemente		**Spurenelemente**	
Calcium Magnesium Phosphor	in Knochen und Zähnen	Eisen	in Blut und Leber
		Fluor	in den Zähnen
Natrium Kalium Chlor	im Blut	Iod	in der Schilddrüse

Bedeutung für den menschlichen Körper – Calcium, Magnesium und Phosphor sind unentbehrliche Bausteine von Skelett und Zähnen. Natriumchlorid (Kochsalz!) und Kaliumchlorid sind in den Körperflüssigkeiten gelöst und regulieren die Wasserbindung der Zellen. Die Erregbarkeit der Nervenzellen und die Arbeit der Muskelzellen sind von Natrium, Kalium und Calcium abhängig. Eisen wird benötigt zur Bildung von Blutfarbstoff (Hämoglobin) und ist Bestandteil der Atmungsenzyme. Fluor festigt die Zahnsubstanz, ist an der Zahnschmelzbildung beteiligt und fördert die Wiederverkalkung aufgetretener Schmelzrisse. Iod ist als Bestandteil des Schildrüsenhormones unentbehrlich.

Aufgabe im Körper

Tagesbedarf und Vorkommen in Nahrungsmitteln

Tagesbedarf Vorkommen

Bedarf in Gramm		
Calcium	1,0 g	Milch, Sauermilch, Quark, Käse, Fisch, Eigelb, Petersilie, Schnittlauch, Grünkohl, Spinat, Feigen.
Magnesium	0,5 g	alle grünen Gemüsesorten, denn das Blattgrün (Chlorophyll) enthält Magnesium.
Phosphor	1,5 g	Milch, Sauermilch, Quark, Käse, Fisch, Eigelb, Leber, Niere, Nüsse, Hülsenfrüchte, Getreidevollkornprodukte.
Natriumchlorid	2,5 g	Kochsalz, das als Würzmittel den Speisen zugesetzt wird.
Kalium	1,0 g	Fleisch, Fisch, Milch, Gemüse, Obst, Kartoffeln, Hülsenfrüchte.
Bedarf in Milligramm!		
Eisen	15 mg	Blut und blutreiche Organe wie Leber, Niere, Fleisch, Eigelb, Vollkornprodukte, Gemüse, Obst.
Fluor	1 mg	Trinkwasser, pflanzliche Nahrungsmittel.
Iod	0,2 mg	Trinkwasser und Pflanzen von iodhaltigen Böden, Seefische.

Alle Mineralstoffe sind essentiell; sie können nicht im Körper gebildet werden, sondern müssen täglich mit der Nahrung in ausreichender Menge zugeführt werden.

Regeln für die Nahrungszubereitung – Mineralstoffe sind wasserlöslich: beim Waschen oder Kochen können sie herausgelöst werden und verloren gehen. Fleisch, Gemüse und Obst deshalb unzerkleinert und nur kurzzeitig waschen, niemals im Wasser liegenlassen! Das Kochwasser von Fleisch, Gemüse und Obst, das wertvolle Mineralstoffe enthält, darf nicht weggegossen werden, sondern ist für Suppen und Soßen zu verwenden. Die Garmachung mit wenig Wasser (Dünsten, Dämpfen) ist zu bevorzugen.

Vorbereitung Zubereitung

Gefährdung durch Mineralstoffmangel – Normalerweise wird unser Mineralstoffbedarf durch vielseitige, gemischte Kost aus pflanzlichen wie aus tierischen

Mineralstoffmangel

Nahrungsmitteln gedeckt. Aber in einigen besonderen Fällen kann Mangel an Calcium, Eisen oder Iod zu Krankheitserscheinungen führen. Deshalb ist auch auf ausreichende Versorgung mit diesen Mineralstoffen besonders zu achten.

Calciummangel

Mangel an Calcium begünstigt Zahnerkrankungen und Zahnausfall. Krämpfe in Händen und Füßen können auftreten, wenn durch mangelnde Calciumversorgung der Erregungsablauf des Nervensystems gestört ist. Bei Kindern im Wachstumsalter bleiben bei Calciummangel die Knochen weich und biegsam (Rachitis). Dem erhöhten Calciumbedarf in der Wachstumszeit, während der Schwangerschaft und Stillzeit und im höheren Alter (wenn die Calciumaufnahme durch den Darm herabgesetzt ist), muß durch calciumreiche Kost Rechnung getragen werden. Dabei ist gleichzeitig ausreichende Versorgung mit Vitamin D wichtig, da dieses beim Einbau von Calcium in den Körper mitwirkt.

Eisenmangel

Mangel an Eisen hat Blutarmut (»Bleichsucht«) zur Folge. Nach großen Blutverlusten ist der Eisenbedarf erhöht. Deshalb ist gerade bei jungen Frauen auf eine ausreichende Eisenversorgung zu achten. Gleichzeitig ist auf die Vitamin-C-Versorgung zu achten, denn dieses Vitamin begünstigt die Ausnutzung des Eisens.

Iodmangel

Mangel an Iod hemmt die körperliche und geistige Entwicklung und verursacht Schildrüsenwucherungen (Kropf). Iodmangelkrankheiten sind landschaftsgebunden und darauf zurückzuführen, daß das Trinkwasser und das Gemüse einer Gegend iodarm sind. In solchen Gegenden wird empfohlen, iodiertes Speisesalz zu verwenden.

Vitamine

Reglerstoffe
Bestandteile von Enzymen

Vitamine sind keine Nährstoffe im üblichen Sinn, denn sie haben weder energetische Bedeutung, noch können sie zum Aufbau von Körpersubstanz dienen. Da sie bei der Regelung von Stoffwechselprozessen mitwirken, werden sie als *Reglerstoffe* bezeichnet. Vitamine sind häufig *Bestandteile von Enzymen*, die spezielle Aufgaben im Stoffwechsel zu erfüllen haben. So ist z. B. Vitamin D bedeutsam für den Calciumstoffwechsel, Vitamin C für die Eisenaufnahme und B-Vitamine für den Kohlenhydratstoffwechsel (Thiamin), für den Fettstoffwechsel (Pantothensäure) und für den Eiweißstoffwechsel (Pyridoxin). Da die Vitamine im menschlichen Körper nicht oder nur in ungenügender Menge gebildet werden können, müssen sie mit der Nahrung zugeführt werden. Vitamine sind lebensnotwendige d. h. *essentielle Bestandteile unserer Nahrung*; sie wirken bereits in kleinsten Mengen.

Skorbut

Schon lange Zeit ist bekannt, daß unsere Nahrung Stoffe enthält, die vor Krankheiten schützen. Zuerst wurde bei der Seefahrt beobachtet, daß Matrosen krank wurden, wenn sie wochenlang nur von gedörrtem Fleisch und Schiffszwieback leben mußten. **Skorbut** nannten sie die Krankheit, die mit Zahnfleischbluten begann, durch Entzündungen und Blutarmut den Körper entkräftete und schließlich zum Tod führte. Erst als ein Marinearzt um 1600 verordnete, daß auf Seefahrt Zitronen zu verzehren seien, konnte dieser ›Seefahrerkrankheit‹ Einhalt geboten werden. Aber erst im 20. Jahrhundert wurde der Skorbut-Schutzstoff Vitamin C genannt und in seiner chemischen Struktur erforscht, so daß heute Vitamin C in Tablettenform hergestellt werden kann.

Beriberikrankheit

Eine andere Vitaminmangelkrankheit wurde Ende des 19. Jahrhunderts in Ostasien beobachtet: Menschen, die von geschältem Reis lebten, erkrankten an Lähmungen, magerten ab und starben. Gegen diese »Reisesserkrankheit« oder **Beriberikrankheit** wurde von den Ärzten Reiskleie verordnet. In den

Schalenteilen des Reiskornes und anderer Getreidekörner liegt ein Schutzstoff verborgen, der uns heute als Vitamin B_1 oder Thiamin bekannt ist.

Die Vitamine wurden anfangs nur mit Großbuchstaben benannt, bis sich herausstellte, daß das, was man Vitamin B genannt hatte, 12 verschiedene Schutzstoffe waren. Heute benennt man die Vitamine mit ihren chemischen Namen. Außerdem wurde von zwei Vitaminen bekannt, daß sie im menschlichen Körper aus ihren Vorstufen aufgebaut werden können: Carotin → Vitamin A, Ergosterin (+Sonnenlicht!) → Vitamin D.

	Tagesbedarf	Vorkommen	Mangelerscheinungen
Vitamin A Retinol Vorstufe: Carotin	0,9 mg	Butter, Pflanzenöle, gute Margarine, Eigelb, Lebertran Karotten, Spinat, Grünkohl, Petersilie	Verhornung von Haut und Schleimhäuten, schlechtes Sehen bei Dämmerung, Nachtblindheit
Vitamin B_1 Thiamin	1,4–1,6 mg	Vollkornprodukte, Leber, Schweinefleisch, Hefe	Nervenstörungen, Lähmungen, Muskelschwund Beriberikrankheit
Vitamin B_2 Riboflavin	1,8–2 mg	Innereien, Milch, Milchprodukte, Hefe	Hautveränderungen
Niacin	9–15 mg	Fleisch, Innereien, Vollkornprodukte, Hefe	Pellagra, Nervenstörungen, Hautveränderungen
Pantothensäure	8 mg	Innereien, Frischgemüse, Hefe, Eigelb	beim Menschen nicht bekannt
Folsäure	0,4 mg	Grüne Blattgemüse, Innereien, Hefe	Veränderungen der Schleimhäute, Störung der Blutbildung
Vitamin B_6 Pyridoxin	1,6–1,8 mg	Hefe, Nüsse, Schweinefleisch, Weizenkleie	Entzündungen an Mund und Augen, Appetitlosigkeit
Vitamin B_{12} Cobalamin	0,005 mg	Innereien, Fleisch, Fisch, Eigelb	Blutarmut (Anämie), Nervenstörungen
Vitamin C Ascorbinsäure	75 mg	Kartoffeln, Gemüse (Paprika, Petersilie), Obst (Zitrusfrüchte, schwarze Johannisbeeren) Hagebutten, Sauerkraut	Blutungen, Entzündungen, Infektionen, Skorbut
Vitamin D Calciferol Vorstufe: Ergosterin	0,0025 mg	Leber, Milch, Eigelb, Butter, Margarine, Lebertran	Verbiegung der Knochen, schadhafte Zähne, Rachitis
Vitamin E Tocopherol		Leber, Eigelb, Getreidekeime, Pflanzenöle	kein Mangel! Wird den Nahrungsfetten als Konservierungsmittel zugesetzt

Eigenschaften der Vitamine – Regeln für die Nahrungszubereitung – Vitamine werden nach ihrer Löslichkeit unterteilt in:

- fettlösliche Vitamine,
- wasserlösliche Vitamine.

Fettlösliche Vitamine

Fettlösliche Vitamine (A, D und E) sind wie die Nahrungsfette empfindlich gegen Licht und Luft. Margarine und Butter werden deshalb in Metallfolie eingepackt, Öl wird in dunkelgefärbten Flaschen oder in Dosen aufbewahrt.

Wasserlösliche Vitamine

Wasserlösliche Vitamine (Alle Vitamine B und C) sind durch Auslaugen gefährdet: Gemüse, Obst und Fleisch nicht im Wasser liegen lassen; unzerkleinert kurz waschen und mit wenig Wasser durch Dämpfen oder Dünsten garen. Die B-Vitamine und Vitamin C sind auch hitzeempfindlich. Am meisten ist Vitamin C gefährdet: es wird bei Hitze und bei langer Lagerung an Luft und Licht zerstört.

Abnahme des Vitamin C-Gehaltes bei unterschiedlicher Behandlung der Nahrungsmittel

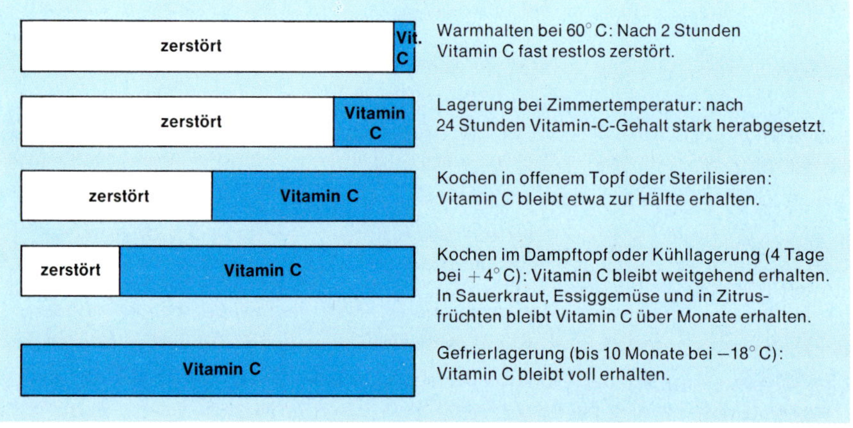

- Vitaminhaltige Nahrungsmittel möglichst roh verzehren. Frische und naturbelassene Nahrungsmittel gelagerten oder konservierten Produkten vorziehen.
- Beim Schälen und Putzen nur das Nötigste entfernen; nicht wässern; Feingeschnittenes nicht offen stehen lassen.
- Schonend garen: dämpfen, dünsten, grillen, in Folie garen. Garzeiten möglichst kurz halten und Kochwasser mitverwenden.
- Längeres Warmhalten vermeiden. – Wenn gelagert werden muß, möglichst kühl und dunkel aufbewahren.

Wasser

»Alles Leben ist an Wasser gebunden«. Der menschliche Organismus besteht zu etwa 65% aus Wasser. Ein Wasserverlust von 10% führt zu empfindlichen Störungen, ein Verlust von 20% wirkt tödlich. Besonders gefährdet durch Wassermangel sind Säuglinge und Kleinkinder.

Bedeutung für den menschlichen Körper

Baustoff

- *Wasser ist Baustoff.* Jede Körperzelle und alle Körperflüssigkeiten (Blut, Lymphe, Verdauungssäfte) enthalten Wasser. Es dient als Quellmittel für das Zelleiweiß und bewirkt zusammen mit Mineralstoffen (Na, K) die Gewebespannung. Mit zunehmendem Alter verringert sich die Quellfähigkeit des Körpereiweißes, das Gewebe wird wasserärmer und erschlafft; dabei kommt es zur Faltenbildung der Haut.

- *Wasser ist Lösungsmittel.* Es ist Voraussetzung für den Ablauf der Stoffwechselvorgänge, denn diese finden in wäßriger Lösung statt. Die im Wasser gelösten Mineralstoffe bewirken die Spannung jeder einzelnen Zelle und des Gewebes. *Lösungsmittel*
- *Wasser ist Transportmittel.* Durch Verdauung werden die Nährstoffe in wasserlösliche Form überführt, damit sie, in Wasser gelöst, in alle Teile des Körpers transportiert werden können. Auch Abbauprodukte und Schlackenstoffe werden in Wasser zu den Ausscheidungsorganen transportiert. *Transportmittel*
- *Wasser dient der Temperaturregelung.* Der Körper gibt über die Poren der Haut Wasser ab. Dieser Schweiß verdunstet an der Oberfläche und entzieht dabei der Umgebung Wärme. So kann durch Verdunstungskälte der Körper vor Überhitzung geschützt werden. *Temperaturregelung*

Innerhalb eines Tages scheidet der Körper des Erwachsenen etwa 2,5 Liter Wasser aus. In Harn und Kot werden täglich 1,5 Liter Wasser durch Blase und Darm ausgeschieden, über die Haut und die Lungen etwa 1 Liter. Diese Verluste müssen ersetzt werden. 1 Liter Wasser wird mit wasserhaltigen Nahrungsmitteln aufgenommen, der Rest von 1,5 Liter Wasser muß in Form von Getränken und flüssigen Speisen (Suppe, Soße, Kompott) zugeführt werden.

Täglicher Wasserbedarf des Erwachsenen: 2,5 Liter Wasser.

Wasserbedarf

Die Wasseraufnahme wird durch das natürliche Durstgefühl geregelt. Bei schwerer körperlicher Arbeit, in trockenem und heißem Klima, bei Erbrechen, Durchfall und Fieber ist der *Wasserbedarf erhöht.* Gleichzeitig verliert der Körper auch größere Mengen an Salz. Diese Wasser-Salzverluste können am besten durch Mineralwasser oder Fleischbrühe ausgeglichen werden; süße Getränke sind weniger geeignet. – Nach dem Verzehr stark gesalzener Speisen tritt verstärktes Durstgefühl auf. Ursache ist die entstandene höhere Salzkonzentration im Blut, die durch vermehrte Flüssigkeitszufuhr ausgeglichen werden muß. In diesem Fall sind salzfreie Getränke wie Obstsaft, Tee, Buttermilch zu bevorzugen.
Der natürliche Durst muß immer gestillt werden; jedoch sollte man sich davor hüten, »über den Durst zu trinken«, denn große Wassermengen, die durch den Körper gepumpt werden müssen, belasten Herz und Kreislauf.

Funktionsfördernde Begleitstoffe der Nahrung

Neben den Nähr- und Wirkstoffen enthalten die Nahrungsmittel Begleitstoffe. Diese besitzen keinen eigentlichen Nährwert, lassen aber den Verdauungsvorgang besser funktionieren.

Geschmacksstoffe

Geschmacksstoffe erhöhen die Sekretion von Verdauungssäften und bewirken dadurch eine bessere Ausnutzung der Nahrung. Der Duft der Speisen führt dazu, daß einem »das Wasser im Mund zusammenläuft« (Speichelsekretion!), aber auch die Abgabe von Magen- und Darmsaft wird erhöht. Beim Braten, Backen, Schmoren, Rösten bilden sich Röststoffe, die ebenfalls die Verdauungssäfte anregen. Auch Farbstoffe sind wichtig, denn eine gute farbliche Zusammenstellung der Speisen wirkt appetitanregend; »das Auge ißt mit«!

Ballaststoffe
Cellulose

Ballaststoffe regen die Darmtätigkeit an. Wir nehmen mit pflanzlichen Nahrungsmitteln auch *Cellulose* und celluloseähnliche Stoffe (Hemicellulosen und Pektine) auf. Sie sind unverdaulich, füllen aber den Darm und regen ihn zu vermehrter Tätigkeit an. Damit fördern sie den Verdauungsvorgang. Diese Grobstoffe helfen aber auch bei der Weiterbeförderung von Verdauungsrückständen; sie wirken als »Darmbesen« und reinigen den Darm. Bei Neigung zu Verstopfung sollte die Nahrung reich an solchen Ballaststoffen sein. Sie sind vermehrt enthalten in allen Vollkornprodukten und in Gemüse. Reich an Rohfaser (bis 3%) sind Weißkraut, Rotkraut, Wirsing, Grünkohl, Rosenkohl, Möhren, grüne Bohnen und Erbsen.

Pektine

Begleitstoffe der Cellulose sind die *Pektine,* die in den Schalen und Kernteilen von Äpfel, Quitten, Johannisbeeren und Stachelbeeren reichlich enthalten sind. Sie quellen unter Wassereinlagerung stark auf; das nutzt man zum Gelieren von Marmelade und Gelee. Gelierpulver enthalten Pektine in konzentrierter Form. Werden pektinreiche Früchte roh verzehrt, so quellen die Pektine im Darm, behindern das Wachstum von Krankheitserregern und binden deren Abbauprodukte und Giftstoffe. Bei Durchfallerkrankungen dienen Pektinpräparate zur Entgiftung des Darmes; in ähnlicher Weise wirken auch rohgeriebene Äpfel, die als Durchfalldiät empfohlen werden.

Prüfen Sie Ihr Wissen

1. *Wie beurteilen Sie den rückläufigen Verbrauch von Vollkornbrot und Schweinefleisch?*
2. *Welche Auswirkungen hat anhaltender Durchfall auf den Mineralstoffhaushalt des Körpers?*
3. *Welche Nahrungsmittel sind reich an Ballaststoffen?*

Stoffwechsel und Energiehaushalt

Die durch den Mund aufgenommene Nahrung wird in den Verdauungsorganen abgebaut und durch die Darmwand in das Körperinnere resorbiert. Hier werden im Zellstoffwechsel aus den Nahrungsstoffen Körperstoffe aufgebaut, oder es wird aus den Nahrungsstoffen Energie freigesetzt. Die Gesamtheit aller Abbau- und Umbauvorgänge wird als Stoffwechsel bezeichnet.

Die Verdauung der Nahrung

Bei der Verdauung der Nahrung werden die Nährstoffe abgebaut und in wasserlösliche Form gebracht. Man sagt auch, ›die Nahrung wird aufgeschlossen‹. Die Verdauung beginnt im Mund durch das Zerkauen und Einspeicheln; in Magen und Darm geht der Abbau weiter. Unverdauliche Reste werden als Kot durch den After ausgeschieden; lösliche Stoffwechselschlacken werden im Urin über Nieren und Blase abgegeben.

Mund

Im **Mund** wird die Nahrung mit den Zähnen zerkleinert und durch Einspeicheln gleitfähig gemacht. Dabei wirkt Speichelenzym auf die Nahrung ein und

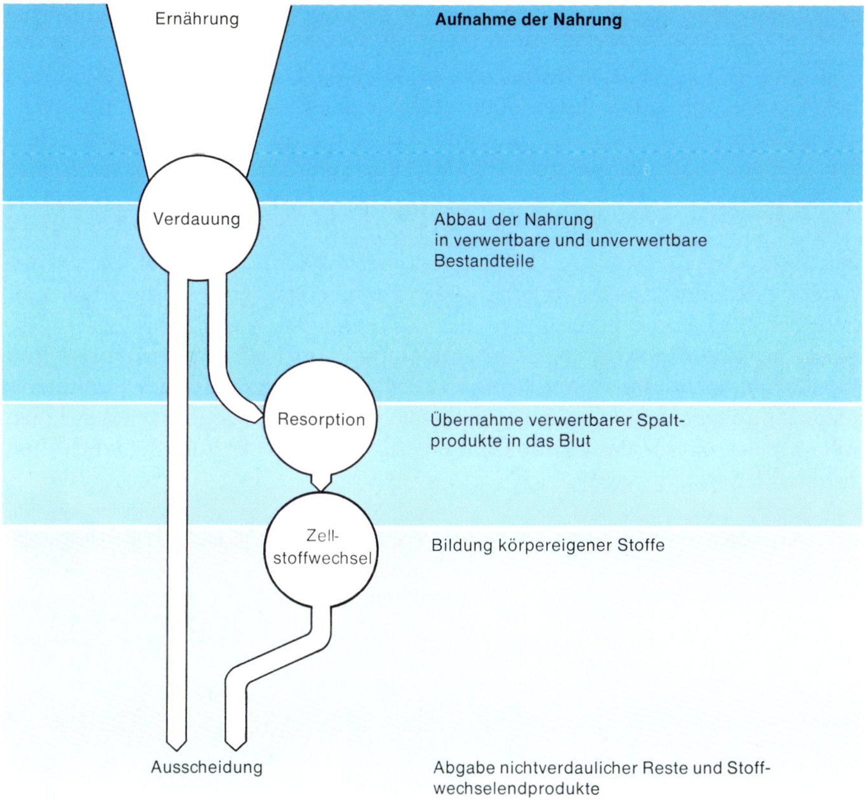

Stoffwechsel (stark vereinfachte Übersicht)

baut *Stärke* zu kurzkettigen Vielfachzuckern und zu Doppelzucker ab; lange gekaute Brotbissen schmecken daher süß. Schluckbewegungen, die durch den Druck der Zunge auf den Gaumen ausgelöst werden, befördern die Nahrung aus dem Mund über die Speiseröhre in den Magen.

Magen

Im **Magen** wird der Speisebrei durch die Bewegung der Magenwände geknetet und dabei mit Verdauungsflüssigkeit vermischt. Die Magensäure (Salzsäure) stoppt jetzt den durch Mundspeichel begonnenen Abbau der *Stärke,* tötet mit der Nahrung aufgenommene Bakterien ab und läßt *Eiweiß* gerinnen. Enzyme, die von der Magenschleimhaut abgesondert werden und im sauren Bereich wirksam sind, leiten nun den Eiweißabbau ein; dabei entstehen kürzere Eiweißketten (Peptide). *Fette* werden im Magen durch die Körpertemperatur zum Schmelzen gebracht. Fettreiche Speisen verweilen lange im Magen und vermitteln ein anhaltendes Sättigungsgefühl.

Zwölffingerdarm

Im **Zwölffingerdarm**, dem obersten Abschnitt des Dünndarmes, münden Verdauungssäfte aus Galle und Bauchspeicheldrüse. Gallensaft emulgiert die *Fette,* so daß sie nicht mehr wasserabstoßend sind; ihre Weiterverarbeitung kann dann in wäßriger Lösung erfolgen. Enzyme der Bauchspeicheldrüse spalten *Eiweiß, Fett* und *Kohlenhydrate* in kleine, wasserlösliche Bausteine. Letztes Abbauprodukt von Eiweiß sind die wasserlöslichen Aminosäuren. Kohlenhydrate werden bis zu den Einfachzuckern (Traubenzucker, Fruchtzucker) gespalten. Fette werden in Fettsäuren und Glycerin aufgespalten. Darmbewegungen treiben den Speisebrei in den sehr langen Dünndarm weiter, wo der Nährstoffabbau teilweise noch fortgesetzt wird.

Dünndarm

Im **Dünndarm** ist die Innenhaut sehr stark gefaltet; dadurch entsteht eine sehr große, innere Oberfläche, die das Aufsaugen der Nährstoffe in das Körperinnere begünstigt. Die gelösten Nährstoffe treten durch die Darmwand in die Blut- und Lymphbahnen über. Die unverdauten Reste wandern in den Dickdarm weiter.

Dickdarm

Im **Dickdarm** wird dem Darminhalt Wasser entzogen und der so eingedickte Rest über den Mastdarm ausgeschieden. Der Dickdarm ist von zahlreichen Bakterien besiedelt, die wichtige Funktionen erfüllen. Mit ihren Enzymen spalten sie *Cellulose* und *Pektine* auf, und die Produkte dieser Abbauprozesse dienen den Darmbakterien als Nahrung. Eine gesunde *Darmflora* (so werden die Darmbakterien genannt) ist sehr wichtig für die Vitaminversorgung unseres Körpers. Viele der B-Vitamine können von den Bakterien im Darm gebildet werden. Wenn die Darmflora durch Überhandnehmen von Fäulnisbakterien entartet oder durch Arzneimittel (Antibiotika!) zerstört wird, kann es zu Vitaminmangelerscheinungen kommen, Milchsäurereiche Nahrung (Joghurt, Sauermilch, Buttermilch) unterdrückt Fäulnis und begünstigt das Wachstum der wertvollen Darmbakterien.

Verdauungsweg und Nährstoffabbau

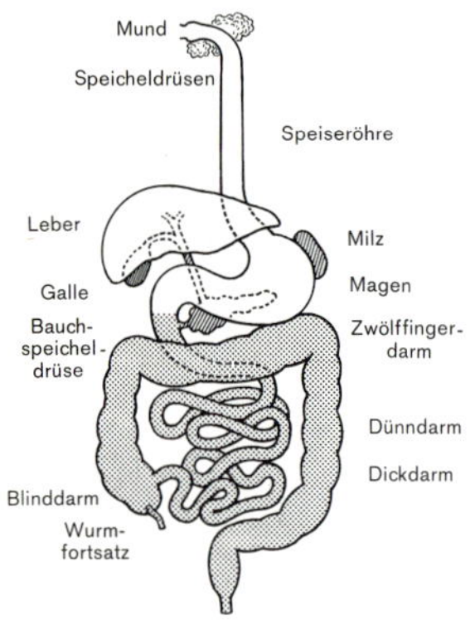

Organe	Eiweiß	Fett	Kohlenhydrate
Mund	↓	↓	Stärke teilweise in kurze Vielfachzucker und in Doppelzucker
Speiseröhre	↓	↓	↓
Magen	Quellung und Gerinnung des Eiweißes, Desinfektion, Abbau zu kurzen Eiweißketten durch Enzyme	Spaltung geringer Mengen von Milchfett bzw. Eifett in Fettsäuren und Glycerin durch Enzyme	↓
Zwölffingerdarm	Abbau aller Eiweißstoffe und Spaltstücke zu Aminosäuren durch Enzyme	Emulgierung mit Gallensaft, Aufspaltung in Fettsäuren und Glycerin durch Enzyme	Aufspaltung von Vielfachzucker und Doppelzucker in Einfachzucker
Dünndarm	Übertritt der Aminosäuren in das Blut	Übertritt der Fettsäuren und des Glycerins in die Lymphe	Übertritt der Einfachzucker in das Blut
Dickdarm	↓	↓	Darmbakterien bauen B-Vitamine auf, Darmbakterien bauen teilweise Cellulose ab
	Ausscheidung unverdauter Reste		

Bei der Verdauung werden die Nährstoffe in eine lösliche Form gebracht, so daß sie, im Blut oder in der Lymphe gelöst, transportiert werden können.

Der Zellstoffwechsel

Die im Blut und in der Lymphe gelösten Stoffe werden zu den Zellen transportiert und dort umgebaut. Alle hier ablaufenden chemischen Prozesse werden unter der Bezeichnung Zellstoffwechsel zusammengefaßt. Auch diese Stoffwechselprozesse müssen von Enzymen gesteuert werden.

Beim Zellstoffwechsel werden einerseits körpereigene Stoffe aufgebaut; andererseits wird aus Abbauprozessen freie Energie gewonnen.

Kohlenhydratstoffwechsel

Im **Kohlenhydratstoffwechsel** überwiegen Abbauprozesse, die zur Energiegewinnung führen. Überschüssige Kohlenhydrate werden in der Leber zu Glycogen aufgebaut und gespeichert. Das geschieht unter Mitwirkung eines Hormones der Bauchspeicheldrüse, dem Insulin. Bei Energiebedarf greift ein anderes Hormon (Glucagon) ein und baut Glycogen wieder zu Traubenzucker ab. Die Kohlenhydratspeicherung als Glycogen ist begrenzt; überschüssige Kohlenhydrate, die nicht als Glycogen gespeichert werden können, werden zu Fett umgebaut und im Unterhautfettgewebe gespeichert.

Fettstoffwechsel

Im **Fettstoffwechsel** überwiegt ebenfalls die Energiegewinnung. Nur in geringem Maß wird körpereigenes Organfett aufgebaut. Fettüberschuß wird auch hier als Depotfett im Unterhautfettgewebe gespeichert.

Eiweißstoffwechsel

Im **Eiweißstoffwechsel** überwiegen Aufbauprozesse: aus Aminosäuren wird körpereigenes Eiweiß aufgebaut, das der Neubildung von Zellen und Enzymen dient. Überschüssiges Eiweiß wird zur Energiegewinnung genützt.

Energieverbrauch

Energiegewinn

Zum Aufbau von Glycogen, Organfett und körpereigenem Eiweiß wird Energie verbraucht. Da größtenteils Eiweiß aufgebaut wird, ist der *Energieverbrauch* beim Eiweißstoffwechsel am größten. (Deshalb kann man sich mit eiweißreicher Diät »schlank essen«!) Der *Energiegewinn* ist bei Fett am höchsten; Fett ist der wichtigste Energieträger.

Im Zellstoffwechsel werden die Nährstoffe zum Aufbau von Körpersubstanz, sowie zur Energiegewinnung genutzt (Wärme, Arbeitsenergie).

Der Energiehaushalt

Grundumsatz

Jedes Lebewesen verbraucht für seine Lebensvorgänge Energie. Selbst im Schlaf oder bei Ruhe wird Energie benötigt: Blutkreislauf und Atmung verbrauchen ständig Energie. Diesen Energieverbrauch, bei einer Raumtemperatur von 20 °C, in völliger Ruhe und im Liegen gemessen, bezeichnet man als *Grundumsatz*; er beträgt je Tag und kg Körpergewicht 100 kJ. Ein Erwachsener mit 70 kg Körpergewicht hätte also einen durchschnittlichen Grundumsatz je Tag von 7000 kJ.

Grundumsatz/Tag = 100 kJ × kg Körpergewicht

Der Grundumsatz ist abhängig von verschiedenen Faktoren wie Alter, Geschlecht und Klima. Auch Über- oder Unterfunktion bestimmter Drüsen, z.B. der Schilddrüse, können den Grundumsatz beeinflussen. Bei Frauen ist der Grundumsatz etwas niedriger als bei Männern. Ältere Menschen haben geringeren Energiebedarf als jüngere, weil sich die Stoffwechselvorgänge mit zunehmendem Alter verlangsamen. Bei niedrigen Außentemperaturen erhöht sich der Grundumsatz, bei höheren sinkt er.

Leistungsumsatz

Jede weitere Leistung, z.B. Verdauungsarbeit oder körperliche Bewegung erfordert zusätzliche Energie. Diese Energiemenge bezeichnet man als *Leistungsumsatz* (auch Arbeitsumsatz genannt). Er beträgt bei leichter Arbeit 50 kJ je Tag und kg Körpergewicht; bei 70 kg Körpergewicht sind das 3500 kJ je Tag.

Leistungsumsatz/Tag = 50 kJ × kg Körpergewicht
(bei leichter Arbeit)

Bei schweren körperlicher Arbeit steigert sich der Leistungsumsatz bis auf 100 kJ je Tag und kg Körpergewicht. Aber nur wenige Menschen üben Schwerarbeit aus. Etwa 60% unserer Bevölkerung verrichten leichte Arbeit, nur 12–14 % mittelschwere bis schwere Arbeit. 26% der Bevölkerung sind Kinder oder ältere Menschen, deren Energiebedarf geringer ist.

Gesamtenergiebedarf

Der **Gesamtenergiebedarf** setzt sich aus Grundumsatz und Leistungsumsatz zusammen:

Grundumsatz	+	**Leistungsumsatz**	=	**Gesamtenergiebedarf**
7000 kJ	+	3500 kJ	=	10 500 kJ

(für einen 70 kg schweren Menschen bei leichter Arbeit)

Schwere und Dauer körperlicher Betätigung, sowie Alter und Geschlecht beeinflussen den Energiebedarf.

Durchschnittlicher täglicher Energiebedarf

25 Jahre	Männer ♂ 70 kg	Frauen ♀ 60 kg
leichte Arbeit (Büroarbeiter, Uhrmacher, Schüler)	10 500 kJ	9000 kJ
mittelschwere Arbeit (Hausfrau, Briefträger, Pkw-Fahrer)	12 000 kJ	10 000 kJ
schwere Arbeit (Bauarbeiter, Balletteuse)	15 000 kJ	12 000 kJ
schwerste Arbeit (Hochleistungssportler, Bergsteiger, Waldarbeiter ohne Maschinen)	17 000 kJ	14 000 kJ

Idealgewicht

Bei der Berechnung des täglichen Energiebedarfes muß vom *Idealgewicht* ausgegangen werden. Als Faustregel gilt: Körpergröße in Zentimeter minus 100 = Normalgewicht in kg. Wenn Frauen davon 15%, Männer 10% abziehen, ergibt sich das Idealgewicht in kg.
Beispiel:

Mann: 175 cm groß	Frau: 168 cm groß
= 75,0 kg Normalgewicht	= 68,0 kg Normalgewicht
− 7,5 kg (10% des Normalgewichts)	− 10,2 kg (15% des Normalgewichtes)
= 67,5 kg Idealgewicht	= 57,8 kg Idealgewicht

Der Energiebedarf muß vom Idealgewicht ausgehend berechnet werden.

Hunger, Appetit, Eßgewohnheiten

Die Nahrungsaufnahme wird durch Hunger- oder Sättigungsgefühl normalerweise so geregelt, daß das Körpergewicht eines erwachsenen Menschen über Jahre hinaus gleich bleibt.

Hunger

Hunger wird ausgelöst durch einen leeren Magen; aber auch das Absinken des Blutzuckerspiegels kann Hunger signalisieren. Wir wissen, daß im Blut immer eine bestimmte Menge Traubenzucker gelöst ist. Fällt dieser Blutzuckerspiegel aufgrund großer körperlicher Anstrengung ab, so tritt Hungergefühl auf. Auch durch Gewöhnung an bestimmte Essenszeiten kann das Hungergefühl plötzlich auftreten, während es in Zeiten oder unter Umständen, die keine Mahlzeit erwarten lassen, von anderen Eindrücken oder Tätigkeiten überspielt wird: eine fesselnde Tätigkeit kann vorübergehend vom Hunger ablenken.

Appetit

Appetit kann Hunger vortäuschen: Der Anblick oder der Duft leckerer Speisen kann Eßlust auslösen, ohne daß ein echtes Hungergefühl besteht. Wer unkontrolliert der Eßlust nachgibt, gerät in Gefahr, zuviel Nahrung zu sich zu nehmen und sich zu mästen. Essen kann aber auch zur Ersatzbefriedigung werden: wer unter Einsamkeit, Langeweile, Sorgen oder Aufregung leidet, kann in die Lage geraten, sich durch Essen verwöhnen oder beruhigen zu wollen (Probleme werden ›zerkaut‹!). Will man sein gesundes Körpergewicht behalten, so darf die Nahrungsaufnahme nicht allein durch den Appetit bestimmt werden, sondern Hungergefühl und Eßlust müssen miteinander in Einklang gebracht werden.

Sättigung

Sättigung fühlt man, wenn der Magen gefüllt ist und der Blutzuckerspiegel normale Werte aufweist. Die Meldung der durch Füllung hervorgerufenen Magenspannung erfordert gewisse Zeit; wer zu rasch ißt, läuft Gefahr, daß er den Sättigungspunkt erst dann feststellt, wenn bereits weitere Nahrung aufgenommen und der Magen damit überfüllt wurde. Diese Gefahr ist umso größer, je leichter die Nahrung in uns ›hineinrutscht‹, während Kauarbeit dieser Gefahr entgegenwirkt.

Eßregeln

Folgende Eßregeln sind zu beachten:

- **Halten Sie die Essenszeiten ein!** Unregelmäßige Nahrungsaufnahme stört die regelmäßige Arbeit der Verdauungsorgane.
- **Essen Sie ohne Hast und kauen Sie tüchtig!** Durch Kauen eingespeichelte Nahrung kann von den Verdauungssäften leichter abgebaut werden und liegt nicht »wie Blei im Magen«.

- **Achten Sie auf appetitliches Anrichten der Speisen,** weil das die Absonderung der Verdauungssäfte anregt.
- **Essen Sie ohne Nebenbeschäftigung!** Konzentrieren Sie sich ganz auf die Nahrungsaufnahme (nicht nebenbei die Zeitung lesen!), und genießen Sie das Essen, bis der Hunger gestillt ist. Hüten Sie sich aber davor, ›über den Hunger‹ zu essen.

Prüfen Sie Ihr Wissen

1. *Geben Sie an, wo kohlenhydrat-, fett- und eiweißabbauende Enzyme im Körper gebildet werden!*
2. *Warum können bei Einnahme von Antibiotika Vitamin-B-Mangelerscheinungen auftreten?*
3. *Berechnen Sie Ihr Idealgewicht und den darauf bezogenen Gesamtenergiebedarf!*
4. *Beurteilen Sie folgende, statistisch ermittelte Zahlen: 60% unserer Bevölkerung üben leichte körperliche Arbeit aus; die durchschnittliche Gesamtenergiezufuhr beträgt täglich 12498 kJ!*

Nahrungsauswahl und Nährstoffversorgung

Bei der Zusammenstellung unserer täglichen Mahlzeiten müssen Menge und Art der Nahrung bedacht werden. Dabei sollte auch dem abweichenden Nahrungsbedürfnis heranwachsender und alternder Menschen Rechnung getragen werden.

Vollwertige Nahrung

Quantitativ vollwertig

Die Nahrung ist *quantitativ vollwertig,* wenn sie alle Nährstoffe in ausgewogener Menge enthält.

Tagesbedarf des Erwachsenen

je kg Körpergewicht		bei 70 kg Körpergewicht
1 g Eiweiß		70 g Eiweiß
1 g Fett (bzw. 0,8 g)		70 g Fett (bzw. 56 g)
6 g Kohlenhydrate		420 g Kohlenhydrat
35 g Wasser		2450 g Wasser (2,5 l)
Mineralstoffe	in kleiner, aber	Mineralstoffe
Vitamine	ausreichender Menge	Vitamine

Qualitativ vollwertig

Die Nahrung ist *qualitativ vollwertig,* wenn sie lebensnotwendige oder essentielle Bestandteile in ausreichender Menge enthält.

Essentielle Aminosäuren

- **Essentielle Aminosäuren** sind reichlich enthalten in dem hochwertigen Eiweiß tierischer Nahrungsmittel. Die Hälfte der täglichen Eiweißmenge sollte deshalb tierisches Eiweiß sein: Milch, Käse, Ei, Fleisch, Fisch.

- **Essentielle Fettsäuren** sind die mehrfach ungesättigten Fettsäuren. (Linolsäure und Linolensäure) Sie sind reichlich enthalten in Pflanzenölen, insbesondere in Sonnenblumenöl, in Sojaöl und in Maiskeimöl. Auch gute Margarinesorten zeichnen sich durch einen hohen Gehalt an essentiellen Fettsäuren aus. Fette mit hohem Anteil an mehrfach ungesättigten Fettsäuren sollten bevorzugt verwendet werden.
- Bei **kohlenhydratreicher Kost** ist **Vitamin B_1**, das den Kohlenhydratstoffwechsel steuert, essentiell. Von Natur aus ist dieses Vitamin in kohlenhydratreichen Nahrungsmitteln, den Getreidearten, enthalten. Beim Schälen und Vermahlen der Körner geht neben Cellulose und Mineralstoffen auch dieses wertvolle Vitamin zum großen Teil verloren. Vollkornprodukte enthalten neben Stärke genügend Vitamin B_1; sie müssen in der Ernährung bevorzugt werden. Auch die in Vollkornprodukten enthaltenen Ballaststoffe sind für unsere Ernährung wertvoll und wichtig. Zucker ist ein »leeres Kohlenhydrat«, weil er frei von wertvollen Begleitstoffen (Vitamin B_1 und Ballaststoffe) ist. Der Zuckerverzehr muß daher in Grenzen gehalten werden, bzw. zuckerreiche Kost muß durch vitaminreiche und ballaststoffreiche Kost ergänzt werden.
- **Mineralstoffe und Vitamine** sollen reichlich in der Nahrung enthalten sein; sie sind essentiell. Ein Überangebot aus Nahrungsmitteln schadet normalerweise nicht, da der Überschuß an Mineralstoffen und Vitaminen wieder ausgeschieden wird. (Nur bei einzelnen Vitaminpräparaten wurden gesundheitsgefährdende Reaktionen beobachtet. Vitaminpräparate sind Arzneimittel und bedürfen der ärztlichen Verordnung.)

Essentielle Fettsäuren

Kohlenhydrate und Vitamin B_1

Leere Kohlenhydrate

Mineralstoffe und Vitamine

Die täglichen Mahlzeiten

Mahlzeiten

Je vielseitiger und abwechslungsreicher ein Speiseplan ist, umso eher ist die Gewähr gegeben, daß der Körper mit allen notwendigen Stoffen versorgt wird. Die einzelnen Mahlzeiten eines Tages sollten zeitlich und mengenmäßig der biologischen **Leistungskurve** des Menschen Rechnung tragen.

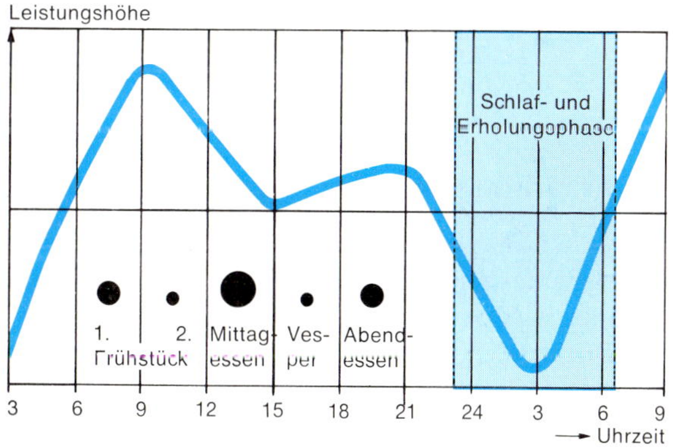

Nahrungsaufnahme und Leistungsbereitschaft (siehe auch Seite 45)

Daraus folgt:

- »Frühstücke wie ein König!« – Das *Frühstück* gilt als Sprungbrett in den Tag; es sollte deshalb ausreichend sein und in Ruhe eingenommen werden.
- Beim *Mittagessen* darf der Magen nicht überladen werden, denn übermäßige Verdauungsarbeit belastet und verschärft das Leistungstief, das sowieso um die Mittagszeit auftritt.

Frühstück

Mittagessen

Abendessen

- Das *Abendessen* sollte den Ausgleich der täglichen Nährstoffbilanz bringen. Was bei den vorangehenden Mahlzeiten fehlte oder in zu geringer Menge zugeführt wurde, kann jetzt nachgeholt werden. Dabei ist zu bedenken, daß ein reichliches Abendessen nicht zu spät eingenommen werden sollte, damit noch vor dem Schlafengehen die Hauptverdauungsarbeit geleistet werden kann.

Zwischenmahlzeiten

- *Zwischenmahlzeiten* sollen aufkommenden Hunger stillen und so einem Leistungsabfall entgegenwirken. Sie dürfen aber die Verdauungsorgane nicht zu sehr belasten.

Die Mahlzeiten und ihr Energieanteil

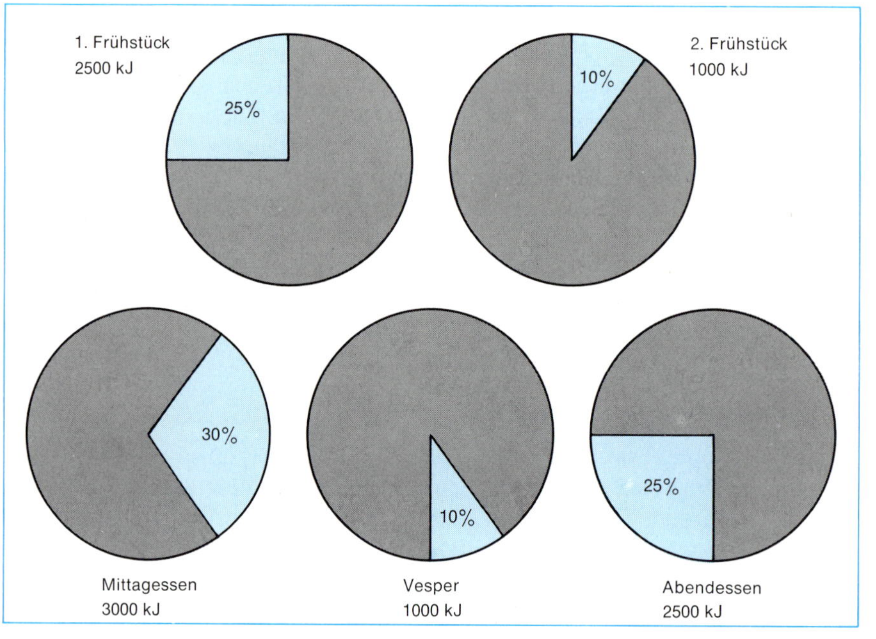

Die Ernährung von Kindern und Jugendlichen

Die Ernährung übt einen großen Einfluß auf die körperliche und die geistige Entwicklung eines Kindes aus. **Eiweißmangel** kann die Intelligenzentwicklung hemmen. **Überernährung** führt zur Ausbildung eines unerwünschten Fettpolsters und zu Übergewicht, das die Entstehung von Platt-oder Knickfüßen begünstigt. Die landläufige Meinung, daß ein molliges Kind im Krankheitsfall über größere Reserven verfüge, ist unrichtig. Schlanke Kinder sind widerstandsfähiger! Fettsucht beeinflußt auch die Persönlichkeitsentwicklung. Dicke Kinder leiden häufig unter Kontaktschwierigkeiten, zeigen erhöhte Reizbarkeit und Gehemmtheit, weil sie von Spiel- oder Schulkameraden abgelehnt oder verlacht werden.
Wer Kinder zu versorgen hat, muß sich mit den Grundsätzen einer gesunden Kinderernährung vertraut machen.
Bei Kindern und Jugendlichen ist, bezogen auf das Kilogramm Körpergewicht, der **Nährstoffbedarf** höher als beim Erwachsenen.

Beispiel einer gesunden Tagesverpflegung für Erwachsene

5 Mahlzeiten	Eiweiß in g tier.	Eiweiß in g pflanzl.	Fett in g	Kohlenhydrate in g	kJ
1. Frühstück					
1/2 Grapefruit	–	1	+	14	255
2 Tassen Kaffee oder Tee	–	–	–	–	–
10 g Dosenmilch (10%)	1	–	1	1	73
2 St. Würfelzucker	–	–	–	6	102
1 Scheibe Mischbrot	–	3	–	26	493
2 Scheiben Knäckebrot	–	2	–	15	289
10 g Butter	–	–	8	–	312
1 Ei	7	–	6	–	353
25 g gekochter Schinken	5	–	5	–	280
2. Frühstück					
1 Scheibe Knäckebrot	–	1	–	8	153
1 Scheibe Edamer (40% Fett)	5	–	4	1	258
1/2 Becher Milch (3,5%)	9	–	9	12	708
Mittagessen					
120 g Leber (Rind)	22	–	10	7	883
5 g Öl	–	–	5	–	195
100 g Äpfel	–	–	–	12	204
40 g Zwiebel	–	–	–	4	68
150 g Kartoffeln	–	3	–	28	527
100 g Milch	4	–	4	5	309
100 g Kopfsalat	–	1	–	1	34
5 g Zucker	–	–	–	5	85
5 g Öl	–	–	5	–	195
150 g Dickmilch	6	–	6	8	472
20 g Zucker	–	–	–	20	340
100 g Erdbeeren	–	1	–	7	136
Nachmittag					
1 Glas Orangensaft (200 g)	–	2	–	20	374
40 g Kekse	3	–	5	15	501
Abendessen					
100 g Fenchelsalat, roh	–	–	–	1	17
5 g Öl			5		195
5 g Zucker	–	–	–	5	85
100 g Tomaten	–	1	–	3	68
50 g Zwiebeln	–	–	–	5	85
80 g Landbrot (2 Scheiben)	–	5	1	40	804
50 g Schinken, roh	8	–	15	–	721
Gesamtmenge	70 g	20 g	89 g	269 g	9574 kJ
	90 g				

Durchschnittlicher täglicher Bedarf je Kilogramm Körpergewicht

	Eiweiß	Fett	Kohlenhydrate	Energie
Kleinkinder	2,5 g	2 g	15 g	340 kJ
Schulkinder	2 g	1,5 g	10 g	260 kJ
Jugendliche	1,5 g	1,2 g	8 g	210 kJ
Erwachsene	1 g	1 g	6 g	150 kJ

Der Nährstoffbedarf ist beim Kleinkind am höchsten; er nimmt mit zunehmendem Alter ab. Da bei Kleinkindern die Kaufähigkeit noch nicht voll entwickelt ist, hat die Milch als Nahrungsmittel eine besondere Bedeutung. Sie enthält alle Nährstoffe, die der wachsende Körper braucht. Bei Säuglingen muß allerdings in den ersten Monaten die *Kuhmilch* mit Wasser verdünnt und mit Nährmehlen angereichert werden, weil sie mehr Eiweiß und weniger Kohlenhydrate enthält als die für den Säugling optimale *Muttermilch*. Wird das nicht beachtet, so kann es infolge Überernährung zu bedrohlichen Verdauungsstörungen kommen. Die heute käuflichen Milchpräparate für Babynahrung sind der Muttermilch weitgehend angepaßt (adaptiert).

Kuhmilch – Muttermilch

Allgemein gilt:

Eiweiß

- Das **Eiweiß** sollte zur Hälfte aus tierischen Nahrungsmitteln stammen (wegen der essentiellen Aminosäuren).

Fett

- Das **Fett** sollte emulgiert sein (Butter, Margarine), da es so leichter verdaulich ist. Pflanzenöl mit reichlichem Anteil an mehrfach ungesättigten Fettsäuren ist ebenfalls wertvoll für Kinder.

Kohlenhydrate

- **Kohlenhydrate** sollen Kindern in Form von Vollkornbrot, Grieß, Reis und Kartoffeln gegeben werden; damit werden gleichzeitig wertvolle Vitamine und Mineralstoffe aufgenommen. Zucker ist als Kohlenhydratvertreter zwar bei Kindern beliebt, aber als reines Kohlenhydrat wenig wertvoll. Zuckerreiche Nahrung fördert den Zahnzerfall (Karies). Süßigkeiten, zwischen den Mahlzeiten genossen, verringern den Appetit auf die eigentliche Mahlzeit.

Calciumbedarf

- Bei Kindern im Wachstumsalter ist der **Calciumbedarf** erhöht. Milch, auch fettarme Milch und Sauermilch sind wertvolle Calciumlieferanten. Mit Milch kann gleichzeitig der bei Kindern erhöhte Flüssigkeitsbedarf gedeckt werden.

Vorschläge für ein gesundes Frühstück

für 3–6 jährige Kinder	für 10–14 jährige Kinder
1. Frühstück	**1. Frühstück**
1 Tasse warme Milch oder Kakao	1 Tasse Milch oder Tee
1–2 Scheiben Vollkornbrot	Müsli: 3 EL Haferflocken (kernige!)
10–20 g Butter	1/2 geriebenen Apfel
25 g Marmelade oder Honig	1 EL Rosinen
Quark oder 1 weiches Ei	1 TL Zucker (Honig)
	1/2 Becher Magerjoghurt
2. Frühstück	**2. Frühstück**
1/4 l Milch oder Kakao	2 Scheiben Vollkornbrot
1 Apfel	mit Butter und Käse (mager!)

Kinder sollen an regelmäßige, aber nicht zu umfangreiche Mahlzeiten gewöhnt werden. Zwischenmahlzeiten sind wichtig. Vor allem auf ein gesundes »Pausenbrot« ist zu achten: es stillt aufkommenden Hunger und erhält die Leistungsfähigkeit.

Die Ernährung des alternden Menschen

Altersbedingte Besonderheiten sind zu berücksichtigen: Die Stoffwechselvorgänge des Körpers verlangsamen sich mehr und mehr, der Grundumsatz sinkt. Die körperliche Betätigung nimmt ab, somit sinkt der Leistungsumsatz. Außerdem können Kauschwierigkeiten auftreten. Die Ernährung des älteren Menschen muß diesen Besonderheiten angepaßt werden.

Energiebedarf

- **Der Energiebedarf nimmt ab.** Vom 30. Lebensjahr an muß dem Körpergewicht erhöhte Aufmerksamkeit geschenkt werden. Um einen Gewichtsanstieg zu vermeiden, soll die Energiezufuhr um 10% gesenkt werden. Ab dem 55. Lebensjahr verringert sich die Energiezufuhr um weitere 15%. So nimmt mit zunehmendem Alter der tägliche Energiebedarf von 150 kJ auf 135 kJ und später bis auf 115 kJ je kg Körpergewicht ab. Ist die Energiezufuhr höher als der Bedarf, so kommt es zu Übergewicht mit all seinen nachteiligen Folgen wie Herz- und Kreislaufbelastung oder Zuckerkrankheit.

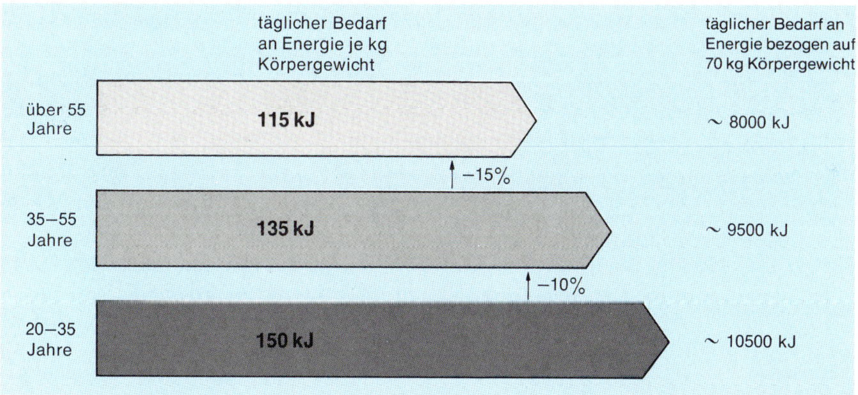

Lebensalter und Energiebedarf

Eiweißbedarf

- **Der Eiweißbedarf ist erhöht.** Statt 1 g Eiweiß sind nun 1,2 bis 1,5 g Eiweiß je kg Körpergewicht täglich erforderlich, und in erhöhtem Maß soll tierisches Eiweiß genossen werden: etwa $^2/_3$ der Gesamtmenge. Durch reichliche Zufuhr hochwertiger tierischer Eiweißstoffe sollen Alterungsprozesse verzögert werden.

Fett- und Kohlenhydratbedarf

- **Die Zufuhr von Fett und Kohlenhydraten ist einzuschränken,** weil der Gesamtenergiebedarf verringert ist. Die Verringerung betrifft in erster Linie den Fettbedarf: er sinkt auf $^2/_3$ des Normalbedarfes, das sind statt 1 g nur noch 0,66 g je kg Körpergewicht und Tag. Damit bei verringerter Fettzufuhr der Körper ausreichend mit essentiellen Fettsäuren versorgt wird, sind hochungesättigte Pflanzenfette zu bevorzugen: Sonnenblumenöl, Maiskeimöl und daraus hergestellte Margarine. Dagegen sollten Nahrungsmittel mit einem hohen Gehalt an versteckten Fetten vom Speiseplan gestrichen werden. Zu empfehlen sind: mageres Fleisch, magere Fische, Magerkäse und Magerquark (z. B. als Brotaufstrich statt Butter).

Vitamin- und Mineralstoffbedarf

- **Der Vitamin- und Mineralstoffbedarf ist erhöht.** Durch die allgemein verringerte Nahrungsmenge ist die Versorgung mit diesen Reglerstoffen oft unzureichend. Hinzu kommt, daß der ältere Organismus die ihm zugeführten Vitamine und Mineralstoffe nicht mehr voll ausnützen kann. Deshalb sind bei der Nahrungsauswahl Obst, Gemüse und dunkles Brot zu bevorzugen; sie sind energiearm, aber reich an Mineralstoffen und Vitaminen.

Kleine Mahlzeiten

- **Mehrere kleine Mahlzeiten** sind besser als nur drei umfangreiche. Kleine Mahlzeiten belasten die Verdauungsorgane weniger und sind daher bekömmlicher.

Zusammenfassend läßt sich sagen:

Alte Menschen brauchen kleinere Mengen einer qualitativ hochwertigen Nahrung, die reich an tierischem Eiweiß, energiearm und leicht verdaulich ist. Die tägliche Nahrung sollte auf 5–6 kleinere Mahlzeiten verteilt werden.

Prüfen Sie Ihr Wissen

1. *Nennen Sie wichtige Inhaltsstoffe unserer Nahrung, die eine Kost qualitativ hochwertig machen!*
2. *Welche Bedeutung haben kleinere Zwischenmahlzeiten?*
3. *Wie unterscheidet sich der Nahrungsbedarf der Kinder von dem der Erwachsenen?*
4. *Stellen Sie für ältere Menschen eine Empfehlung für die Nahrungsauswahl zusammen: Nennen Sie*
   - *Nahrungsmittel, die zu bevorzugen sind, und*
   - *Nahrungsmittel, die einzuschränken sind!*

Spezielle Kost- und Diätformen

Gemischte Vollkost ist nicht für alle Menschen annehmbar oder empfehlenswert. Manche leben als Vegetarier, andere haben Schwierigkeiten mit ihrem Übergewicht und wieder andere sind auf sehr spezielle Diätformen angewiesen.

Vegetarische Kostformen

Fleischfreie Vollkost

Gemäßigter Vegetarismus

Gemäßigte Vegetarier lehnen zwar den Verzehr von Fleisch ab, weil es vom getöteten Tier stammt; aber gegen Lebensmittel, die vom lebenden Tier stammen, haben sie keine Einwände. Man spricht deshalb auch von *fleischfreier Vollkost.* Neben pflanzlichen Nahrungsmitteln werden Milch, Butter, Käse und Eier verzehrt. Damit wird hochwertiges Eiweiß aufgenommen. Bei sorgfältiger Zusammenstellung kann diese fleischfreie Vollkost als vollwertige Ernährungsform gelten. Man spricht auch von *gemäßigtem Vegetarismus,* weil Lebensmittel, die von lebenden Tieren stammen, erlaubt sind.

Strenger Vegetarismus

Dagegen lehnen *strenge Vegetarier* alle vom Tier stammenden Nahrungsmittel ab, nicht nur das Fleisch, sondern auch alle Milchprodukte und Eier. Ihre Kost setzt sich ausschließlich aus pflanzlichen Nahrungsmitteln zusammen wie Getreideschrot und -flocken, Brot, Kartoffeln, Gemüse, Obst, Nüssen, Pflanzenöl und Honig. Eine solche streng vegetarische Kost ist sehr reich an Kohlenhydraten und Ballaststoffen, aber arm an biologisch hochwertigem Eiweiß; die Zufuhr essentieller Aminosäuren ist somit in Frage gestellt. Hochwertiges Eiweiß liefern nur Nüsse, Hülsenfrüchte (insbesondere Sojabohnen) und Kartoffeln. Essentielle Fettsäuren, Mineralstoffe und Vitamine sind in dieser Kost in ausreichender Menge vorhanden (mit Ausnahme von Vitamin B_{12} und Vitamin D).

Pflanzenrohkost

Eine andere extreme Richtung des Vegetarismus ist die reine *Pflanzenrohkost.* Alle Nahrungsmittel wie Obst, Gemüse und Getreideprodukte werden im Naturzustand und roh verzehrt. Damit ist diese Kostform reich an Vitaminen und Mineralstoffen, aber noch ballaststoffreicher als die streng vegetarische Kost. Rohkost ist schwerer verdaulich, da die Nährstoffe nicht durch Hitzeeinwirkung aufgeschlossen werden. Rohe Stärke ist fast unverdaulich. Bei reiner Pflanzenrohkost besteht langfristig die Gefahr der Mangelernährung. Jedoch können eingeschaltete Rohkosttage heilsam sein, z.B. bei Übergewicht oder Bluthochdruck.

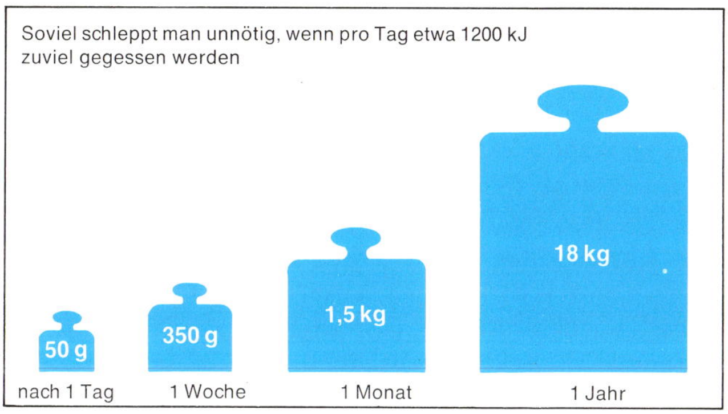

1200 kJ sind enthalten in

640 g Vollbier
425 g Weißwein
125 g Weinbrand

75 g Pralinen
50 g Schokolade
150 g Eiscreme

45 g Erdnüssen
80 g Salzstangen
55 g Chips

105 g Semmeln
60 g Hartwurst
40 g Butter oder Margarine

Diät bei Übergewicht

Übergewicht ist die Folge anhaltender erhöhter Energiezufuhr. Mangelnde Eßdisziplin (Wohlstandsspeck) oder psychische Störungen (Kummerspeck) sind häufig die Ursache; nur in seltenen Fällen beruht Übergewicht auf einer Drüsenstörung. Um das Übergewicht abzubauen, muß die *Nahrungsmenge* (Quantität) herabgesetzt, gleichzeitig aber auch die *Zusammensetzung der Nahrung* (Qualität) umgestellt werden.

Regeln zur Durchführung einer Abmagerungsdiät

Energiezufuhr

- **Energiezufuhr begrenzen.** Die tägliche Energiezufuhr muß unter dem tatsächlichen Bedarf liegen, denn erst dann werden körpereigene Fette zur Energiegewinnung herangezogen. Bei einer konsequenten Diät mit nur 4000 kJ täglich (statt 10000 kJ!) nimmt man pro Woche etwa 1 kg ab.

Fettverzehr

- **Fettverzehr einschränken.** Vor allem fettreiche Nahrungsmittel sind zu meiden. Man bedenke: der Fettreichtum ist nicht immer sichtbar; scheinbar fettarme Nahrungsmittel (z.B. Wurst!) können viel verstecktes Fett enthalten.

Übergewicht verkürzt die Lebenserwartung.

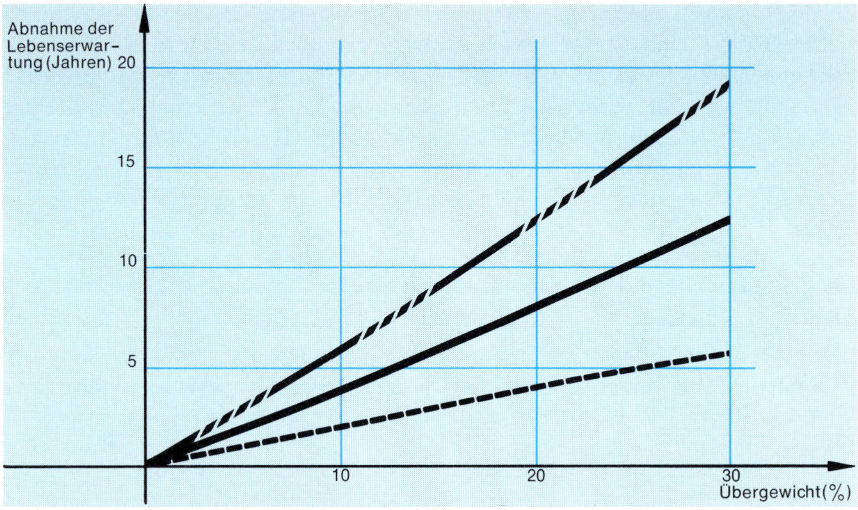

20jähriger

35jähriger

60jähriger

Zubereitung

- **Fettarme Zubereitungsarten wählen:** Garen in beschichteten Pfannen, in Alufolie, im Dampftopf oder im Römertopf.

Zucker

- **Leere und hochkonzentrierte Kohlenhydrate** wie Zucker nach Möglichkeit **meiden.** Gefährlich sind vor allem Kuchen und Torten, die neben reichlich Zucker meistens auch noch viel Fett enthalten. Zum Süßen Süßstoff verwenden.

Getränke

- **Energiearme Getränke auswählen.** Alkohol liefert viel Energie: 1 g = 29 kJ! Alkoholische oder zuckerhaltige Getränke sind einzuschränken und durch Mineralwasser, Tee und Kaffee (zucker- und sahnefrei) zu ersetzen.

Eiweißzufuhr

- **Eiweißzufuhr steigern.** Eiweiß sättigt gut, und beim Umbau zu Körpereiweiß wird zusätzlich Energie verbraucht. Eiweißüberschuß ist unbedenklich, da Eiweiß nicht gespeichert, sondern der Energiegewinnung zugeführt wird. Es liefert aber weniger Energie als vergleichsweise Fett.

Versorgung mit Mineralstoffen und Vitaminen

- **Mineralstoffe und Vitamine nicht vergessen.** Bei Beschränkung der Nahrungsmenge ist es wichtig, auf ausreichende Versorgung mit Mineralstoffen und Vitaminen zu achten: Obst und Gemüse dürfen reichlich verzehrt werden. Allerdings muß dabei ihr Energiewert in Rechnung gestellt werden. Bei stark reduzierter Nahrungsmenge kann der Arzt evtl. ein Vitaminpräparat verschreiben.
- **Medikamente** zur Unterstützung der Abmagerungsdiät sollten **nur unter ärztlicher Kontrolle** eingenommen werden.
- **Bewegung und Sport** unterstützen die Abmagerungsdiät.

Null-Diät

Fasten ist eine besondere Form der Abmagerungsdiät; das völlige Fasten wird auch als *Null-Diät* bezeichnet. Diese Diät führt zu einer täglichen Gewichtsabnahme bis 300 g; sie sollte aber nur unter ärztlicher Überwachung durchgeführt werden.

Fasttage

Übergewicht kann aber auch durch regelmäßig eingeschaltete *Fasttage* wirkungsvoll bekämpft werden. Nur muß man sich davor hüten, sich nach Fastenkuren heißhungrig auf das Essen zu stürzen! Der erzielte Fastenerfolg bleibt nur gesichert, wenn zukünftig die Nahrungsaufnahme kontrolliert wird.
Abzulehnen, weil unwirksam oder problematisch, sind bei einer Abmagerungskur: Appetitzügler, Abführmittel, Massagebehandlungen oder Saunabesuche.

Der Übergewichtige muß lernen, seine Eßlust zu zügeln, seine Nahrungsmenge zu beschränken und hochwertige, aber energiearme Nahrung auszuwählen.

Krankendiät

Kranke Menschen benötigen oft eine spezielle Kost. Eine solche Diät muß individuell gehandhabt werden und die besonderen Voraussetzungen des einzelnen Krankheitsfalles berücksichtigen; z.B. das Alter des Kranken, seinen Ernährungszustand und das Krankheitsstadium. Wichtig ist auch, daß eine Diät immer abwechslungsreich gestaltet wird.

Diät bei Zuckerkrankheit (Diabetes)

Diabetes

Es liegt eine Störung des Kohlenhydratstoffwechsels vor. Weil in der Bauchspeicheldrüse das Hormon Insulin in zu geringer Menge oder gar nicht gebildet werden kann, steigt die Zuckerkonzentration im Blut an. Überernährung erhöht den Bedarf an Insulin und belastet die Bauchspeicheldrüse; deshalb werden Übergewichtige häufiger zuckerkrank als Normalgewichtige.

Regeln für die Diät bei Diabetes:
- Kohlenhydratzufuhr begrenzen.
- Eiweißzufuhr steigern.
- Energiezufuhr dem tatsächlichen Bedarf anpassen.
- Normalgewicht anstreben.
- Die tägliche Nahrungsaufnahme auf 6–7 Mahlzeiten verteilen.

Durchschnittliche, tägliche Nährstoffverteilung

	Gesunde (Erwachsene)	Zuckerkranke
Kohlenhydrate	50–55%	45%
Fette	35%	35%
Eiweiß	10–15%	20%

Zuckerdiät ist eiweißreich und kohlenhydratarm.

Broteinheit

Der Kohlenhydratgehalt einzelner Nahrungsmittel wird nach Broteinheiten (BE) berechnet.

1 Broteinheit = 12 g verdauliche Kohlenhydrate sowie Sorbit und Xylit
1 BE entspricht 25 g Graubrot.

Süßstoffe
Zuckeraustauschstoffe

Durch die Umrechnung in Broteinheiten soll dem Patienten die Zusammenstellung seiner Diät erleichtert werden. Reiner Zucker, Süßigkeiten und Alkohol sind zu meiden. Zum Süßen der Speisen können *Süßstoffe* oder *Zuckeraustauschstoffe,* in begrenzter Menge auch Fruchtzucker verwendet werden.

Auszug aus der Kohlenhydrataustauschtabelle für Diabetiker.

1 Broteinheit: 12 g Kohlenhydrat (+ 1,5 g Eiweiß) = ca. 55 kcal = 230 kJ

1 Broteinheit entsprechen jeweils

Fleisch und Fett		*Brote*	
Fleisch (Schwein, Rind)	35 g	Vollkornbrot	ca. 25 g
Butter	6,25 g	Landbrot	ca. 25 g
Margarine	6,25 g	Weizenbrot	ca. 20 g
Öl (2 Teelöffel)	5 g	Brötchen (1 St. = 40 g)	ca. 20 g
Beilagen		*Obst*	
Pellkartoffeln	60 g	Äpfel	100 g
Reis poliert	15 g	Bananen mit Schale	90 g
Nudeln aller Art	16 g	Birnen	90 g
Weizenmehl	16 g	Kirschen süß, mit Stein	90 g
Roggenmehl	16 g		
Erbsen	20 g	*Milch*	
Bohnen	20 g	Vollmilch (3,8%)	250 g
Linsen	20 g	Sauermilch	300 g
		Sahne	16,5 g

Die *Süßstoffe* Saccharin oder Cyclamat sind hochkonzentriert und als Streu- oder Backzucker nicht geeignet. Den Stoffwechsel belasten sie nicht; sie gehen unverdaut durch den Körper.
Die *Zuckeraustauschstoffe* Sorbit und Xylit sowie Fruchtzucker sind Kohlenhydrate, besitzen einen Nährwert, belasten in kleinen Mengen den Blutzuckerspiegel jedoch nicht. Daher können sie in der Zuckerdiät als Streu- und Backzucker verwendet werden, müssen jedoch bei den BE und der Energiemenge mit berechnet werden.

Diät bei Bluthochdruck

Bluthochdruck

Eine bei Erwachsenen häufig auftretende Erkrankung ist der Bluthochdruck, meistens verbunden mit Übergewicht. Wird das Körpergewicht normalisiert, führt das allein oft schon zur Senkung des Blutdruckes auf Normalwerte. Der erhöhte Blutdruck kann auch auf Wasseransammlung im Körper zurückzuführen sein. Dann ist salzarme Kost angezeigt, denn Kochsalz vergrößert das Wasservolumen im Körper. Auch eine krankhafte Veranlagung kann Ursache von Bluthochdruck sein; dann kann schon im Jugendalter Hochdruck auftreten.

Regeln für die Diät bei Bluthochdruck:

- Die Energiezufuhr darf den Bedarf nicht übersteigen.
- Die tägliche Kochsalzzufuhr ist zu senken. Nahrungsmittel mit geringem Kochsalzgehalt sind auszuwählen, das Salzen der Speisen sollte unterbleiben.
- An Stelle von Kochsalz können die Speisen durch geschickte Zubereitung (rösten) und durch entsprechende Auswahl der Zutaten und Gewürze schmackhaft gemacht werden. Zwiebel, Paprika, Meerrettich, Petersilie und andere Küchenkräuter, Pfeffer und andere Gewürze sind sehr geeignet.
- Reistage, Saft- oder Obsttage wirken entwässernd und unterstützen die Diät.

Diät bei erhöhtem Cholesterinspiegel

Cholesterinspiegel

Neben den üblichen Nahrungsfetten enthält unser Blut immer eine gewisse Menge an *Cholesterin.* Es ist ein fettähnlicher Stoff, der im Körper selbst aufgebaut werden kann, aber auch mit der Nahrung zugeführt wird. Steigt die Konzentration im Blut an, so wird Cholesterin in den Gefäßwänden eingelagert und führt zur Verengung der Blutgefäße (Arteriosklerose). Das Risiko für Herzinfarkt oder Schlaganfall ist damit erhöht.

Regeln für die Diät bei erhöhtem Cholesterinspiegel:

- Einschränkung der täglichen Gesamtenergiezufuhr, vor allem des Fettanteils.
- Die Zufuhr tierischer Fette, die alle cholesterinhaltig sind, ist zu beschränken.
- Pflanzenöle mit hohem Anteil an ungesättigten Fettsäuren bevorzugen.
- Cholesteringehalt der Nahrungsmittel beachten! Pflanzliche Nahrungsmittel sind frei von Cholesterin. Eier und Innereien sind reich an Cholesterin (300–400 mg/100 g); am höchsten ist der Cholesteringehalt von Hirn: 3150 mg/100 g! Bei Fleisch und Käse liegt der Cholesteringehalt um 100 mg/100 g.

Eine konsequent durchgeführte Diät kann Krankheitszeichen zum Verschwinden bringen und damit zur Wiederherstellung des Wohlbefindens und der vollen Leistungsfähigkeit beitragen.

Leichte Vollkost (Schonkost)

Unter leichter Vollkost versteht man eine Ernährung, die die Funktion der Verdauungsorgane (Magen, Darm) entlastet. Leichtverdauliche und energiearme

Hinweise für die Auswahl von Schonkost

Empfehlenswerte Lebensmittel	**Nicht empfehlenswerte Lebensmittel**
Brot und Gebäck	
altbackenes Weißbrot, Knäckebrot, Zwieback, Biskuit, Kekse	frisches Brot und Gebäck, fettreiche Kuchen, Torten
Mehl- und Eierspeisen	
gesüßte oder gesalzene, fettarm zubereitete Mehlspeisen; Eier: weichgekochte, verlorene, Omelett; Kartoffeln, Reis, Teigwaren	fettreiche Mehlspeisen, Mehlschnitten; hartgekochte Eier, mit Fett zubereitete, gebratene oder fritierte Kartoffeln
Gemüse	
junges Gemüse, Karotten, Spinat, Blumenkohl, Tomaten ohne Haut	blähende Kohlarten, Zwiebeln, Gurken, Paprika, Hülsenfrüchte
Obst	
gut ausgereifte Beeren, Äpfel, Banane, Zitrusfrüchte, Pfirsich; Obst vorzugsweise als Kompott oder Saft	unreifes, rohes Steinobst, Rhabarber, Trockenobst, Nüsse, Mandeln
Fleisch, Fisch, Wurst	
alles magere, zarte Fleisch; magere Fischsorten, magere Wurstsorten	fette, gebratene, geräucherte Fleisch- oder Wurstsorten und Fische
Milch und Milchprodukte	
alle Milchsorten bis 1/2 l täglich, magere Käsesorten, frischer Quark	große Mengen Sahne, fettreiche Käse, scharfgewürzte Käsesorten

Nahrung ist zu bevorzugen. Die Nahrung soll auf 5–6 Mahlzeiten täglich verteilt werden. Fette und scharf gewürzte Speisen sind zu meiden. Mit Alkohol, kohlensäurehaltigen und koffeinhaltigen Getränken soll man zurückhaltend sein.

Magen

Bei **Magendruck und Völlegefühl** gebe man kleinere Portionen auf mehrere Mahlzeiten verteilt und zur Anregung der Verdauungssäfte eine gut gewürzte Kost. Bei **Sodbrennen** ist jedoch reizlose Kost angezeigt, um das Aufsteigen von Magensäure zu verhindern. Bei **Geschwüren** im Magen oder im Zwölffingerdarm sind scharfgewürzte oder geröstete Speisen, sowie ballastreiche Nahrungsmittel zu meiden. Bei **Leber- und Gallenbeschwerden** ist die Auswahl leichtverdaulicher Fette wichtig: emulgierte Fette wie Butter und Margarine sowie Pflanzenöle sind zu bevorzugen. Die Fette dürfen aber nie hocherhitzt werden! Die übrige Kost sei reizlos: nicht zu stark gewürzt, nicht zu scharf gebraten. Eisgekühlte Getränke sind verboten. Säurearmer Kaffee ist leichter zu vertragen als der normale Bohnenkaffee. Alkohol ist zu meiden.

Zwölffingerdarm

Leber, Galle

Prüfen Sie Ihr Wissen

1. *Stellen Sie 3 Mahlzeiten (Frühstück, Mittag- und Abendessen) für einen Rohkosttag zusammen!*
2. *Jeder dritte Jugendliche ist übergewichtig. Nennen Sie die Ursachen dafür und stellen Sie einen energiearmen Kostplan auf!*
3. *Welche Kost empfehlen Sie bei Verdauungsbeschwerden? Welche Überlegungen gehen der Erarbeitung des eigentlichen Kostplanes voraus?*

Qualitätsbeurteilung bei Lebensmitteln

Wer sich gesund ernähren und gute Ware einkaufen will, der muß die Qualitätskennzeichnung kennen und beachten.

Milch, Butter, Käse, Eier

Milch

Zur Qualitätsbeurteilung bei Milch und Milcherzeugnissen dienen Angaben über Haltbarkeit und Fettgehalt, sowie der Aufdruck von Gütezeichen.

Milch – Unbehandelte Milch, die nur vom Erzeuger direkt an den Verbraucher abgegeben werden darf wird als *Rohmilch* bezeichnet. Im Handel gibt es rohe Milch als *Vorzugsmilch;* sie kommt aus Betrieben, die unter strenger gesundheitspolizeilicher Kontrolle stehen. – Normale *Konsummilch* wird in der Molkerei entweder pasteurisiert (40 sec auf 71–74 °C) oder ultrahocherhitzt (= uperisiert: 0,75 sec auf 150 °C). Bei Kühllagerung in verschlossener Packung ist die *pasteurisierte Milch* einige Tage, die ultrahocherhitzte *H-Milch* einige Wochen haltbar (Verfallsdatum beachten!). – *Kondensmilch* ist im Vakuum eingedampft worden; sie ist in der verschlossenen Dose 1–2 Jahre haltbar. Auch *Trockenmilch* ist in luftdichter Dose etwa 2 Jahre haltbar.

Pasteurisieren

Ultrahocherhitzen

Säuern

Sauermilchprodukte wie Buttermilch, Dickmilch, Joghurt sind aufgrund ihres Milchsäuregehaltes bei Kühllagerung 1–2 Wochen haltbar. Milch wird sauer, wenn der Milchzucker in Gegenwart von Milchsäurebakterien oder Joghurtbakterien in Milchsäure umgewandelt wird; diese Säure läßt dann das Milcheiweiß Kasein gerinnen.

Fettgehalt

Homogenisieren

Der **Fettgehalt** von unbehandelter Milch beträgt 3,5–5%. Bei der Bearbeitung in der Molkerei wird der Fettgehalt auf bestimmte Werte eingestellt und das in der Milch verbleibende Fett wird homogenisiert; d.h. die groben Fettkügelchen werden zerkleinert, indem Milch durch feinste Düsen gepreßt wird. Das Milchfett kann dann nicht mehr als Rahm hochsteigen, sondern bleibt fein verteilt.

Dem Fettgehalt von Milch und Milcherzeugnissen sollte beim Einkauf besondere Aufmerksamkeit geschenkt werden; fettarme Produkte sind energiearm und leichter verdaulich.

Fettgehalt	
0,5%	entrahmte Milch, Buttermilch
1,5%	fettarme Milch, fettarmer Joghurt
3,5%	normale Vollmilch, Vollmilch-Joghurt
4,5%	Vorzugsmilch (roh u. unbehandelt)
4,0%	fettarme Kondensmilch
7,5%	normale Kondensmilch
10%	fettreiche Kondensmilch
10%	Kaffeesahne (sterilisiert)
10%	saure Sahne (mit Joghurtkulturen gesäuert)
30%	Schlagsahne

Fettgehalt	
40%	Halb-Butter
80%	Butter Markenbutter/ Molkereibutter
100%	Butterschmalz

Bei Käse wird der Fettgehalt in Trockenmasse: Fett i.Tr. angegeben.

unter 10% Fett i.Tr.	Magerkäse
10–30% Fett i.Tr.	ger. Fettgehalt
40–50% Fett i.Tr.	mitt. Fettgehalt
60–85% Fett i.Tr.	hoher Fettgehalt

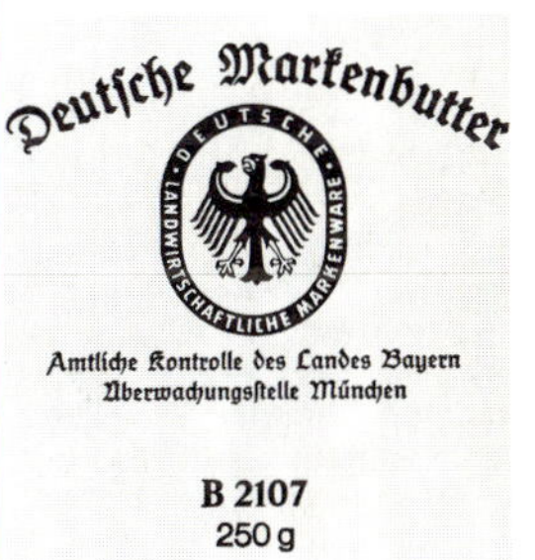

Butter – Es gibt sie als Markenbutter und als Molkereibutter. *Markenbutter* trägt das Adler-Gütezeichen und ist zum Schutz vor Luft und Licht in metallisierter Folie verpackt. Dagegen muß *Molkereibutter*, die Kühlbeständen entstammt, in durchscheinendes Pargamentpapier mit blauer Beschriftung verpackt werden. *Halb-Butter* wird in butterförmigem Becher angeboten; sie enthält neben 40% Fett einen hohen Anteil an Wasser, Eiweiß und Dickungsstoffen. Aufgrund des geringen Fettgehaltes ist sie bei energiearmer Diät als Streichfett geeignet; zum Kochen und Backen ist sie jedoch nicht verwendbar. – **Butterschmalz** ist wasserfrei und daher einige Zeit lagerfähig. Es wird preisgünstig angeboten, wenn es wie Molkereibutter aus Kühlhausbeständen stammt.

Käse

Käse – *Frischkäse* (Quark, Rahmfrischkäse) ist zum baldigen Verbrauch bestimmt. *Weichkäse* (Brie, Camembert) ist je nach Reifezustand ebenfalls nur begrenzte Zeit lagerfähig. *Schnittkäse* (Emmentaler, Gouda, Edamer) ist gut lagerfähig; er wird beim Altern trockener, fester und auch aromatischer. *Schmelzkäse* wird durch Erhitzen aus Schnittkäse gewonnen. Wird er mit Zusätzen von Schinken, Paprika oder Molkeneiweiß verarbeitet, so ist seine Bezeichnung *Schmelzkäsezubereitung*. Markenkäse tragen das Adler-Gütezeichen für landwirtschaftliche Markenware.

Magerer Quark und fettarme Sauermilchprodukte sind wertvolle Eiweißspender und begünstigen durch ihren Milchsäuregehalt die Entwicklung einer gesunden Darmflora.

Eier

Eier – Sie werden nach Güte- und Gewichtsklassen sortiert und mit Abpackdatum (Wochennummer) in den Handel gebracht.

Gewichtsklassen	**Güteklassen**	Die **Wochennummer** oder das Abpackdatum gibt Hinweis auf die Frische der Eier. Mit einer **Kenn-Nummer** wird Herkunftsland und Abpackbetrieb angegeben.
1 über 70 g	kennzeichnen die Qualität der Eier	
2 bis 69 g	A – frisch	
3 bis 64 g	B – haltbar gemacht	
4 bis 59 g	C – nur zur Verarbeitung (Aufbereitungsstellen oder Industrie)	
5 bis 54 g		

Frischezustand

Der Verbraucher kann durch eine einfache Schüttelprobe den *Frischezustand* der Eier überprüfen: Ei in Längsrichtung zwischen zwei Finger nehmen und schütteln. Alte Eier haben eine große Luftblase, und beim Schütteln ›klappert‹ der Ei-Inhalt. Auch beim Aufschlagen der Eier wird der Frischezustand erkennbar: bei alten Eiern ist der Dotter flach und das Eiklar läuft breit auseinander.

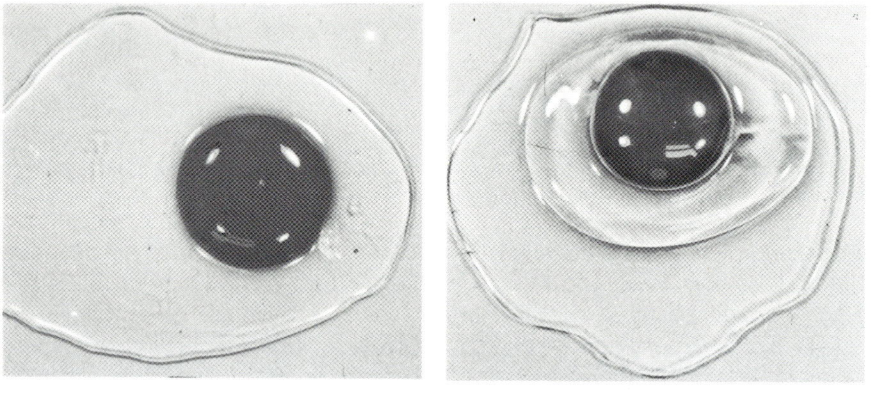

Links: altes Ei – Dotter flach, Eiklar stark ausgelaufen
Rechts: frisches Ei – Dotter kugelförmig, beim Eiklar Innenhof und Außenhof deutlich zu unterscheiden

> Eier sind reich an hochwertigem Eiweiß. Der Dotter ist besonders wertvoll wegen seines Gehaltes an Fettstoffen (Lezithin), Mineralstoffen (Ca, P, Fe) und Vitaminen (A, D, E).

Eier sind auch küchentechnisch bedeutsam:
sie *binden,* weil sie beim Erhitzen auf 70 °C gerinnen, Eiweiß *klärt* trübe Flüssigkeiten;
sie *lockern,* weil durch Eischnee viel Luft eingeschlossen werden kann;
sie *emulgieren Fette,* so daß in Cremes und in Mayonnaise wäßrige und fette Anteile sich nicht entmischen;
sie *färben* und verleihen Soßen und Gebäck ein appetitliches Aussehen.

Fleisch, Geflügel, Fisch

Fleisch – 30% aller Ausgaben für Lebensmittel entfallen auf Fleisch; deshalb ist es wichtig, über die Qualität der einzelnen Fleischsorten gut informiert zu sein. Die Bezeichnung Fleisch bezieht sich im Handel nur auf das Fleisch der Schlachttiere: Schwein, Rind, Kalb und Schaf (Hammel).

Schweinefleisch	**Rindfleisch**	**Kalbfleisch**	**Hammelfleisch**
ist hellrot und hat viel weißes Fett. Bei guter Qualität soll es feinfaserig und wenig durchwachsen sein.	ist dunkelrot mit gelblichem Fett. Die einzelne Muskelfaser ist kräftig. Das Fleisch alter Tiere kann zäh sein.	ist blaßrot und hat wenig weißes Fett. Weil es zart und leichtverdaulich ist, wird es in der Krankenernährung geschätzt.	ist dunkelrot und hat fast weißes Fett. Je heller das Fett, umso jünger das Tier. Sehr zart ist das Fleisch der nur wenige Wochen alten Lämmer.

Preisrelation

Preisrelation: Wenn das edelste Stück Schweinefleisch 100 kostet, dann kostet ein entsprechendes Stück vom Rind 140, vom Kalb 140, vom Hammel 80.

Kennzeichnung

Die **Fleischkennzeichnung** erfolgt nach Kategorie, Teilstück und Zuschnitt:

Kategorie	Art, Alter und Geschlecht des Tieres	Rind, Bulle, Kuh, Ochse, Schwein Kalb Hammel Lamm
Teilstücke	Fleisch- und Fettbeschaffenheit, Verwertungseignung	Filet, Lende, Keule, Brust, Hals, Bein
Zuschnitt	Anteil von Fleisch, Fett, Knochen, Sehnen	wie gewachsen (w.gew.) mit Beilage (m.B.) ohne Knochen (o.K.) zugeschnitten (z.)

Fleisch ist eine bedeutende Eiweißquelle. Das Fleisch junger Tiere ist zart, wasserreich, mager und leicht verdaulich. Das Fleisch älterer Tiere enthält weniger Wasser, aber mehr Fett und schmeckt aromatischer; wegen seiner festen Struktur ist es schwerer zu kauen und schwerer zu verdauen. Rindfleisch muß durch Abhängen (5–10 Tage) ausreifen und mürbe werden.

Innereien

Die **Innereien** der Schlachttiere enthalten hochwertiges Eiweiß, das leicht verdaulich ist, sowie wertvolle B-Vitamine und Mineralstoffe. Leber ist besonders reich an Eisen. Aber: Bei erhöhtem Cholesterinspiegel des Blutes sollte auf Innereien verzichtet werden, weil sie sehr viel Cholesterin enthalten.

Wurst

Bei **Wurst** wird unterschieden zwischen Rohwurst, Koch- und Brühwurst. *Rohwurst* ist Dauerwurst, aus rohem Fleisch guter Qualität hergestellt und durch Salzen, Trocknen oder Räuchern haltbar gemacht (Cervelatwurst, Salami, Mett-

Schweinefleisch – Lage und Bezeichnung der Teilstücke

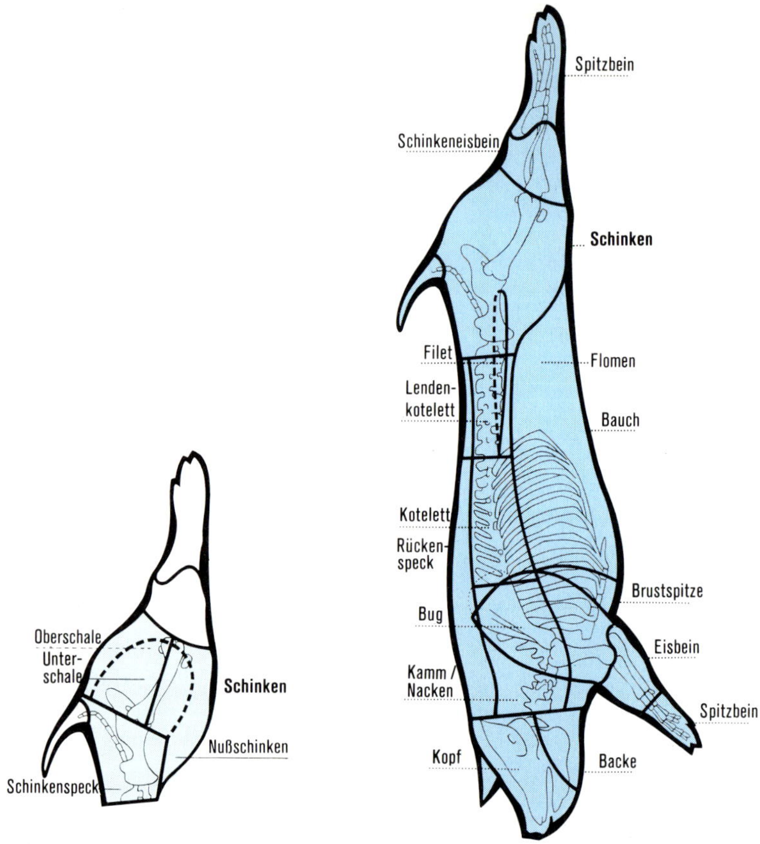

Kennzeichnung		Verwendung			
Empfohlen	Ergänzend	Braten	Schmoren	Grillen	Kochen
Filet		×		×	
Lendenkotelett		×	×	×	
Kotelett		×	×	×	
Schinken	Oberschale	×	×	×	
	Unterschale	×	×	×	
	Schinkenspeck	×	×	×	×
	Nußschinken	×	×	×	
Kamm/Nacken		×	×	×	×
Rückenspeck		×		×	×
Bauch		×	×	×	×
Bug		×	×	×	
Brustspitze		×	×	×	×
Schinkeneisbein		×		×	×
Eisbein		×		×	×
Spitzbein		×		×	×
Kopf		×			×
Backe		×		×	×
Flomen		×			

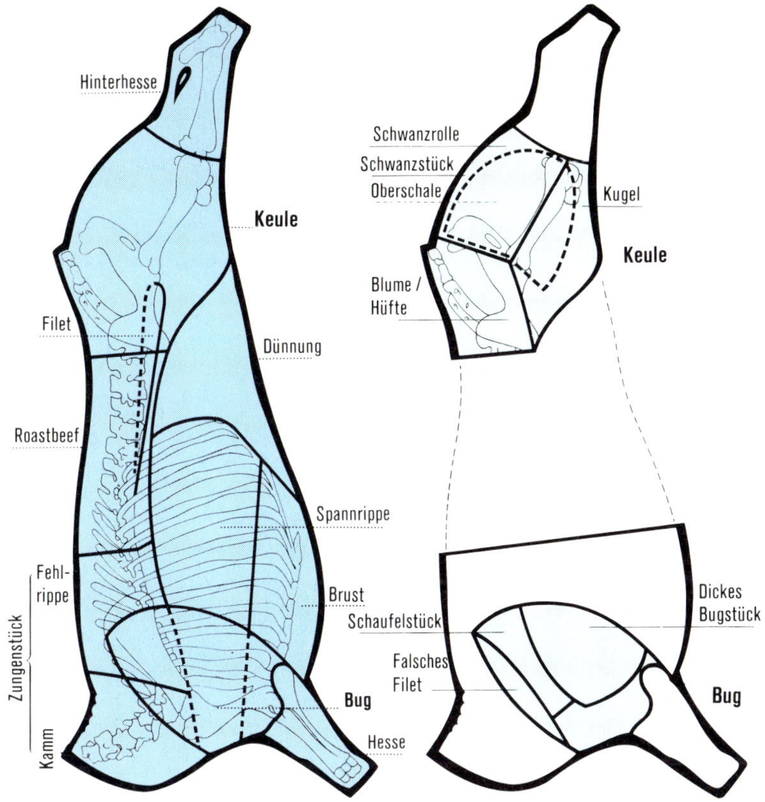

Rindfleisch – Lage und Bezeichnung der Teilstücke

Kennzeichnung		Verwendung			
Empfohlen	Ergänzend	Braten	Schmoren	Grillen	Kochen
Filet	–	×	×	×	
Roastbeef	Hochrippe	×	×	×	×
Keule	Schwanzstück	×	×	×	×
	Oberschale	×	×	×	
	Blume/Hüfte	×	×	×	×
	Kugel	×	×		
	Schwanzrolle	×	×	×	
Zungenstück	Kamm	×	×		
	Fehlrippe	×	×	×	×
Bug	Schaufelstück	×	×	×	×
	Falsches Filet	×	×	×	
	Dickes Bugstück	×	×	×	
Hinterhesse/Hesse	Beinscheiben		×		×
Brust		×	×	×	×
Spannrippe		×	×	×	×
Dünnung		×	×	×	×

wurst). Luftig hängend aufbewahrt ist sie lange haltbar. – *Kochwurst* wird aus gekochten Zutaten zubereitet; sie kann durch Räuchern für kurze Zeit haltbar gemacht werden (Leberwurst, Blutwurst, Sülzwurst). Zu *Brühwurst* werden rohe Zutaten fein zerkleinert und danach heiß gebrüht verarbeitet (Jagdwurst, Fleischwurst, Gelbwurst, Siedewürstchen). Brühwurst ist oft reich an unsichtbarem Fett!

Geflügel

Geflügel – Für Hühner, Gänse, Enten, Puten besteht Kennzeichnungspflicht nach Alter, Gewicht und Handelsklasse (A = einwandfrei, B = mit kleinen Mängeln).

Hühner	**Puten**	**Enten**	**Gänse**
Brathähnchen: Jungtier vor der Legereife geschlachtet. Poularden: Junghühner 1100–1700 g schwer: Suppenhühner: nach der Legezeit geschlachtete Tiere.	Junge Puten: 4–8 kg schwer mageres Fleisch. Ältere Puten werden selten gehandelt.	Junge Enten: 2–3 kg schwer 3–4 Monate alt Mastenten: 4–5 kg schwer und sehr fett.	Frühmastgänse: bis 4 kg schwer 4–5 Monate alt. Mastgänse: 5–8 kg schwer und sehr fett.

Bei verpackter Ware muß auch die Herrichtungsform angegeben werden: entdärmt (Därme herausgezogen), brat- oder kochfertig (ausgenommen, aber Herz, Leber, Magen beigelegt) oder grillfertig (ohne Hals und Innereien). Auch Herstellungsbetrieb und Herstellungsland müssen angegeben sein.

Fisch

Fisch – Bei uns werden 40 verschiedene Arten angeboten. Bei Seefischen liegen Kabeljau, Rotbarsch, Seelachs und Hering seit Jahren an der Spitze des Verbrauchs. Einige dieser Fischarten (z.B. Hering) sind durch starkes Überfischen seltener und teurer geworden. Es wird darum die Verarbeitung noch unbekannter, aber reichlich vorkommender Fischarten ausprobiert. Unbekannte Namen sollten uns nicht davon abhalten, diesen Fisch einmal zu versuchen.

Bekannte Seefische	**Neue Nutzfische**	**Süßwasserfische**
Kabeljau	Blauer Wittling	Forelle
Schellfisch	Grenadierfisch	Karpfen
Seelachs	Schwarzer Degenfisch	Barsch
Goldbarsch	Kaiserbarsch	Zander
Heilbutt	Goldlachs	Hecht
Scholle		Aal
Hering		Lachs

Fisch enthält hochwertiges und leicht verdauliches Eiweiß, viele wichtige Mineralstoffe (auch Iod!) und die Vitamine A und D. Magere Fischsorten sind den fettreichen vorzuziehen.

Fischdauerwaren werden durch Trocknen, Salzen, Marinieren, Räuchern oder Hitzesterilisieren hergestellt. Unterschieden werden Halb- und Vollkonserven.

Fischkonserven

Fisch-Halbkonserven	**Fisch-Vollkonserven**
Mit Konservierungsstoff für kurze Zeit haltbar gemacht (Präserve).	Ohne Konservierungsstoff in geschlossener Dose sterilisiert; mindestens 1 Jahr haltbar.
Beispiele:	
Rollmops, Bismarckhering, Hering in Gelee, Seelachs in Öl.	Heringe in Tomatensoße, Thunfischkonserven, Makrelen oder Sprotten in Öl.

Werden Konservierungsstoffe verwendet, so müssen diese namentlich genannt werden; z.B. mit Konservierungsstoff Benzoesäure.

Obst, Gemüse, Kartoffeln

Das Angebot ist vielfältig und schwankt je nach Jahreszeit. Es wird nach EG-Normen in *Güteklassen* sortiert:

Güteklassen

Güteklasse Extra – erlesene Qualität
Güteklasse I – sehr gute Qualität
Güteklasse II – Konsumware mit kleinen Fehlern
Güteklasse III – für den Verzehr noch geeignete, aber fehlerhafte Ware.

Kartoffeln der Klassen Extra und I sind streng sortiert und kommen in geschlossener Packung zum Verkauf. Klasse II darf nur offen angeboten werden. Es werden außerdem drei Kochtypen unterschieden: festkochend (Salatware), vorwiegend festkochend und mehlig-festkochend.

Kartoffeln

Kartoffeln sind eine wichtige und wertvolle Grundlage unserer Ernährung. Hervorzuheben sind der Gehalt an Stärke, an hochwertigem Eiweiß, Vitamin C und Kalium. Gemüse und Obst, in großer Auswahl angeboten, liefern viele essentielle Mineralstoffe und Vitamine, sowie verdauungsfördernde Ballaststoffe.

Auch bei **Gemüsekonserven** gibt es Qualitätshinweise, die zu beachten sind

Gemüsekonserven

Güte	Erbsen	Karotten	Bohnen	Spargel
1.	extra fein	extra klein	feine Stangenbrechbohnen	Riesenstangenspargel
2.	sehr fein	klein	Brechbohnen I	Spargel, sehr stark
3.	fein	mittelgroß	Brechbohnen II	Spargel, stark
4.	mittelfein	geschnitten	Schnittbohnen	Spargel, mittelstark
5.	Gemüseerbsen			Brechspargel (ohne Köpfe)

Obstkonserven

Obstkonserven kommen als **Kompott** (ganze oder halbe Früchte, Apfelmus mit Zucker) oder als **Saft** in den Handel. Farbstoffzusatz ist nur bei Erdbeeren, Kirschen und Pflaumen zulässig und muß durch den Aufdruck ›mit Farbstoff‹ gekennzeichnet werden. – **Fruchtsaft** wird durch Auspressen gewonnen; er ist in luftdicht verschlossenen Flaschen, die zuvor durch Erhitzen keimfrei wurden, lange haltbar. **Fruchtsirup** ist aufgrund seines hohen Zuckergehaltes (bis 68%) haltbar. **Obstdicksäfte** gewinnt man durch Eindampfen im Vakuum oder (sehr schonend!) durch Gefriertrocknung. Aus ihnen werden durch Rückverdünnung Erfrischungsgetränke bereitet.

Obst und Obstsäfte sind wertvolle Nahrungsmittel. Neben reichlich Mineralstoffen enthalten sie leichtverdaulichen Traubenzucker. Einige Säfte zeichnen sich durch hohen Vitamin-C-Gehalt aus: schwarzer Johannisbeersaft und die Säfte aus Zitrusfrüchten. Ihr Energiegehalt ist jedoch zu berücksichtigen. Obst sollte man zwar gut gewaschen aber nach Möglichkeit ungeschält verzehren, da durch das Schälen wertvolle Inhaltsstoffe verloren gehen; zudem wirken sich die Schalen als Ballaststoffe günstig auf die Verdauung aus.

Getreideerzeugnisse, Backwaren

Die wichtigsten Getreidearten – in der Reihenfolge der Verbrauchsmenge aufgezählt – sind: Weizen, Roggen, Hafer, Gerste, Reis und Mais. In Getreidemühlen werden die Körner geschält, geschliffen, zerschnitten, gewalzt und gemahlen. Bei Vollkornprodukten bleiben die Kleieteile mit wertvollen Mineralstoffen und B-Vitaminen erhalten. Je stärker die **Ausmahlung**, umso höher der Mineralstoffgehalt, der Cellulosegehalt und umso dunkler das Produkt. Der Ausmahlungsgrad wird durch die **Typenzahl** des Mehles angegeben:

Ausmahlung

Typenzahl

Die Typenzahl eines Mehles gibt an, wieviel Milligramm Asche (= Mineralstoffe) in 100 g Mehltrockensubstanz enthalten sind.

Grieß

Bei **Grieß** wird unterschieden zwischen Hartweizengrieß, der gelb und körnig ist (beste Sorte) und Weichweizengrieß, der weiß und weich ist, weil er nur wenig Klebereiweiß enthält.

Reis

Bei **Reis** unterscheidet man Rundkornreis, der zu Milchbrei verarbeitet wird, und Langkornreis (Patna Reis), der beim Kochen körnig bleibt. Außerdem gibt es Langkorn-Parboiled-Reis, der vorbehandelt ist und auch bei Überschreiten der Garzeit körnig bleibt.

Brot

Das **Brot** ist in seiner Qualität abhängig von der Mehlsorte, von der Teigbereitung und dem Teiglockerungsmittel (Sauerteig oder Hefe), vom Backprozeß und von der Lagerung. Roggenbrote bleiben länger frisch als Weizenbrote. Bei Benennung der Brote wird die Getreideart (Roggen, Weizen) und ihre mühlentechnische Verarbeitung (Schrotbrot, Vollkornbrot) angegeben. Mehlfeine Vermahlung wird nicht eigens angeführt; Vollkornbrot heißt also: Brot aus Vollkornmehl.

Ungeschnittenes Brot muß wenigstens 500 g wiegen und: das Brotgewicht muß immer durch 250 teilbar sein.

Semmeln

Bei **Semmeln** (Brötchen) darf das Gewicht zwischen 35 und 50 g schwanken. Das Angebot an Vollkornsemmeln verdient besondere Beachtung.

Dunkles Brot, Flocken, Grütze und andere Vollkornprodukte sind gesund, weil sie in dem Kleieanteil wertvolle Mineralstoffe und viele B-Vitamine sowie verdauungsfördernde Ballaststoffe enthalten. Einseitige Ernährung mit kleiefreiem, hellem Mehl und Brot ist ungesund, weil die für den Kohlenhydratstoffwechsel notwendigen B-Vitamine fehlen.

Teiglockerung für Backwaren wird erzielt durch Kneten, Rühren, Schlagen oder Zugeben von Eischnee (mechanische Teiglockerung), durch Backpulver, Hirschhornsalz oder Pottasche (chemische Teiglockerung), durch Hefe oder Sauerteig (biologische Teiglockerung).
Bei der *mechanischen Teiglockerung* wird Luft eingearbeitet, die sich in der Backhitze ausdehnt und dem Teig weitere Lockerung verschafft.
Bei der *chemischen Teiglockerung* mit Backpulver wird in der Backhitze Kohlendioxid (Gas!) frei, das den Teig auftreibt.
Bei der *biologischen Teiglockerung* wird durch lebende Hefepilze eine alkoholische Gärung in Gang gesetzt, bei der aus Zucker Alkohol und Kohlendioxid entstehen. In der Backhitze verdampft der Alkohol; die sich ausdehnenden Gase lockern den Teig. – Sauerteig läßt neben Alkohol und Kohlendioxid auch Milchsäure entstehen, die dem Brot säuerlichen Geschmack verleiht.
Ein Hefewürfel von 25 g enthält etwa 2 Millionen einzellige Hefepilze. Frisch ist die Hefe hellgelb (nicht braun); sie läßt sich luftdicht verpackt im Kühlschrank kurze Zeit lagern. Getrocknete Hefe kann monatelang gelagert werden. Hefe braucht zur Entwicklung Feuchtigkeit, guten Nährboden (Zucker, Stärke) und Wärme. Im kalten Teig entwickelt sie sich nur langsam, bei 35 °C sehr gut, aber bei höheren Temperaturen (70 °C) stirbt sie ab.

Prüfen Sie Ihr Wissen

1. Was unterscheidet pasteurisierte Vollmilch von fettarmer H-Milch?
2. Nennen Sie besonders magere Fleisch- und Geflügelsorten!
3. Nehmen Sie Stellung zu der Meinung, daß Kartoffeln ›dick machen‹!

Nährwerterhaltung, Nahrungsmittelverderb und Lebensmittelvergiftungen

Sorgsame Zubereitung und Lagerung schützen unsere Nahrungsmittel vor Nährstoffverlusten, vor Schädlingsbefall und vor Zersetzung durch Eigenenzyme oder durch Kleinlebewesen. Verdorbene Nahrungsmittel können unsere Gesundheit gefährden.

Verluste bei Zubereitung und Lagerung

Verluste bei der Zubereitung betreffen in erster Linie die wasserlöslichen Stoffe in unserer Nahrung, also Mineralstoffe, Vitamine B und C und Eiweiß sowie die hitzeempfindlichen Vitamine C und B. Verluste bei der Lagerung betreffen das empfindliche Vitamin C, sowie Fette und fetthaltige Nahrungsmittel.

Wässern

Verluste durch Wässern – Wenn geschälte Kartoffeln im Wasser liegend aufbewahrt werden, verlieren sie innerhalb von 12 Stunden 50% an Vitamin C und 25% an Vitamin B. Ähnliches gilt auch für Gemüse.

Oben: Vitaminverluste beim Wässern von Kartoffeln

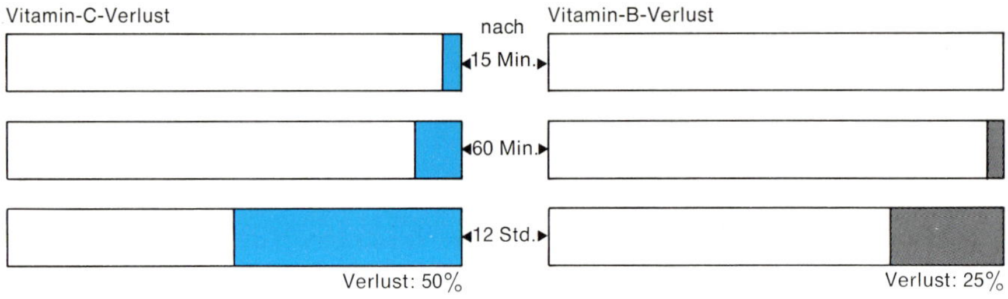

Vitamin C wird stärker herausgelöst, Vitamin B weniger.

Kartoffeln und Gemüse dürfen nicht längere Zeit im Wasser liegen. Sie sollen erst kurz vor dem Verzehr vorbereitet und in wenig Wasser gegart werden. Kochwasser nicht weggießen, sondern für Suppen oder Soßen verwenden.

Warmhalten

Erhitzen

Verluste durch Warmhalten, Erhitzen oder Überhitzen – Beim Warmhalten gekochter Speisen ist in 2 Stunden bei 60 °C das Vitamin C fast restlos zerstört. Das Kochen im Kochtopf schädigt die Vitamine B und C mehr als das Kochen im Dampftopf.

Unten: Vitaminverluste beim Garen von Gemüse (15 Minuten)

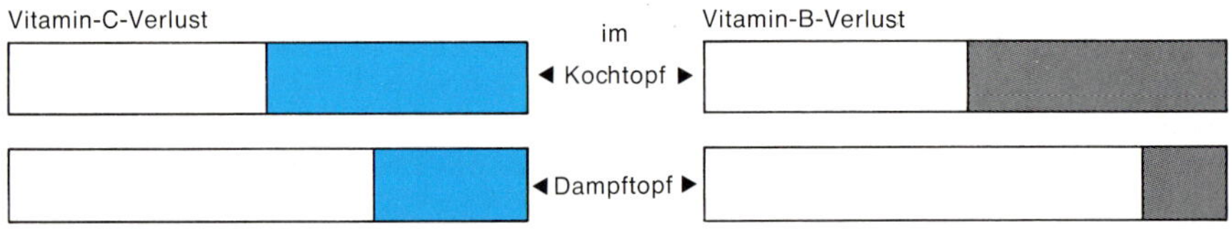

Die Verluste beim Garen im Kochtopf sind sehr hoch (50%); im Dampftopf sind die Vitaminverluste geringer (30 bzw. 17%).

Kochen im Dampftopf bevorzugen, Garzeit so kurz wie möglich wählen. Gegarte Speisen baldmöglichst verzehren; nie warmhalten, sondern kühlstellen und bei Bedarf portionsweise aufwärmen.

Überhitzen

Fett ist durch Überhitzen gefährdet. Wird es zu hoch erhitzt (über 200 °C), so zersetzt es sich und beginnt zu rauchen. Dabei entsteht ein giftiges Zersetzungsprodukt Acrolein.

Backfett niemals überhitzen. Durch langes oder wiederholtes Ausbacken dunkel gewordenes Fett weggießen. Hitzestabiles Fritierfett verwenden.

Verluste bei Lagerung – Je länger der zeitliche Abstand zwischen Ernte und Verzehr, umso größer sind bei Kartoffeln, Gemüse und Obst die Verluste. Die Einwirkung von Wärme, Licht und Sauerstoff läßt sich niemals ganz vermeiden. Besonders Vitamin C leidet unter der Lagerung.

50% Vitamin C-Verlust durch Lagerung

bei	Kartoffeln	Spinat	Bohnen
nach	180 Tagen	10 Tagen	1 Tag
bei	4–6 °C	4–6 °C	21 °C

Licht

Licht begünstigt die Zersetzung der Fette; sie ändern ihre Farbe, werden ranzig und übelriechend. Ranzige Fette schmecken schlecht und sie sind auch ungesund, weil sie u.a. die Vitamine A und C (durch Oxidation) schädigen. Werden andere Nahrungsmittel zusammen mit ranzigem Fett verzehrt, so werden auch deren Vitamine zerstört. Zum Schutz vor einfallenden Lichtstrahlen wird Öl in dunklen Flaschen oder in Dosen gehandelt, Butter und Margarine in metallisierter Folie oder in lichtundurchlässigen Plastikbechern.

Feuchtigkeit

Feuchtigkeitsaufnahme verdirbt die Trockenvorräte: Salz, Zucker, Mehl, Backpulver verklumpen. Man achte darauf, daß in der Küche nicht übermäßig viel Dampf entwickelt wird (in geschlossenem Topf schwach siedend garen!).

Feuchtigkeitsabgabe läßt Lebensmittel austrocknen. Betroffen sind vor allem Frischgemüse, Obst, Backwaren, Käse- und Wurstaufschnitt. Besonders stark ist die Austrocknung im Kühlschrank. Kühlvorräte werden in gutschließenden Dosen, in Plastik- oder Alufolie verpackt im Kühlschrank gelagert. Nur frisches Fleisch sollte nicht im Plastikbeutel aufbewahrt werden; es wird darin leicht stickig.

Aroma

Aromaverlust tritt bei Kaffee, Tee und Gewürzen auf. Da in gemahlenem Zustand die Aromaverluste besonders hoch sind, sollten diese Lebensmittel ungemahlen und auch nur in kleinen Mengen gelagert werden. Als Vorratsbehälter eignen sich Twist-off-Gläser, die völlig luftdicht verschlossen werden können.

Fremdgeruch kann störend wirken. Empfindliche Speisen, die leicht Fremdgeruch annehmen, wie z.B. Milch sind ebenfalls verschlossen zu lagern.

Zweckmäßige Verpackungen

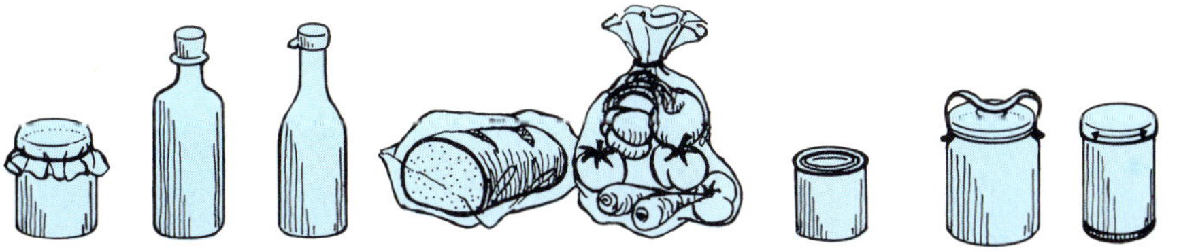

Plastikfolie selbsthaftend · Gummikappe · Plastikkappe · Brot und Gemüse im Plastikbeutel · Büchse mit eingeklemmtem Deckel · Glas mit Gummidichtung · Glas mit Twist-off-Deckel

Bei Vorratshaltung ist auf sachgerechte Lagerung zu achten: Fette vor Licht schützen, Trockenvorräte trocken, Feuchtvorräte luftgeschützt und kühl, aromatische und geruchsempfindliche Lebensmittel in dichtverschlossenen Behältern lagern!

Nahrungsmittelverderb

Nahrungsmittel gelten als verdorben, wenn sie durch Schmutz oder Ungeziefer verunreinigt sind, oder wenn sie durch Schimmelbildung, Gärung oder Fäulnis in Zersetzung übergegangen sind.

Ungeziefer

Ungeziefer schädigt die Vorräte durch Fraßspuren und Kotballen (Ratten, Mäuse), durch Gespinste (Milben in Mehl oder Grieß), durch abgeworfene Häute (Raupen, Puppen von Fluginsekten), durch lebende oder tote Tiere, die in den Nahrungsmitteln gefunden werden. Wichtigste Schutzmaßnahmen sind Ordnung, Sauberkeit und Kühlung.

> Nahrungsmittelreste nicht offen herumliegen lassen,
> in Vorratsräumen und Vorratsschränken auf Ordnung und Sauberkeit achten,
> lüften und für kühle Temperaturen sorgen.

Insekten

Insekten sind temperaturempfindlich. Bei Zimmertemperatur und darüber sind sie sehr beweglich und vermehren sich auch stark. Ihre Beweglichkeit nimmt mit sinkender Temperatur ab, bis schließlich nahe dem Gefrierpunkt Kältestarre eintritt. Unter −15 °C sterben Insekten ab (Gefriergeräte haben eine Temperatur von −18 °C)

Pilze und Bakterien

Pilze und Bakterien verursachen Nahrungsverluste durch Gärung, Fäulnis oder Schimmelbildung.

Gärung

Gärung wird ausgelöst durch Hefepilze; es sind winzige, einzellige Pilze, die als ›wilde Hefen‹ überall vorkommen. In kohlenhydratreichen Nahrungsmitteln können sie bei Wärme und Feuchtigkeit Zucker vergären. (Stärke wird zuvor von Hefeenzymen zu Zucker abgebaut.) Das bei der Gärung entstehende Kohlendioxid steigt in Blasen auf; (bei Hefeteig lockert es Teig und Gebäck). Neben Kohlendioxid entsteht Alkohol; man spricht deshalb auch von alkoholischer Gärung.

> **Alkoholische Gärung**
>
> $$\text{Zucker} \xrightarrow{\text{Hefe}} \text{Alkohol} + \text{Kohlendioxid}$$

Bei der Wein- und Bierbereitung und bei der Teiglockerung ist alkoholische Gärung erwünscht und wird durch Zusatz von Kulturhefe gefördert. Wenn jedoch Speisen durch wilde Hefen in Gärung geraten, so wird oftmals der Geschmack unangenehm verändert. *Vergorene Nahrungsmittel gefährden unsere Gesundheit nicht;* Kohlendioxid ist ungiftig und Alkohol ist nur in großen Mengen genossen gesundheitsschädlich.

Schimmel

Schimmelbildung wird ausgelöst durch kleinste Schimmelpilze, deren Sporen überall vorkommen. Auf feuchten Nährböden keimen die Sporen aus; sie zersetzen die Nahrungsmittel oberflächlich, weil sie Luft zum Leben brauchen. An Schimmelkäse wird das Schimmelwachstum mit Edelkulturen gesteuert; dieser Edelschimmel ist gesundheitlich unbedenklich. Anders aber verhält es sich mit wildem Schimmelwachstum: *Unkontrollierte Schimmelbildung ist gefährlich,* denn von einigen Schimmelpilzarten werden Giftstoffe gebildet, die Verdauungsstörungen auslösen oder gar krebserzeugend wirken. Als besonders gefährlich gilt der Schimmel an Brot, Nüssen oder Fleischwaren wegen der entstehenden Giftstoffe (Aflatoxine).

> Verschimmeltes Brot, verschimmelte Nüsse oder verschimmelte Fleischwaren sind für den Verzehr nicht mehr geeignet. Es genügt auch nicht, oberflächlich den Schimmel zu beseitigen oder verschimmelte Stellen herauszuschneiden; Schimmelpilzgift zieht bis in die Tiefe der Nahrungsmittel ein.

Fäulnis

Fäulnis wird durch Fäulnisbakterien verursacht. Sie zersetzen vor allem Eiweiß, und bei dieser Eiweißzersetzung entstehen giftige Abbauprodukte, die allgemein als Toxine bezeichnet werden. Bei Eiweißfäulnis entstehen auch übelriechende Gase: Geruch nach Jauche oder nach faulen Eiern, verursacht durch Ammoniak oder Schwefelwasserstoff. Fäulnis ist nie erwünscht. Wenn eiweißreiche Nahrungsmittel wie Fleisch, Wurst, Fisch, Pilze, Erbsen oder Bohnen in Fäulnis übergegangen sind, dürfen sie nicht mehr verzehrt werden, denn sie sind giftig. Die Giftwirkung ist stark: $^1/_3$ aller Fälle endet tödlich! Die Wirkung des Giftes zeigt sich erst einige Stunden nach Genuß der verdorbenen Nahrung; es kommt zu Erbrechen und Durchfall, zu Fieber, Krämpfen und Lähmungen. Leider kommt dann in vielen Fällen ärztliche Hilfe zu spät.

Konserven von Fleisch, Fisch, Pilzen, Erbsen, Bohnen können ebenfalls in Fäulnis übergehen. Sie zeigen dann einen aufgetriebenen Büchsendeckel, bzw. bei Einmachgläsern sitzt der Deckel lose. Gesülzte Fleisch- oder Fischkonserven werden flüssig, Fisch in Öl oder Räucherfisch riechen ranzig. Alle diese Anzeichen sind sehr ernst zu nehmen, denn Vergiftungen durch verdorbene Konserven sind lebensgefährlich.

> In Fäulnis übergegangene, eiweißreiche Nahrungsmittel dürfen nicht verzehrt werden; sie sind giftig. Beim Auftreten akuter Krankheitserscheinungen, die auf giftige Nahrungsmittel zurückzuführen sind, muß sofort ein Arzt aufgesucht werden.

Vergiftungen und Infektionen durch Lebensmittel

Giftige Inhaltsstoffe der Nahrung können unsere Gesundheit gefährden.

Pilze

Giftige *Pilze* z.B. enthalten Stoffe, die in ihrer Wirkung den Fäulnisgiften ähnlich sind. Wer Pilze sammelt, sollte sehr genau Bescheid wissen, um eßbare von ungenießbaren oder gar giftigen Pilzen unterscheiden zu können. Im Zweifelsfall lieber einen Pilz verwerfen, als den Tod riskieren!

Bohnen
Mandeln

Grüne Bohnen und bittere Mandeln enthalten einen Giftstoff, der mit der sehr giftigen Blausäure bzw. dem Zyankali(!) verwandt ist. Bei Bohnen wird das Gift beim Kochen zerstört; grüne Bohnen sind also nur im Rohzustand giftig. Das Bittermandelgift ist so stark, daß schon 6 bittere Mandeln für ein Kleinkind tödlich sein können! Bittere Mandeln, die in alten Rezepten gefordert werden, können heute durch ungiftiges Bittermandelaroma ersetzt werden.

Kartoffeln

Kartoffeln können sich beim Keimen mit dem Giftstoff *Solanin* anreichern und nach Verzehr Verdauungsbeschwerden verursachen. Lebensgefährliche oder tödliche Vergiftungen sind nicht bekannt. Der Solaningehalt ist erhöht in unreif geernteten Knollen, die am Licht grün werden, in alten fleckigen Kartoffeln und in Kartoffelkeimen. Grüne Stellen und fleckige Schalen sollte man vorsorglich in dicker Schicht abtragen.

Spinat

Spinat verändert sich, wenn er nach dem Kochen längere Zeit warmgehalten wird. Dabei wird von Bakterien das im Spinat enthaltene Nitrat in *Nitrit* umgewandelt. Nitrit ist ein schweres Blutgift; es blockiert den Sauerstofftransport und verursacht Erstickungserscheinungen. Säuglingen sollte Spinat als Beikost erst nach dem 4. Lebensmonat gereicht werden. Spinat darf niemals aufgewärmt werden! Nitrate und Nitrite sind auch in Wurst und Schinken enthalten. Mit bestimmten Eiweißbausteinen, besonders bei Temperaturen über 170 °C (Grillen!) bilden sich Nitrosamine. Nitrosamine besitzen eine stark krebserregende Wirkung.

Bakterien: Salmonellen

Salmonellen können eine *bakterielle Verseuchung* der Nahrungsmittel auslösen und schwere Krankheitserscheinungen verursachen: Durchfall, Fieber, Koliken, Krämpfe. Da die Krankheit durch die Ausscheidungen der Kranken übertragen wird, muß sie dem Gesundheitsamt gemeldet werden. *Einer Infektion mit Salmonellen kann nur durch große Sauberkeit, durch Erhitzen auf 100* °C oder durch wirksames Kühlen (rasches Abkühlen!) der Speisen vorgebeugt werden. Salmonellen sitzen oberflächlich auf Gemüse, das durch Fäkalien verunreinigt wurde. Was roh gegessen wird, muß gründlich gewaschen werden! Beim Kochen werden die Salmonellen abgetötet; aber die Speisen müssen gründlich durchgekocht werden! Werden Speisereste oder vorgekochte Speisen nur erwärmt, so finden vereinzelt vorkommende Salmonellen bei Temperaturen zwischen 40 und 60 °C ideale Lebensbedingungen und können sich rasch vermehren. Dieser kritische Temperaturbereich muß auch beim Kühlstellen möglichst rasch durchlaufen werden, um starke Salmonellenvermehrung zu verhindern. Salmonellen können in allen Lebensmitteln vorkommen, besonders gefährdet sind Geflügel, Hackfleisch, Speiseeis und z. B. Kartoffelsalat. Besondere Aufmerksamkeit ist den Handtüchern und Wischtüchern zu schenken: Feucht und mit Speiseresten verschmiert sind sie eine Brutstätte für Salmonellen. Gründliches Auswaschen der Wischtücher, luftige Aufhängung, die rasches Trocknen ermöglicht, und regelmäßiges Auskochen der Tücher ist unerläßlich.

Achten Sie auf Sauberkeit bei der Nahrungszubereitung, um Salmonelleninfektionen auszuschließen!

Parasiten Bandwurm Trichine

Parasiten, die beim Menschen Krankheiten verursachen, können auch in Nahrungsmitteln vorkommen. Die Übertragung von *Bandwürmern* oder *Trichinen,* durch die im Fleisch der Schlachttiere vorkommenden Finnen oder Kapseltrichinen wird durch Fleischbeschau ausgeschlossen. Das Fleisch wird nach der Schlachtung vom Tierarzt untersucht und bekommt einen blauen Stempelaufdruck: TU (tierärztlich untersucht). Auch Wildschweinfleisch unterliegt neuerdings einer solchen Fleischbeschau, vor allem um Infektionen mit Trichinen auszuschließen.

Spulwurm

Spulwürmer können sich im Darm des Menschen entwickeln, wenn Spulwurmeier durch fäkaliengedüngtes Gemüse verschleppt werden. Um einem Spulwurmbefall vorzubeugen, darf Gemüse niemals mit menschlichen Fäkalien gedüngt werden. Außerdem ist auf große Sauberkeit in der Nahrungszubereitung zu achten.

Toxoplasma

Toxoplasma, ein einzelliges Tier, das durch Genuß von rohem Fleisch und durch unsauberen Umgang mit Haustieren übertragen werden kann, ist sehr tückisch. Befall mit Toxoplasma ist vor allem für schwangere Frauen gefährlich, denn

Toxoplasmose schädigt das ungeborene Kind: es kommt zu Mißbildungen an Gliedmaßen und Organen, zu Totgeburten oder zu bleibender geistiger Schädigung. Während der Schwangerschaft ist daher erhöhte Vorsicht geboten.

Achten Sie auf Sauberkeit im Umgang mit Nahrungsmitteln, um Wurm- oder Toxoplasmainfektionen vorzubeugen.

Prüfen Sie Ihr Wissen

1. *Nennen Sie schädigende Einflüsse, die dazu führen, daß Nahrungsmittel vernichtet oder in ihrer Qualität gemindert werden!*
2. *In welchen Fällen ist nach Zersetzung durch Kleinlebewesen die Nahrung ungenießbar? Welche Lebensbedingungen sind für diese Erreger günstig?*
3. *Wie kann einer Salmonelleninfektion vorgebeugt werden?*

Haltbarmachen von Lebensmitteln

Vorratshaltung bedeutet: Vom Marktangebot und von Saisonpreisen unabhängig werden, preisgünstige Angebote nutzen, Produkte aus dem eigenen Garten ganzjährig verfügbar machen und Reserven für Notfälle einlagern. Die ältesten Konservierungsverfahren sind Trocknen, Salzen, Säuern und Einzuckern. Mit der Erfindung gummigedichteter Gläser und Dosen setzte sich das Sterilisieren mehr und mehr durch. Heute erlauben uns Kältemaschinen das Einfrieren, bei dem Nährwert und Geschmack am besten erhalten bleiben.

Konservieren durch Kälte

Gefrierlagerung

Die moderne Form der Vorratshaltung ist die Konservierung durch Kälte. Sie beruht darauf, daß mit sinkender Temperatur die Vermehrung von Mikroorganismen und die Geschwindigkeit enzymatischer Zersetzungsprozesse immer mehr abnimmt und schließlich zum Stillstand kommt. Die Lagerdauer tiefgefrorener Ware ist abhängig von der Lagertemperatur

Lagerdauer von Tiefkühlware

	im Gefrierschrank oder Gefriertruhe bei − 18° C	in Tiefkühlfächern mit 1–3 Sternen: *** − 18° C	** − 12° C	* − 6° C
Gemüse, Obst mageres Fleisch	12 Monate		6 Monate	3 Monate
Backwaren, Fisch, mittelfettes Fleisch	6 Monate		3 Monate	6 Wochen
fettes Fleisch, Wurst Milch, Sahne, Speiseeis	3 Monate		6 Wochen	3 Wochen

Das Verdampferfach des Kühlschrankes hat nur etwa −5 °C; darin eingelagerte Tiefkühlware ist nur einige Tage lagerfähig.

Einkauf von Tiefkühlkost

Beim *Einkauf von Tiefkühlkost* ist darauf zu achten, daß sie in der Verkaufstruhe ordnungsgemäß gekühlt ist. Die Truhe darf nicht vereist sein, denn bei dicker Eisschicht ist die Kühlung behindert und die Temperatur steigt an. Ein Thermometer in der Verkaufstruhe (am oberen Rand angebracht!) zeigt dem Kunden an, ob die Lagertemperatur von − 18 °C eingehalten ist. Von der Lagerung bis zum Verbrauch darf die *Gefrierkette* nicht unterbrochen werden. Soll Gefrierware beim Verbraucher noch längere Zeit eingefroren gelagert werden, so sollte sie bei warmer Witterung oder bei langen Wegen in einer gut isolierten Kühltasche transportiert werden.

Einfrieren

Zum *Einfrieren* eignen sich nur frische Nahrungsmittel bester Qualität. Beeren und entkernte Zwetschgen können roh eingefroren werden. Obst, das sich an der Luft braun verfärbt (Äpfel, Birnen, Pfirsiche), wird vorher in Zuckerlösung aufgekocht. Gemüse wird zerkleinert und blanchiert, d.h. einige Minuten in kochendes Wasser eingelegt. Fertiggerichte werden portionsweise eingefroren, da ein zweites Tiefkühlen nach kurzzeitigem Auftauen vermieden werden muß; Qualität und Geschmack würden darunter leiden.

Schockgefrieren

Auf rasches Einfrieren ist zu achten! Geräte mit einem Vorgefrierfach, das bis auf −40 °C gekühlt ist, erlauben es, durch *Schockgefrieren* die Lebensmittel sehr rasch durchfrieren zu lassen. Bei raschem Gefrieren erstarrt die Zellflüssigkeit zu kleinsten Eiskristallen, die die Zellwände nicht zerstören. Bei langsam wachsenden, großen Eiskristallen besteht die Gefahr, daß das Zellgefüge gesprengt wird, und beim Auftauen viel Zellsaft ausläuft und verloren geht.

Auftauen

Nach dem *Auftauen* muß Gefrierware bald verwendet werden, denn sie ist rascher der Zersetzung ausgesetzt als frische Ware. Langsames Auftauen im Kühlschrank oder in einem kühlen Raum ist dem gewaltsamen Auftauen durch Erhitzen oder Warmstellen vorzuziehen. Die *Auftauzeit* muß je nach Verwendung eingerechnet werden: Normale Packungen von etwa 250 g brauchen im Kühlschrank etwa 12 Stunden, bei Zimmertemperatur 3–4 Stunden; flachverpackte Ware taut rascher auf als die in dicken Blöcken eingefrorene Ware.

Ohne Auftauen lassen sich Gemüse- und Kartoffelprodukte verwenden; ebenso Fischfilet und flache Fleischstücke.
Angetaut werden dicke Fleischstücke, ganze Fische, und Obst als Kuchenbelag.
Aufgetaut werden Fleischstücke mit mehr als 5 cm Dicke, Rouladen, Hackfleisch, ganzes Geflügel und alles, was zum Rohverzehr bestimmt ist.

Das Einfrieren hat viele Vorteile: Es erfordert nur geringen Arbeitsaufwand, und es verändert Farbe und Geschmack der Lebensmittel nicht. Tiefkühlkost hat kürzere Garzeit (Verkürzung etwa ⅓), weil Eiweiß und Cellulose in ihrer Struktur verändert werden; sie sind dadurch auch leichter verdaulich. Die Erhaltung der Vitamine und anderer Nährstoffe ist bestens.

Nur die Zersetzung der Fette kann durch Gefrierlagerung nicht aufgehalten werden; deshalb lassen sich alle fettreichen Lebensmittel nur begrenzte Zeit durch Gefrierlagerung konservieren. Vergleiche die Lagerdauer von magerem Fleisch!

Konservieren durch Erhitzen und Luftabschluß

Durch Erhitzen werden Keime getötet und Enzyme zerstört; damit wird die Zersetzung der Lebensmittel unterbunden. Eine dauerhafte Konservierung wird aber nur dann erreicht, wenn durch Luftabschluß die Ansiedelung neuer Keime verhindert wird.

Obst, Obstsaft und Essiggemüse können durch Erhitzen auf 60 bis 90 °C haltbar gemacht werden. Dieses Verfahren wird *Pasteurisieren* genannt; es wird auch zum kurzzeitigen Haltbarmachen von Milch angewandt. Gärungserreger werden beim Pasteurisieren abgetötet, aber Fäulniserreger und andere hartnäckige Keime werden bei Pasteurisierungstemperatur nur vorübergehend in ihrer Entwicklung gehemmt.

Pasteurisieren

Fleisch, Fisch, Pilze, Erbsen und Bohnen, die durch Fäulnis und die Entstehung giftiger Eiweißtoxine gefährdet sind, werden durch *Sterilisieren* haltbar gemacht. Dabei werden Temperaturen von mindestens 100 °C angewandt. Industriell wird mit Drucksterilisation bei 120 °C gearbeitet. Milch wird kurzzeitig bis auf 150 °C erhitzt und ist keimdicht verpackt als H-Milch lagerfähig.

Sterilisieren

Alle durch Erhitzen keimfrei gemachten Lebensmittel müssen unter *Luftabschluß* aufbewahrt werden, um eine Neuinfektion auszuschließen. Luftabschluß wird durch Gummidichtung und Unterdruck im Konservenglas (oder Dose) erreicht. Zwei bewährte Verfahren sind zu unterscheiden:

Luftabschluß

1. Das Füllgut wird kochendheiß eingefüllt und das Glas wird mit *Twist-off-Verschluß,* die Flasche mit *Gummikappe* sofort verschlossen. Anwendbar ist dieses Verfahren aber nur für Obst, Obstsaft und Essiggemüse.

Twist-off-Verschluß
Gummikappe

2. Gläser oder Dosen werden gefüllt und verschlossen. Der auf den *Gummiring* aufgelegte *Deckel* wird mit einer Klammer angepreßt. Danach werden die Gläser in Wasser stehend, die Dosen in Wasser schwimmend erhitzt.

Gummiring
Deckel und Klammer

Der Verschluß festigt sich erst beim Abkühlen! Der Inhalt zieht sich beim Abkühlen zusammen, und da von außen keine Luft eindringen kann, entsteht über dem Füllgut ein luftverdünnter Raum, der den Deckel fest anzieht. Das Zischen beim Öffnen bedeutet: es strömt Luft ein. Festsitzende Twist-off-Deckel lassen sich leichter öffnen, wenn man in den Deckel ein Loch sticht, damit Luft einströmen läßt und so den Unterdruck aufhebt.

Gelegentlich werden auch zwei weitere Verfahren propagiert: 1. Aus dem Glas wird Luft herausgepumpt, damit Unterdruck entsteht und der Deckel sich festigt. – 2. Im Glas wird durch Verbrennen von Spiritus ein Unterdruck erzeugt. – Da bei beiden Verfahren die Entkeimung durch Erhitzen nicht sichergestellt ist, ist längere Haltbarkeit nicht gewährleistet.

Keimfreie Lebensmittel, keimdicht verschlossen, heißen *Konserven.* Sind diese nur kurzzeitig lagerfähig, so werden sie als Präserven oder *Halbkonserven* bezeichnet, z.B. Fische in Öl oder in Marinade. Beim Einkauf von Präserven ist auf das Haltbarkeitsdatum zu achten! – *Vollkonserven* sind jahrelang haltbar, sofern sie luftdicht verschlossen bleiben.

Halbkonserven

Vollkonserven

Die Herstellung von Konserven erfordert erhöhten Arbeitsaufwand und spezielle Gefäße. Bei Anwendung erhöhter Temperaturen sind Geschmacksänderungen und Vitaminverluste nicht auszuschließen.

Andere Verfahren der Konservierung

Ehe es die Möglichkeit des Sterilisierens oder des Tiefgefrierens gab, waren Trocknen, Salzen, Zuckern und Säuern die wichtigsten Konservierungsmethoden. Auch heute werden sie noch angewandt.

Trocknen

Trocknen findet Anwendung bei der Herstellung von Dörrobst, getrockneten Gewürzen und Tee. Industriell werden durch Vakuumtrocknung Milchpulver, Eipulver und Kaffeepulver hergestellt. Trocknen beeinträchtigt Farbe und Aroma, und es treten große Vitaminverluste auf. Beste Erhaltung des Aromas wird durch Gefriertrocknung erzielt; dabei werden Eiskristalle abgeschleudert und aus dem so eingedickten Saft das restliche Wasser im Vakuum ausgefroren. Kaffee, Tee und Kakao als Instantpulver sind häufig gefriergetrocknet.

Salzen, Pökeln

Räuchern

Salzen oder Pökeln dient der Konservierung von Fleisch und Fisch. Salz hemmt das Wachstum von Fäulnisbakterien. Salzfisch und Pökelfleisch werden häufig durch anschließendes **Räuchern** für längere Zeit haltbar gemacht. Gesalzen werden vor allem Heringe; geräuchert heißen sie Bückling. Pökelfleisch stammt meistens vom Schwein und wird als Schinken oder Bauchspeck geräuchert.

Zuckern

Einzuckern hemmt die Bakterienentwicklung durch Entzug des Zellwassers (Plasmolyse), das fest an den Zucker gebunden wird. Obstgelee, Konfitüre und Marmelade mit 50% Zucker sind auf Dauer haltbar. Bei geringerer Zuckerkonzentration wird die Marmelade noch heiß mit Twist-off-Deckel verschlossen, damit sie länger haltbar ist.

Säuern

Säuern wird auf zweierlei Art angewandt: Entweder wird in Essiglösung eingelegt (saure Gurken), oder das Gemüse macht eine milchsaure Gärung durch (Sauerkraut, saure Bohnen). Bei milchsaurer Gärung entsteht aus Zuckerstoffen des Gemüses Milchsäure, die konservierend wirkt (wie bei Sauermilchprodukten).

In saurer Lösung ist Vitamin C sehr gut beständig. Deshalb ist Sauerkraut ein besonders guter Vitamin-C-Spender.

Konservierungsmittel

Konservierungsmittel sind Stoffe, die das Bakterienwachstum unterdrücken. Für den menschlichen Organismus sind die als Konservierungsmittel zugelassenen Stoffe gesundheitlich unbedenklich. Allerdings ist ihre Anwendung auf bestimmte Lebensmittel beschränkt, und es besteht Kennzeichnungspflicht. Als Konservierungsstoffe im engeren Sinn gelten 1. *Sorbinsäure*, 2. *Benzoesäure*, 3. *PHB-Ester*, 4. *Ameisensäure* und deren Salze, die z. B. Schnittbrot, Fleischsalat oder Fischpräserven zugesetzt werden. Auf Speisekarten der Gaststätten genügt beim Gericht die Angabe der Kennummer; als Fußnote müssen dann zur Kennummer die Namen der Konservierungsstoffe aufgeführt sein. *Schwefeldioxid* ist zum Bleichen und Konservieren von Dörrobst (Äpfel, Sultaninen) oder Meerrettich und bei der Weinkellerei erlaubt. *Diphenyl* dient zur Behandlung der Schalen von Zitronen und Apfelsinen.

Die für den Hausgebrauch angebotene »Einmachhilfe« enthält die Konservierungsstoffe Sorbinsäure oder Benzoesäure (Natriumsalz). Die Hausfrau sollte sich bemühen, beim Einmachen ohne solche Hilfsmittel auszukommen.

Einmachhilfe

Beim Einkauf sollten Nahrungsmittel ohne Konservierungszusatz bevorzugt werden. Allerdings sind Konservierungsstoffe dort hilfreich, wo es darum geht, den Verbraucher vor Schädigung durch bakterielle Zersetzung der Lebensmittel zu schützen.

Lohnt sich die Vorratshaltung?

Bei größerer Vorratshaltung im privaten Haushalt muß immer auch überlegt werden, ob unter gegebenen Umständen die Vorratshaltung lohnend ist.
Ein **Notvorrat**, mit dem die Familie etwa 2 Wochen ernährt werden könnte, ist jedem Haushalt zu empfehlen. Auswahl und Menge richten sich nach den persönlichen Bedürfnissen und nach den Lagermöglichkeiten. Wichtig ist dabei, daß frische Ware stets hinter die älteren Vorräte einzuordnen ist. Bei Eingemachtem empfiehlt sich die Kennzeichnung mit der Jahreszahl.

Selbsteinmachen
Rohware

Beim *Selbsteinmachen* sind zu bedenken:
- **Die Kosten für Rohware und Energie** – Günstig ist Einmachen immer, wenn Früchte des eigenen Gartens verarbeitet werden, so daß auch im Winter und Frühjahr immer Vorrat zur Hand ist. Aber auch preisgünstige Saisonangebote an Obst und Gemüse können für das Einmachen lohnend sein.
  Energie
  Die *Energiekosten* können beim Sterilisieren und beim Marmeladekochen recht hoch sein. Man sollte darauf achten, daß der Einmachtopf oder die Herdröhre zum Sterilisieren mit Gläsern voll beschickt sind; das heißt aber, daß größere Mengen gleichzeitig verarbeitet werden sollten. – Auch die Energiekosten für das Tiefkühlen sind zu bedenken. Je geringer der leere Raum in einem Gefriergerät, umso wirtschaftlicher arbeitet es. Ein Liter Gefriergut kostet pro Monat etwa 3 Pfennig; in 10 Monaten sind das schon 30 Pfennige!
- *Vorratsmenge*
  Die Vorratsmenge und die Arbeitszeit – Die Vorratsmenge an Obst und Gemüse wird von der Zahl der zu versorgenden Personen und von den Verzehrgewohnheiten bestimmt. Zu berücksichtigen ist auch, ob und wie oft Mahlzeiten außerhalb des Hauses eingenommen werden. Bei Vollversorgung im Haushalt rechnet man je Kopf täglich 20 g Marmelade und wöchentlich dreimal 150 g Kompott. Im Jahresverbrauch ergibt das pro Person

7 kg Marmelade	=	16 Gläser à 450 g
12 kg Kompott	=	12 Gläser à 1 Liter.

  Die Kompottmenge ist nur für die Winter- und Frühjahrsmonate berechnet!
  Arbeitszeit
  Die *Arbeitszeit,* die das Einmachen erfordert, belastet die Hausfrau zusätzlich. Wenn für viele Menschen eingekocht werden soll, ist bei Spitzenbelastung die Mithilfe der Familienangehörigen erforderlich. Richtig angefaßt kann das Einmachen zu einem fröhlichen Familienfest werden!
  Eine Stunde Arbeitszeit zum Einmachen bringt beim Vergleich mit Fertigkonserven eine Ersparnis von DM 3,02 bis DM 8,83. (Die Preise wurden von der Bundesforschungsanstalt für Hauswirtschaft ermittelt.)

Geschmack
Nährwert

- **Der Geschmack und der Nährwert** – Beim Selbsteinmachen kann man den individuellen Geschmack besser berücksichtigen. Auch auf die Erhaltung des Nährwertes kann besser geachtet werden: Obst und Gemüse aus eigener Ernte wird ohne Lagerverluste verarbeitet. Vorsichtiges Waschen und die genau eingehaltene Garzeit tragen dazu bei, die Verluste an Mineralstoffen und Vitaminen in Grenzen zu halten.

Ob sich das Einmachen lohnt? – Kosten und Ersparnis kann man berechnen, nicht aber die Freude des Selbstherstellens und den Genuß an Selbsteingemachtem mit individuellem Geschmack.

Prüfen Sie Ihr Wissen

1. *Vergleichen Sie die Lagerungsmöglichkeiten der Lebensmittel in Tiefkühlfächern mit 1, 2 oder 3 Sternen!*
2. *Wie festigt sich der Deckel eines Konservenglases?*
3. *Welche Bedeutung hat die Sauerkrautbereitung?*

Umgang mit Lebensmitteln – Schutz der Gesundheit

Zum Schutz der Verbraucher wurden Gesetze erlassen, die Erzeuger und Zwischenhändler zu sorgsamen Umgang mit Lebensmitteln verpflichten. Der Verbraucher muß auf die Einhaltung der gesetzlichen Bestimmungen achten und sich beim Einkauf verantwortungsbewußt verhalten. Zum Schutz der Gesundheit bedarf es aber auch der persönlichen Hygiene bei Zubereitung der Nahrung.

Das Lebensmittelgesetz*

* Gesetz über den Verkehr mit Lebensmitteln, Tabakerzeugnissen, kosmetischen Mitteln und sonstigen Bedarfsgegenständen (LMBG).

Das Lebensmittelgesetz, das 1975 grundlegend geändert wurde, bezieht sich nicht allein auf Lebensmittel, sondern schließt auch Tabakwaren, Kosmetika und Bedarfsgegenstände wie Kochgeschirr und Eßgerät ein. Unser Lebensmittelgesetz ist sehr streng; es dürfen z. B. keine lebensmittelfremden Stoffe zugesetzt werden, es sei denn sie wären auf gesundheitliche Unbedenklichkeit überprüft und danach als »Zusatzstoffe« zugelassen worden.

Die wichtigsten Ziele des Lebensmittelgesetzes sind:
- Schutz des Verbrauchers vor Gefährdung der Gesundheit (§ 8)
- Schutz vor Täuschung und Irreführung (§§ 17 und 18)

Spezielle Gesetze
Rechtsverordnungen

Spezielle Gesetze und **Rechtsverordnungen** ergänzen das Lebensmittelgesetz, z. B. das Milchgesetz, das Margarinegesetz, das Fleischbeschaugesetz, das Weingesetz und Rechtsverordnungen über Zusatzstoffe, Konservierungsstoffe, Farbstoffe. Die wichtigsten Bestimmungen der Zusatzgesetze, die sich auf bestimmte Nahrungsmittel beziehen, wurden bereits im Abschnitt »Qualitätsbeurteilung bei Lebensmitteln« erwähnt. Über Konservierungsstoffe ist auf Seite 198 das Wichtigste gesagt. Die **Zusatzstoff-Zulassungsverordnung,** die am 1. 1. 78 in Kraft trat, ist von allgemeiner Bedeutung. Sie regelt zum Beispiel die *Zulassung von Farbstoffen* und bestimmt, welche Lebensmittel mit diesen Farbstoffen ge-

Zusatzstoffverordnung

Farbstoffe

färbt werden dürfen. Farbzusätze können vorkommen in Marmeladen, Erdbeer-, Himbeer-, Kirsch- und Pflaumenkonserven, in Cremespeisen, Speiseeis und Puddingpulver, in Lachs- und Kaviarersatz, in Brauselimonade und Brausepulver. Farbstoffzusätze müssen durch die Worte »mit Farbstoff« kenntlich gemacht sein.
Die Zusatzstoff-Zulassungsverordnung regelt auch die Verwendung von *Zuckeraustauschstoffen.* Die Verwendung dieser Stoffe muß kenntlich gemacht werden. Da sie abführend wirken können, muß auf der Verpackung auch ein Warnhinweis angebracht werden; z.B. »kann bei übermäßigem Verzehr abführend wirken«.

Kennzeichnungsverordnung

Die **Lebensmittel-Kennzeichnungs-Verordnung** soll den Verbraucher über die Ware informieren und vor Irreführung und Täuschung schützen. Bei allen verpackten Lebensmitteln muß deutlich und gut lesbar angegeben sein:

- *Verkehrsbezeichnung* Name des Produkts
- *Mengenangabe* in deutschem Gewicht, Volumen, oder in Ausnahmefällen nach Stück
- *Mindesthaltbarkeitsdatum* (Es gibt den Zeitpunkt an, bis zu dem das Lebensmittel bei sachgemäßer Lagerung seine spezifischen Eigenschaften (Geruch, Geschmack, Farbe, Aussehen und Beschaffenheit) behält. Das Mindesthaltbarkeitsdatum bezieht sich nicht auf geöffnete Packungen. Ist die Mindesthaltbarkeit nur gewährleistet bei bestimmten Lagerbedingungen, muß dies auf der Packung stehen; z. B. »Bei −18° Celsius mindestens haltbar bis ...«.
- *Zutatenliste* Ein Verzeichnis aller Stoffe, die bei der Herstellung des Lebensmittels verwendet wurden, und die verändert oder unverändert in ihm enthalten sind. Die Aufzählung wird von der Zutat mit dem größten Gewichtsanteil angeführt.
  Zusatzstoffe wie Farbstoffe oder Konservierungsstoffe müssen mit dem vorgeschriebenen Klassennamen, gefolgt von ihrer Verkehrsbezeichnung oder EG-Nummer angegeben sein.
- *Name oder Firma und Anschrift des Herstellers oder Verpackers* Diese Angabe kann auch verschlüsselt im Strichcode enthalten sein. Die Codeziffern bedeuten: 1. Herstellerland, 2. Herstellerbetrieb, 3. Artikel.
- Die *Preisangabe* ist ebenfalls vorgeschrieben (Preisauszeichnungsverordnung).

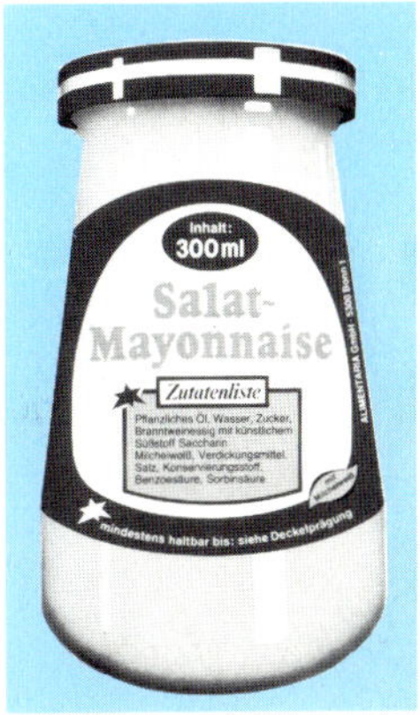

Beispiel für eine vollständige Kennzeichnung

Bei Packungen mit Standardfüllmengen genügt der Endpreis je Packung; bei abweichenden Füllmengen muß zusätzlich der Grundpreis je kg oder l bzw. 100 g oder 100 ml angegeben werden. Bei verschlüsselten Preisangaben z. B. mit Strichcode muß der Preis gut sichtbar am Lagerregal zu lesen sein.

> Das Lebensmittelgesetz will den Verbraucher vor Gesundheitsschäden und vor wirtschaftlichem Schaden bewahren. Der Verbraucher seinerseits sollte auf die Einhaltung der Bestimmungen achten und gegebenenfalls von seinem Beschwerderecht Gebrauch machen.

Die Lebensmittelüberwachung

Um den Verbraucherschutz wirksam werden zu lassen, werden die Herstellungs- und Verkaufsbetriebe laufend überwacht. Dabei arbeiten Ämter für Verbraucherschutz, Gesundheitsämter und Chemische Untersuchungsämter zusammen.

Amt für Verbraucherschutz

Vom **Amt für Verbraucherschutz** (im Amt für öffentliche Ordnung und Sicherheit) werden jährlich je 1000 Einwohner mindestens 5 Lebensmittelproben untersucht. Den Beamten des Verbraucherschutzes muß Zugang zu allen Herstellungs-, Lager- und Verkaufsräumen gewährt werden. Gegen Bezahlung dürfen sie Proben mitnehmen; eine Gegenprobe muß dem Geschäftsinhaber zurückgelassen werden. Kontrolliert wird stichprobenweise oder nach vorliegenden Beschwerden.

Chemische Untersuchungsämter

Die **staatlichen chemischen Untersuchungsämter** prüfen die vom Verbraucherschutz eingereichten Proben. Sie können aber auch als Sachverständige zu Betriebsprüfungen oder zur Probenentnahme herangezogen werden. Auch Lebensmittel, die hinsichtlich Geruch, Geschmack und Konsistenz völlig einwandfrei erscheinen, können im Sinne des Lebensmittelgesetzes gesundheitlich bedenklich sein, wenn sie »Rückstände« enthalten oder »kontaminiert« d.h. umweltverseucht sind. Als zu beanstandende *Rückstände* kommen in Frage: Schädlingsbekämpfungsmittel, Pflanzenschutzmittel, Arzneimittel und Wuchsstoffe für Tiere. Im Gesetz werden Höchstmengen für diese Stoffe oder ihre Umwandlungsprodukte festgesetzt. – Umweltverschmutzende Giftstoffe wie Quecksilber, Cadmium, Blei und Arsen können durch *Kontamination* (schädigender Kontakt) Lebensmittel verseuchen. Übersteigt der Giftstoffgehalt eine gesundheitlich unbedenkliche Höchstgrenze, so müssen die Lebensmittel verworfen werden. Für Fische, Muscheln, Krebse und Schnecken wurde bereits die »Quecksilberverordnung« erlassen.

Rückstände

Kontamination

Bei Kosmetika und Bedarfsgegenständen wird ebenfalls darauf geachtet, daß die darin vorkommenden Giftstoffe gewisse Höchstgrenzen nicht übersteigen. Es können z.B. rote oder orangefarbene Keramikglasuren blei- oder cadmiumhaltig sein.

Gesundheitsamt

Salmonellen

Die **Gesundheitsämter** überwachen das Personal in den Herstellungs- und Verkaufsbetrieben, sowie in Gaststätten und Kantinen, damit ansteckende Krankheiten nicht über Lebensmittel übertragen werden. Besonders wichtig ist die *Salmonellen-Überwachung.* Eine Infektion mit Salmonellen ist meldepflichtig (siehe auch Seite 194), weil die Ausscheidungen erkrankter Personen auch nach Abklingen der Krankheitserscheinungen noch monatelang infektiös sein können. Auch gibt es Menschen, die Salmonellen ausscheiden, ohne selbst krank zu sein; sie werden als Dauerausscheider bezeichnet. Mit der Herstellung tischfertiger Speisen oder Milcherzeugnissen dürfen Salmonellenausscheider keinesfalls beschäftigt werden. Das Personal solcher Betriebe wird besonders streng überwacht.

> Augen auf beim Einkauf! Jeder Verbraucher kann im eigenen Interesse zum Schutz von Ordnung und Sauberkeit im Umgang mit Lebensmitteln beitragen.

Reklamation

Wer annimmt, gesundheitlich bedenkliche, verdorbene, gefälschte oder mangelhaft gekennzeichnete Lebensmittel gesehen oder gekauft zu haben, sollte zunächst beim Verkäufer reklamieren. Wird jedoch seine Beschwerde nicht anerkannt oder wiederholt sich der Anlaß zur Beanstandung, so ist dies dem Amt für öffentliche Sicherheit, Abteilung Verbraucherschutz (in Großstädten der zuständigen Bezirksinspektion) – eventuell unter Beifügung einer Probe – mitzuteilen.

Lebensmittelhygiene im Haushalt

In der Verantwortung des Verbrauchers liegt es, die Lebensmittel, die er in einwandfreiem Zustand gekauft hat, so zu behandeln, daß sie keine Qualitätseinbuße erleiden. Dazu gehört:

Lagerung

Sachgemäße Lagerung – Alle Trockenvorräte wie Mehl, Grieß, Salz und Zucker sind vor Feuchtigkeit zu schützen; sie sind z.B. über dem Herd durch starke Dampfentwicklung gefährdet. – Umgekehrt gilt für Feuchtvorräte: sie sind vor Austrocknung zu schützen und gleichzeitig kühl zu lagern; da im Kühlschrank die Austrocknung besonders stark ist, müssen Kühlvorräte luftdicht verpackt werden. – Aromatische Vorräte wie Kaffee, Tee und Gewürze sind durch Aufbewahrung in luftdichtverschlossenen Gefäßen vor Aromaverlusten zu bewahren.

Kontrolle

Laufende Kontrolle der Vorräte und ihrer Haltbarkeitsgrenze – Dazu gehört die tägliche Kontrolle leichtverderblicher Frischvorräte und ihre Bereitstellung zum Verbrauch. – In wöchentlichem Abstand kontrolliere man kurzzeitig lagerfähige Lebensmittel (Frischkäse, Sauermilchprodukte, H-Milch, Fischpräserven), wobei Waren mit ablaufender Haltbarkeitszeit zum alsbaldigen Verbrauch bereitgestellt werden. Regelmäßige Kontrollen erfordern auch die Wintervorräte an Frischobst, Gemüse und Kartoffeln; dabei werden faulende Teile aussortiert. – Die Jahreskontrolle der Tiefkühlvorräte und des Eingemachten erfolgt zweckmäßig im Frühsommer, ehe neue Vorräte eingelagert werden; die Vorräte aus dem Vorjahr werden dabei mit der Jahreszahl gekennzeichnet, damit sie vor den frischen Vorräten verbraucht werden können.

Einkauf

Vorgeplanter Einkauf – Vorräte, die nicht lagerfähig sind wie z.B. Hackfleisch, frischer Fisch und Pilze, werden am Tag des Verbrauchs eingekauft. Frischvorräte, die nur wenige Tage lagern können, werden dem Küchenzettel entsprechend eingekauft. Und: Vor jedem Einkauf lagerfähiger Ware sind die Bestände zu überprüfen!

Zubereitung

Sorgfältige Zubereitung – Obst, das mit der Schale verzehrt, Gemüse, das roh gegessen wird und Salat müssen sehr gründlich gewaschen werden, um eventuelle Rückstände (von Spritzmitteln) oder Verunreinigungen (Giftstoffe, Bakterien oder Wurmeier) zu beseitigen. Aber Obst, Gemüse und Fleisch oder Fisch dürfen nicht lange im Wasser liegen, weil sonst wertvolle Nährstoffe (wasserlösliches Eiweiß, Mineralstoffe und Vitamine) verloren gehen. – Beim Kochen, Braten oder Backen sollte die Garzeit nicht überschritten werden, weil sonst Qualitätsverluste eintreten: Gemüse, Obst und Fisch zerfällt, Fleischeiweiß wird hart, hitzeempfindliche Vitamine werden zerstört, Brat- und Backwaren werden dunkel und bitter, überhitztes Fett zersetzt sich.

Persönliche Hygiene

Persönliche Hygiene – Das erste Gebot heißt: saubere Hände und saubere Fingernägel! Händewaschen ist nötig vor Arbeitsbeginn, nach jeder Verunreinigung und nach jedem Toilettenbesuch. Seife verstärkt die reinigende Wirkung, eine Bürste hilft den Schmutz unter den Fingernägeln herauszuholen. Besondere Aufmerksamkeit ist den Küchenhandtüchern und den Geschirrtüchern zu widmen. Sie müssen zwischen dem Gebrauch luftig hängen und trocknen können und sollten häufig gewechselt werden.

Abfallbeseitigung

Abfallbeseitigung – Küchenabfälle sind nicht nur eine beliebte Nahrungsquelle für Ungeziefer wie Ratten und Mäuse, sie sind auch Brutstätten für Fliegen und Nährboden für Bakterien. Hinzu kommt, daß sie geruchsbelästigend sein können. Da in der Küche große Müllmengen anfallen, aber nur der kleinere Teil ›Problemmüll‹ ist, sollte man sortieren in Feuchtmüll, der in Plastiktüten täglich entfernt wird, und Verpackungsmaterial, das kurzzeitig gelagert werden kann. (Zum Verpackungsmaterial gehören auch ausgespülte Konservendosen und Milchtüten!). Gläser gehören nicht in den Müll, sondern in den Glascontainer.

Geschirrspülen

Geschirrspülen – Schmutzgeschirr darf nicht in der Küche herumstehen; evtl. ist eine Vorreinigung unter fließendem Wasser vorzunehmen. Beim Geschirrspülen sind einige kritische Punkte zu bedenken: Das Spülwasser muß möglichst heiß sein, damit fettige Speisereste gut abgelöst werden; Zusatz von Spülmittel erhöht diese Wirkung. Im Nachspülwasser werden Spülmittelreste abgewaschen, und, wenn das Nachspülwasser gut heiß war, trocknet das herausgezogene Geschirr fast von selbst. Die zum Nachtrocknen benutzten Geschirrtücher bedürfen sorgfältigster Pflege, damit sie nicht zur Brutstätte für Bakterien werden. Niemals dürfen sie als Wischtuch zweckentfremdet werden!

Reinhaltung der Küche

Reinhaltung der Küche – Der Arbeitstisch muß regelmäßig – auch zwischen den einzelnen Kocharbeiten! – abgewaschen werden; Kunststoffbelag – ohne schmutzfangende Ecken und Kanten – ist dafür empfehlenswert. Die Spüle wird nach jedem Geschirrspülen mit feuchtem Tuch ausgewischt; von Zeit zu Zeit ist eine gründliche Reinigung vorzunehmen: für rostfreien Stahl gibt es Spezialmittel mit Säurezusatz, die als antibakterielles Reinigungsmittel zu empfehlen sind (Bakterien mögen saures Milieu nicht!). Die Wand hinter der Spüle und hinter dem Arbeitstisch sollte ebenfalls abwaschbar sein (Fliesen oder Ölfarbanstrich) und regelmäßig gereinigt werden. – Um beim Kochen Geruchsbelästigung in angrenzenden Wohnräumen auszuschalten, empfiehlt sich der Einbau eines Ventilators.

Hygiene im Umgang mit Lebensmitteln dient unserer Gesundheit und trägt dazu bei, daß wir gesunde Lebensmittel mit Genuß verzehren können.

Prüfen Sie Ihr Wissen

1. *In einem Supermarkt werden Koteletts abgepackt angeboten. Welche Angaben müssen zur Information der Käufer auf der Packung vermerkt sein?*
2. *Beim Einkauf von Buttermilch stellt sich heraus, daß das Verbrauchsdatum mit dem Preisschild überklebt ist. Wie verhalten Sie sich als Verbraucher?*
3. *Welche Probleme ergeben sich bei der Beseitigung der Küchenabfälle?*

Kapitel 5
Textilien – Textilpflege

Auf dem Markt gibt es heute zahlreiche Arten von Textilien. Sie sind entweder aus Naturfasern, Chemiefasern oder aus Fasergemischen hergestellt. Verschiedene Verfahren zur Verbesserung und Veredelung der Stoffe erhöhen die Vielfalt des Angebots.
Die Kenntnis der Eigenschaften ist bei der Auswahl und Pflege von besonderer Bedeutung, um das Aussehen und den Gebrauchswert der Textilien so lange wie möglich zu erhalten und einen geringen Pflegeaufwand zu gewährleisten.

Textile Fasern und ihre Eigenschaften

Textilien werden aus Fasern hergestellt. Die folgende Darstellung gibt eine Übersicht über die wichtigsten textilen Rohstoffe:

Naturfasern			Synthetische Fasern	
pflanzlicher Herkunft	tierischer Herkunft	mineralischer Herkunft	auf natürlicher Basis	auf chemischer Basis
Baumwolle Leinen Hanf, Jute, Sisal	Wolle Seide Mohair Kashmir	Glasfasern Metallfasern Asbest	Viskose Modal Acetat	Polyamide Polyester Polyacryle Elastomere

Naturfasern

Baumwolle

Baumwolle wird aus den Samenhaaren der Baumwollpflanze gewonnen. Der Anbau der Baumwolle erfolgt in Gebieten mit feuchtem Boden und heißem, trockenem Klima. Anbauländer sind USA, UdSSR, China, Indien, Mexiko, Brasilien und Ägypten. Baumwolle aus Oberägypten wird als »Mako« bezeichnet und ist von besonders guter Qualität.
Die *Qualität* der Baumwolle wird nach der Faserlänge beurteilt. Je länger die Faser ist, umso feiner ist sie auch. Das »Internationale Baumwollzeichen« bürgt für Ware von guter Qualität, die ausschließlich aus neuen Baumwollfasern hergestellt ist.

Internationales Baumwollzeichen

Baumwolle hat ausgezeichnete *Trageeigenschaften:* Sie ist sehr saugfähig durch den Hohlraum im Faserinneren und zeigt keine elektrostatische Aufladung,

hinzu kommt eine gute Luftdurchlässigkeit. Bedingt durch die nur schwache Kräuselung der Baumwollfaser ist ihre wärmende Wirkung gering.
Wegen ihrer hohen Naßfestigkeit, ihrer Unempfindlichkeit gegen Laugen, ihrer guten Färbbarkeit und da sie Temperaturen bis zu 160° C verträgt, ist Baumwolle sehr waschtüchtig.
Aufgrund der geringen Faserelastizität knittert Baumwolle, durch entsprechende Ausrüstungen kann sie jedoch knitterarm gemacht werden (siehe Seite 213). Aus den Eigenschaften ergibt sich die große Marktbedeutung der Baumwolle. Sie findet *Verwendung* als Ober- und Unterbekleidung, Tisch-, Küchen- und Bettwäsche. Häufig wird Baumwolle in Mischungen mit synthetischen Fasern verarbeitet.

Leinen

Leinen wird aus Flachs gewonnen. Diese Pflanze wird im gemäßigten Klima z. B. in Polen, der UdSSR und in Frankreich angebaut.

Hinsichtlich der *Qualität* unterscheidet man
- Reinleinen, das mindestens 85% Leinen enthalten muß
  und
- Halbleinen, das mindestens zu 40% aus Leinen besteht.

Die Beimischungen können Baumwolle oder synthetische Fasern sein; es darf durch sie jedoch keine Materialverschlechterung auftreten. Charakteristische *Eigenschaften* der Leinenfaser sind ihr natürlicher Glanz und Garnunregelmäßigkeiten, die den typischen »Leineneffekt« ergeben. Leinen hat eine glatte Oberfläche, ist kochfest, hitzebeständig und zeigt keine elektrostatische Aufladung. Leinen knittert und wird deshalb oft knitterarm ausgerüstet.
Leinen hat auf dem Textilmarkt keine große Bedeutung mehr; da es verhältnismäßig teuer ist, findet es heute meist als wertvolle Tischwäsche, Dekorationsstoff und Sommerkleidung *Verwendung*.

Wolle

Wolle stammt vom Fell des Schafes. Fasern z. B. vom Kamel, der Kashmirziege, Mohair und Angorakanin müssen laut gesetzlicher Regelung neben der Angabe »Haar« oder »Wolle« mit dem Tiernamen gekennzeichnet sein.

Die *Qualität* der Wolle ist unterschiedlich:
- z. B. bei den einzelnen Rassen. Die bedeutendste Schafrasse ist das Merinoschaf. Es liefert eine besonders feine, stark gekräuselte Wolle.
- z. B. entsprechend der Gewinnungsart. Schurwolle hat die beste Qualität, sie stammt von ausgewachsenen, gesunden Schafen und wurde erstmals verarbeitet. Außerdem kennt man z. B. Lamm-, Mutter-, Widderwolle. Für Reißwolle werden alte, unmoderne oder gebrauchte Wollwaren zerrissen, erneut versponnen und verarbeitet.

Das *Wollsiegel* garantiert reine Schurwolle.
Das *Combi-Wollsiegel* ist wie das Wollsiegel ein internationales Gütezeichen und wird für Fasergemische mit einem Anteil von mindestens 60% Schurwolle vergeben.
Charakteristische *Eigenschaften* der Wolle sind ihre hohe Elastizität, die gute Feuchtigkeitsaufnahme, ihr gutes Warmhaltevermögen sowie ihre Filzneigung. Diese ist bei der Herstellung von Tuchen, Filzen und Loden erwünscht.

Wolle ist hitzeempfindlich und hat eine geringe Scheuerfestigkeit. Durch Ausrüstungsmaßnahmen bzw. durch Beimischungen von Synthetiks kann die Strapazierfähigkeit und Pflegeleichtigkeit erhöht werden.
Wolle findet vielseitige *Verwendung:* Als Oberbekleidung (Gewebe und Maschenwaren) und für Heimtextilien (Möbelstoffe, Teppiche, Vorhangstoffe, Decken).

Seide

Naturseide ist eine tierische Faser, die von Seidenspinnerraupen stammt. Nach der Herkunft unterscheidet man edle Seide (oder Zuchtseide) von gezüchteten Raupen und Wildseide, die von wildlebenden Seidenraupen stammt. Die Produktionsländer sind China, Japan, Indien, Italien und Spanien.
Seide hat hervorragende *Trageeigenschaften:* Sie ist feinfädig, elastisch, reißfest und hat ein hohes Feuchtigkeitsaufnahmevermögen. Ihr schöner Glanz macht Seide für die *Verwendung* zu eleganter Kleidung (Abendkleider, Blusen, Hemden, Krawatten, Schals, Tücher) besonders geeignet.

Chemiefasern auf natürlicher Basis

In der Natur ist der Baustein für die pflanzlichen Fasern die Cellulose, für die tierischen Fasern Eiweiß. Auch die Textilindustrie setzt diese beiden Rohstoffe zur Herstellung von Fasern ein, wobei vor allem der Cellulose wegen ihrer Preisgünstigkeit große Bedeutung zukommt.

Nach den Herstellungsverfahren werden folgende *cellulosische Chemiefasern* unterschieden:
- Viskosefasern (davon abgeleitet Modalfasern),
- Acetatfasern.

Die *Eigenschaften* dieser Fasern sind wegen moderner Veredelungstechniken nur schwer festzulegen. Die Fasern werden entweder als glatter, seidiger Faden verarbeitet (z. B. Endlosgarne) oder sie werden zerschnitten und zu Fäden versponnen (z. B. Spinnfasergarne).
Die folgende Übersicht informiert über Eigenschaften und *Verwendung* dieser Fasern.

Faserart/Beispiele	Eigenschaften	Verwendung
Viskosefasern		
Viskosespinnfasern (Zellwolle)	saugfähig, wollartig nicht kochfest	Oberbekleidung Futterstoffe
Viskose-Endlosgarne (Reyon)	knittern, glänzend oder matt, weich und schmiegsam	Wäsche, Heimtextilien Mischfaser für Teppiche, Samt, Plüsch
Modalfasern z. B. Colvera® Polynosic	kochfest	Mischfaser für Tisch- und Bettwäsche Oberbekleidung Nachthemden, Hemden

Faserart/Beispiele	Eigenschaften	Verwendung
Acetatfasern		
z. B. Rhodia®	elastisch, pflegeleicht	Futterstoffe
Triacetat	temperaturempfindlich	Oberbekleidung
Tricel	lösungsmittelempfind-lich	Krawatten, Schals

Chemiefasern auf synthetischer Basis

Hier werden aus Stoffen wie Erdöl, Kohle, Kalk, Luft und Wasser auf chemischem Wege neue Verbindungen aufgebaut, die dann als Ausgangsprodukte für die Herstellung von synthetischen Chemiefasern dienen.

Man unterscheidet vier Gruppen von *synthetischen Fasern:*

- Polyamide,
- Polyester,
- Polyacryle,
- Elastomere.

An den vielseitigen Möglichkeiten der *Verwendung* zeigt sich, daß diese Fasern heute unentbehrlich geworden sind:

Eigenschaften	**Verwendung**
Polyamide	
besonders reiß- und	*Perlon, Nylon*
scheuerfest	Strumpfhosen
hochelastisch	Unterkleider
angenehm auf der Haut	Nachtwäsche
leicht zu waschen	leichte Stricksachen
trocknen sehr rasch	Futterstoffe
laufen nicht ein	Badebekleidung
	Miederwaren
sehr strapazierfähig	Teppichböden
	Heimtextilien
sehr weich, leicht, fein	Pelzimitation
fest und widerstandsfähig	Grundgewebe für Auto- und Flugzeugreifen, Förderbänder, Treibriemen
	Borsten für Besen und Bürsten.

Eigenschaften	Verwendung
Polyester	
form- und faltenbeständig deshalb bügelfrei	*Diolen, Terylene, Trevira, Vestan*
Dauerbügelfalte kein Bügeln	Hosen, Anzüge, Faltenröcke Gardinen Krawatten, Schals
laufen nicht ein, kein Verziehen, leicht zu reinigen, sehr strapazierfähig	voluminöse, leichte, weiche Kleiderstoffe, Jerseys ideale Partner für Mischungen mit Baumwolle (Herrenhemden) Wolle (Anzüge, Kleider, Mäntel) Leinen oder Seide (Oberbekleidung) Verwendung für Kopfkissenfüllungen, Steppdecken Sicherheitsgurte, Planen Zelte, Segeltuche Traglufthallen
Polyacryle	
bauschfähig voluminös flauschig paßformbeständig kein Verziehen	*Dralon, Orlon* Strickwaren (Westen, Pullover) Strümpfe Jerseys
	Schlafdecken Tischdecken, Möbelbezüge, Teppiche
licht- und wetterbeständig	Markisen, Balkonbespannungen
dezenter Glanz	weiche, fließende Kleiderstoffe Krawatten
Elastomere	
elastischer als natürlicher Gummi unempfindlich gegen Luft, Öle, Fette, Schweiß paßformbeständig	*Lycra, Dorlastan* Miederwaren Badeartikel Skihosen Freizeitbekleidung

Prüfen Sie Ihr Wissen

1. *Nennen Sie die wichtigsten natürlichen und synthetischen Fasern!*
2. *Begründen Sie die guten Trageeigenschaften der Baumwolle!*
3. *Vergleichen Sie die Wascheigenschaften der Fasern Wolle und Baumwolle!*
4. *Was besagt das Wollsiegel?*
5. *Nennen Sie die wichtigsten Chemiefasern auf Cellulosebasis und geben Sie je 2 Verwendungsmöglichkeiten an!*
6. *Nennen Sie die Hauptgruppen von synthetischen Chemiefasern und geben Sie je 4 Eigenschaften an!*

Verarbeitung der textilen Fasern

Aus Fasern müssen zuerst Fäden gebildet werden, um daraus eine textile Fläche herstellen zu können. Durch Ausrüstungs- und Veredelungsmaßnahmen werden das Aussehen der Textilien sowie ihre Trage- und Pflegeeigenschaften verbessert.

Garne und Zwirne

Durch Spinnen wird aus Fasern ein Garn gewonnen. Nach Faserherkunft bzw. nach dem Spinnverfahren wird unterschieden zwischen

- Naturfasergarnen und Chemiefasergarnen,
- Spinnfasergarnen und Endlosgarnen (Filamentgarne, texturierte Garne).

Spinnfasergarne werden, wie der Name sagt, aus Fasern gesponnen.

Streichgarn

Ragen viele Faserenden aus dem Garn heraus, wird es als Streichgarn bezeichnet. Streichgarne sind weich, locker, bauschig und werden für Strickgarne, Teppichgarne, flauschige Gewebe verwendet.

Kammgarn

Werden die Fasern beim Spinnen gekämmt, legen sie sich gleichmäßig parallel. Dann entsteht das glatte, feste Kammgarn, aus dem hochwertige, strapazierfähige Oberbekleidung (Hosen, Anzüge, Kostüme, Mäntel, feine Strickwaren) hergestellt wird.

Endlosgarne bestehen aus endlos langen Fasern, sie sind glatt und werden z. B. für die Herstellung von Perlonstrümpfen verwendet. Sie können bleibend verformt (= texturiert) werden und sind dann elastisch oder stark gebauscht.

Zwirne sind aus mehreren Einzelgarnen zusammengedreht und daher besonders fest. Sie werden vor allem für die Herstellung von Arbeits- und Berufskleidung verwendet.

Kennzeichnung von Garnen und Zwirnen – Die Feinheit der Garne und Zwirne wird durch eine Nummer angegeben. In Deutschland kennt man eine Längen- und eine Gewichtsnumerierung.

Obergarn Nm 60
(Nm 60) = 60 m
Garn wiegen 1 g.

Die Längennumerierung (Nm-Zahl) ist auf Garnrollen zu finden. Sie gibt an, wieviele Meter Garn 1 g wiegen. Je höher die Nummer eines Garns ist, desto feiner ist dieses.

Perlon 34 dtex =
10 000 m Garn
wiegen 34 g.

Die internationale Gewichtsnumerierung tex gibt das Gewicht von 1000 m Garn an. Da 1000 m Garn meist sehr leicht sind, wird mit decitex = dtex gerechnet und das Garngewicht auf 10 000 m bezogen. Die dtex-Angabe ist z. B. auf Packungen mit Feinstrumpfhosen und auf Garnrollen aufgedruckt. Je niedriger die dtex-Angabe ist, desto feiner ist das Garn.

- Je höher die Nm-Zahl, umso feiner ist das Garn.
- Je höher die tex-Zahl, umso gröber ist das Garn.

Nm 120/3 =
dreifacher Zwirn
aus Garnen Nm 120.

Bei der Numerierung der Zwirne wird hinter der Nummer (Längennumerierung des Garns) noch die Anzahl der zusammengezwirnten Garne geschrieben.

Textile Flächengebilde

Wir können grundsätzlich drei Gruppen von textilen Flächen unterscheiden:

- Gewebe,
- Maschenwaren,
- Sonstige textile Flächengebilde

Gewebe

Gewebe – Darunter versteht man textile Flächengebilde, die auf Webmaschinen durch rechtwinkeliges Verkreuzen von Kett- und Schußfäden hergestellt werden. Die Verkreuzungspunkte der Kett- (= Längsfäden) und Schußfäden (= Querfäden) nennt man Gewebebindung. Rohstoff, Bindung und Dichte der Fäden bestimmen im wesentlichen den »Gewebecharakter«.

Bindungen

Alle *Bindungsmöglichkeiten* zwischen Kett- und Schußfäden werden von drei Grundbindungsarten abgeleitet:

- Leinwandbindung,
- Köperbindung,
- Atlasbindung.

Leinwandbindung

Die *Leinwandbindung,* die auch unter dem Namen Taft-, Tuch- oder Kattunbindung bekannt ist, ermöglicht die engste Fadenverkreuzung bei Geweben. Beide Seiten der Ware zeigen das gleiche Bild. Direkte Ableitungen von dieser Bindungsart sind Ripse, Gerstenkorn-, Panama-, Royal- und Scheindreherbindung. Leinenbindige Gewebe sind verhältnismäßig steif. Bekannt sind z. B. Batist, Etamine, Flanell, Nessel, Futtertaft.

Köperbindung

Kennzeichnend für die *Köperbindung* ist der Köpergrat, der in schräger Richtung über das Gewebe läuft. Köperbindungen sind außerordentlich vielgestaltig (Zickzackköper, Fischgratköper). Köperbindungen finden Verwendung bei Futterstoffen, Kleider-, Mantel- und Anzugstoffen, Berufskleidung, Gabardine, Jeans.

Atlasbindung

Bei der *Atlasbindung* (Satinbindung) sind die Abstände zwischen den Fadenverkreuzungen sehr groß. Die Bindungspunkte sind regelmäßig im Gewebe verstreut und werden infolge der Fadendichte von Kett- bzw. Schußfäden überdeckt. Hierdurch entsteht eine sehr glatte, einseitig glänzende Gewebeoberfläche. Atlas-

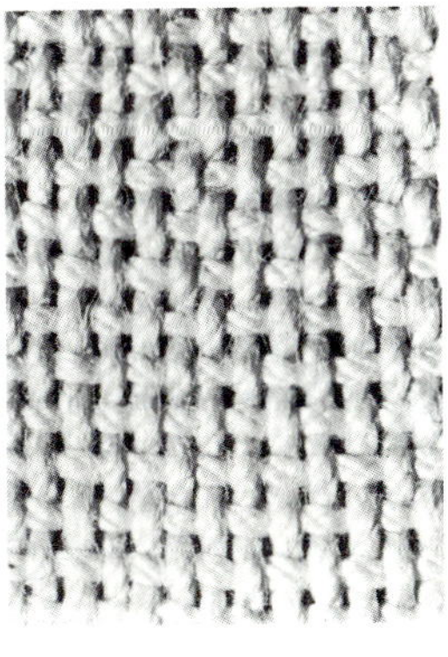

Links: Leinwandbindung
Mitte: Zickzackköper
Rechts: Atlasbindung

bindungen werden für viele Gewebe verwendet, beispielsweise als glänzender Duchesse für Abendkleider, Futtersatin, Daunensatin (Betten) und Satinbänder (Geschenk-, Haarbänder).

Maschenwaren

Maschenwaren – Während früher die Maschenwaren auf wenige Verwendungszwecke wie Strümpfe, Pullover und Unterwäsche beschränkt waren, haben sie sich heute viele andere Verwendungsgebiete – vom Abendkleid bis zum Fischernetz – erobert. Hierzu haben vor allem die neuen synthetischen Fasern und Garne beigetragen, bei denen das lockere Fadengefüge der Maschenwaren trotz großer Elastizität durch entsprechende Ausrüstung formstabil gemacht werden kann. Außerdem haben Strick- und Wirkmaschinen eine hohe technische Entwicklung durchgemacht, so daß ihre Leistungen die einer Webmaschine meist um ein Vielfaches übertreffen.

Strickwaren
Wirkwaren

Kennzeichen jeder Maschenware ist die Masche: Hierunter versteht man Fadenschleifen, die an den oberen und unteren Umkehrstellen ineinanderhängen und dadurch in Form gehalten werden. Wir unterscheiden zwei große Gruppen von Maschenwaren: die *Gestricke* und die *Gewirke.*

Sonstige textile Flächengebilde – Hierunter versteht man textile Flächengebilde, die nach neuen Verfahren hergestellt sind und weder den Webwaren noch den Maschenwaren zugeordnet werden können. Bei der Unterteilung wird klar, welche Textilien zu dieser Gruppe zu rechnen sind:

- *Nähwirkverbundstoffe* (Kleider, Dekostoffe),
- *Nadelflortextilien* (Teppiche),
- *Vliesstoffe* (Vlieseline, Schlafdecken, Verbandstoffe, Wegwerfhosen, Tischdecken),
- *Beflockte Textilien* (samtähnliche Möbel- und Autopolsterbezüge, Teppichauslegware),
- *Beschichtete Textilien* (Teppiche mit Schaumstoff beschichtet; Skikleidung, Wintermäntel).
- *Geknüpfte Textilien* (Teppiche, Kissen)

Ausrüstung und Veredelung von Textilien

Durch Ausrüstung und Veredelung von Textilien soll der Ware durch mechanische oder chemische Behandlung eine ansprechende Form gegeben und der Gebrauchswert erhöht werden.

Ausrüstung

Unter der Bezeichnung »*Ausrüstung*« faßt man alle Arbeiten zusammen, die

- die Ware hinsichtlich Griff, Glanz, Warendichte und Oberflächenbeschaffenheit verbessern,
- die Knitterneigung und das Schrumpfvermögen herabsetzen,
- die Luftdurchlässigkeit oder die Wasserempfindlichkeit verändern.

Veredelung

Für den Verbraucher sind vor allem die folgenden Verfahren und *Veredelungsmaßnahmen* interessant:

Färben und Drucken – Früher wurde mit natürlichen Farbstoffen (z. B. von der Indigopflanze oder der Purpurschnecke) gefärbt, heute werden fast ausschließlich synthetische Farbstoffe verwendet. Durch das Färben erhalten die Textilien eine einheitliche gleichmäßige Farbe. Textilien mit besonders licht-, wasch- und wetterbeständiger Färbung sind durch das Gütezeichen »Indanthren« ausgewiesen.

Ein- oder mehrfarbige Muster auf weißem oder farbigem Grund entstehen durch das Bedrucken der Stoffe. Die Stoffdruckerei gehört zu den schwierigsten Gebieten der Stoffveredelung.

Mercerisieren – Durch chemische Behandlung mit Natronlauge werden bei Baumwolle ein waschbeständiger seidiger Glanz, höhere Festigkeit und besseres Farbaufnahmevermögen erzielt. Hochwertige Tisch- und Bettwäsche ist meist mercerisiert.

Sanforisieren – Sanforisierte Stoffe laufen beim Waschen nicht mehr ein. Das ist bei Konfektionswaren, Kleidung, Bettwäsche außerordentlich wichtig. Das Warenzeichen »Sanfor« garantiert Formbeständigkeit. Das Zeichen »Sanfor-plus« gewährleistet zusätzlich Glätte, Knittererholung und Formbeständigkeit nach dem Waschen.

Filzfreiausrüstung – Sie hat bei Wollartikeln besondere Bedeutung. Mit Hilfe von Kunstharzen wird das Filzen unterbunden. Nach dieser Spezialausrüstung ist die Wolle waschmaschinenfest (Wollwaschgang), und das Textil schrumpft und filzt nicht.

Knitterarm-Ausrüstung – Bei Baumwoll- und Leinentextilien garantiert diese Ausrüstung eine gewisse Pflegeleichtigkeit. Knitterarm ausgerüstete Textilien sollen nicht geschleudert, sondern tropfnaß aufgehängt werden, trocknen sehr schnell und brauchen kaum gebügelt werden.

Fleckschutz-Ausrüstung – Dabei wird eine wasser-, alkohol- und fettabweisende Wirkung erreicht. Diese Ausrüstung ist vor allem bei Tischdecken, Polsterstoffen und Teppichen zu finden. Sie wird z. B. durch die Gütezeichen »Scotchgard« sowie »Oleophobol« ausgewiesen.

Flammhemmende Ausrüstung – Die so behandelten Textilien sind schwer entflammbar. Diese Ausrüstung findet man daher häufig bei Dekorations- und Polsterstoffen.

Antistatische Ausrüstung – Dadurch wird die elektrostatische Aufladung der synthetischen Fasern vermindert

Prüfen Sie Ihr Wissen

1. *Vergleichen Sie Streich-, Kamm- und Endlosgarne!*
2. *Wozu werden Zwirne verwendet?*
3. *Vier Kennzeichnungsarten von Garnen und Zwirnen können für den Verbraucher von Bedeutung sein. Nennen und erläutern Sie diese!*
4. *Zählen Sie die Bindungsmöglichkeiten der Gewebe auf und erläutern Sie ihr Aussehen. Nennen Sie für jede Bindungsart mindestens 2 typische Verwendungsbeispiele!*
5. *Weshalb nimmt der Anteil der Maschenwaren auf dem Textilmarkt heute immer mehr zu?*
6. *Nennen Sie 5 Textilien aus Ihrem Erfahrungsbereich, die zu den sonstigen textilen Flächengebilden gehören!*
7. *Was soll durch Ausrüstung und Veredelung erreicht werden? Zählen Sie 6 Veredelungsmaßnahmen auf!*

Einkauf von Textilien

Um aus dem großen Angebot an Textilien eine sachgemäße Auswahl zu treffen, sollten neben geschmacklichen Überlegungen vor allem die Trageeigenschaften (= Gebrauchswert) sowie die Pflegemöglichkeiten betrachtet werden. Diese Vorüberlegungen sparen Geld, Zeit und Ärger!

Pflegeeigenschaften und Pflegekennzeichen

Wir können die Textilien hinsichtlich ihrer *Pflegeeigenschaften* grundsätzlich in zwei Gruppen einteilen:

- Textilien, die chemisch gereinigt werden müssen,
- Textilien, die im Haushalt gereinigt werden können.

Einnähetiketten

Bei der Vielzahl der auf dem Markt befindlichen Textilien ist es für den Laien nahezu unmöglich zu entscheiden, ob die Reinigung selbst ausgeführt werden kann oder einer Reinigungsanstalt übergeben werden muß. Deshalb hat man auf internationaler Ebene *Einnähetiketten* geschaffen, die durch Symbole informieren, ob und wie das Textil zu waschen, zu bügeln oder zu reinigen ist.
Die nachstehende Tabelle zeigt die internationalen Symbole für die Pflegebehandlung von Textilien.

Internationale Pflegekennzeichen

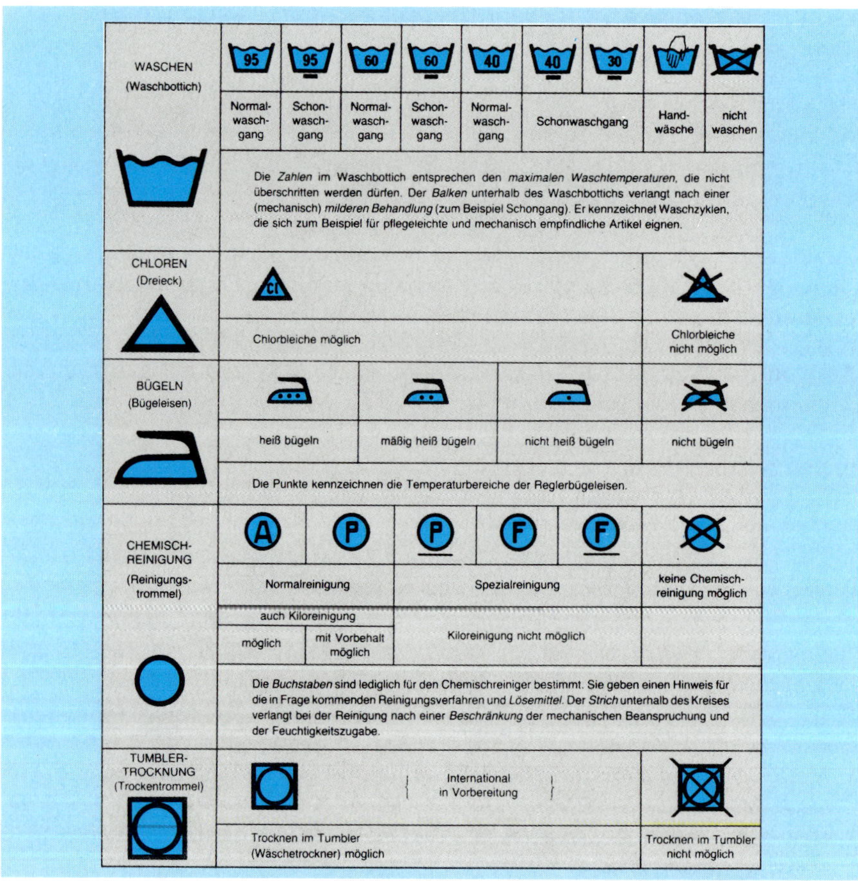

Textilkennzeichnung, Güte- und Warenzeichen

Neben den internationalen Pflegekennzeichen erleichtert dem Verbraucher die Textilkennzeichnung den Kaufentscheid. Im EG-Bereich müssen alle Textilien eine *Rohstoffkennzeichnung* aufweisen. Diese Angabe ist auf eingenähten Etiketten oder Webkanten anzubringen. *Rohstoffgehalt*

Das Textilkennzeichnungsgesetz besagt: »Grundsätzlich sind die verwendeten Rohstoffe mit ihren vorgeschriebenen Bezeichnungen, wie z. B. Baumwolle, Wolle, Polyamid, Polyester ... anzugeben.« Hinzu kommen die *Prozentsätze ihres Anteils am Gesamtgewicht* der zu kennzeichnenden Teile. *Gewichtsanteil*

Beispiele: 100% Baumwolle
85% Baumwolle, 15% Polyester
50% Schurwolle, 30% Polyester, 20% Acetat

Bei der Betrachtung der textilen Rohstoffe haben wir eine Reihe von *Gütezeichen* kennengelernt, die für den Kauf von Textilien bedeutungsvoll sind. Gütezeichen sind ein Ausweis für Qualität der Ware, die überbetrieblich festgelegt und neutral überwacht wird. Ein Gütezeichen kann von jedem Unternehmen erworben werden, das mit seinen Erzeugnissen die Gütebedingungen zu erfüllen vermag und auch bereit ist, sich den Überwachungsmaßnahmen zu unterziehen. *Gütezeichen*

Beispiele: Reinleinen, Halbleinen
Internationales Baumwollzeichen
Internationales Wollsiegel
Combi-Wollsiegel
Indanthren
Sanfor

Eine Ware, die ein Gütezeichen trägt, wird unter genau festgelegten Bedingungen hergestellt. Diese Ware muß bestimmten Mindestanforderungen entsprechen.

Neben diesen Gütezeichen kennen wir eine Reihe von *Warenzeichen* verschiedener Herstellerfirmen. Mit einem Warenzeichen versehene Güter bezeichnet man als Markenartikel. *Warenzeichen*

Beispiele: Diolen®
Trevira®
Dralon®

Einkaufsregeln

Beim Einkauf von Textilien sollten einige wichtige Grundsätze beachtet werden:

- Verschaffen Sie sich vor dem Kauf Klarheit über den *Verwendungszweck*. Nur dann können Sie auch die erforderlichen Gebrauchseigenschaften, das erwünschte Reinigungs- und Pflegeverhalten, die Größen, Farbe und Strukturen vorüberlegen!

- Beachten Sie die *Rohstoffzusammensetzung,* denn diese läßt Rückschlüsse auf Trageeigenschaften und Pflege zu.
- Gründliche *Information* über Eigenschaften, Verarbeitung und Ausrüstung der verschiedenen Textilien erleichtert die Kaufentscheidung.
- Achten Sie bereits beim Einkauf auf die *Pflegekennzeichen.* Damit erleichtern Sie sich die Textilpflege.
- Stellen Sie *Preisvergleiche* an!
- Betrachten Sie *Sonderangebote* kritisch!

Prüfen Sie Ihr Wissen

1. Suchen Sie bei 5 Textilien die internationalen Pflegekennzeichen, und bestimmen Sie die erforderlichen Reinigungs- und Pflegemaßnahmen!
2. Suchen Sie bei 5 Kleidungsstücken die Rohstoffangaben und ziehen Sie daraus Rückschlüsse auf Trage- und Pflegeeigenschaften!
3. Nennen Sie je 2 Güte- und Warenzeichen!

Textilpflege

Die Beschaffung von Textilien ist mit einem beachtlichen Kostenaufwand verbunden. Auch hygienische und ästhetische Gründe verlangen eine sachgemäße Textilpflege. Wasser, Waschmittel und Waschhilfsmittel werden im Haushalt zur Reinigung und Pflege von Textilien verwendet.

Wasserhärte

Wasser – Es dient beim Waschvorgang zum Lösen des Waschmittels und des Schmutzes. Das Wasser weist einige Eigenschaften auf, die den Waschvorgang behindern. Durch eine entsprechende Zusammensetzung der Waschmittel werden diese Nachteile vermindert.
Die im Wasser enthaltenen *Kalksalze* machen es »hart«. Sie behindern das Waschverfahren, denn sie setzen sich auf der Wäsche ab, bilden Verkrustungen und machen die Wäsche starr und unansehnlich. Deshalb enthalten die Waschmittel Stoffe, die diese Kalksalze binden: die *Phosphate.* Kalksalze und Phosphate bilden zusammen einen Stoff, der im Wasser gelöst bleibt und sich nicht auf der Wäsche ablagert. Beim Wasser werden vier Härtebereiche unterschieden, denen die Waschmitteldosierung entsprechen muß.

Phosphate

Härte-bereich	Wasserhärte*	Anzahl der Meßbecher pro Waschmaschinenfüllung Vorwäsche	Hauptwäsche	nur 1 Waschgang
1	0–7 (weich)	$1\frac{1}{2}$	$1\frac{1}{2}$	3
2	7–14 (mittel)	$1\frac{3}{4}$	$1\frac{3}{4}$	$3\frac{1}{2}$
3	14–21 (hart)	2	2	4
4	über 21 (sehr hart)	$2\frac{1}{4}$	$2\frac{1}{4}$	$4\frac{1}{2}$

* Den Härtebereich bzw. die Wasserhärte in Grad deutscher Härte erfahren Sie bei Ihrem zuständigen Wasserwerk.

Die Phosphate, die bis zu 50% Gewichtsanteil an einem Waschmittel hatten, belasten unsere Umwelt erheblich. In herkömmlichen, zweistufigen Kläranlagen können sie nicht aus dem Abwasser entfernt werden, gelangen in die Gewässer und führen zu deren Eutrophierung. Die Phosphathöchstmengenver-

ordnung schreibt ab 1.10. 1981 und 1.1. 1984 eine jeweils 25%ige Reduzierung der Phosphatmenge in einem Waschmittel vor.
Zur weiteren Umweltentlastung hat die Waschmittelindustrie Sasil® (Sodium-Aluminium-Silikat) entwickelt, das die Phosphate in den Waschmitteln teilweise ersetzen soll.

Oberflächenspannung

Wasser hat eine *Oberflächenspannung,* d. h. die einzelnen Moleküle des Wassers haften sehr stark aneinander. Aus diesem Grund können die Wassermoleküle nicht optimal in die Textilien eindringen, sie benetzen und Schmutzteile ablösen.

Tenside

Waschaktive Substanzen, d.h. das natürliche Tensid Seife und verschiedene synthetische Tenside, vermindern die Oberflächenspannung und ermöglichen das Benetzen der Textilien. Der Reinigungsprozeß wird durch die waschaktive Wirkung der Tenside unterstützt, denn sie lagern sich an alle Grenzflächen zwischen Schmutz und Wasser und erleichtern dadurch das Abheben des Schmutzes von den Textilien. Sie ermöglichen das Tragen des Schmutzes im Wasser, wodurch die Schmutzteilchen leichter aus dem Textil geschwemmt werden können. Um das Schmutztragevermögen der Tenside zu unterstützen, werden den meisten Waschmitteln spezielle Schmutzträgersubstanzen beigegeben.

Waschmittel – Das Angebot an Waschmitteln auf dem Markt ist sehr groß und bringt immer wieder Neuerungen. Drei Gruppen können unterschieden werden:

- Vollwaschmittel bis 95 °C
- Vollwaschmittel bis 60 °C
- Spezialwaschmittel

Vollwaschmittel bis 95 °C werden für die gesamte kochbare Wäsche aus Leinen oder Baumwolle, die farbecht (indanthren) sein muß, verwendet. Sie enthalten waschaktive Substanzen, Phosphate, Bleichmittel, optische Aufheller. In Biowaschmitteln sind Enzyme enthalten. Bei Waschmitteln für Maschinenwäsche wird die Schaumentwicklung in Abhängigkeit von der Temperatur gesteuert, damit die Maschine nicht durch allzugroße Schaumentwicklung überläuft.

Tenside lösen und tragen den Schmutz.
Phosphate binden Kalksalze und verbessern die Netzwirkung der Waschflotte.
Bleichmittel (Perborate) geben bei höheren Temperaturen Sauerstoff ab, der bleichend wirkt.
Optische Aufheller (Weißtöner) sind Chemikalien, die UV-Licht aufnehmen und als blaues Licht abgeben. Dieses ausgesandte blaue Licht überlagert sich mit den gelben Strahlen vergilbter Textilien zu strahlendem Weiß.
Enzyme können eiweißverklebten Schmutz auflösen (z. B. Blutflecke).

Vollwaschmittel bis 60 °C sind für Gewebe gedacht, die nicht gekocht werden können, weil sie kräftige Farben haben oder aus nicht kochbaren, synthetischen oder pflegeleicht ausgerüsteten Fasern (z. B. pflegeleichter Baumwolle) bestehen. Sie sind ähnlich den Vollwaschmitteln bis 95 °C zusammengesetzt, aber ihre Bleichmittel und die Schaumbremsung wurden auf den Temperaturbereich von 50–60 °C eingestellt.

Spezialwaschmittel – Diese Produkte wurden für besondere Waschbedingungen entwickelt. Um empfindliche Textilien zu schonen, enthalten sie spezielle Tenside, keine oder wenig Phosphate und keine chemischen Bleichmittel.

- *Buntwaschmittel* sind für die gesamte farbige Wäsche, teilweise sogar bis 95 °C geeignet. Einige enthalten optische Aufheller, um die Leuchtkraft farbiger Wäsche zu intensivieren.
- *Wollwaschmittel* reinigen Wolle in handwarmer bis kalter Waschflotte schonend. Sie sind so zusammengesetzt, daß Wolle bei sachgerechter Behandlung nicht verfilzt. Meist sind sie frei von optischen Aufhellern. Sie enthalten keine Enzyme.
- *Waschmittel für weiße, pflegeleichte Textilien* sind mit speziellen optischen Aufhellern ausgerüstet, die auf synthetischen Fasern besonders gut haften. Außerdem enthalten sie Weichspülmittel, die die elektrostatische Aufladung und damit eine erneute rasche Verschmutzung vermindern. Häufig werden diese Waschmittel als Gardinenwaschmittel bezeichnet.

Umweltschutz

Hinsichtlich der *Anwendung* der Waschmittel ist auf die Gebrauchsanweisung zu achten. Die *Dosierung,* die auf jeder Waschmittelpackung angegeben ist, sollte der örtlichen Wasserhärte entsprechen. Dies geschieht nicht nur aus Gründen der Sparsamkeit, sondern auch im Hinblick auf den *Umweltschutz.* Außerdem entfalten die Waschmittel nur bei richtiger Dosierung ihre bestmögliche Waschwirkung.
Bei der Betrachtung des Wassers und der Waschmittel wurden bereits einige *Bestandteile* der Waschmittel vorgestellt: Phosphate, Tenside, Perborate, optische Aufheller und Enzyme. Die Übersicht auf Seite 219 zeigt weitere Bestandteile der Waschmittel, ihre Wirkungsweise und Verwendung.

Waschhilfsmittel – Die Gruppe der Waschhilfsmittel umfaßt eine ganze Reihe von Produkten, die verschiedenen Zwecken dienen:

Vorbehandlung

Vorbehandlungsmittel oder Waschpasten enthalten vorwiegend Tenside. Sie werden vor dem Waschen auf besonders verschmutzte Stellen (Kragen, Manschetten, Flecken) aufgetragen und eingerieben. Ihre Wirksamkeit wird begünstigt, wenn sie etwas einwirken können, bevor der Waschvorgang beginnt. Sie sind mild, haben intensive Waschkraft und sind für alle Textilien geeignet.
Einweich- und Vorwaschmittel greifen aufgrund ihres Enzymgehalts besonders starke Eiweiß- und Fettverschmutzungen an (Blut, Schmierfette) und bauen diese zu wasserlöslichen Stoffen ab. Am wirksamsten arbeiten die Enzyme bei Temperaturen zwischen 40–60 °C, bei höheren Temperaturen werden sie zerstört. Da viele Vollwaschmittel ebenfalls Enzyme enthalten, kann bei weniger starken Verschmutzungen auf ein spezielles Vorwaschmittel verzichtet werden.
Wasserenthärtungsmittel sollten nur dann eingesetzt werden, wenn die Wasserhärte 21° d. H. übersteigt. Besonders bei Kochwäsche würden sich wegen der hohen Temperaturen die Kalksalze als unlösliche Stoffe auf der Wäsche ablagern und zum Vergrauen führen. Diese Produkte sind eine Mischung aus verschiedenen Phosphaten und deshalb umweltbelastend (Bild Seite 220).

Weichspülmittel werden dem letzten Spülbad zugesetzt. Sie enthalten farbauffrischende und faserschonende Stoffe. Diese umhüllen als hauchdünner Film die einzelnen Fasern, machen sie weich und vermindern die elektrostatische Aufladung bei synthetischen Textilien. Der Gebrauch eines Weichspülers empfiehlt sich vor allem bei Frotteestoffen und Baumwolltrikot. Duftstoffe verleihen der Wäsche einen angenehmen frischen Geruch.

Zusammensetzung der Waschmittel

Bestandteile	Wirkungsweise	Vorkommen
1. Gerüststoffe		
Alkalien	Quellen von Eiweiß	nicht enthalten in Wollwaschmitteln
Phosphate	enthärten umweltbelastend	in allen Waschmitteln enthalten
Silikate	Korrosionsschutz für Metalle und Fasern leicht schaumbildend hüllen Schmutz ein und verbessern dadurch das Schmutztragevermögen	in geringen Mengen in allen Waschmitteln enthalten
2. Tenside (WAS = waschaktive Substanzen)	vermindern die Oberflächenspannung gute Netzwirkung	in allen Waschmitteln enthalten
3. Weißtöner		
Perborate	geben Sauerstoff ab, der bleichend wirkt	in allen Waschmitteln enthalten, die weiße Wäsche versprechen, nicht in Feinwaschmitteln
optische Aufheller	absorbieren kurzwelliges Licht und werfen es als langwelliges Licht zurück – höhere Leuchtkraft der Farben. Sie ziehen sich wie ein Film auf die Faser auf.	in Woll- und Buntwaschmitteln
Vorsicht: Weißtöner verändern manche Farben!		
4. Duftstoffe	mildern unangenehmen Geruch der Waschlauge übertönen schlechte Düfte der Wäsche	in allen Waschmitteln enthalten
5. Enzyme (Proteasen, Amylasen, Lipasen)	bauen schwerlösliche organische Substanzen ab beschleunigen und verbessern die Reinigungswirkung wirken beim Vorwaschen, bis die Kochtemperatur erreicht ist	in biologisch aktiven Waschmitteln enthalten nicht in Wollwaschmitteln
6. Schaumregulatoren	regulieren Schaumbildung, verhindern übermäßige Schaumbildung	in allen Maschinenwaschmitteln enthalten, weniger in Wollwaschmitteln für Handwäsche
7. Rückfettende Substanzen = Avivagemittel	lagern sich wie ein Film auf die Haut und Fasern machen Wäsche weich und griffig	in Handwaschmitteln und Weichspülern enthalten
8. CMC = schmutztragende Substanzen	erhöht das Schmutztragevermögen der Waschlauge und unterstützt damit die Tenside	in Vollwaschmitteln enthalten

Ablagerung von Kalk in der Waschmaschine kann durch Waschmitteldosierung entsprechend dem Härtegrad des Wassers verhindert werden. Wasserenthärtungsmittel verhindern solche Ablagerungen auf Maschine und Wäsche.

Feinappreturen geben Geweben und Strickwaren ihre ursprüngliche Formfestigkeit wieder. Das Bügeln wird erleichtert, die Textilien werden glatter und duften frisch (Hemden, Blusen).
Stärke und Formspüler werden gerne zum Steifen der Wäsche verwendet, die dadurch glatter wird und weniger rasch verschmutzt, weil sich auf den Fasern eine geschlossene Oberfläche bildet. Schmutz dringt weniger in das Textil ein, wodurch es beim Waschen leichter sauber wird.

Waschen

Wäsche soll sauber, saugfähig, luftdurchlässig, hygienisch einwandfrei, glatt bzw. flauschig, weich und frisch im Geruch sein. Nur dann kann sie gute Gebrauchs- und Trageeigenschaften aufweisen und für lange Zeit haltbar sein.
Für das Reinigen von Wäsche stehen zwei *Arbeitsverfahren* zur Wahl:

- Waschen mit der Maschine,
- Waschen mit der Hand.

Wenn man bedenkt, daß pro Person wöchentlich mit etwa 4 kg Schmutzwäsche gerechnet werden muß und daß in etwa 90% aller Haushalte eine Waschmaschine vorhanden ist, wird klar, daß der größte Teil der Wäsche in der Maschine gewaschen wird. Nur besonders empfindliche oder wertvolle Textilien werden mit der Hand gewaschen.

Sortieren

Waschen mit der Maschine – Zunächst muß die Wäsche nach Temperaturverträglichkeit und mechanischer Belastbarkeit *sortiert* werden. Dies entspricht den internationalen Pflegesymbolen, auf die die Waschprogramme moderner Maschinen abgestimmt sind.
Grundsätzlich sollte Wäsche so schonend wie möglich gewaschen werden. Deshalb wird man immer dann den Schonwaschgang, bzw. das Energiesparprogramm wählen, wenn die Verschmutzung der Wäsche geringer ist.

Kochwäsche

Pflegeleichte Wäsche

Reine Leinen- und Baumwollgewebe vertragen in der Regel **95° C** (weiße Tisch-, Bett-, Unterwäsche, Windeln und Säuglingswäsche, Handtücher, Küchenwäsche). Weiße Mischgewebe aus Baumwolle bzw. Leinen und synthetischen Fasern sowie »bügelfrei« ausgerüstete Materialien aus Baumwolle oder Leinen dürfen im allgemeinen nur mit dem **Schonwaschgang 60 °C** gewaschen werden. Bunte Textilien aus Baumwolle oder Mischgeweben sind hinsichtlich der Temperaturverträglichkeit nach 60 °C- und 40 °C- bzw. 30 °C-Wäsche zu sortieren. Daneben ist bei diesen Textilien die mechanische Belastbarkeit zu beachten. Bunte Baumwollstücke (normal bis stark verschmutzte farbige Hemden, Kittel, Schürzen, Blusen, dunkle Frottiertücher) können mit dem **Normalwaschgang 60 °C**, »pflegeleicht« oder »bügelfrei« ausgerüstete Textilien (normal bis stark verschmutzte Wäscheteile aus synthetischen Fasern, z. B. Hemden, Kittel, Blusen . . .) mit dem **Schonwaschgang 60 °C** gereinigt werden. Für die Buntwäsche bei einer Temperatur von **30 °C** eignen sich Jeans, Schürzen, andere dunkelfarbige Wäsche, die bis 30 °C farbecht ist. **Schonwaschgang 30 °C** ist für Textilien aus Diolen, Dralon und Trevira gedacht.

Buntwäsche

Moderne Waschmaschinen verfügen in der Regel über ein Wollwaschprogramm, mit dem alle maschinenwaschbaren, strapazierfähigen Wollsachen, Wollgemische und Strickwaren, die mit dem internationalen Wollsiegel und dem Zusatz »mit Spezialausrüstung, filzt nicht« versehen sind, gereinigt werden können.
Wollsachen, die nicht den Vermerk »mit Spezialausrüstung« tragen, sollten, vor allem wenn sie noch neu sind, nicht in die Maschine gegeben werden, weil durch die starke mechanische Bearbeitung in der Waschtrommel die Gefahr des Verfilzens groß ist.

Trennung nach Farben

Wäsche sollte nicht nur nach Temperaturverträglichkeit und mechanischer Belastbarkeit, sondern möglichst auch nach Farben sortiert werden. Es ist besser, weiße Tischwäsche nicht zusammen mit farbigen Frottiertüchern zu waschen, weil weiße Wäsche dadurch leichter vergrauen kann. Auch ist es ungünstig, gelbe Blusen mit Jeans zusammen bei 30° C zu waschen, weil die blaue Farbe der Jeans das Gelb der Bluse verändert. Diese Trennung nach Farben ist in einem Haushalt, in dem viel Wäsche anfällt, kein Problem. Bei weniger Wäsche sollte die Schmutzwäsche lieber aufbewahrt werden, bis genügend Stücke zusammenkommen, als Farbveränderungen zu riskieren. Neue, kräftig gefärbte Wäschestücke werden bei der ersten Wäsche von Hand gewaschen, weil dabei überschüssige Farbe »ausblutet«.

Weitere Tätigkeiten

Neben dem Sortieren der Wäsche sind noch folgende Tätigkeiten zu verrichten:
- Taschen entleeren, evtl. ausbürsten,
- Ärmel entrollen,
- Ecken der Bettwäsche ausbürsten,
- Reißverschlüsse zuziehen,
- lange Bänder und Träger von Schürzen verschlaufen,
- stark verschmutzte Stellen mit Waschpaste einreiben.

Hauptarbeiten

Folgende **Hauptarbeiten** sind zu verrichten:
- Beschicken der Maschine; dabei ist das Fassungsvermögen zu beachten (siehe Bedienungsanleitung).
- Waschmittel nach Vorschrift einfüllen (Dosierung, Wasserhärte beachten).
- Wasserhahn öffnen.
- Stromanschluß prüfen.
- Maschine schließen.
- Programm wählen.
- Maschine einschalten.

- Verläßt man den Waschraum, um andere Arbeiten auszuführen, so sollte man sich vorsorglich einen Kurzzeitwecker stellen, damit nach Ablauf des Waschprogramms die Wäsche gleich herausgenommen werden kann und nach dem Schleudern nicht unnötig lange zusammengedrückt bleibt.

Da hinsichtlich der Programmvielfalt bei den einzelnen Waschmaschinentypen Unterschiede bestehen, ist es unumgänglich, daß die Bedienungsanleitung gründlich studiert wird. Grundsätzlich gilt auch für die Maschinenwäsche, daß milde Behandlung die Wäsche schont. So sollte man vor allem bei bunter Wäsche darauf achten, daß sie nicht zu sehr verschmutzt, also lieber häufig wechseln. Dann wird diese Wäsche meistens auch mit dem Programm 30° C sauber und die Farben behalten über lange Zeit ihre Leuchtkraft.

Nacharbeiten

Nach Ablauf des Waschprogramms sind folgende Tätigkeiten zu verrichten:
- Beim Schonwaschgang Wasser abpumpen,
- Maschine ausschalten,
- Wasserhahn schließen,
- Maschine öffnen,
- Maschine entleeren,
- Waschmittel aufräumen, Maschine evtl. mit einem feuchten Tuch abreiben,
- Türe der Maschine offen stehen lassen!

Handwäsche

Waschen von Hand – Trotz modernster Waschmaschinen mit vielen Programmen werden immer wieder Wäschestücke zu reinigen sein, die nicht in der Maschine gewaschen werden können. Deshalb ist es nötig, auch über das Waschverfahren von Hand Bescheid zu wissen. Zur Handwäsche gehören empfindliche Textilien aus Wolle, Seide, Chemiefasern (Acetat, Viscose) und farbempfindliche Stücke. Auch hier ist auf die Pflegehinweise besonders zu achten.

Arbeitsweise

Arbeitsvorgang
- Wäsche sortieren.
- Strickwaren und Kreppgewebe evtl. messen, damit sie nach dem Waschen wieder in die richtige Größe gebracht werden können.
- Nicht waschbare Knöpfe abtrennen.
- Waschanleitungen der einzelnen Stücke genau beachten!
- Arbeitsplatz vorbereiten (Wanne, Waschmittel, Ablage, Tücher, Kleiderbügel).
- Waschen der Handwäsche in Waschflotte (Vor- und Hauptwäsche). Dosierungsvorschriften der Waschmittel beachten!
- Spülen der Handwäsche (3–4 Spülgänge). Auf gleichbleibende Temperatur des Wassers achten!
- Wollsachen leicht anschleudern, dann zum Trocknen auslegen und in Form ziehen, evtl. nachmessen.
- Seide und Chemiefasern in ein sauberes Tuch einrollen, leicht drücken und auf einem Kleiderbügel, der nicht abfärben oder rosten darf (aufblasbare Bügel), zum Trocknen aufhängen. Dünne Seidenblusen und -hemden werden nicht aufgehängt, sondern in dem Tuch eingerollt bis zum Bügeln aufbewahrt oder sofort gebügelt.

Beachten Sie

- Zuerst alle hellen, dann die dunklen Stücke waschen.
- Empfindliche Gewebe nicht reiben, sondern nur durchdrücken.
- Besonders schmutzige Stücke einige Zeit in der Waschflotte lassen.
- Stark verschmutzte Stellen mit Waschpaste oder Waschmittel einreiben.
- Wasch- und Spülwasser sollen die gleiche Temperatur haben.
- Nach dem letzten Spülgang muß das Wasser klar sein.

Das Waschen von Hand wird im Vergleich zum Waschen mit der Maschine in einem normalen Haushalt relativ selten vorkommen, weil heute nur noch wenige Textilien auf dem Markt angeboten werden, die nicht für die Maschine geeignet sind. Wertvolle handgestrickte Wollsachen jedoch sollten stets mit der Hand gewaschen werden, weil sie bei diesem Waschverfahren besonders schonend behandelt werden und dadurch ihre Lebensdauer verlängert wird.

Trocknen

Das Trocknen der Wäsche kann durch Lufttrocknen an der Leine oder im Wäschetrockengerät (Tumbler) erfolgen. Ein Wäschetrockner schafft Unabhängigkeit vom Wetter und ermöglicht das Einsparen von Zeit und Arbeit. Beispielsweise dauert das Aufhängen und Abnehmen von 4 kg Wäsche (eine Waschmaschinenfüllung) ca. 11 Minuten, das Beschicken und Entleeren des Wäschetrockners mit der gleichen Menge Wäsche nur 1 Minute. Selbstverständlich bringt diese Arbeits- und Zeitersparnis entsprechende Kosten mit sich.

Aufhängen der Wäsche

Lufttrocknen – Richtiges *Wäscheaufhängen* spart Zeit und Kraft, deshalb sind einige Punkte zu beachten:

- Die Wäsche wird an der Leine, auf einem Trockengestell oder an der Wäschespinne aufgehängt.
- Leine und Klammern müssen sauber sein. Deshalb wird die Leine mit einem feuchten Tuch vor dem Aufhängen der Wäsche gereinigt.
  Günstig ist das Aufbewahren der Wäscheklammern in einem Klammernbeutel, der an der Leine hängt. Auch in der Klammernschürze sind die Wäscheklammern griffbereit.
- Der Korb mit der nassen Wäsche wird auf einen Stuhl oder Hocker gestellt, damit unnötiges Bücken vermieden werden kann. Bücken ist sehr anstrengend und ermüdend.
- Die Wäschestücke faßt man an den Aufhängestellen an und schlägt sie aus, damit sich Falten, verdrehte Ärmel oder eingerollte Säume glätten.
- Gleiche Wäschestücke werden nebeneinander aufgehängt. Das spart viel Zeit, wenn beim Abnehmen, Bügeln und Zusammenlegen der Wäsche »wie am Fließband« gearbeitet werden kann. Alle Hemden, Unterhosen, Waschlappen, Handtücher, Küchentücher, Strümpfe usw. werden zusammengehängt, wobei die Strümpfe, die zusammengehören, nebeneinanderhängen. So können sie beim Abnehmen sofort zusammengesteckt, in den Wäschekorb gelegt und schließlich aufgeräumt werden.
- Doppelte Wäschestücke werden nach rechts gedreht und dann aufgehängt (Unterwäsche usw.).
- Um unnötiges Verziehen zu vermeiden, werden die einzelnen Stücke je nach Art an Nähten, Trägern oder am Bund aufgehängt. Bänder werden ausgestreift, alle Wäschestücke in Form gezogen.

- Küchen- und Frottiertücher werden glatt aufgehängt, dann verziehen sie sich nicht und lassen sich leichter bügeln, bzw. gerade zusammenlegen.
- Herrenhemden und Blusen werden am Ärmel neben den Schulternähten aufgehängt. Kragen und Manschetten trocknen dadurch schneller.
- Bett- und Kissenbezüge werden mit dem Schlitz zur Seite aufgehängt, damit die Luft zwischen die Wäscheteile strömen kann.
- Poloblusen, T-Shirts usw., die sich leicht verziehen, werden am besten auf Kleiderbügeln aufgehängt. Diese müssen sauber sein und dürfen nicht rosten oder abfärben. Empfehlenswert sind aufblasbare Bügel.
- Achten Sie beim Wäscheaufhängen auf eine »schöne Ansicht«!
- Ordentlich aufgehängte Wäsche ist schon halb gebügelt!

Abnehmen der Wäsche

Auch beim *Abnehmen der Wäsche* sind arbeits- und zeitsparende Maßnahmen zu beachten:

- Wäsche soll möglichst in bügelfeuchtem Zustand abgenommen werden. Sie wird glatt in den Korb gelegt, um so wenig wie möglich zu verknittern, denn das spart Bügelzeit. Gleichartige Wäschestücke liegen zusammen im Korb.
- Wäschestücke, die nicht mehr gebügelt werden müssen, bleiben bis zum völligen Trocknen an der Leine hängen. Sie werden abgenommen, zusammengelegt und sofort aufgeräumt.
- Hemden und Blusen sollte man möglichst »von der Leine weg« bügeln, d. h. sie gar nicht in einen Korb legen. Dann sind sie kaum verknittert und lassen sich mit dem Dampfbügeleisen sehr leicht glätten. Hemden und Blusen, die zu trocken geworden sind, kann man über Nacht ins Freie hängen, dann haben sie wieder genügend Feuchtigkeit aufgenommen, um sich leicht bügeln zu lassen. Evtl. müssen sie eingesprengt werden, um ein gutes Bügelergebnis zu erzielen.
- Wem eine Bügelmaschine zur Verfügung steht, der sollte bereits beim Abnehmen der Wäsche die Aufteilung in Hand- und Maschinenbügelwäsche vornehmen. Bett- und Tischwäsche sollte so zusammengelegt werden, daß sie mit geringstem Zeitaufwand auf der Bügelmaschine geglättet werden kann.

Wäschetrockner

Maschinentrocknen – Das Trocknen der Wäsche im *Wäschetrockner* ist besonders bei beengtem Platz und schlechten Trocknungsmöglichkeiten (fehlender Garten, Balkon oder Trockenraum) empfehlenswert. Die Wäsche wird, ähnlich wie in der Waschmaschine, je nach Temperaturverträglichkeit unter Zufuhr von Kalt-, Warm- oder Heißluft bewegt. Das Trockengerät saugt Frischluft an, erwärmt diese auf die der Programmwahl entsprechende Temperatur und bläst sie durch die Trommel. Ein Trocknungsvorgang dauert bei den meisten Fabrikaten etwa 60 Minuten. Der Tumbler sollte das gleiche Fassungsvermögen wie die Waschmaschine haben, denn dann kann eine Waschmaschinenfüllung sofort getrocknet werden. Durch das Trocknen in der Maschine wird die Wäsche besonders weich und flauschig, aber auch mechanisch strapaziert (viele Flusen).

Bügeln und Legen

Beim Bügeln wird mit Hilfe von Hitze, Druck und Feuchtigkeit (Dampf) das Textil geglättet. Die Wäsche sieht dann gepflegt aus, wird keimfrei, glänzend und schmutzabweisender durch die glatte und geschlossene Oberfläche. Das Bügeln kann mit dem Bügeleisen von Hand oder mit der Maschine erfolgen.

Bügeln von Hand – Folgende *Bügelgeräte* sind am Bügelplatz erforderlich:

Bügelgeräte

- Reglerbügeleisen oder Dampfbügeleisen,
- evtl. destilliertes Wasser für das Dampfbügeleisen,
- Bügelbrett (zusammenklappbar, höhenverstellbar, standfest, aluminiumbeschichteter Überzug, Größe 120 × 40 cm) oder ein Tisch mit Bügelauflage,
- Stuhl mit verstellbarer Rückenlehne, drehbar, höhenverstellbar,
- Ablagefläche für gebügelte Wäsche,
- Waschkorb mit ungebügelter Wäsche,
- Wäscheeinsprenger,
- Ärmelbügelbrett,
- Dämpftuch,
- Kleiderbügel.

Die Bügelgeräte sollten stets am Bügelplatz griffbereit aufbewahrt werden. Außerdem muß der Bügelplatz gut beleuchtet sein und eine Steckdose aufweisen.

Vorarbeiten

- Zu trockene Wäsche muß eingesprengt werden. Dies kann auf der Waschmaschine oder dem Küchentisch erfolgen. Anschließend muß die Wäsche gut durchziehen, am besten über Nacht. Diese Arbeit kann gespart werden, wenn man bereits beim Abnehmen der Wäsche auf entsprechende Feuchtigkeit achtet.
- Arbeitsplatz herrichten. Dabei ist auf die arbeitstechnisch richtige Anordnung zu achten.

Arbeitsweise

Hauptarbeiten

Beim Bügeln von Hand sollten folgende Punkte berücksichtigt werden, um in möglichst kurzer Zeit ein optimales Bügelergebnis zu erzielen:

- Gleichartige Wäschestücke hintereinander bügeln (Fließbandarbeit)!
- Zuerst alles bügeln, dann zusammenlegen (Zeitersparnis).

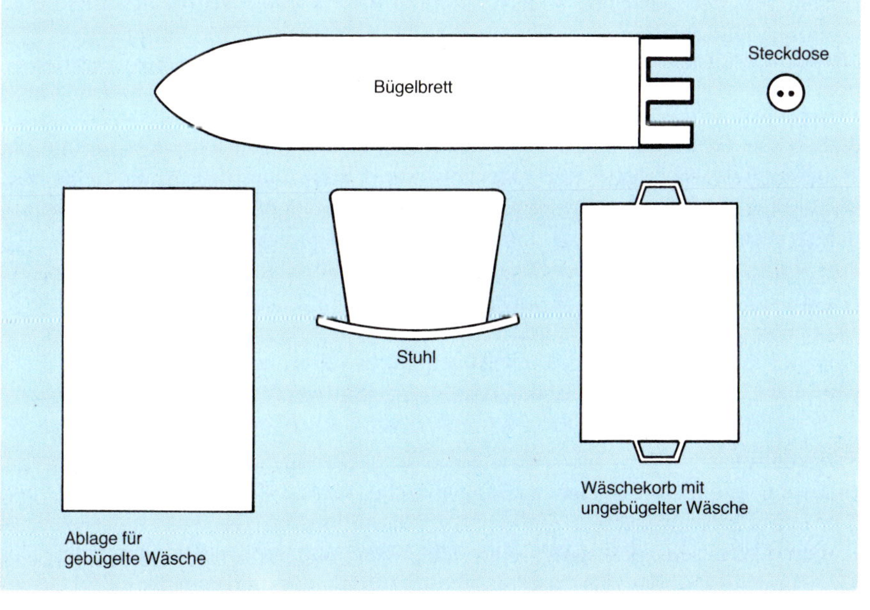

- Wäsche von rechts bügeln; Ausnahme: Stickereien und Spitzen werden von links nachgebügelt.
- Vor dem Körper wird in langsamen Strichen von rechts nach links und zurück gebügelt (Zeit- und Kraftersparnis).
- Wäsche bügeln, bis sie ganz trocken ist, sonst ziehen sich die Kanten wieder zusammen und das Bügelergebnis ist unbefriedigend.
- Temperatur des Bügeleisens der Wäsche entsprechend wählen; zuerst bügelt man die Stücke, die nur geringe Temperatur vertragen.
- Alle doppelten Teile zuerst links, dann von rechts bügeln (Kragen, Manschetten, Knopfleisten, dicke Nähte).
- Bei großen Wäschestücken werden zuerst alle weghängenden Teile (Bänder, Ärmel) gebügelt.
- Große Wäschestücke »von sich wegbügeln«, damit sie auf der anderen Seite des Bügelbrettes herunterhängen und nicht verdrückt werden können.
- Gebügelte Stücke auf die Ablage legen; Hemden, Blusen, Hosen und Röcke sofort aufhängen.

Nacharbeiten
Wäsche zusammenlegen. Dabei ist zu beachten:
- Gleiche Teile gleich groß zusammenlegen (Unterwäsche, Bettwäsche, Hand- und Küchentücher).
- Bruch nach der gleichen Seite legen.
- Monogramm nach oben legen (Taschentücher).
- Beim Zusammenlegen Schrankgröße berücksichtigen.
- Gelegte Kanten gut streifen, damit sie flach liegen.
- Keine unnötigen Falten in die Wäsche legen!
- Wäsche zum Auskühlen liegenlassen, nicht sofort in den Schrank räumen!

Zum Schluß wird das Bügeleisen zum Auskühlen aufgestellt und der Arbeitsplatz aufgeräumt.

Bügeln mit der Maschine – Es erleichtert die Bügelarbeit, ist jedoch nur in größeren Haushalten, in welchen sehr viel Wäsche anfällt, rentabel, Erst 12% aller Haushalte verfügen über eine Bügelmaschine.

Das *Bügelergebnis* und der Zeitbedarf werden von mehreren Faktoren bestimmt. Neben der Geschicklichkeit der Büglerin spielt die technische Ausstattung des Bügelgerätes eine Rolle, z. B. Heizleistung, Größe der Bügelsohle, Schaltung, Anpreßdruck, Bügelgeschwindigkeit. Stand- und Klappmodelle mit unterschiedlichen Walzenbreiten (65, 70 und 85 cm) werden angeboten.

Bügelplatz

Am *Bügelplatz* ist neben der Bügelmaschine ein Stuhl erforderlich. Der Korb mit der Bügelwäsche wird rechts neben der Maschine griffbereit aufgestellt. Links ist Platz zum Ablegen der gebügelten Wäsche notwendig, wofür das Bügelbrett gut geeignet ist. Außerdem wird am Bügelplatz noch ein ausreichend großer Tisch gebraucht, auf dem die Wäsche zusammengelegt werden kann.

Vorarbeiten

Arbeitsweise

- Legen und evtl. Einsprengen der Wäsche. Große Wäschestücke (Bett- und Tischwäsche) werden in Ziehharmonikafalten gelegt. Die Teile müssen so gut vorbereitet sein, daß später ohne Unterbrechung gebügelt werden kann. Das Arbeitstempo, das die Bügelmaschine ermöglicht, kann nur dann voll ausge-

nutzt werden, wenn die Wäsche griffbereit und zweckmäßig sortiert liegt und nach dem Bügeln mühelos abgelegt werden kann.
- Arbeitsplatz vorbereiten, Maschine anheizen.

Hauptarbeiten
- Bügeln der glatten Wäscheteile »wie am Fließband«. Die Wäschestücke werden gerade und faltenlos in die Maschine geführt.
- Für das Bügeln geformter Wäschestücke ist Übung notwendig. Oft sind viele Bedienungsvorgänge, wie das Anheben der Heizmulde und erneutes Einführen des Teiles, erforderlich. Die besten Arbeitstechniken eignet man sich durch Übung mit Überlegung und evtl. mit Hilfe einer Firmenberaterin an.

Nacharbeiten
- Zusammenlegen der Wäsche. Sie sollte vor dem Aufräumen gut abkühlen und ausdämpfen können.
- Maschine auskühlen lassen.
- Heizwange der Maschine von Zeit zu Zeit mit feuchtem Tuch abwischen. Walzenbezug bei Bedarf waschen bzw. erneuern.

Vor dem *Anschaffen* einer Bügelmaschine dürfen Überlegungen hinsichtlich der Rentabilität nicht vernachlässigt werden.

Kleiderpflege und Fleckenentfernung

Wenn Kleidung die Anforderungen, die an sie gestellt werden, erfüllen und in Form, Aussehen, Funktion und Wert erhalten werden soll, braucht sie regelmäßige und sorgfältige Pflege. Nur saubere, ordentliche, zweckmäßige und gut passende Kleidung dient der Körperhygiene und dem Wohlbefinden und betont das persönliche Äußere.

Pflegemaßnahmen

Folgende *Maßnahmen* dienen der Kleiderpflege:

- Tragen von gut waschbarer Schutzkleidung (Schürzen, Kittel, Schutzanzüge).
- Aufhängen getragener Kleidungsstücke auf Bügel, damit sie auslüften, aushängen und die Form behalten. Zum guten Auslüften sollten die Kleidungsstücke nach Möglichkeit ins Freie gehängt werden.
- Gegebenenfalls Aufdämpfen der Kleidung, wenn sich Falten nicht mehr aushängen. Nur saubere Kleidung darf aufgedämpft werden! Dämpftuch verwenden! Vorsichtig arbeiten, damit sich die Nähte nicht durchdrücken und dadurch glänzende Stellen entstehen!
- Ausbürsten der Taschen und Hosenaufschläge ist von Zeit zu Zeit angebracht.
- Schadhafte Kleidung sofort ausbessern (Knöpfe annähen, Säume aufnähen, geplatzte Nähte nachnähen).
- Flecken möglichst rasch entfernen. Dabei ist die Gebrauchsanweisung von Fleckenentfernungsmitteln genau zu beachten. Problematische Verschmutzungen auf wertvollen Kleidungsstücken sollten dem Reinigungsfachmann überlassen werden.
- Rechtzeitige chemische Reinigung ist zur Kleiderpflege unerläßlich. Für verstaubte und nur wenig verschmutzte Kleidung genügt das Kleiderbad; verfleckte oder stark verunreinigte Kleidung braucht Vollreinigung.

Fleckentfernung

Nur saubere Kleidungsstücke wirken gepflegt. Immer wieder kommt es vor, daß ein Kleidungsstück nur durch einzelne *Flecken* verunreinigt ist. Viele Flecken lassen sich durch Waschen aus den Textilien entfernen. Es gibt jedoch eine Reihe von Verschmutzungen, die eine besondere Behandlung brauchen. Darüber informiert die folgende Tabelle.

Verschiedene Flecken und deren Entfernung. Pflegesymbole beachten!

Art des Fleckens	Fleckenmittel	Besondere Hinweise
verfärbte, »abgefärbte« Stellen	Entfärber	nach Gebrauchsanweisung, sehr gründlich spülen
Blut, frisch (auch Eiweiß)	kaltes Wasser u. enzym. Einweichmittel	einweichen bis zu 60 Minuten, auswaschen, spülen
älter	lauwarmes Wasser u. enzym. Einweichmittel Waschmittel u. evtl. Salmiak	je nach Faserart mehrere Stunden oder über Nacht einweichen in Waschmittellösung (30–50 °C) auswaschen oder austupfen, gründlich nachspülen
Bier, Honig	lauwarmes Wasser u. Feinwaschmittel 3 g/l Wasser u. Alkohol (1:1) bei Wolle Glycerin	vorsichtig auswaschen oder austupfen, Lösung evtl. bis zu 30 Minuten einwirken lassen
Fett	Fleckenentfernungsmittel, Perchlor oder Benzin Alle waschbaren Stoffe auswaschen	nach Gebrauchsanweisung bzw. auskochen
Gras	Spiritus u. Wasser Entfärber	ausreiben, nachreiben, evtl. waschen
Harz	Terpentin, Benzin oder Fleckenentfernungsmittel	aufweichen und ausreiben
Kaffee, Tee Kakao	Waschmittellösung, evtl. Entfärber	frisch sofort auswaschen
Kalk	warmes Essigwasser (1:3)	gründlich mit klarem Wasser nachreiben
Kugelschreiber	Fleckenentfernungsmittel, Waschmittellösung	betupfen und lösen, auswaschen
Likör, Cognac Cola, Limonade	warmes Wasser Waschmittellösung, evtl. Entfärber	auswaschen, evtl. entfärben
Lippenstift	Fleckentfernungsmittel, Spiritus, Waschmittellösung	lösen und ausreiben, in Waschmittellösung nachwaschen
Milch	Waschmittellösung, Salmiak	auswaschen bzw. austupfen oder ausreiben

* Beim Umgang mit Fleckentfernungsmitteln ist große Vorsicht geboten; die stark narkotisch wirkenden Dämpfe sind sehr gesundheitsschädlich. Deshalb sollte die Arbeit am offenen Fenster erfolgen. Die Gebrauchsanweisung ist genau zu beachten.

Art des Fleckens	Fleckenmittel	Besondere Hinweise
Nagellack **Alleskleber**	Aceton, Nagellackentferner	lösen und gut nachwaschen bzw. mit Wasser nachreiben Vorsicht löst Acetatfasern
Obst	Waschmittellösung	sofort auswaschen; evtl. Entfärber
Öl, Mayonnaise **Salatsoße**	Fleckenentfernungsmittel, Waschmittellösung (30–50 °C)	aufsaugen, evtl. auswaschen oder mit Fleckenentfernungsmittel behandeln.
Ölfarbe	Terpentin	Farbe ausreiben, dann Fettfleck entfernen.
Rost	Roststift, nur für weiße und farbechte Stoffe	nach Gebrauchsanweisung
Rotwein	Kochsalz Wasser und Spiritus oder Salmiakgeistwasser Waschmittellösung, evtl. Entfärber	sofort bestreuen und nachwaschen ausreiben auswaschen
Schweiß	Salmiakgeistwasser, Essig, Spiritus oder Perchlor	ausreiben und mit Wasser nachreiben bzw. spülen
Stockflecken in Baumwolle und Leinen,	Waschmittellösung, Entfärber	waschen nach Gebrauchsanweisung. Stockflecken lassen sich sehr schwer, vielfach nicht mehr entfernen
Teer	Butter Terpentin Benzin	aufstreichen und weichen lassen, abschaben, mit Terpentin ausreiben, mit Benzin nachreiben
Tinte	Zitronensäure (5%ig), bei Seide heißes Glyzerin, rote Tinte durch Spiritus Waschmittellösung	einweichen, ausdrücken und ausreiben, klar nachwaschen bzw. nachreiben auswaschen, weiße Stoffe evtl. entfärben
Wachs **Stearin**	dickes Fließpapier Perchlor oder Waschmittellösung	auf den Flecken legen und abbügeln, mit Perchlor oder Waschmittellösung nachreiben bzw. waschen
Wagenschmiere	Spiritus, Perchlor	

Beim Fleckenentfernen sollten folgende Punkte beachtet werden:

- Flecken sofort behandeln, denn alte, eingetrocknete Flecken lassen sich nur schwer oder nicht mehr entfernen.
- Bei Unsicherheit das Fleckenentfernen dem Fachmann überlassen! Fleckenart angeben!
- Fleckenmittel nur seinem Anwendungsbereich und der Gebrauchsanweisung entsprechend benutzen!
- Fleckenmittel hinsichtlich der Material- und Farbverträglichkeit an einer unsichtbaren Stelle (Saum, Seitennaht) erproben!
- Verschmutzte Stelle auf ein saugfähiges Tuch legen; sauberen, zusammengelegten Lappen mit Fleckenmittel tränken und damit den Flecken in kreisen-

den Bewegungen ausreiben; die bearbeitete Stelle mit klarem Wasser nachreiben, um Reste des Fleckenmittels zu entfernen; trockentupfen!

- Bei Anwendung von feuergefährlichen oder narkotisierenden Mitteln nur am geöffneten Fenster und nicht bei offenem Feuer (Zigarette, Kerze) arbeiten!
- Flaschen sofort nach Gebrauch verschließen und an einem für Kinder unerreichbaren Ort aufbewahren! Für stets gut leserliche Beschriftung sorgen!

Prüfen Sie Ihr Wissen

1. *Welche Eigenschaften des Wassers behindern den Waschvorgang? Welche Stoffe können dagegen eingesetzt werden?*
2. *Erfragen Sie die Wasserhärte ihres Wohnortes!*
3. *Warum muß bei der Dosierung der Waschmittel der Härtebereich des Wassers berücksichtigt werden? (Gefahr bei zu geringer Dosierung? – Gefahr bei zu hoher Dosierung?)*
4. *Lesen Sie auf verschiedenen Waschmittelpackungen die Zusammensetzung der Waschmittel nach und ordnen Sie diese einer der vier Gruppen zu!*
5. *Suchen Sie möglichst viele Beispiele zu den einzelnen Gruppen der Waschhilfsmittel und stellen Sie nach Möglichkeit Unterschiede zwischen den einzelnen Produkten fest!*
6. *Führen Sie die einzelnen Tätigkeiten der Textilreinigung und -pflege in der Praxis durch und achten Sie stets auf rationelles Arbeiten! Verbessern Sie fortwährend Ihre Arbeitsweise, indem Sie vor, während und nach der Arbeit über das Ergebnis nachdenken!*

Kapitel 6
Wohnen – Hauspflege

Bauliche Gestaltung der Wohnung

Wohnen ist ein Grundbedürfnis des Menschen. Alles was mit der Lage, Beschaffenheit und Gestaltung der »vier Wände« zusammenhängt sollte gut bedacht sein, rechtzeitig geplant und mit Freude gestaltet werden. Das wird umso besser gelingen, je mehr nach den wirklichen Bedürfnissen der »Bewohner« gefragt wird.

Raumbedarf, Zuordnung und Lage der Räume

Wer weiß, was er alles in seiner Wohnung tun möchte, kann besser die richtige Wohnung auswählen. Jeder einzelne »Bewohner« hat ganz persönliche, eigene Vorstellungen, wie er wohnen will. Für die Familienwohnung kommen noch weitere Anforderungen hinzu, die von der Größe der Familie, dem Alter der Familienmitglieder (mit Baby, Schulkindern usw.), der beruflichen Tätigkeit und auch den finanziellen Möglichkeiten abhängen. Danach wird sich die Auswahl und Anzahl der Räume bemessen. Hier sollten auch schon evtl. zu erwartende Änderungen in der Zahl der Haushaltsangehörigen bedacht werden.

Raumgruppen

Die einzelnen Räume lassen sich in Raumgruppen zusammenfassen:
Wohnbereich: Feierabend genießen, Gäste und Besucher empfangen, spielen, fernsehen, evtl. essen, Kinder betreuen.

Schlafbereich: schlafen, ausruhen, entspannen, evtl. auch arbeiten, Krankenpflege.

Sanitärbereich: Körperpflege, Gesundheitspflege, evtl. auch Hausarbeiten.

Wirtschaftsbereich: Mahlzeiten bereiten, Vorräte schaffen; waschen, trocknen, bügeln, flicken, reinigen; Hausrat pflegen.

Freisitz (Balkon, Terrasse): entspannen, spielen, essen.

Kleinwohnung

Auch in der kleinen Wohnung müssen diese Wohnbedürfnisse erfüllt werden; allenfalls können Wohnen und Schlafen kombiniert werden. Leider sieht der Raum dann zu oft wie ein Schlafzimmer aus oder die Schlafmöglichkeit ist nicht gut gelöst. Schon eine abgetrennte Schlafecke macht aus der Kleinwohnung eine vollwertige »Behausung«. Diese kleinen Wohneinheiten sind in der Herstellung am teuersten, da sie jeweils eine vollständige Sanitär- und Wirtschaftsraumausstattung brauchen.
Wenn die Familie größer ist, müssen entsprechend mehr Räume vorhanden

2-Zimmer-Wohnung

Mehr-Raum-Wohnungen

sein. Zwei-Zimmer-Wohnungen sind vor allem für Paare ohne Kinder gut zu nutzen. Oft wird allerdings auch das 1. Kind noch mit in dieser Wohnung untergebracht. Für größere Kinder wären je ein eigenes Kinderzimmer wünschenswert, sodaß dann die Drei- und Vierzimmerwohnungen in Betracht gezogen werden.
Die größere Familie benötigt außer mehr Wohn- und Schlafraum auch einen gut ausgestatteten Sanitärbereich mit 2 WC's und ausreichend große Wirtschaftsräume. Hier fallen wesentlich mehr »Hausarbeiten« an. Mängel in der Planung dieser Räume erschweren die Hausarbeit. Je nach beruflicher Situation brauchen auch die Erwachsenen einen eigenen Raum, wo sie sich einmal zurückziehen können. Hier kann der »wohnliche« Schlafraum diesem Bedürfnis entgegenkommen.

Zuordnung der Räume

Einen entscheidenden Einfluß auf das Familienleben und die Arbeit im Haushalt hat die *Zuordnung der Räume.* Wünschenswert ist jeweils die räumliche Nähe von:

Küche	– Eßplatz	Garderobe + WC	– Eingang
Küche	– Eingang	Waschküche	– Trockenplatz
Wohnen	– Essen	Wirtschaftsbereich	– Spielbereich der Kinder
Wohnen	– Eingang	Schlafen	– Sanitärbereich

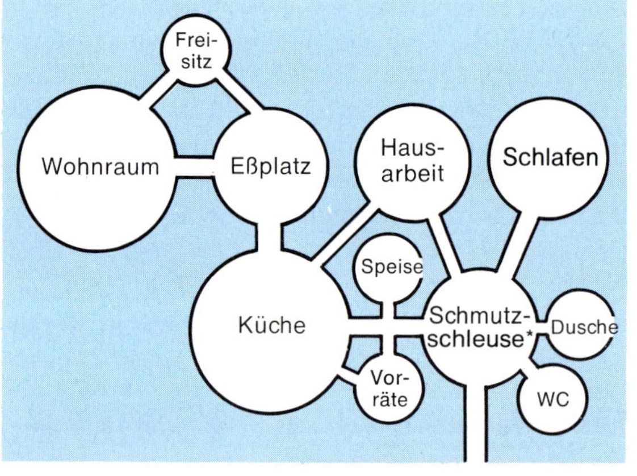

Zuordnung der Raumgruppen

* in ländlichen Haushalten

Lage der Räume

Weiterhin ist auch die *Lage der Räume* zur Himmelsrichtung bedeutsam:

Norden	kalt, aber gleichmäßiges Licht
Osten	Morgensonne
Süden	Im Sommer hoher Sonnenstand, im Winter tiefe Durchsonnung
Westen	Abendsonne, Wetterseite.

Wohnen	nach Südost-Südwest-Süden
Schlafen	nach Osten – aber evtl. Straßenlärm beachten.
Wirtschaften	Nordost-Nordwest-Norden

Grundriß und Raumgrößen

Grundriß

Ein Grundriß zeigt die Raumaufteilung eines Hauses – in einem mehrgeschossigen Haus die Raumaufteilung einer Wohnung oder eines Stockwerkes – von oben gesehen. Eingezeichnet sind die Mauern, wobei Fenster und Türöffnungen ausgespart sind. Bei den Türen zeigt ein Dreieck an, nach welcher Seite sie aufgehen. Bei den Fenstern ist oft die Brüstungshöhe (BRH) angegeben. Kamine sind als Block zu erkennen, Treppen werden als Leitern gezeichnet. Ein Pfeil gibt stets die Nord-Richtung an, so daß die Lage der Räume zu sehen ist. Der Grundriß ist ein wichtiges Hilfsmittel um die Einrichtung der Wohnung oder eine Umbauplanung zu überlegen. Einige wichtige Voraussetzungen sollte ein guter Grundriß einer Wohnung erfüllen:

- Die Räume sollen eine gute Proportion haben (z. B. nicht schmal und lang).
- Es muß genügend Stellfläche für die gewünschte Möblierung vorhanden sein.
- Wenn der Raum möbliert ist, muß für die darin lebenden Menschen auch ausreichend Bewegungsraum übrig bleiben.
- Die Türen sollen so angeordnet sein, daß Schränke bis in die Ecke gestellt werden können (mind. 65 cm Abstand von der Wand bis zum Türstock).
- Zu große Verkehrsflächen oder sehr verwinkelte Flure sind ungünstig.
- Die Lage der Räume zueinander und nach der Himmelsrichtung sollte stimmen.
- Alle Räume sollen vom Flur aus erreichbar sein.
- Die Elektro- und Wasserinstallation muß dem augenblicklichen Bedarf angepaßt sein, aber auch noch Erweiterungen zulassen (z. B. Anschaffung zusätzlicher oder größerer Geräte).

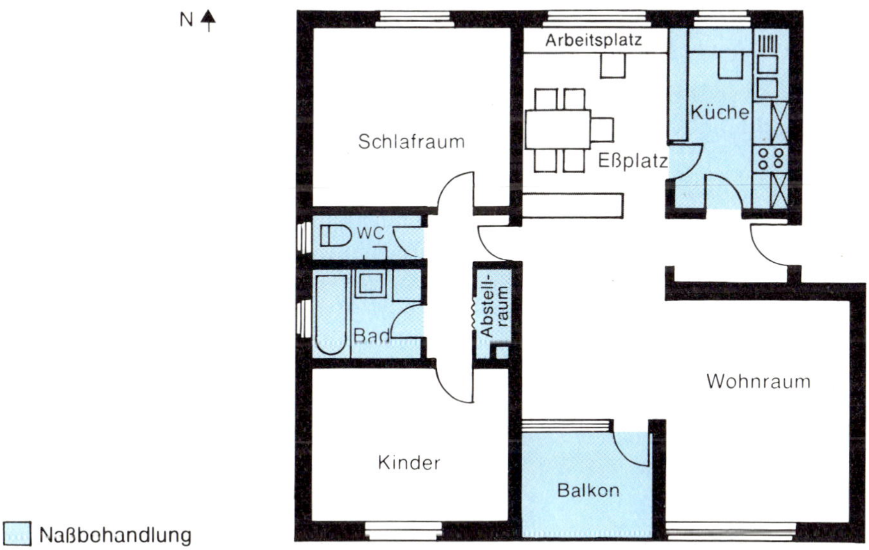

Beispiel einer gut geplanten 3-Zimmer-Wohnung mit einer Wohnfläche von 84 m² (ohne Balkon)

Wohnbereich	
Wohnraum	26,3 m²
Eßplatz	4,9 m²
Schlafzimmer	14,4 m²
Kinderzimmer	12,6 m²
Flure	5,3 m²
	63,5 m²

Wirtschafts- und Sanitärbereich	
Küche	7,9 m²
Bad	3,9 m²
WC	1,9 m²
Arbeitsplatz im Eßzimmer	4,3 m²
Abstellnische	2,0 m²
	20,0 m²

Empfohlene Raumgrößen

Raumgrößen

Aus der Norm DIN 18011 und 18022 sind die folgenden Empfehlungen für Raumgrößen abgeleitet:

Wohnraum ohne Eßplatz	20 m^2
Wohnraum mit Eßplatz	22–28 m^2
Eßplatz	7– 9 m^2
Elternschlafzimmer	14–18 m^2
Kinderzimmer – 1 Kind	12–14 m^2
Kinderzimmer – 2 Kinder	14–18 m^2
Abstellraum	mind. 1 m^2
Bad mit WC	5– 6 m^2
Bad ohne WC	5 m^2
WC	1,5– 2 m^2
Küche ohne Eßplatz	7– 9 m^2
Küche mit Eßplatz	9–15 m^2

Heizung, Wärmeschutz und Warmwasser

Wohnungen und Wohnhäuser werden entweder durch Einzelöfen oder Zentralheizungen beheizt. Als Energiestoffe (Brennstoffe) werden verwendet:

Brennstoffe

Feste Brennstoffe	– Kohle, Holz.
Flüssige Brennstoffe	– Öl.
Brenngase	– Erdgas, Stadtgas, Flüssiggas.
Elektrischer Strom	– ist zwar kein Brennstoff, dient aber wie ein solcher auch als Wärmequelle.
Alternativer Energieträger	– z. B. Sonnenenergie, Biogas.

Feste Brennstoffe, Öl und Flüssiggas benötigen einen Lagerraum innerhalb oder außerhalb des Hauses; wobei bestimmte Sicherheitsbestimmungen einzuhalten sind.

Einzelofenheizung

Kaminanschluß

Kohle- und Ölöfen benötigen Kaminanschluß (neue Öfen nur noch mit kurzem Rauchrohr anschließen, sonst Versottungsgefahr des Kamins).

Ölöfen sollten an eine zentrale Ölversorgung angeschlossen werden, damit entfällt die Geruchsbelästigung durch das Einfüllen des Öls.

Gasöfen können mit Kaminanschluß oder als Außenwandgerät aufgestellt werden.

Elektrospeicheröfen werden mit Nachtstrom erwärmt.

Elektroheizgeräte in Form von Strahlern, Konvektoren, ölgefüllten Radiatoren usw. werden nur mit Tagstrom betrieben und sind deshalb nur für kurzfristig genutzte Räume geeignet – oder für Zusatz- und Übergangsheizung.

Bedienung

Bei allen Einzelöfen ist heute eine gute Bedienung gegeben durch die verschiede-

nen Reglermöglichkeiten: Dauerbrandeinrichtung für Kohleöfen und temperatur- oder leistungsgesteuerte Regelung für Ölöfen; sowie Zündsicherung, Thermostat und Schaltuhr für Gasöfen. Bei der Elektrospeicherheizung ist sowohl das Aufheizen wie auch die Wärmeabgabe vollautomatisch geregelt.
Eine besondere Form der Elektroheizung ist die Fußboden-Elektroheizung. Der Fußboden wird mit preisgünstigem Nachtstrom aufgeheizt und die Wärme tagsüber abgegeben.

Zentralheizung
Die zentrale Beheizung einer Wohnung kann entweder über eine Etagenheizung, Zentralwarmwasserheizung oder mittels Fernheizung erfolgen. Die Zentralheizung arbeitet wirtschaftlicher als die Einzelofenheizung. Die *Etagenheizung* ist der erste Schritt zur Zentralheizung, da hier eine gesamte Geschoßwohnung beheizt wird. Die Beheizung erfolgt entweder durch wasserführende Leitungen oder Warmluftkanäle. Für die Beheizung von Etagenwohnungen eignen sich vollautomatische Heizungsherde für Kohle, Öl oder Gas. Die Geräte können in Küche, Bad oder Diele aufgestellt oder aufgehängt werden. Kaminanschluß ist notwendig. Der Aufstellungsraum des Gasheizers darf eine gewisse Raumgröße, abhängig von der Nennleistung, nicht unterschreiten. Der Raum muß be- und entlüftbar sein.

Etagenheizung

Als Zentralheizung kommen für das Ein- und Mehrfamilienhaus zwei Systeme in Frage:
Warmwasserheizung, bei der erwärmtes Wasser in Rohrleitungen zu den Heizkörpern befördert wird,
Warmluftheizung, bei der in einem Zentralgerät die Luft erwärmt und durch ein Kanalsystem den einzelnen Räumen zugeführt wird.
Die Zentralheizung kann mit Kohle, Gas, Öl, elektrischem Strom oder durch Ausnutzung der Sonnenenergie betrieben werden.

Heizsysteme

Raumheizkörper – Die Raumheizkörper werden als Radiatoren und Konvektoren angeboten.

Radiatoren – Gliederheizkörper geben die Wärme zu 60% durch Konvektion und zu 40% durch Strahlung ab. Sie sollten daher nicht verkleidet werden, da hierdurch die Strahlung und oft auch die Konvektionswirkung beträchtlich herabgesetzt wird. Außer den üblichen Heizkörpern sind heute im Angebot Flachheizkörper – Plattenheizkörper zu finden, die unfallsicher, formschön und pflegeleicht gestaltet sind. Radiatoren sollten unter der Fensterbrüstung installiert werden. Falls die Radiatoren in Nischen eingebaut werden, ist auf eine sehr gute Wärmedämmung zu achten. Bei den neueren, flachen Radiatoren erübrigen sich die Nischen.

Radiatoren

Konvektoren geben keine Strahlungswärme ab; sie sind in eine schachtartige Vertiefung am Wandsockel eingebaut. Als Vorteil werden die geringeren Installationsarbeiten empfunden. Als Nachteil erweist sich die benötigte Länge der Heizkörper; es ist darauf zu achten, daß an den Möbelstellflächen keine Konvektoren angebracht werden, da sonst bei der Aufstellung von Möbeln ein entsprechender Abstand von dem Konvektor einzuhalten ist.

Konvektoren

Eine besondere Art von Heizkörpern wird bei der Fußboden-Warmwasserheizung verwendet: Warmwasserführende Rohrschlangen sind in den Unterboden (Estrich) eingebettet.

Fußbodenheizung

Fernheizung

Bei der *Fernheizung* – an die z. B. oft große Wohnblocks oder Hochhäuser angeschlossen sind – wird die Wärme in einem Heizwerk erzeugt und der einzelnen Wohnung zugeleitet, entweder mittels Warmwasser oder Wasserdampf.

Wärmeschutz bei Gebäuden

Nach den gesetzlichen Bestimmungen von 1976 müssen Gebäude einen Wärmeschutz haben, der Energieverluste vermeidet und damit hilft, kostbare Energie vor allem beim Heizen zu sparen.

Es gibt viele kritische Punkte an Gebäuden:
37% des Gesamtwärmeverlustes erfolgen durch Fenster,
35% durch die Außenwand,
15% durch die Dachdecke und
13% durch die Kellerdecke.

Deshalb müssen alle Decken und Außenwandflächen so gut wie möglich wärmegedämmt sein. Zusätzlich sollen wärmedämmende Fensterbauarten und Doppelverglasung verwendet werden.
Alle Heizungsanlagen müssen entsprechend der Betriebsanleitung sinnvoll energiesparend betrieben werden.

Warmwasser (Brauchwasser)

Die Warmwasserbereitung kann durch alle Energieträger erfolgen. Die Geräte können unmittelbar beheizt sein oder mit mittelbarer Beheizung wie Anschlußgeräte an den Herd oder die zentrale Heizungsanlage ausgestattet sein.
Einzelversorgung – Hier wird jede Zapfstelle mit einem eigenen Gerät ausgestattet. Die Größe der Geräte läßt sich gut an den jeweiligen Bedarf anpassen, außerdem gibt es kaum Leitungsverluste.
Gruppenversorgung – Die Versorgung mehrerer beieinanderliegender Zapfstellen erfolgt durch ein einziges Gerät. Eine oder mehrere entferntere Zapfstellen werden dann durch ein oder mehrere weitere Geräte versorgt. Auch hier sind die Wärmeverluste gering und eine Anpassung an den jeweiligen Bedarf möglich.
Zentrale Versorgung – Hier werden alle Zapfstellen durch ein einziges Gerät versorgt. Dieses sollte in der Nähe der Zapfstelle mit dem häufigsten Verbrauch liegen. Wärmeverluste gibt es vor allem bei langen Rohrleitungen.
Als *Geräte* stehen für diese Art von Warmwasserbereitung zur Verfügung: Heißwasserspeicher – Heißwasserboiler – Durchlauferhitzer und Kochendwassergeräte. Zentrale Warmwasserbereitungsanlagen versorgen eine größere Zahl von weit auseinanderliegenden Zapfstellen, an denen ständig warmes Wasser von gleichmäßiger Temperatur in größerer Menge verfügbar sein soll, von einem zentralen Warmwasserbereiter aus. Die Warmwasserversorgung wird heute bei Ein- oder Mehrfamilienhäusern mit der Zentralwarmwasserheizung gekoppelt.

Warmwasserbereitung in der Kombination von Elektrospeicher und Heizkessel – In der Heizperiode (Winter) und in der Übergangszeit kann das von der Heizung vorgewärmte Wasser im Speicher automatisch nachgeheizt werden oder auch bei Abschaltung des Speichers nur vom Zentralheizungskessel den einzelnen Zapfstellen zugeleitet werden. Für die Versorgung in den Sommermonaten, außerhalb der Heizperiode übernimmt der Druckspeicher die Heißwasserbereitung des ganzen Hauses. Zu berücksichtigen ist bei dieser Art der Warmwasserversorgung ein günstiger Nachtstrompreis, sonst ist sie unrentabel.

Prüfen Sie Ihr Wissen

1. In welche Bereiche lassen sich die Räume einer Wohnung gruppieren?
2. Beurteilen Sie den Grundriß Ihrer Wohnung!
3. Nennen Sie jeweils Vor- und Nachteile der Einzelofen- und der Zentralheizung!
4. Vergleichen Sie Vor- und Nachteile von Einzelversorgung, Gruppenversorgung und Zentralversorgung mit Warmwasser!

Einrichtung des Wohn- und Schlafbereichs

Für das Einrichten einer Wohnung sind einige wichtige Grundsätze zu beachten. Dabei ergeben sich für die verschiedenen Bereiche der Wohnung unterschiedliche Schwerpunkte.

Licht und Farbe

Die leeren Räume einer Wohnung werden mit vielerlei Mitteln »bewohnbar« gemacht: Farbe und Licht, Strukturen und Muster, Fußböden und Wände, Fenster, Gardinen und Vorhänge und nicht zuletzt die Möbel machen aus dem Raum einen »Wohnraum«.
Ohne Licht gäbe es keine Farbe, unsere Welt ist dank des Lichts eine farbige Welt. Alles was wir sehen ist farbig. Die Farben beeinflussen unsere Stimmung und unsere Gefühle. Das bedeutet, daß die Farbwahl in der Wohnung sehr sorgfältig überlegt werden muß.

Farbwirkung

Die vier Hauptfarben Rot-Grün-Blau-Gelb haben jeweils eine andere Wirkung auf den Menschen. Rot macht aktiv, Grün ist eine beruhigende Farbe, Blau ist eher kühl und ruhig, Gelb eine heitere, sonnige Farbe.
Ein Farbklang entsteht, wenn zwei Farben zusammenkommen. Dieser Farbklang soll harmonisch sein. Am sichersten gelingt das, wenn die Farben Ton in Ton verwendet werden, wobei die Hauptfarbe mit Weiß aufgehellt oder mit Schwarz dunkler gemacht wird. Als zweite Möglichkeit kann die Hauptfarbe mit einer Nachbarfarbe kombiniert werden. Die stärkste Wirkung wird jedoch mit der Komplementärfarbe erzielt: Rot/Grün, Gelb/Blau, Orange/Blaugrün. Der Gegensatz wird nicht zu stark, wenn die Farbtöne eher gedeckt als grell sind.
Farbe und Muster können einen Raum verändern, die Räume können größer oder kleiner erscheinen, kalt oder warm wirken. Farben können auch Dinge unauffällig wirken lassen, so daß sie kaum mehr wahrgenommen werden.

Farbwahl

Die Farbwahl in einem Raum hängt stark vom Licht ab. Sonnige Räume vertragen auch kühle Töne – z. B. Blau/Grün, während sonnenarme, dunkle Räume heitere, warme Farben brauchen – Gelb, Orange, Rot. Dabei ist auch zu bedenken, daß die Räume zu verschiedenen Tageszeiten benutzt werden, die Farben also auch künstlicher Beleuchtung ausgesetzt sind. Mehr als zwei Hauptfarben sollten in einem Raum nicht angewendet werden, eine dritte Farbe höchstens in ganz kleinen Mengen. Auch die »Farben« der Hölzer – Möbel, evtl. Decke, Wände, Fußboden – müssen miteinbezogen sein. Außerdem sollte in einem Raum – wenn überhaupt – nur **ein** Muster auftreten. Die Entscheidungen für die Farben in den einzelnen Räumen sind am besten anhand von Farb- und Musterproben zu treffen. Für Holz-, Wand-, Vorhang- und Fußbodenfarben können so die harmonischen Zusammenstellungen erarbeitet werden.

Die Wirkung eines Raumes kann durch Farben und Muster verändert werden.

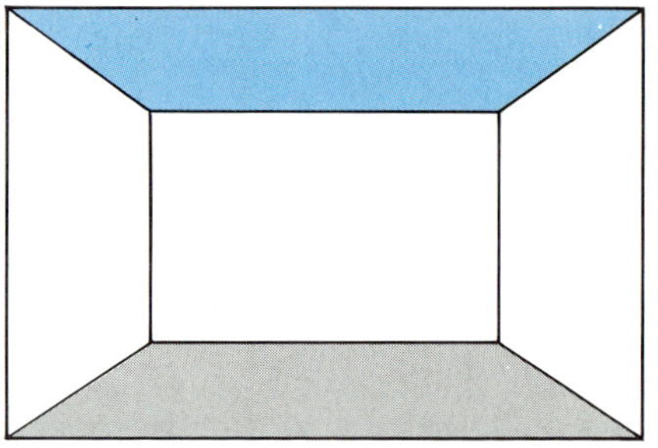

Kräftige Deckenfarbe läßt den Raum niedriger erscheinen, sie drückt nach unten.

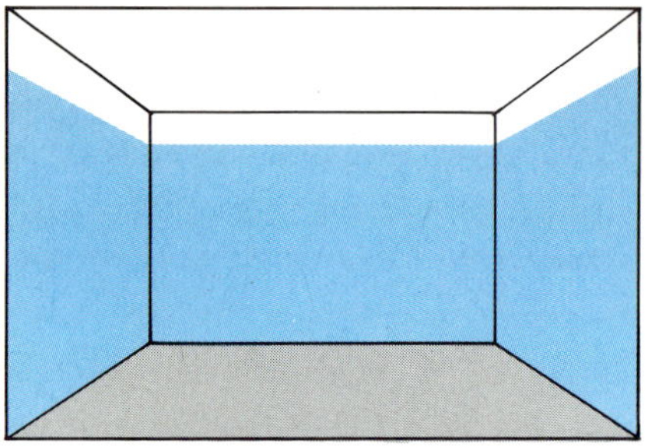

Die herunter gezogene Decke verkleinert den Raum, er wirkt niedriger.

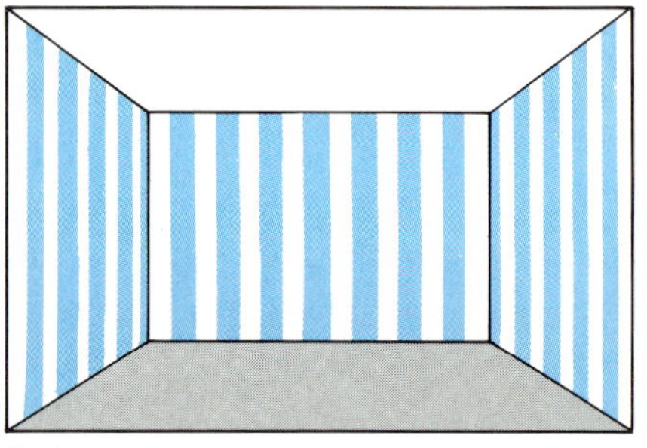

Senkrechte Muster lassen den Raum höher erscheinen, er wirkt aber auch kleiner.

Waagerechte Streifen erweitern den Raum, lassen ihn jedoch niedriger erscheinen.

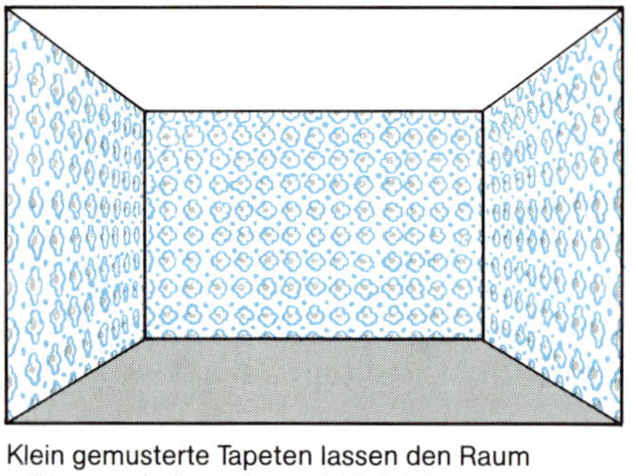

Klein gemusterte Tapeten lassen den Raum größer erscheinen als er wirklich ist.

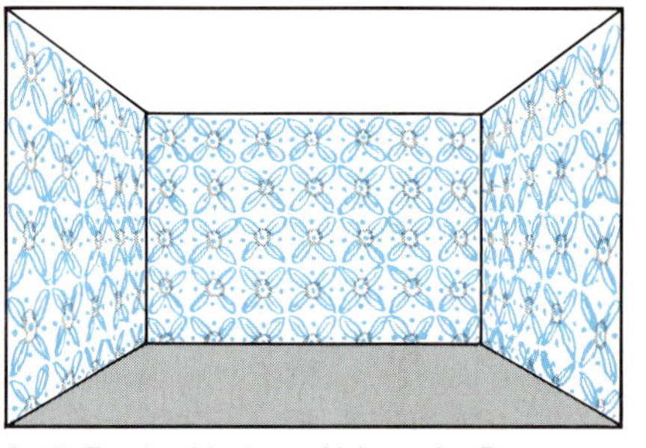

Große Tapeten-Muster verkleinern den Raum und wirken erdrückend, Bilder kommen kaum zur Wirkung.

Wohnzimmer

Mittelpunkt der Wohnung ist der Wohnraum, hier spielt sich hauptsächlich das ab, was wir »Wohnen« nennen. Im Wohnzimmer möchten wir viele schöne Stunden verbringen und wir wollen uns darin besonders wohl fühlen. Das bedeutet, daß die Einrichtung sehr sorgfältig überlegt sein muß. Für die Auswahl der Möbel wird der persönliche Geschmack an erster Stelle stehen. Aber auch andere wichtige Punkte dürfen nicht vergessen werden: Individuelle Bedürfnisse der Familienmitglieder – z. B. verschiedene Hobbies – und finanzielle Möglichkeiten müssen bedacht sein: Was wird unbedingt sofort gebraucht, und was kann nach und nach angeschafft werden? Wie groß soll die Sitzgruppe sein?

Soll die Möblierung evtl. öfters umgruppiert werden, also aus Einzelelementen bestehen? Wieviel Aufbewahrungsraum wird gebraucht? Es ist gut, von dieser Frage aus, den Wohnzimmerschrank auszusuchen – nicht, daß für einen »Riesenschrank« von 4 m Breite mühsam die Bestückung beschafft werden muß.

Sitzmögelgruppe zusammengestellt aus Einzel- und Doppelelementen

Sitzmöbel

Die Sitzgruppe im Wohnraum kann aus Einzel-, Doppel- oder Mehrfachelementen bestehen.

Sitzmöbel-Stellfläche:	Breite:	ca. 75–100 cm
	Tiefe:	ca. 60– 90 cm
	Sitzhöhe:	ca. 35– 42 cm

Die Sitzmöbel sollten vor dem Kauf gründlich ausprobiert – „besessen" werden. Eine feste Polsterung ermöglicht ein entspanntes Sitzen und ein leichtes Aufstehen.
Die Tischhöhe des Sofa- oder Beistelltisches ist nach der Höhe der Polstermöbel auszuwählen. Gebräuchliche Maße sind 60/100 × 60/100 oder 100/140 × 60/75, runde Tische haben einen Durchmesser von 60–100 cm.
Für Fernsehen und Musikhören sind gute Sitzgelegenheiten in richtigem Abstand aufzustellen. Der Fernseher sollte in Augenhöhe der Betrachter stehen, der Ab-

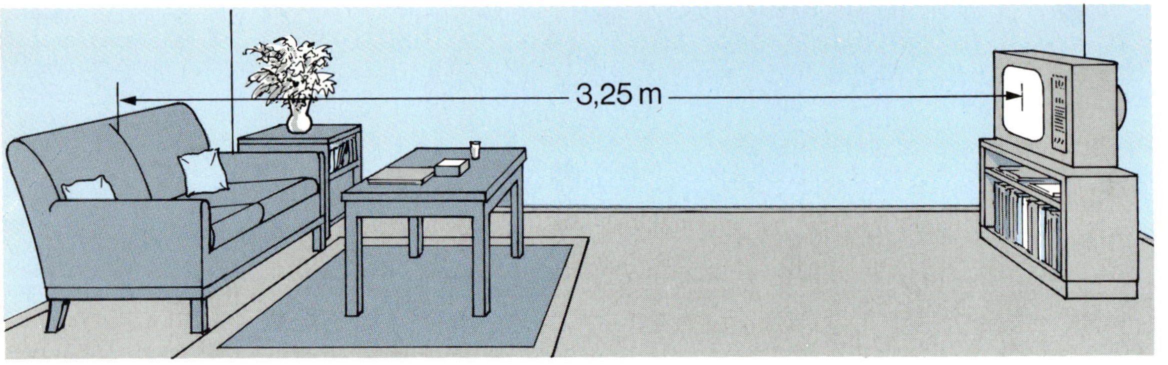

Richtige Zuordnung der Sitzgruppe zum Bildschirm ist wichtig.

stand zu der Sitzgelegenheit kann berechnet werden: Breite des Bildschirms × 5. Beispiel: 65 cm Bildschirmbreite, Entfernung zum Sessel 3,25 m.

Für das Unterbringen von Stereoanlagen müssen die speziellen Einbauanweisungen beachtet werden.

Bodenbelag

Decke, Wände und Fußboden sind Gestaltungselemente im Wohnraum. Wenn der Fußbodenbelag noch ausgewählt werden kann, sollte sorgfältig überlegt werden, ob ein Teppichboden der Familien- und Raumsituation angepaßt ist: Bei Kindern – besonders Kleinkindern – und direktem Zugang aus dem Freien ist er nicht immer zweckmäßig. Hier können lose Teppiche die bessere Lösung sein, sie

Ein Vorhang, der nur bis zur Fensterbank reicht, schafft unter der Fensterbank Platz für Regale oder Tische. Ist der Heizkörper unter dem Fenster angebracht, wird keine Wärme vom Vorhang geschluckt.

sind leichter zu reinigen (gewerbliche Teppichreinigung) und können mühelos umgelegt werden. Bei Decken und Wänden ist die Farbauswahl wichtig. Vorsicht ist geboten bei gemusterten Tapeten, sie können schnell unruhig wirken, außerdem kommen Bilder und Wandschmuck nicht mehr so gut zur Geltung.

Beleuchtung

Die *Beleuchtung* verhilft dem Raum zu Atmosphäre; mehrere Lichtquellen bewirken immer wieder neue Raumsituationen. Notwendig sind eine Allgemeinbeleuchtung, z. B. eine Hängelampe über dem Eßtisch, eine Tischleuchte oder Stehlampe bei der Sitzgruppe, evtl. eine zusätzliche Beleuchtung für Näharbeiten, zum Lesen usw.

Fenster

Für die *Fensterdekoration* gibt es eine Fülle von Möglichkeiten. Ein gut gestaltetes Fenster mit einem schönen Ausblick in die Umgebung braucht nicht unbedingt einen Store oder Vorhang; der Garten oder die Landschaft kann hier in das Wohnen mit einbezogen werden, das Tageslicht wird nicht verringert und der Raum bleibt groß. Andererseits filtern Vorhänge das Licht und können einen häßlichen Ausblick mildern. Wenn Vorhänge gewünscht werden, richtet sich die Dekoration nach Fensterart, Fenstermaß und Verteilung im Raum.

Ein raumhoher und wandbreiter Vorhang vermittelt einen geschlossenen Eindruck und läßt einen Raum großzügig wirken. Diese Lösung ist bei breiten Fensterfronten oder Fenster und Balkontür mit unterschiedlichen Maßen gut. Zu beachten ist, daß lange Vorhänge, die abends zugezogen sind, den Heizkörper verdecken und damit die Heizleistung mindern können und evtl. auch Thermostate behindern.

Sparsam im Stoffverbrauch sind Stoffrollos, mit denen man auch »schwierige« Fenster bestücken kann, z. B. Dachfenster, Balkontüren oder Küchenfenster, bei denen seitlich kein Platz für einen Vorhang ist.

Fenster mit Regal und kurzem Vorhang

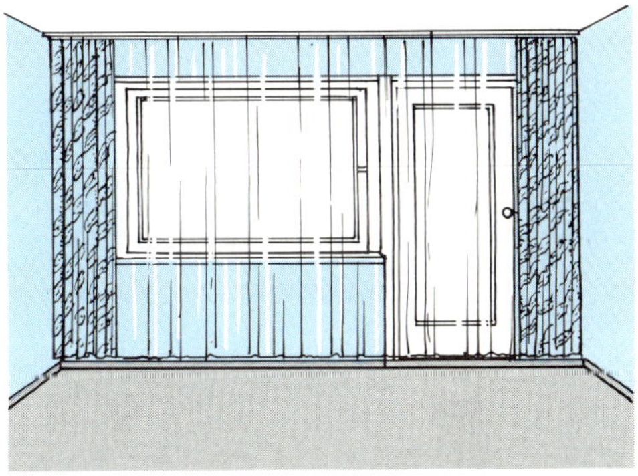

Raumhoher und wandbreiter Vorhang und Store

Zwei kleine Fenster optisch durch Stores verbunden

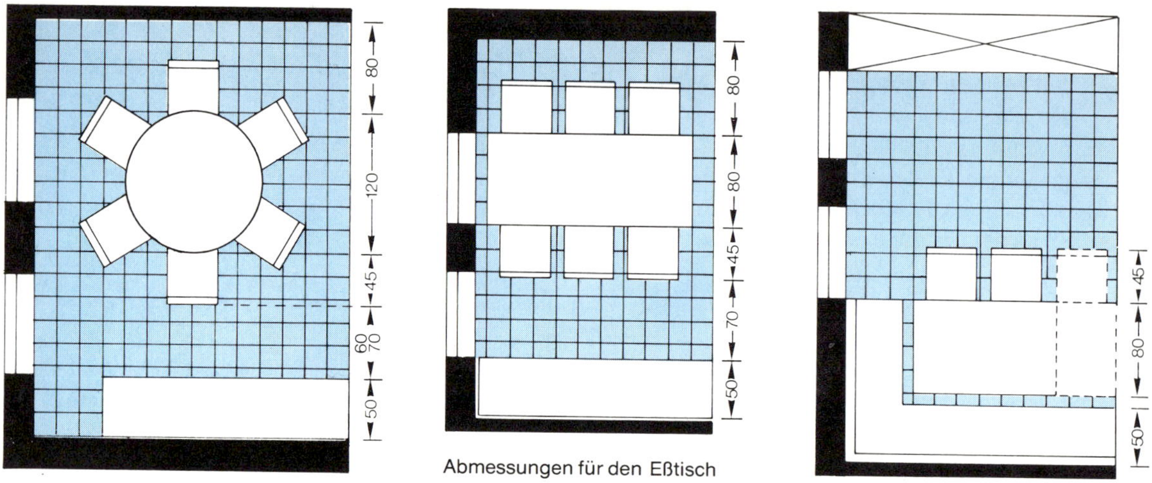

Abmessungen für den Eßtisch

Eßplatz mit Ausziehtisch

Eßbereich

Eßbereich

Der Eßbereich kann entweder im Wohnraum liegen, er kann in die Küche oder Eßdiele eingeplant werden oder als eigener Raum vorhanden sein. Wichtig sind kurze Wege zwischen Küche und Eßplatz. Die Größe des Eßbereiches richtet sich nach der Zahl der Essensteilnehmer einschließlich Gäste: Pro Person werden 55–60 cm Tischbreite benötigt, wenn die notwendige Ellbogenfreiheit da sein soll. Ein Tisch braucht 75–80 cm Abstand zur Wand, der Stuhl allein benötigt schon 50 cm.

Die Tischhöhe beträgt 72 cm, die Stühle sind 45 cm hoch, die Sitzfläche ca. 45 × 45 cm. Wird eine Bank vorgesehen, werden pro Person 60 × 60 cm Platz benötigt.

Eckbänke sind etwas schwer zu nutzen, z. B. der Eckplatz. Der Tisch kann durch Ausziehen oder Ausklappen nach Bedarf vergrößert werden; allerdings werden dann auch Reservestühle gebraucht. Auch bei den Stühlen und Bänken für den Eßplatz sollten vor dem Kauf ausreichend lange »Sitzproben« abgehalten werden. Der Stuhl muß ein aufrechtes Sitzen ermöglichen und den Rücken vor allem im Bereich der Lendenwirbelsäule gut abstützen.

Unterbringungsraum wird im Eßbereich benötigt für Geschirr, Bestecke, Gläser, Tischschmuck, Tischwäsche, Tagesdecken, vielleicht auch Utensilien zum Spielen, Basteln und Schreiben.

Dafür können Schränke, Sideboards und Regale vorgesehen werden. Der Eßtisch muß gut ausgeleuchtet sein; eine Hängelampe ca. 60 cm über der Tischfläche angebracht, die nicht *offen* nach unten strahlt, ist gut geeignet.

Schlafbereich

Im Schlafbereich der Wohnung verbringen wir rund ein Drittel unseres Lebens. Die Schlafzimmereinrichtung soll das Auge erfreuen und den Lebens- und Schlafgewohnheiten entsprechen. Vorab muß geklärt werden, ob der Raum auch als zusätzlicher Wohn- oder Arbeitsraum genutzt werden soll.

Betten

Das Bett muß in jedem Fall gesund und bequem sein. Eine feste Unterlage – z. B. ein Lattenrost – und eine gute Matratze ermöglichen ein gutes Liegen und entlasten die Wirbelsäule. Einzelbetten sind vielseitiger als Doppelbetten oder Französische Betten. Sie können in kleinen Räumen auch übereck oder einander gegenüber aufgestellt werden.

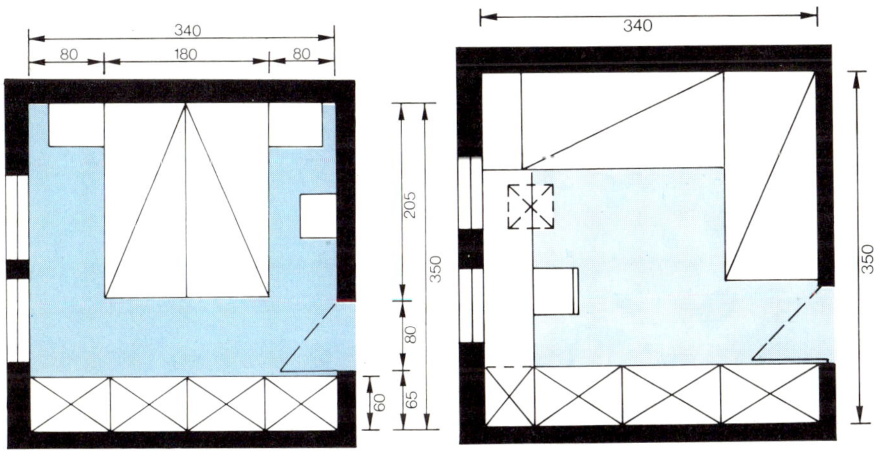

Schlafraum mit 2 Einzelbetten, die auch übereck aufgestellt werden können; das spart Platz und vergrößert den Bewegungsraum.

Gebräuchliche Bettenmaße sind 90 × 190 cm, 90 × 200 cm, 100 × 200 cm, Mindestabstand zur Wand ca. 80 cm, zum Schrank ca. 100 cm.
Zum Aufbewahren von Wäsche, Bekleidung, Bettzeug usw. dienen Schränke, Schrankwände und Kommoden. Pro Person werden mindestens 120 cm Schrankbreite benötigt. Verstellbare Böden und Kleiderstangen, Schubladen und Züge ermöglichen eine gute Nutzung. Die Farben im Schlafbereich sollen das Bedürfnis nach Wärme und Ruhe unterstützen. Aufregende Muster sind hier nicht richtig.

Richtige Beleuchtung zum Lesen im Bett

Die Beleuchtung im Schlafbereich besteht aus einer Allgemeinbeleuchtung und der Leseleuchte am Bett. Sie sollte so gestaltet sein, daß der Schlafende im anderen Bett nicht gestört wird. Bei der Auswahl der Vorhänge ist zu überlegen, ob sie gleichzeitig den Raum nachts »verdunkeln« sollen. Gut geeignet sind dafür auch Rollos mit einer entsprechenden Dichte.

Gut gestaltetes Kinderbett

Spielbereich eines Kleinkindes

Kinderzimmer

In den Kinderzimmern sollten die Kinder wirklich so »wohnen« und spielen können, wie es ihren Bedürfnissen entspricht. Für das Baby und Kleinkind wird eine andere Einrichtung gebraucht, als für das Schulkind und den Jugendlichen.

- Für das Baby und Kleinkind werden Bett, Wickelkommode und Schrankraum benötigt, außerdem bald Spielfläche und Aufbewahrungsraum für Spielsachen.
- Das Schulkind braucht schon ein normal großes Bett, hinzu kommt ein Arbeitsplatz.
- Der Jugendliche will bereits Gäste empfangen, daher sind Sitzgelegenheiten und Tisch miteinzuplanen.

Kindermöbel

Gerade für Kleinkinder sind kindgerechte, auf Sicherheit ausgerichtete, gut gestaltete Kindermöbel wichtig. Kinderzimmer sollten möglichst nicht mit »ausrangierten« Möbeln aus Wohnräumen eingerichtet werden. Kinder lieben meist kräftige Farben, wie Rot, Orange und Blau, sie bringen Fröhlichkeit in den Raum. Dazu beitragen können auch die Wandfarbe und der Vorhangstoff. Der Fußbodenbelag sollte warm und strapazierfähig sein; ein loser Teppich ist auch hier leichter zu reinigen als ein festverlegter Teppichboden. Empfehlenswert sind Kork- und Holzbeläge.

Fußbodenbelag

Die Allgemeinbeleuchtung im Kinderzimmer muß auch die Bodenspielfläche gut ausleuchten, evtl. sind mehrere Deckenleuchten notwendig. Am Schreibplatz ist eine Arbeitsleuchte anzubringen, am Bett eine Leseleuchte.

Stockwerksbetten, die in kleinen Räumen Platz sparen und Spielfläche frei lassen

Arbeitsplatz für ein Schulkind

Arbeitsplatzbeleuchtung

Flur oder Diele

Flur oder Diele sind die Visitenkarte einer Wohnung. Hier werden Besucher empfangen und die Garderobe abgelegt.

Garderobe

Die Garderobe muß ausreichend sein für die Kleiderablage mit Haken im bequemen Greifbereich von 1,60 m Höhe, für Kinder entsprechend niedriger. Notwen-

Zweckmäßig und ansprechend gestaltete Garderobe

dig ist eine *Ablage* für Handtaschen, Hüte, Schlüssel; Schubladen für Handschuhe und Schals, Schirmständer und Spiegel, außerdem muß ausreichend Stauraum für Schuhe vorhanden sein. Wenn der Flur groß genug ist, kann hier der *Telefonplatz* sein; evtl. mit einer Sitzgelegenheit.

Farbe
Der Flur kann lebhafte Farben vertragen, da er meist wenig Tageslicht erhält.

Beleuchtung
Der Bereich muß gut ausgeleuchtet sein, z. B. mit einer Allgemeinbeleuchtung und einer zusätzlichen Beleuchtung am Spiegel.

Sanitärbereich

Der Sanitärbereich ist das Gesundheitszentrum der Wohnung. Leider sind diese wichtigen Räume beim Bau oft nicht gut geplant und dann nur schlecht zu nutzen. Auf folgende Ausstattungen sollte besonders geachtet werden:

Wand, Decke, Boden
Bauliche Gestaltung – Die Wände müssen im Spritzbereich abwaschbar sein. Trotzdem sollten genügend Wand- und Deckenflächen frei von Kacheln oder Fliesen sein, um Wasserdampf aufnehmen zu können. Der Fußbodenbelag muß wasserundurchlässig sein, z. B. ein Steinboden oder ein PVC-Belag mit verschweißten Nähten.

Fenster
Die Fenster sollen so angeordnet sein, daß beim Benutzen der Badewanne oder Dusche keine Zugluft auftritt. Sie müssen gut zu bedienen und zu reinigen sein.

Türen
Die Türen von Sanitärräumen sollten aus Sicherheitsgründen nach außen aufgehen, nicht anstoßen und jederzeit von außen zu öffnen sein. Sanitärräume müssen heizbar sein. Plattenheizkörper sind günstig, weil sie raumsparend und leicht zu reinigen sind.

Wasseranschluß
Warmwasserversorgung und die Ausstattung mit Mischbatterien ist am Waschbecken, an der Badewanne und der Duschwanne notwendig; für die Waschmaschine Kaltwasseranschluß und Abfluß. Innenliegende Sanitärräume müssen durch Schacht- und Kraftlüfter zu entlüften sein.

Elektroinstallation
Eine vorschriftsmäßige Elektroinstallation ist in Feuchträumen besonders wichtig. Die Zahl der Stromkreise muß für die vorgesehene Ausstattung, z. B. Heißwasserbereiter, Heizofen oder Strahler, Beleuchtung und der später möglichen Einrichtung – Waschmaschine, Trockengerät, Kleingeräte – ausreichend sein.

Ausstattung des Sanitärbereichs – *Waschtisch:* Das Becken soll leicht zu reinigen sein, Ablageflächen haben, evtl. kann es mit Schubladen oder Schränken unterbaut werden. Am Waschbecken werden Spiegel, Halter für Seifenschale und Zahnputzbecher sowie Handtuchhalter benötigt.

Bad
Bei *Badewannen* wird der Körperformwanne der Vorzug gegeben, weil sie »wassersparend« benutzt werden kann. Wichtig ist ein breiter Rand als Ablagefläche, eine regulierbare Brause, Sicherheitsgriff und Handtuchhalter.

Dusche
Für *Duschen* ist ein tiefes Duschbecken mit Sitzfläche empfehlenswert. Auch hier ist eine regulierbare Brause mit Stange und Halterung sowie ein Sicherheitsgriff nützlich.

WC
Das *WC* sollte vom Bad getrennt sein und ein Normalwaschbecken haben. Im größeren Haushalt sind 2 WC notwendig. Tiefspül- und Absaugeklosetts sind besser als Flachspülklosetts weil Gerüche sich weniger verbreiten. Wandhängende Becken erleichtern die Fußbodenreinigung. Die nebenstehende Abbildung zeigt ein gut zu nutzendes, geräumiges Bad.

Im Bad sind eine verstellbare Handbrause und Spritzwasserschutz z. B. durch einen Plastikvorhang sehr praktisch. Im Mehrpersonenhaushalt lohnt sich die Installation eines Doppelwaschbeckens.

Im WC sollen alle Stellen des Fußbodens leicht mit dem Schrubber zu säubern sein.

Prüfen Sie Ihr Wissen

1. Nennen Sie je 5 Überlegungen, die bei der Einrichtung von Wohnzimmer – Eßbereich – Sanitärbereich anzustellen sind!

2. Beurteilen Sie verschiedene Einrichtungsvorschläge (Zeitschriften, Prospekte)!

Ausstattung und Einrichtung des Wirtschaftsbereichs

Um die anfallenden Hausarbeiten bestmöglich erledigen zu können, ist die Gestaltung des Wirtschaftsbereichs besonders sorgfältig zu überlegen.

Küchc

Die Küche ist der Hauptarbeitsplatz in der Wohnung. 1/4 bis 1/3 der gesamten Hausarbeitszeit werden für die Mahlzeitenzubereitung und Vorratshaltung verwendet. Eine gut geplante und ausgestattete Küche, die dann auch wohlüberlegt eingerichtet wird, kommt der Arbeit sehr zugute.
Zuerst sollte wieder überdacht werden, welche Arbeiten in der Küche anfallen und was zum guten Ablauf dieser Tätigkeiten beiträgt. Im wesentlichen sind es vier Arbeitszentren: Vorbereiten, Kochen und Backen, Spülen und Reinigen, Aufbewahren.

Arbeitszentren

Vorbereiten

- Arbeitsplatz zwischen Herd und Spüle mindestens 60 cm breit, besser 90 cm.
- Kochzutaten, Schütten, Geschirr, Töpfe und Besteck griffbereit zugeordnet, Topfschrank mit Schublade.
- Zweiter Arbeitsplatz 120 cm breit für Vorratshaltung, Backen und Anrichten.

- Ausziehbrett zum Arbeiten im Sitzen.
- Kurze Wege zum Kühlschrank.

Kochen und Backen
- Herd mit 30 cm Abstellfläche rechts, links anschließend der Vorbereitungsplatz mit allem was zum Kochen benötigt wird.
- Bei entfernt liegender Spüle ist ein Wasseranschluß in Herdnähe arbeitserleichternd.

Spülen und Reinigen
- Handspülen: Zweibeckenspüle mit Abstellfläche rechts und Abtropffläche links.
- Maschinenspülen: Einbeckenspüle, Maschine unter Abstell- oder Abtropffläche.
- Für große Haushalte: Schmutzwasserausguß.
- Reinigungsmittel und -geräte griffbereit.
- Abfalleimer in Reichweite.
- Gute Beleuchtung – Spülen ist Feinarbeit (s. auch Seite 55).

Aufbewahren
Für Vorräte, Geräte und Geschirr wird der entsprechende Schrankraum benötigt.

Aus den oben angeführten 4 Arbeitszentren ergeben sich die Forderungen für die bauliche Gestaltung des Küchenraums

Anordnung der Arbeitsbereiche und der Schränke in einer 2-zeiligen Küche.

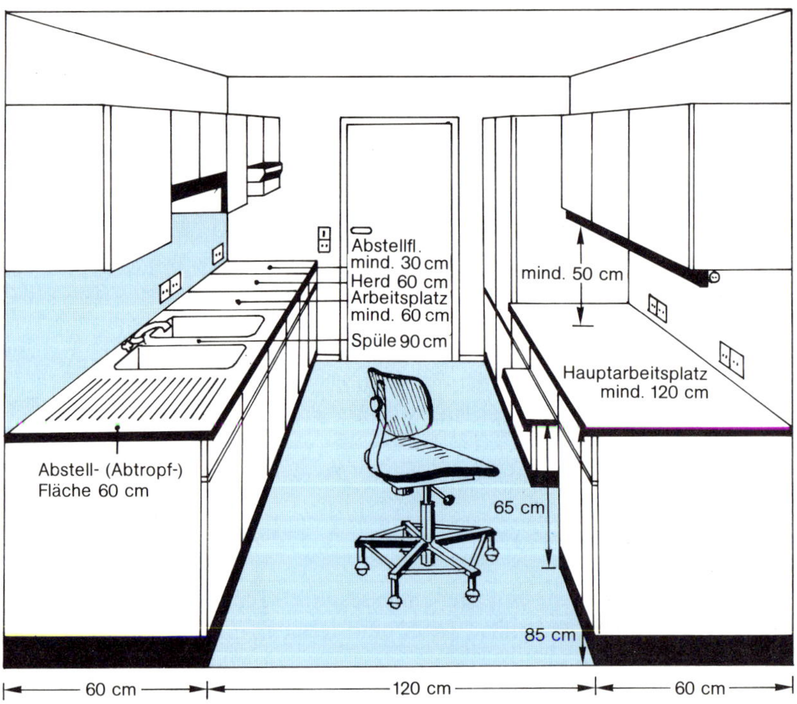

Fenster *Boden*

Bauliche Gestaltung – Die Küche soll ein eigener Raum sein, mit Fenstern, die direkt ins Freie gehen. In sogenannten innenliegenden Küchen – ohne Öffnung z. B. zum Eßplatz – arbeiten die meisten Menschen sehr ungern. Der Fußboden soll elastisch und warm, leicht zu reinigen und dabei wasserundurchlässig sein, diese Forderungen erfüllt ein PVC-Bodenbelag mit verschweißten Nähten.

Heizung *Lüftung*

Eine Küche muß heizbar sein; das ist auch die Voraussetzung für eine gute Be- und Entlüftung. Eine Fensterlüftung ist nicht immer ausreichend, um allen Dampf und alle Kochdünste zu entfernen. Deshalb werden künstliche Lüftungseinrichtungen angebracht. Der Ventilator in der Außenwand oder im Lüftungsschacht bringt bessere Ergebnisse als die Dunstabzugshaube über dem Herd; auch bei dieser muß ein Abzug ins Freie vorhanden sein.

Wasser *Elektroinstallation*

Kalt- und Warmwasserversorgung und eine Ausstattung mit Mischbatterie sind an der Spüle vorzusehen. Wasserzu- und -abläufe müssen in ausreichender Anzahl für den augenblicklichen und späteren Bedarf eingeplant werden, z. B. für die Geschirrspülmaschine. Elektroinstallation ist notwendig für 3–4 Großgeräte (je 1 Stromkreis) und 8–10 Steckdosen in 110 cm Höhe. Gute Beleuchtung erleichtert die Arbeit und macht sie auch sicherer. Für Arbeitsräume haben sich Leuchtstofflampen bewährt.

Küchenformen

Einrichtung – Bei der Einrichtung der Küche können verschiedene Küchenformen entstehen; sie ergeben sich aus dem Raumzuschnitt, der Lage von Türen und Fenstern sowie der Nutzung.

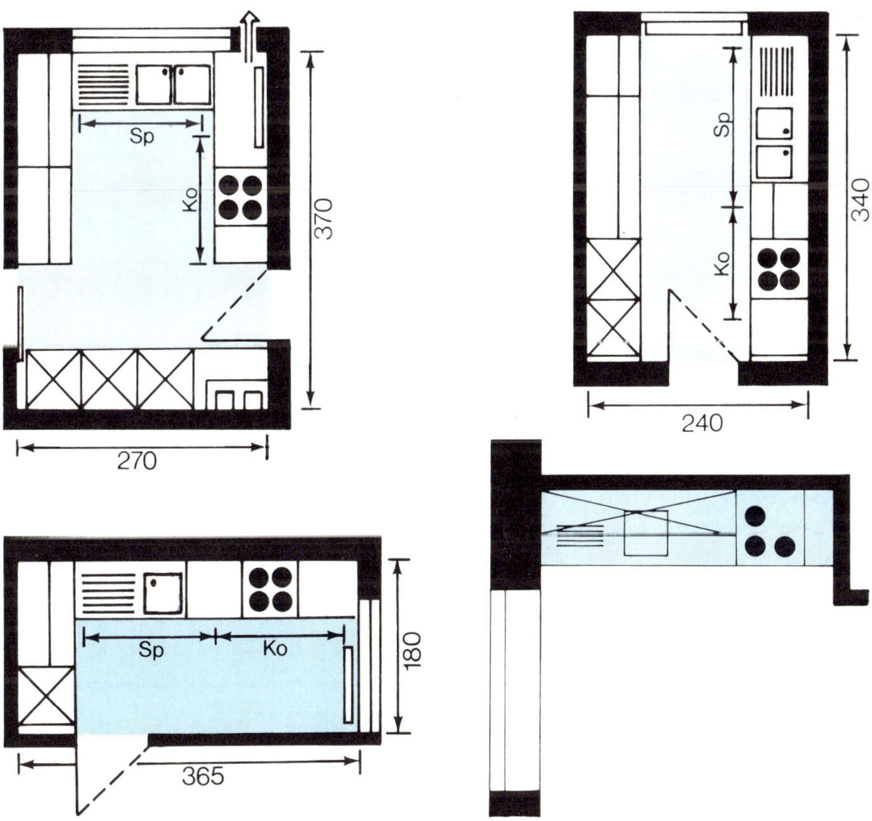

Verschiedene Küchenformen. Beschreibung siehe nächste Seite (Ko = Kochen, Sp = Spülen)

Küche in L-Form

- Gut geeignet für Küche mit Eßplatz.
- Gute Raumnutzung, nur ein Eckteil.
- Bei großen Küchen lange Wege.

Küche in U-Form

- Gute Raumnutzung.
- Variable Einrichtung möglich.
- Eckteile meist aufwendig.
- Heizung bedienen und Fensterputzen schwierig.

Raumbreite für L- und U-Form mindestens 2,40 m.

Zweizeilige Küche

- Vorteilhafte Einrichtung ohne Eckteile.
- Freier Zugang zu Fenster und Heizung.

Einzeilige Küche

- Nur für Kleinwohnungen (Altenteil, Ferienwohnung).
- Aufbewahrungsraum und Arbeitsflächen meist zu gering.
- Raumbreite mindestens 1,80 m.

Einrichtungsteile für einen Haushalt von 3–6 Personen

Einrichtungsteile (Breite in cm)	mindestens	wünschenswert
Unter- und Oberschränke	200	mehr bei Bedarf
Hochschränke	50	100 und mehr
Kühlschrank	60	
Arbeitsfläche 1 zwischen Herd und Spüle	60	90
Arbeitsfläche 2	120	mehr
Herd und Abstellfläche rechts	80	mehr
oder Einbaukochmulde und Backofen		140
Spüle mit 2 Becken	80	
Abstellflächen rechts	60	mehr
Abstellflächen links	60	mehr
Reserve für hinzukommende Geräte	60	mehr

Die Tiefe für Arbeitsplatten über Unterschränken beträgt 60 cm. Darüber angebrachte Oberschränke sind 35 cm tief, so daß auf der 25 cm überstehenden Arbeitsplatte noch ungehindert gearbeitet werden kann.

Nur über dem Herd sind Oberschränke störend und unpraktisch. Für die Höhe der Arbeitsflächen wurden 85 cm festgelegt, obgleich dieses Maß nicht für alle Arbeiten und jede Person richtig ist. Abweichende Maße können durch Sockelerhöhung oder -kürzung erreicht werden. Da sich die Arbeitshöhe auch nach dem benutzten Gerät richtet, sollte in jeder Küche ein Ausziehbrett oder ein fahrbarer Tisch zum Ausgleich vorhanden sein. Kühlschränke, Herde, Geschirrspülmaschinen usw. haben heute das einheitliche Maß von 85 cm Höhe, 60 cm Tiefe und Breite. Einbaugeräte in diesen Abmessungen können in Hochschränke eingefügt werden. Alle Geräte können auch auf einen höheren Sockel gestellt werden.

Küchenmöbel

Küchenmöbel – Heute werden überwiegend Einbauküchen angeboten. Die Typenprogramme sind so vielfältig, daß jeder Küchenraum damit eingerichtet wer-

Praktischer Ausziehtisch, durch den die Arbeitsfläche vergrößert wird. Die geringere Höhe erlaubt Arbeiten im Sitzen.

den kann. Die mit den »Gütezeichen Deutsche Möbel« (RAL) ausgezeichneten Einbauküchen sind auf Qualität und Gebrauchstauglichkeit geprüft. Außerdem haben sich die Küchenmöbelhersteller in der »Arbeitsgemeinschaft Moderne Küche« (AMK) zusammengeschlossen. Sie richten sich nach den Ergebnissen der Forschung und stellen Möbel in Normmaßen her.

Für die Wahl des Fabrikates ist eine kritische Überprüfung verschiedener Angebote (nach Grundrißskizze) empfehlenswert.

Bei Küchenmöbeln ist heute eine große Vielfalt zu finden: Massivholz, Holzfurnier, Schichtpreßstoffplatten kunststoffbeschichtet oder mit Hart-PVC-Folie bezogen sowie geformter Vollkunststoff. Die Arbeitsplatten bestehen aus kunststoffbeschichteten Platten, aus Edelstahl rostfrei, neuerdings auch aus Naturstein. »Matte« Arbeitsplatten sind nicht so empfindlich wie hochglänzende. Eine leichte »Reliefstruktur« hat sich im Gebrauch gut bewährt und läßt sich leicht reinigen. Fugenlose Abdeckungen über mehrere Unterschränke sind angenehm.

An guten Küchenmöbeln sollten folgende Teile besonders beachtet werden:

- Türverschlüsse – Federbänder und Magnetschnäpper.
- Schubkästen – leicht laufend, mit Einteilung und Sicherungsanschlag.
- Ausziehfächer und -körbe.
- Metallroste für Kochgeschirre.
- Verstellbare Einlegeböden.

Bei einer Qualitätsküche vereinigen sich Zweckmäßigkeit und eine ansprechende Form.

Geräte für die Nahrungszubereitung

Elektroherd – Vollherde mit einer genormten Höhe von 85 cm bei 60 cm Tiefe und 55 bis 60 cm Breite haben drei oder vier Kochplatten, Backofen mit Thermostat und meist einen Gerätewagen. Besonders schmal (45 bis 50 cm) sind Kompakt- oder Raumsparherde. Luxusherde haben weitere technische Einrichtungen wie Lichtskalen, Heißluftbackofen mit Innenbeleuchtung, Grill mit Drehspieß, Zeitschaltuhr und beheizten Geschirrwagen.
Kochplatten gibt es in verschiedenen Größen: 14,5 cm Ø, 18 cm Ø und 22 cm Ø. Es wird unterschieden zwischen

- Normalkochplatte 14,5 cm Ø, Anschlußwert 1000 W;
- Blitzkochplatte 14,5 cm Ø, Anschlußwert 1500 W;
- Normalkochplatte 18 cm Ø, Anschlußwert 1500 W;
- Blitzkochplatte 18 cm Ø, Anschlußwert 2000 W.

Normal- und Blitzkochplatten

Normal- und Blitzkochplatten haben verschiedene Leistungsstufen. Sie sind am Schalterknebel mit 3, 2, 1, 0 gekennzeichnet, wobei 3 die höchste Heizleistung bietet. Alle Kochplatten haben durch Zwischenstufen Sieben-Takt-Schaltung. Blitzkochplatten heizen rascher auf als Normalkochplatten.

Automatikplatten

Automatikplatten gibt es mit einem Durchmesser von 14,5 cm, Anschlußwert 1500 Watt und 18 cm, Anschlußwert 2000 oder 2100 Watt. Die Platten arbeiten bis zum Kochpunkt mit Volleistung und schalten dann selbständig auf die Einstelltemperatur zurück. Der Schalterknebel ist mit 12 Zahlen gekennzeichnet und läßt sich stufenlos drehen. Der normale *Backofen* hat Heizkörper, die mit Strahlungswärme arbeiten. Beim Umluftbackofen wird die Wärme mittels Ventilator verteilt. Drei oder vier Einschubleisten ermöglichen es, in mehreren Ebenen gleichzeitig zu garen. Der Backofen hat einen Temperaturregler, der auf Temperaturen zwischen 50 und 300 °C eingestellt werden kann. Eine Kontrollampe gibt den Betriebszustand an. *Grilleinrichtungen* können im Backofen fest eingebaut sein; eine Grillsteckdose an der Rückwand der Backofenmuffel gestattet es, einen Einsteckgrill zu verwenden. *Schaltuhren* für den Backofen oder die Kochplatten bzw. für beides schalten sich in einer vorausbestimmten Zeit selbständig ein und aus. Die richtige Nutzung einer Zeitschaltuhr setzt voraus, daß die gesamte Mahlzeitenbereitung darauf abgestellt ist.

Backofen

Grill

Schaltuhren

Bei genügender Küchengröße können Kochplattenteil und Backofen getrennt angeordnet werden, der Backofen wird in einem Hochschrank in Sichthöhe eingebaut; diese Lösung ist allerdings teurer als ein Vollherd.

Gasherd – Ein Gasherd hat drei oder vier Brenner und einen Backofen mit Thermostat; diese Vorrichtung hält die eingestellte Temperatur auf gleichbleibender Höhe. Gasherde werden mit einer genormten Höhe von 85 cm, einer Tiefe von 60 cm und in Breiten von 50 bis 60 cm angeboten. Luxusherde haben Schauglas, Innenbeleuchtung, Zeitschaltuhren und eventuell Grilleinrichtung.

Brenner
Backofen

Grill

In letzter Zeit gewinnt das Erdgas an Bedeutung für den Haushalt. Deshalb sollte man sich gleich einen »*Allgasherd*« anschaffen, der auf jede Gasart eingestellt werden kann.

Allgasherd

Alle Herde sind mit *Zündsicherungen* ausgestattet. Das ist sehr wichtig, denn nicht entzündetes ausgeströmtes Gas ist explosiv. Leuchtgas (nicht dagegen Erdgas) ist außerdem giftig. Bei Geräten mit Zentralzündung für die Kochstellen erfolgt die Zündung kurz nach dem Öffnen des Hahns über eine eingebaute Vorrichtung, bei Zündautomatik auch im Backofen. Ohne diese Vorrichtung muß jede Kochstelle einzeln von Hand gezündet werden.

Zündsicherung

Mikrowellengerät – Mikrowellengeräte sehen ähnlich aus wie kleine Backöfen. Die Lebensmittel werden im Garraum mittels Mikrowellen erhitzt. Diese Wellen haben 3 Eigenschaften:

- Sie werden vom Metallen reflektiert.
- Sie gehen durch Glas, Porzellan, Keramik, Papier, Kunststoff »verlustlos« hindurch.
- Sie werden vom Lebensmittel absorbiert (geschluckt). Die Moleküle im Lebensmittel werden aneinander gerieben – es entsteht Reibungshitze, das Lebensmittel erwärmt sich.

Der Einsatz eines Mikrowellengerätes ist vorwiegend für das Erhitzen bereits gegarter Lebensmittel geeignet und für das Auftauen gefrorener Ware. Die Zeiten für das Erwärmen sind sehr gering. Im Mikrowellengerät kann man nicht braten, bräunen oder überkrusten. Deshalb ersetzt das Gerät auch nicht den Herd, sondern ist ein Zusatzgerät. Vor dem Kauf und Gebrauch muß eine eingehende Information eingeholt werden.

Haushaltskühlschränke – Sie werden heute mit einfachem Verdampferfach und Ein-, Zwei-, Drei- oder Vier-Sterne-Gefrierfach gebaut.

Temperaturbereiche

Laut DIN müssen darin bestimmte Mindesttemperaturen herrschen:

Ein-Sterne-Fach (*)	– 6 °C für kurzfristige Aufbewahrung von Tiefkühlkost
Zwei-Sterne-Fach (**)	– 12 °C für etwas längere Lagerung von Tiefkühlkost
Drei-Sterne-Fach (***)	– 18 °C für langfristige Lagerung von Tiefkühlkost
Das Vier-Sterne-Fach (****)	– 18 °C ist zusätzlich auch zum Eingefrieren von Frischware geeignet.

Im Kühlschrank schwanken die Temperaturzonen je nach Einstellung (schwach bis stark) und Außentemperatur; sie liegen im allgemeinen bei +2 bis +8 °C.

Abtauvorrichtung

Kühlschränke werden heute vielfach mit automatischer oder vollautomatischer Abtauvorrichtung ausgestattet. Die automatische Abtauung wird durch Knopfdruck eingeschaltet; das Tauwasser muß in einer Schale unter dem Verdampferfach aufgefangen und ausgeleert werden. Beim vollautomatischen Abtauen wird die Reifschicht auf dem Verdampfer fortlaufend abgetaut und das Wasser weggeleitet, ohne daß es dazu einer Bedienung bedarf. Bei beiden Vorrichtungen ist es nicht mehr notwendig, den Kühlschrank zum Abtauen auszuräumen.
Da der Kühlschrank bei jeder Mahlzeit mehrmals bedient wird, ist es eine Arbeitserleichterung, wenn er in Sichthöhe eingebaut oder hochgestellt wird.

Lagertemperatur

Gefriergeräte – Es sind Lagergeräte für Vorratsgüter, die langfristig aufbewahrt werden sollen. Im Lagerraum muß eine Temperatur von mindestens −18 °C gewährleistet sein.
Gefriergeräte mit Superschaltung (Dauerlauf der Kältemaschine) bieten eine zusätzliche Sicherheit beim Einlagern und Zulegen von Lebensmitteln.

Kontrolle

Außerdem sollte jedes Gerät eine Netzkontrolle haben, die den Betriebszustand anzeigt und eine Warnlampe, die aufleuchtet, wenn die Temperatur im Gerät ansteigt.
Gefriertruhen haben bei gleichem Nutzinhalt einen etwas größeren Nutzraum als Gefrierschränke (ca. 10–20% mehr). Ordnung und Übersicht sind im Gefrierschrank jedoch besser.

Vorratsräume

In den wenigsten Wohnungen ist heute eine Speisekammer zu finden. Sie könnte die Küche recht gut entlasten.
Auch die Kellerräume sind oft nicht für die Lagerung der Vorräte geeignet, da sie meist zu warm und zu trocken sind. Lagerobst und -gemüse, sowie Lagerkartoffeln brauchen einen Raum mit Temperaturen von +4° bis +12 C und einer hohen Luftfeuchtigkeit. Wenn diese Bedingungen nicht erfüllt werden, können diese Vorräte nur kurzfristig gelagert werden.
Leichter sind konservierte Vorräte und Trockenvorräte zu lagern.

Konservierte Vorräte brauchen einen dunklen, lüftbaren Raum mit
- Temperaturen von +4 °C bis +12 °C,
- einer relativen Luftfeuchte von höchstens 70–80%, um Rost- oder Schimmelbildung zu vermeiden.

Trockene Vorräte erfordern einen normal belichteten, lüftbaren Raum mit
- Temperaturen bis ca. +12 °C
- einer relativen Luftfeuchte bis ca. 70%.

Diese Bedingungen können in jedem Haushalt erfüllt werden. Für trockene und konservierte Vorräte sind – vor allem bei geringem Bedarf – auch Vorratsschränke geeignet, wenn der Aufstellungsraum den Anforderungen an Temperatur und Luftfeuchte entspricht, z. B. eine gut belüftete Küche.
Ein Vorratsschrank ist eine bessere Lösung als ein Speiseschrank, der in eine Außenmauer mit Lüftungsschlitzen eingelassen ist und sein »Klima« dem gerade herrschenden Wetter anpaßt.
Trockenvorräte verderben bald bei höherer Luftfeuchte; gelegentlich höhere oder niedrigere Temperaturen schaden ihnen dagegen nicht.
Wenn für die verschiedenen Vorräte keine drei getrennten Räume vorgesehen werden können, ist aufgrund ähnlicher Anforderungen an die Lagerbedingungen eine Kombination verschiedener Vorratsgruppen möglich:

Frischvorräte + konservierte Vorräte, wenn die relative Luftfeuchte 80% nicht übersteigt
Trockenvorräte + konservierte Vorräte, wenn die Temperatur unter +12°C liegt.

Raumgröße:
Für die gesamte Vorratshaltung eines Haushaltes mit 4–6 Personen sind ca. 15–20 m² an Grundfläche vorzusehen:

Frischvorräte	ca. 8 –12 m²	Trockenvorräte	ca. 4 –5 m²
Konservierte Vorräte	ca. 2,5– 4 m²	Speisekammer	ca. 1 –3 m²

Die Speisekammer soll ebenfalls gut be- und entlüftbar, kühl und trocken sein. Ein direkter Zugang von der Küche beeinflußt das Raumklima in der Speisekammer.

Die Einrichtung der Vorratsräume – Vorratsbehälter müssen nach den benötigten Vorratsmengen ausgewählt und berechnet werden. Folgende Beispiele können als Berechnungsgrundlage dienen:

Kühlschrank: Richtwerte für Größe und Fassungsvermögen:
Größe 60 × 60 × 85 cm
Nutzinhalt 160 l
Bedarf je Person 30–50 l Nutzinhalt

Gefriergeräte: Richtwerte für Größe und Fassungsvermögen:
Für Haushaltsgeräte wird die Größe nach Nutzinhalt angegeben.
Bei Verwendung von Einsatzkörben kann sich der Nutzraum um 10–20% verringern.
Bedarf je Person bei Einlagerung von:
Gemüse, Obst, Fleisch, Fertiggerichte 70–100 l
Gemüse, Obst, Fleisch 50–60 l
Gemüse, Obst, Fertiggerichte 50 l
Fertiggerichte 20 l Nutzinhalt

Gefriertruhe: Größe 90 × 65 × 85 cm
Nutzinhalt ca. 200 l, Gefriergut ca. 140 kg

Gefrierschrank: Größe 60 × 60 × 140 cm
Nutzinhalt ca. 185 l, Gefriergut ca. 130 kg

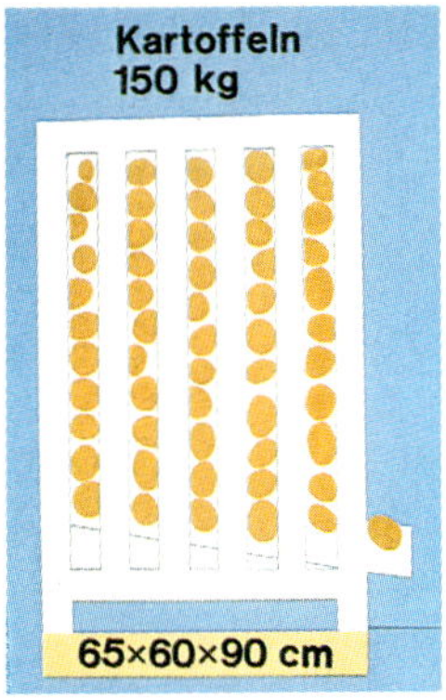

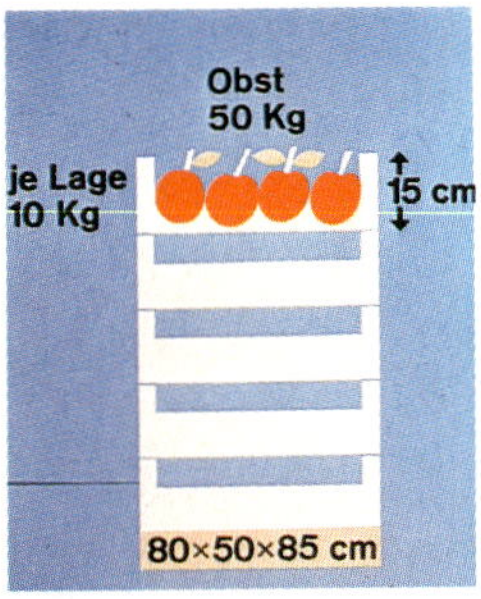

Horden zur Aufbewahrung von Kartoffeln (oben) und Obst (unten)

Kartoffelhorde:	Größe 65 × 60 × 90 cm ausreichend für 150 kg Kartoffeln
Obsthorde:	Größe: 80 × 50 × 85 cm ausreichend für 50 kg Obst bei einem Fachabstand von 15 cm 1 Fach faßt 10 kg Obst oder 8 Flaschen à 1 l
Regal:	Richtwerte für Größe und Fassungsvermögen: Regalhöhe nach vorhandenem Raum Fachbrett: Tiefe 40 cm, Breite 100 cm Abstand zwischen 2 Fachbrettern von 20 cm ausreichend für 24 Dosen à 1/1 l oder 44 Gläser à ½ l 12 cm ausreichend für 8 Flaschen à 1 l liegend 40 cm ausreichend für 40 Flaschen à 1 l stehend

Bei der Einplanung der Geräte und Einrichtungsteile für Vorräte müssen außer den Stellflächen ausreichende Bewegungsflächen zur Bedienung vorhanden sein. Bei gegenüberliegender Wand sind 90 cm, bei gegenüberliegenden Einrichtungsteilen 120 cm notwendig, jeweils × Breite des Gerätes oder Behälters.

Nebenräume
Fast unentbehrlich ist in der Wohnung ein Abstellraum, er dient zum Aufbewahren der Geräte für die Hausreinigung, hier ist der Platz für Winter- oder Sommerbekleidung, Koffer, Verpackungsmaterial, Betten, Decken, Sportgeräte usw. Dafür muß er groß genug sein und genügend Stellwände für Schrank und Regal haben.

Hausarbeitsplätze

Hausarbeitsraum – Hausarbeitsplatz
Zuerst wieder die Frage, was in solch einem »Raum« alles getan wird:

- Schmutzwäsche aufbewahren,
- Wäsche waschen, trocknen, bügeln und legen,
- Oberbekleidung reinigen und pflegen,
- Wäsche und Bekleidung nähen und ausbessern,
- Schuhe reinigen, pflegen und aufbewahren,
- Waschgeräte und Waschmittel aufbewahren,
- Putzgeräte und Putzmittel aufbewahren,
- evtl. Blumen umtopfen.

Bauliche Ausstattung – Auch hier wird ein heizbarer Raum mit Tageslicht verlangt. Der Fußboden muß wasserundurchlässig sein, z. B. ein Steinboden. Die Wände sollen bis 1,60 m Höhe gefliest sein oder einen wasserfesten Anstrich haben. Die Elektroinstallation muß für Naßräume geeignet sein; notwendig ist Dreh- oder Wechselstromanschluß für 2–3 Großgeräte und 3–5 Steckdosen. Es müssen Kalt- und Warmwasseranschlüsse vorhanden sein mit Wasserabfluß und Gully. Die Größe sollte nicht unter 9 m^2 liegen, es werden Stellflächen für Geräte und Einrichtungsteile und die dafür notwendigen Bewegungsflächen benötigt. Wünschenswert sind kurze, direkte Wege zum Frei-Trockenplatz.

Einrichtung der Naßzeile im Hausarbeitsraum

Naßzeile

Einrichtung – Die sogenannte »*Naßzeile*« wird eingerichtet mit:

- Waschmaschine, Wäschetrockner, Schleuder,
- Schmutzwäschebehälter (belüftet),
- Waschbecken für Handwäsche mit Ablagen, darüber Aufhängevorrichtung für Tropfwäsche.
- Schmutzwasserausguß tiefgesetzt – 60 cm Oberkante.

Trockenarbeitsraum

Für die »trockenen« Arbeiten werden gebraucht:

- Arbeitstisch zum Bügeln, Legen und Nähen
- Bügelmaschine, Wäschekorb, Ablage
- Aufbewahrungsraum
  für Bügeleisen, Bügelbrett,
  für Nähmaschine und Nähmaterialien,
  für Waschmittel und Pflegemittel,
  für Reinigungsgeräte und Putzmittel,
  für Werkzeug, Papiere, Schnur u. ä.
- Arbeitsstuhl mit Rollen.

Im kleineren Haushalt wird selten ein Hausarbeitsraum zur Verfügung stehen. Hier werden die »nassen« Arbeiten entweder in die Waschküche, in den Keller oder ins Bad verlegt. Die »trockenen« Arbeiten können in vorhandenen Räumen wie Schlafzimmer, Eßzimmer oder Diele erledigt werden. Wichtig ist, daß ein »betriebsbereiter« Arbeitsplatz eingerichtet wird, wo eine angefangene Arbeit auch einmal liegenbleiben kann.

Bügelplatz

Nähplatz

Prüfen Sie Ihr Wissen

1. *Was sollte bei der baulichen Gestaltung der Küche berücksichtigt werden?*
2. *Welche verschiedenen Küchenformen gibt es?*
   Geben Sie die Vor- und Nachteile an!
3. *Auf Seite 259 ist die Naßzeile in einem Hausarbeitsraum abgebildet; machen Sie für die Anbringung der Türen einen Verbesserungsvorschlag!*
4. *Welche Gesichtspunkte sollten bei der Ausstattung von Vorratsräumen berücksichtigt werden?*

Tischdecken

Das Tischdecken ist eine Hausarbeit, die täglich mehrmals erledigt werden muß. Ein hübsch gedeckter Tisch erfordert keinen höheren Zeitaufwand, sondern nur etwas Achtsamkeit, Sorgfalt, Liebe und vor allem gezielte Handgriffe.

Alltagstisch

Auch der Alltagstisch sollte sorgfältig gedeckt werden, denn
- das Einnehmen der Mahlzeiten ist häufig die einzige Gelegenheit, bei der die ganze Familie zusammentrifft.
- ein ordentlich gedeckter Tisch wirkt einladend und trägt dazu bei, eine entspannte Atmosphäre zu schaffen, die sowohl für das Familienleben als auch als Ausgleich zur Anspannung in Schule und Beruf von Bedeutung ist.
- ein sorgfältig gedeckter Tisch gibt allen Familienmitgliedern, besonders aber den Kindern das Gefühl des Umsorgtseins.

Arbeitsweise

Zeitersparnis ist durch *planmäßiges Arbeiten* zu erreichen:
- Tisch reinigen.
- Tischtuch oder Platzdecken (Sets) gerade auflegen, Brüche nach oben.
- Geschirr und Bestecke auf ein Tablett zusammenstellen und gesammelt zum Tisch tragen.
- Teller so stellen, daß sie etwa fingerbreit von der Tischkante entfernt stehen.
- Tasse und Untertasse bzw. Gläser rechts oben neben den Teller stellen.
- Salatteller links neben den Teller stellen.
- Bestecke gerade hinlegen; Messer rechts neben den Teller (Messerschneiden zum Teller hin), Gabel links davon, Löffel quer oberhalb des Tellers oder Gabel, Messer, dann Löffel rechts neben den Teller legen.
- Beim Kaffeegedeck Kuchenteller auf den Platz stellen, die Tasse rechts davon mit dem Henkel nach rechts und dem Löffel neben der Tasse auf dem Unterteller.
- Servietten auf den Teller oder links daneben legen.
- Vorlegebesteck nicht vergessen.

Geschirr

Tischwäsche

Selbstverständlich sollte auch das täglich benutzte *Geschirr* ansprechend, formschön und einheitlich sein. Angeschlagenes Geschirr gehört nicht auf einen sorgfältig gedeckten Tisch. Die *Tischdecke* bzw. die *Sets* sollten in einer passenden Farbe gewählt werden und sauber sein. Das Verrutschen der Tischdecke kann durch Unterlegen einer Moltondecke, die auf der Unterseite mit Schaumgummi beschichtet ist, vermieden werden.

Festtagstisch

Beim festlich gedeckten Tisch sind noch einige besondere Gesichtspunkte zu beachten:
- Für Festtafeln werden häufig weiße *Tischtücher* und *Stoffservietten* verwendet. Die Tischwäsche kann auch in zarten Farben passend zum Geschirr gewählt werden. Die Servietten können vielfältig gefaltet werden, einfache Formen sind dabei zu bevorzugen (siehe auch S. 265).

Geschirr

- Die *Teller* werden in gleichmäßigen Abständen auf den Tisch gestellt. Jeder

Frühstückstisch

Kleine Kaffeetafel

Mittagstisch

Festliche Tafel

Gast sollte genügend Platz haben. Bei rechteckigen Tischen braucht jeder Gast 60 cm Tischkante, am runden Tisch etwas weniger.

Besteck

- *Silberbesteck,* das längere Zeit im Schrank gelegen hat, wird vor dem Decken im Bedarfsfall noch einmal geputzt. Das Besteck, das man zuerst braucht, liegt ganz außen, damit man es leicht greifen kann; anschließend wird in der Reihenfolge des Gebrauchs das Besteck gedeckt, z. B. außen Besteck für die Vorspeise, dann das Besteck für das Hauptgericht. Rechts liegen die Messer, links die Gabeln, oben quer Löffel, Dessertlöffel, Käse- oder Obstmesser.

Gläser

- *Gläser* müssen für eine festliche Tafel besonders sorgfältig poliert werden. Sollen zu den einzelnen Gängen eines Menüs mehrere Getränke angeboten werden, sind dafür entsprechende Gläser vorzusehen. Sie werden schräg oder gerade in der Reihenfolge ihrer Verwendung angeordnet. Das zuerst zu benutzende Glas steht dem Teller am nächsten.

1 Bierseidel
2 Bierbecher
3 Pilsglas
4 Kelch für Weizenbier
5 Schale für »Berliner Weiße«
6 Sektflöte
7 Weißweinglas
8 Römer
9 Rotweinglas
10 Likörglas
11 Kognakschwenker
12 Schnapsglas (Stamperl)

- Schließlich sollten Salz, Pfeffer, Korkenzieher, Flaschenöffner, Zahnstocher, Papierservietten, Vorlegebesteck, Warmhalteplatten und Untersetzer in greifbarer Nähe bereitgestellt werden.
- Tischschmuck wird dem festlichen Anlaß entsprechend gewählt.
- Wenn der Tisch fertig gedeckt ist, muß noch einmal *überprüft* werden, ob für alles gesorgt ist, denn es ist unangenehm, wenn das festliche Essen wegen fehlender Gegenstände immer wieder unterbrochen wird.

Tischschmuck

Wenn es um Tischschmuck geht, sind der Fantasie keine Grenzen gesetzt. Origineller Tischschmuck kann die Stimmung eines Festes wesentlich beeinflussen.

Servietten

Es gibt viele Möglichkeiten, die Servietten zu falten und zu dekorieren. Werden *Papierservietten* verwendet, so trägt die Wahl bunter, farblich zum Geschirr passender Servietten bereits entscheidend zum Schmuck des Tisches bei.

Kerzen

Kerzen, ob auf einen hübschen Leuchter gesteckt oder von einem einfachen Glas gehalten, verbreiten ein angenehmes Licht auf einer festlichen Tafel. Auch sie sollten farblich auf das Geschirr abgestimmt sein.

Blumen

Ebenso sind *Blumen* oder Pflanzengestecke als Tafelschmuck unentbehrlich. Kleine, verhältnismäßig flache Blumenarrangements sind hohen Sträußen vorzuziehen, denn sonst können sich die Gäste nur »durch die Blume« unterhalten. Die Auswahl wird dem festlichen Anlaß und der Jahreszeit angepaßt, so können z. B. auch Blätter, Zweige, Wildfrüchte sehr dekorativ wirken.

Tisch- und Menükarten

Tisch- und Menükarten schmücken ebenfalls einen festlichen Tisch. Tischkarten sind notwendig, wenn der Gastgeber auf eine bestimmte Tischordnung Wert legt. Menükarten informieren den Gast vor dem Essen über die Speisenfolge und ermöglichen es ihm, seinen »Magenfahrplan« der Speisenfolge entsprechend einzurichten.

Mütze

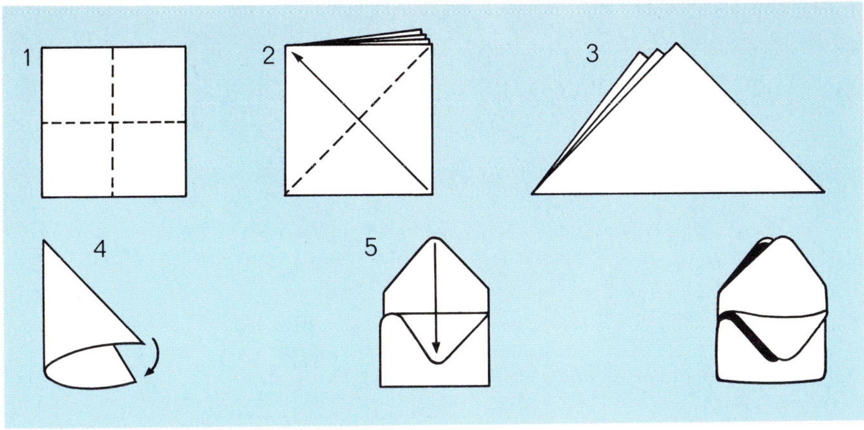

1 Serviette zum Quadrat falten
2 Offene Ecken rechts oben
3 Linke untere Ecke auf rechte obere Ecke legen: Dreieck
4 Die beiden unteren Ecken des Dreiecks nach hinten biegen und ineinander stecken.
5 Obere Stofflage mit der Ecke nach unten biegen.
Die Mütze aufstellen

Trompete

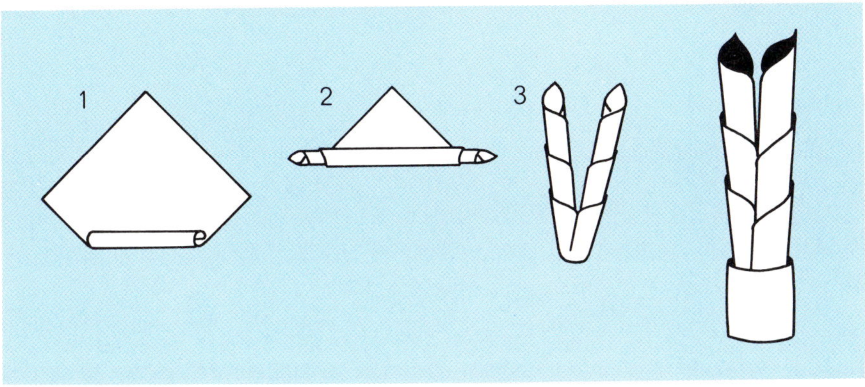

1 und 2 Serviette von einer Ecke her aufrollen.
3 Rolle in der Mitte Knikken und in ein schlankes, entsprechend hohes Glas stecken

Boot

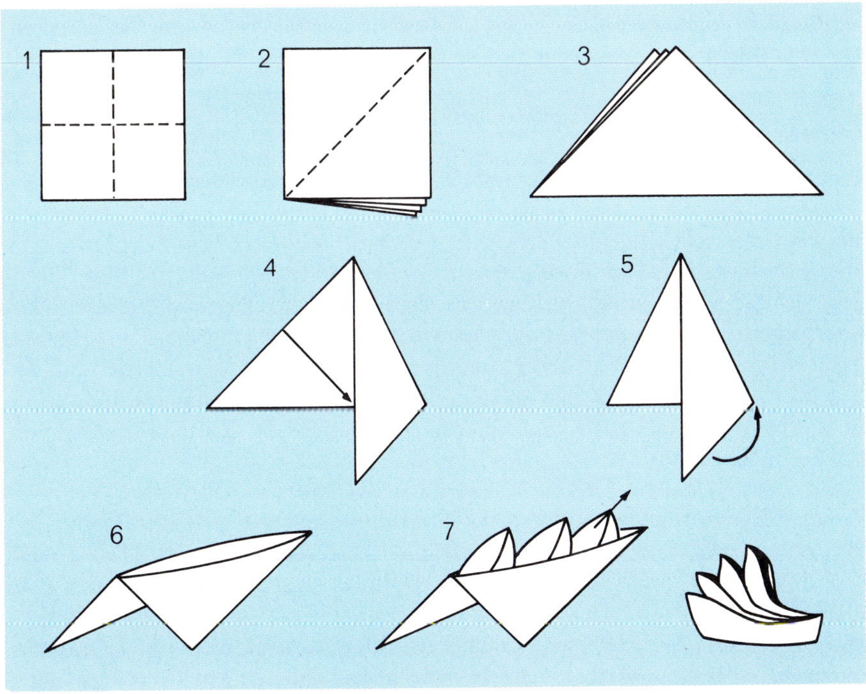

1 Serviette zum Quadrat falten
2 Offene Ecken rechts unten
3 Linke obere Ecke auf rechte untere Ecke legen: Dreieck
4 Seitliche Dreieckskanten in der Mitte falten und kniffen
5 Die unteren Spitzen nach hinten biegen und kniffen
6 Dreieck der Länge nach nach hinten biegen und aufstellen
7 Die losen Spitzen zu Segeln formen
Aufstellen und evtl. ein Brötchen in das Boot legen

Hübsch gefaltete Servietten (Faltanleitung siehe Seite 265)

Auswahl

Bei der *Auswahl* des Tischschmucks ist darauf zu achten, daß in der Mitte des Tisches noch Raum für Schüsseln, Platten, Kannen usw. bleibt. Zuviel Schmuck ist nicht schön, denn eine gepflegte Tafel wirkt nicht durch Üppigkeit, sondern durch schlichte Eleganz.

Servieren

Bei der Erledigung der Arbeiten am Tisch – während und nach der Mahlzeit – sind einige Grundsätze zu beachten.
Bei kleineren Einladungen werden die *Gastgeber* die Gäste selbst bedienen. Die Hausfrau bietet die Speisen von ihrem Platz aus an und beginnt mit dem Ehrengast, der die Speisen dann weiterreicht. Der Hausherr oder ein männlicher Gast übernimmt das Einschenken der Getränke. Dabei wird die Flasche zum Glas geführt und mit einer leichten Drehung abgesetzt, damit kein Tropfen auf das Tischtuch fällt. Weinflaschen werden mit einer Serviette angefaßt und auf einem Nebentisch oder in einem Flaschenkorb abgestellt. Kaffee und Tee gießt die Gastgeberin ein.

Servierregeln

Bei größeren Festlichkeiten werden die traditionellen *Servierregeln* angewendet:
- Von rechts erfolgen Abdecken und Gedeckwechsel während der Mahlzeit, Einschenken von Getränken und Hinstellen gefüllter Suppenteller oder -tassen.
- Von links werden die Speisen angeboten (Fleisch, Soße, Gemüse, Salat, Beilagen). Dabei müssen die Platten bzw. Schüsseln nahe an den Teller des Gastes

herangereicht werden, damit die Speisen bequem entnommen werden können.

- Nach Beendigung der Mahlzeit wird der Tisch abgeräumt, wobei sich die Verwendung eines Tabletts oder Servierwagens zeitsparend auswirkt.

Prüfen Sie Ihr Wissen

1. *Sammeln Sie das notwendige Material und decken Sie einen alltäglichen und einen festlichen Mittagstisch!*
2. *Üben Sie das Falten von Servietten in verschiedenen Formen!*
3. *Nennen und üben Sie die Grundregeln, die beim Tischdecken und Servieren zu beachten sind!*

Mittel zur Hausreinigung und -pflege

Eine ganze Reihe von Hilfsmitteln erleichtern die Reinigungs- und Pflegearbeiten im Haushalt. Dazu sind die Reinigungs- und Pflegemittel, die Geräte und der Besenschrank für die Aufbewahrung der Hilfsmittel zu zählen.

Reinigungs- und Pflegemittel

Wir unterscheiden Reinigungsmittel, die zur leichteren Entfernung von Schmutz dienen, und Pflegemittel, die zum Oberflächenschutz, zur Glanzerneuerung und Farbauffrischung angewendet werden. Häufig sind Reinigungs- und Pflegemittel kombiniert. Wichtig ist, daß immer die Gebrauchsanweisung beachtet wird!

Chemische Wirkung

Chemisch wirkende Reinigungs- und Pflegemittel – Sie bewirken das Ablösen der Schmutzschicht, indem die Haltekräfte der Schmutzteilchen auf chemischem Wege aufgehoben werden. Pflegemittel dagegen bilden einen Schutzfilm auf der Oberfläche des Materials, um das Eindringen von Schmutz und Feuchtigkeit zu verhindern oder zu hemmen. Sie erzeugen Glanz und frischen die Farben auf.

- Anwendungsbereiche und Wirkung der chemisch wirkenden Mittel sind unterschiedlich, deshalb muß die Gebrauchsanweisung genau beachtet werden!

Allzweckreiniger enthalten Tenside, die schäumen, und Phosphate, die die Netzwirkung des Wassers erhöhen. Auch Salmiak kann enthalten sein, um fettigen Schmutz besser zu lösen.
Spezialreiniger haben eine dem Gebrauchszweck entsprechende Zusammensetzung: Entkalker enthalten Säure; Rohrreiniger und Backofenreiniger ätzende Alkalien, Schuhcreme und Bohnerwachs Terpentin (Vorsicht! Feuergefährlich!), Fleckenentfernungsmittel Benzin oder andere organische Lösungsmittel.

Mechanische Wirkung

Mechanisch wirkende Reinigungs- und Pflegemittel – Sie wirken durch Scheuern, Schleifen und Polieren. Dabei werden manchmal mit der Entfernung der Schmutzschicht auch Teile der Oberfläche des Materials abgerieben.

- Die Härte des Scheuermittels muß der Härte der zu reinigenden Oberfläche angepaßt sein! Zu harte Scheuermittel verkratzen die Oberfläche.

Unterscheidung der Scheuermittel nach ihrer Härte:
Extrahart – Korund auf Schmirgelpapier für Ofenplatten.
Grob – Quarzsand auf Glaspapier und Stahlspäne für Rohholz.
Mittel – Stahlwolle für Aluminium (Töpfe, Pfannen) und Rohholz, Quarzmehl (gemahlener Quarzsand) und Bimssteinpulver in Scheuermitteln für Email (Töpfe) und Rohholz.
Fein – Kieselgur und Schlämmkreide in Reinigungsmitteln für Waschbecken, Badewannen und Kunststoffbeläge auf Fußböden und Tischen.
Extrafein – Magnesia, Wiener Kalk, Pariser Rot, Kieselkreide in Metallputzmitteln.

Kombinierte Wirkung

Kombiniert wirkende Mittel – Häufig sind mechanisch und chemisch wirkende Reinigungs- und Pflegemittel kombiniert, wodurch die Wirkung erhöht wird. Kombiniert wirkende Mittel sind Putzwatte, Silberputztücher und verseifte Putzkissen.

- Schonen Sie alle zu reinigenden Gegenstände, indem Sie nicht mit zu scharfen Mitteln reinigen!
- Beachten Sie die Gebrauchsanweisung, dann vermeiden Sie Schäden!
- Achten Sie auf die Dosierung, dann verhalten Sie sich umweltfreundlich!
- Alle Gegenstände, die mit Lebensmitteln in Berührung kommen, müssen gründlich nachgespült werden.
- Reinigungs- und Pflegemittel sind vielfach für Kinder lebensgefährlich und müssen sicher aufbewahrt werden!

Geräte und Hilfsmittel

Eine ganze Reihe von Geräten und Hilfsmitteln erleichtern im Haushalt die Reinigungsarbeit.

Tücher

Tücher und Schwämme – Jedes *Tuch* muß seinem Verwendungszweck entsprechen, sollte auch immer nur für diesen Zweck verwendet werden und eine handliche Größe haben.
Beispiele: Haushaltstuch, Fensterleder, Polierlappen, Staubtuch, Geschirrtuch, Spüllappen, Putzlappen.
Reinigung: Fensterleder und Putzlappen werden in klarem Wasser gründlich ausgewaschen. Geschirr- und Spültücher werden bei 95 °C, alle anderen Tücher bei 30 °C in der Waschmaschine gewaschen.
Aufbewahrung: Nach dem Trocknen werden die Tücher zusammengefaltet und dort aufbewahrt, wo sie wieder gebraucht werden: Geschirrtücher und Spüllappen in der Küche, alle anderen Tücher im Besenschrank oder in der Besenkammer (Abstellraum).

Schwämme

Schwämme dienen im Haushalt verschiedenen Zwecken:

- Spülschwamm (mit einer weichen und einer groben Seite) zum Geschirrspülen.
- Heizungsschwamm zum Reinigen der Heizungslamellen.
- Sooger zur Bodenreinigung.
- Schwammwischer zum Fensterputzen.

Reinigung: Schwämme werden in warmer Reinigungslösung ausgewaschen und mit klarem Wasser nachgespült. Sie dürfen nie auf der Heizung, sondern sollten an einem luftigen Ort »stehend« getrocknet werden.
Aufbewahrung: Der Geschirrschwamm wird bei der Spüle, alle anderen Putzschwämme werden getrocknet im Besenschrank aufbewahrt.

Besen, Bürsten

Besen und Bürsten – Verschiedene Besen und Bürsten dienen im Haushalt zu Reinigungszwecken.
Beispiele: Kehrbesen, Handbesen, Schrubber, Bohnerbesen, Mop, Teppichbürste, Kleider-, Schuh-, Wasch-, Flaschenbürste.
Reinigung: Besen und Bürsten werden in warmer Reinigungslösung gesäubert und zum Trocknen aufgehängt. Die Borsten sollen nach unten hängen!

Praktische Schrankelemente für Reinigungsgeräte und Reinigungsmittel, Wäsche und Schuhe

Aufbewahrung: Spülbürste und Flaschenbürste gehören in die Nähe der Spüle, alle anderen Besen und Bürsten haben im Besenschrank ihren Platz.

Elektrogeräte

Elektrogeräte – Moderne elektrische Geräte erleichtern wesentlich die Reinigungsarbeiten im Haushalt.
Beispiele: Staubsauger, Bohnermaschine, Teppichklopfer, Shampooniergerät, Wasch- und Spülmaschine. Auf ihre Aufbewahrung, Wartung und Handhabung wird bei der Behandlung der Reinigungsarbeiten näher eingegangen.

Besenschrank

Besenschrank

Nur *peinliche Ordnung* im Besenschrank oder in der Besenkammer ermöglicht rationelles Arbeiten. Viel Zeit kann gespart werden, wenn mit wenigen Handgriffen die Reinigungsgeräte und -hilfsmittel bereitgestellt werden können, die für bestimmte Arbeiten benötigt werden. Räumen Sie nur saubere Geräte in den Besenschrank! Auch die Reinigungsmittel befinden sich im Besenschrank. Alle Flaschen müssen genau beschriftet und dürfen für Kinder nicht erreichbar sein!

Prüfen Sie Ihr Wissen

1. *Suchen Sie alle erreichbaren Reinigungs- und Pflegemittel zusammen und ordnen Sie diese den drei Gruppen zu!*
2. *Erläutern Sie die Reinigung und Aufbewahrung von fünf Reinigungsgeräten bzw. -hilfsmitteln!*
3. *Worauf sollte man beim Einräumen eines Besenschrankes achten?*

Reinigung und Pflege von Gebrauchsgegenständen

In jedem Haushalt sind Gebrauchsgegenstände aus verschiedenen Materialien zu finden, deren Schönheit, Gebrauchswert und Lebensdauer wesentlich von der fachkundigen Reinigung und Pflege abhängt. Nur wer über die entsprechenden Kenntnisse verfügt, wird Porzellan, Holz, Metalle, Kunststoffe und Leder sachgerecht behandeln können.

Reinigung von Geschirr

Geschirrspülen ist eine so regelmäßig und oft wiederkehrende Arbeit, daß hier besonders überlegt werden sollte, wie Arbeitskraft und -zeit rationell eingesetzt werden können.

Spülen von Hand
30% der Arbeitszeit in der Küche werden für das Geschirrspülen benötigt. Diese Zeit kann nur dann vermindert werden, wenn die Einrichtung des Spülzentrums rationelles Arbeiten erlaubt.

Einrichtung

Das Spülzentrum sollte folgende *Einrichtungen* umfassen: Eine Abstellfläche für schmutziges Geschirr, eine Zweibeckenspüle mit Heiß- und Kaltwasseranschluß und evtl. Brause, eine Abtropffläche sowie eine Abstellfläche für abgetrocknetes Geschirr. Eine Einbeckenspüle reicht nur bei vorhandener Spülmaschine aus, sonst wird das Spülen unrationell, weil es zu zeit- und kraftaufwendig und wegen des fehlenden Nachspülens auch unhygienisch ist.

Geräte

An *Geräten* sind zum Handspülen notwendig: Spüllappen, Spülbürsten, Topfreiniger (Schwamm), Trockentücher, Spezialtücher zum Abtrocknen. Ferner werden folgende Hilfsmittel benötigt: Heißes und kaltes Wasser, Spülmittel und Scheuermittel.

Arbeitsweise

Der *Arbeitsablauf* beim Handspülen gliedert sich in drei Abschnitte: Vor-, Haupt- und Nacharbeiten.

Vorarbeiten – Auf der rechten Abstellfläche befindet sich das schmutzige Geschirr, das nach Möglichkeit dort bereits sortiert abgestellt wird. Tassen, Teller, Schüsseln usw. werden gestapelt, Besteck kommt in ein Sammelgefäß. Grobe Verschmutzungen sind unter kaltem, fließendem Wasser beim Vorspülen zu entfernen. Das Spülwasser sollte eine Temperatur von 50 bis 60 °C haben. Dem Spülwasser werden einige kleine Spritzer Spülmittel zugesetzt. Lappen, Bürste, Topfreiniger, Scheuermittel, Trockentücher sind stets griffbereit.

Hauptarbeiten – Grundsätzlich wird von rechts nach links gearbeitet, damit ein Arbeiten über die Hand vermieden wird (Linkshänder von links nach rechts).

- Geschirr stapelweise in das rechte Spülbecken einsetzen und reinigen.
- Einzeln nach links zum Nachspülen einsetzen.
- Stapelweise herausnehmen und nach links zum Abtropfen abstellen.

Die Reihenfolge des Geschirrs beim Spülen richtet sich nach dem Verschmutzungsgrad und dem Material.

1. Glas	2. Porzellan	3. Besteck	4. Kochgeschirr

Im Bedarfsfall muß das Spülwasser erneuert werden. Zum Nachspülen soll das Wasser sehr heiß und zusatzfrei sein. Wenn kein zweites Becken vorhanden ist, kann das Geschirr im Abtropfkorb heiß überbraust werden.
Auf das Abtrocknen kann evtl. verzichtet werden. Zeitsparend ist das Abtrocknen mit einem *Spezialtuch,* das feucht ist und wie ein Fensterleder einen dünnen Feuchtigkeitsfilm auf dem Geschirr hinterläßt, der sofort verdunstet. Dieses Tuch ist fusselfrei, hygienisch und kochfest.

Nacharbeiten – Das saubere Geschirr wird sortiert abgestellt bzw. gleich eingeräumt. Bei langen Wegen zum Geschirrschrank kann das Einräumen durch Tabletts oder Geschirrwagen erleichtert werden. Schließlich werden Spülbürsten, -lappen und -becken gereinigt. Die Lappen werden zum Trocknen aufgehängt. Alle Geräte und Hilfsmittel sollten im Unterschrank der Spüle aufbewahrt werden.

Spülen mit der Maschine

Vorteile

Das Spülen mit der Geschirrspülmaschine bringt erhebliche *Vorteile:*

- Der Zeitaufwand für das Spülen wird um 50% und mehr vermindert.

- Das Spülen kann zu jeder beliebigen Zeit erfolgen.
- Die Küche ist stets aufgeräumt, weil schmutziges Geschirr sofort in der Maschine verstaut wird.
- Das Geschirr wird aufgrund der hohen Wassertemperaturen und der mehrfachen Spülgänge hygienisch einwandfrei gereinigt.

Voraussetzungen

Diese Vorteile können jedoch nur dann erzielt werden, wenn bestimmte *Voraussetzungen* gegeben sind:

- Für die Maschine ist ein arbeitsgerechter Standort in der Küche notwendig, der die entsprechenden Anschlüsse (Wasser, Strom) aufweisen muß (günstig unter dem Ablaufblech der Spüle).
- Im Haushalt muß genügend Geschirr vorhanden sein.
- Das Geschirr muß spülmaschinengeeignet sein, d. h. einfache Formen, glatte Oberflächen, unempfindlich gegen Hitze und Spülmittel, Dekors unter Glasur, Besteck aus Ganzstahl, Kunststoffgegenstände aus hitzebeständigem Material.
- Eine Umstellung des Arbeitsverfahrens ist insofern notwendig, als nur die vollständig beschickte Maschine in Betrieb gesetzt werden sollte, im kleinen Haushalt also das schmutzige Geschirr gesammelt werden muß.

Das Geschirr muß nach Vorschrift und platzsparend eingeräumt werden.

Auch für das maschinelle Spülen muß ein zweckentsprechender *Arbeitsplatz* eingerichtet werden. Außer der Spülmaschine gehören dazu: eine Abstellfläche für das schmutzige bzw. saubere Geschirr, ein Spülbecken oder zumindest ein Ausgußbecken zum Ausgießen von Resten und für evtl. notwendiges Vorspülen bzw. Nachreinigen. An Hilfsmitteln sind erforderlich: Spezialreiniger, Klarspülmittel, Regeneriersalz.

Arbeitsplatz

Das Spülen mit der Maschine gliedert sich ebenfalls in drei *Arbeitsabschnitte:* Vor-, Haupt- und Nacharbeiten.

Arbeitsweise

Vorarbeiten – Das schmutzige Geschirr wird im Bedarfsfall vorgereinigt und dann in die Maschine eingeordnet, wobei auf die Bedienungsanleitung zu achten ist. Ist die Maschine gefüllt, wird der Spezialreiniger nach Vorschrift zugegeben, der Wasserhahn geöffnet und das Programm eingestellt.

Hauptarbeiten – Diese übernimmt vollständig die Maschine.

- Vorspülen: kaltes Wasser schwemmt lose Speisereste ab, weicht Verschmutzungen an.
- Reinigen: heißes Wasser von 50 bis 70 °C reinigt mit Zusatz von Spezialreiniger.
- Zwischenspülen: kaltes Wasser spült Laugenrest ab.
- Klarspülen: heißes Wasser von 50 bis 70 °C spült mit Zusatz von Klarspülmittel.
- Trocknen: hohe Wassertemperaturen und Fließgeschwindigkeit bewirken das Trocknen des Geschirrs. Auch die Strahlungswärme der Heizstäbe trägt zum Trocknen des Geschirrs bei.

Nacharbeiten – Das Schließen des Wasserhahns und Ausschalten der Maschine ist ein Arbeitsgang. Dann kann die Maschine entleert werden, wobei kontrolliert wird, ob das Geschirr sauber ist.

Pflege und Wartung der Spülmaschine – Da sich die Maschine während des Spülvorganges selbst reinigt, ist eine Reinigung des Innenbehälters nicht nötig. Nur das Schmutzsieb und die Gummidichtung der Maschine sowie der Türrand sollten einmal wöchentlich gesäubert werden, damit ein einwandfreies Spülergebnis gewahrleistet ist.

Pflege und Wartung

Die Klarspülmittel werden bei den meisten Maschinen während des Spülprogramms automatisch eingespült. Der Klarspül-Vorratsbehälter muß von Zeit zu Zeit aufgefüllt werden. Eine Anzeige erleichtert diese Kontrolle.
Die eingebaute Enthärtungsanlage muß nach einer bestimmten Anzahl von Spülgängen (richtet sich nach der örtlichen Wasserhärte) mit Salz regeneriert werden.

Berechnung der Kosten – Der Kostenaufwand für eine Spülmaschine ist nicht gering. Der Anschaffungspreis ist hoch. Daneben können zusätzliche Kosten anfallen, wenn der Geschirrbestand nicht maschinengeeignet ist und erneuert werden muß. Dazu kommen die Betriebskosten (Wasser, Strom, Hilfsmittel).
Die tatsächlichen Aufwendungen für das Maschinenspülen sind sehr unterschiedlich, denn sie sind vom Anschaffungspreis des Geräts, von der Höhe der Betriebskosten, von der Häufigkeit der Benutzung abhängig. Aus diesem Grund sind die Kosten des Maschinenspülens für jeden Haushalt individuell zu berechnen.

Behandlung von Gegenständen aus Holz, Metallen, Kunststoffen und Leder

Die Vielfalt dieser Materialien macht es erforderlich, daß über gründliche Kenntnisse hinsichtlich Reinigung und Pflege verfügt wird.

Holz

Behandlung von Holz – Holz ist ein wertvolles, teures Material. Ob ein Gegenstand aus massivem Holz besteht, mit Furnier belegt oder nur mit einer Folie, die holzähnlichen Charakter hat, überzogen ist, kann der Laie häufig kaum beurteilen. Zudem wirken verschiedenartige Behandlungsmethoden verwirrend: Bürsten, Sandstrahlen, Wachsen, Ölen, Mattieren, Lackieren, Polieren, Versiegeln usw.

Reinigung und Pflege von Holz

Oberfläche	Behandlung Eigenschaften	Beispiele	Reinigung und Pflege, Hinweise
gehobelt geschliffen sandgestrahlt gebürstet gebleicht geräuchert	naturbelassen, unbehandelt	Brotzeitbrettchen, Kochlöffel, Tischplatten, Wandverkleidungen, Holzdecken, Möbel	von Hand spülen; evtl. Scheuerpulver, feine Stahlwolle; Flecken von Senf, Ketchup ... lassen sich kaum entfernen; gelegentlich abstauben, rauhe Oberflächen mit trockener Bürste abstauben.
gewachst geölt	offenporig, atmungsaktiv;	rustikale Möbel, Teak	mit Staubtuch oder feuchtem Haushaltstuch abstauben; evtl. mit Wachs oder Teaköl behandeln;
mattiert	offenporig, matt bis hochglänzend; Handarbeit	alte Möbel, Antiquitäten	abstauben; starke Verschmutzungen mit milder Reinigungslösung entfernen; gelegentlich mit Möbelpflegemittel behandeln.
lackiert (farblos, alle Farben) Schleiflack	Holzporen geschlossen, glatt;	Möbel Türen Fenster	feucht wischen, trokken nachreiben; evtl. mit milder Reinigungslösung;
versiegelt		Parkett	gelegentlich Spezialpflegemittel anwenden.
poliert	mehrere Lackschichten, hochglänzend	Klavier Möbel	nur trocken abreiben; für gründliche Reinigung gutes Möbelpflegemittel hauchdünn auftragen, kreisrund polieren

Selten sind heute unbehandelte Holzböden geworden, während bei Brotzeitbrettern, Kochlöffeln usw. meistens naturbelassenes Holz zu pflegen ist. Versiegeltes Parkett ist ein wertvoller und begehrter Bodenbelag, der wegen seiner glatten Oberfläche pflegeleicht ist. Bei Möbeln ist die Vielfalt der Oberflächenbeschaffenheit derartig groß, daß der Möbelfachmann hinsichtlich der Art und der Pflege befragt werden sollte. Bei billigen Möbeln, die nicht im Fachgeschäft gekauft werden, kann man in der Regel davon ausgehen, daß es sich um Kunststoffoberflächen handelt.

Holz ist empfindlich, deshalb sollten einige Punkte berücksichtigt werden:
- Kratzer und Flecken werden durch Verwendung eines Untersetzers unter Vasen, scharfkantigen Gegenständen oder heißen Schüsseln vermieden.
- Bei empfindlichen Tischplatten gehört Molton unter die Tischdecke, in Schubladen Schrankpapier, um das Holz zu schützen.
- Schranktüren und Schubladen sollte man stets an den Griffen oder Schlüsseln anfassen.
- Offene Schranktüren sind keine Kleiderständer, sie verziehen sich sonst.
- Feuchte Wäsche oder Kleider gehören nicht in den Schrank!
- Lebensdauer und Aussehen der Möbel hängen von der zweckmäßigen Reinigung und Pflege ab.

Metalle
Kunststoffe

Behandlung von Metallen und Kunststoffen – Eine ganze Reihe von Haushaltsgegenständen ist aus Metallen oder Kunststoffen hergestellt. Ihr Gebrauchswert Seite 275/276).
Grundsätzlich sollte jeder Werkstoff schonend und mild behandelt werden. Scharfe Reinigungsmittel greifen immer die Oberflächen an und können dadurch sehr nachteilige Auswirkungen haben. Arbeitet man mit Aufmerksamkeit und Umsicht, können starke Verschmutzungen, wie z. B. das Anbrennen von Speisen in Töpfen oder am Herd, von vorneherein vermieden werden.

Reinigung und Pflege von Metall und Kunststoff

Material	Reinigungsmittel und -geräte	Anwendung	Bemerkungen
Edelstahl	Spülmittel; Lappen, Schwamm oder Bürste	abspülen	nach der Reinigung sofort nachreiben, sonst Streifenbildung!
	Gründliche Reinigung: Spezialreinigungsmittel	nach Gebrauchsanweisung	
	bei sehr hartnäckiger Verschmutzung: verseifte Stahlwolle	vorsichtig anwenden; polierte Flächen nicht damit behandeln, sie verkratzen (Herdmulden);	keine kratzenden Gegenstände!
Email	Spülmittel; Lappen, Schwamm oder Bürste	abspülen	vor dem ersten Gebrauch spülen; nicht leer erhitzen!
	Gründliche Reinigung: feines Scheuerpulver;	Festsitzende Speisereste einweichen, evtl. aufkochen	Temperaturunterschiede vermeiden; nicht mit kratzenden Gegenständen behandeln!

Material	Reinigungsmittel und -geräte	Anwendung	Bemerkungen
Weißblech (verzinnte Bleche)	wie Email, jedoch kein Scheuerpulver	wie Email	durch Scheuerpulver wird Zinnüberzug abgescheuert;
Schwarzblech (Backformen)	Papier, Salz; sonst wie Email, jedoch kein Scheuerpulver!	noch warm mit Salz und Papier abreiben; nach dem Spülen gut trocknen (rostet).	für längere Aufbewahrung leicht einfetten.
Kupfer, Messing Zinn	feuchtes Haushaltstuch; Spülmittel, warmes Wasser; Metallputzmittel	Ziergegenstände mit feuchtem Tuch abreiben; bei Bedarf spülen; nur bei starker Verschmutzung mit Metallputzmittel behandeln.	Ziergegenstände möglichst nicht mit Metallputzmittel behandeln, denn sie sollen »altes« Aussehen behalten.
Aluminium	wie Edelstahl	wie Edelstahl	neue Aluminiumgeräte sind i. a. eloxiert. Diese Schicht darf nicht beschädigt werden, sonst verliert Aluminium seinen Glanz.
Silber	Silberputzmittel Silberputzwatte Silbertauchbad	normalerweise nur abspülen; bei gründlicher Reinigung nebenstehende Mittel anwenden (Gebrauchsanweisung!); nachspülen.	Bestecke nicht ungespült liegen lassen (laufen an!); Oxidverzierungen nicht wegputzen! Besteck läuft bei Berührung mit Eiern an!
Kunststoffe (Geschirr, Möbel)	Spülmittel, warmes Wasser, Pflege-Emulsionen	abspülen, abwischen für Kunststoffböden; nach Gebrauchsanweisung anwenden.	nie scheuern oder mit scharfen Gegenständen behandeln! Nie trocken abstauben wegen der elektrostatischen Aufladung; vor Hitze schützen!

Leder

Behandlung von Leder – Leder wird aus den Häuten und Fellen von Tieren gewonnen und mit Hilfe von Gerbstoffen durch Gerben haltbar gemacht. Gerbverfahren und Zurichten (Bearbeitungsprozesse nach dem Gerben) bestimmen Aussehen und Eigenschaften des fertigen Leders. Haltbarkeit und Lebensdauer von Lederwaren sind jedoch wesentlich von der sachgerechten Pflege abhängig. Die Tabelle auf Seite 277 gibt Hinweise zur sachgemäßen Reinigung und Pflege von Lederwaren.

Grundsätzlich sollte beim Kauf von Lederwaren der Fachmann hinsichtlich der Reinigung und Pflege befragt werden. Lederwaren sollten nie in verschmutztem Zustand aufbewahrt werden, sonst wird das Leder hart und brüchig, was Aussehen, Gebrauchseigenschaften und Lebensdauer wesentlich beeinträchtigt.

Prüfen Sie Ihr Wissen

1. *Beurteilen Sie Arbeitsplätze für das Spülen hinsichtlich der rationellen Einrichtung. Machen Sie gegebenenfalls Verbesserungsvorschläge!*

2. *Erläutern Sie die Reinigungs- und Pflegemaßnahmen bei Brotzeitbrettchen und Parkettböden!*
3. *Wie wird Silberbesteck gepflegt? Wie behandeln Sie einen alten Zinnteller?*
4. *Erklären Sie die Behandlung einer Wildlederjacke, eines Koffers und von Straßenschuhen!*

Reinigung und Pflege von Lederwaren

Gegenstand	Reinigungsmittel und -geräte	Anwendung	Bemerkungen
Straßenschuhe	Schuhbürste, Schuhcreme, Wichsbürstchen, Glanzbürste	Schuhe gründlich reinigen, dünn eincremen; Schuhrand, Absatz und Zunge nicht vergessen! Creme einziehen lassen, polieren.	Schuhcreme enthält meist reinigende und pflegende Substanzen. Vor dem ersten Tragen eincremen! Auf Leisten spannen!
Feine Schuhe	Schuhbürste, Spezialcreme, Wolltuch	Staub entfernen, dünn eincremen, polieren	wie oben
Wildlederschuhe	Schmutzbürste, Gummi- oder Metallbürste, Glaspapier, Spezialspray für Wildleder	Verschmutzung abbürsten, Druckstellen aufrauhen, Schuhe einsprühen. Sohlenrand und Absätze bei Bedarf mit Schuhcreme behandeln.	Spezialspray für Wildleder reinigt, pflegt und imprägniert.
Derbe Schuhe (Kinder-, Wanderstiefel)	Schmutzbürste, Wasser; Lederfett (Biwax), Wichsbürste, Schuhbürste	Stark verschmutzte Schuhe mit Wasser abbürsten, evtl. mit Seifenwasser. Gut trocknen lassen. Einfetten, einwirken lassen, glänzen.	nasse Schuhe mit Zeitungspapier ausstopfen. An nicht zu warmem Ort trocknen, Leder wird sonst hart!
Lackschuhe	Lackpflegemittel, Wolltuch	Lackpflegemittel nach Gebrauchsanweisung anwenden, mit Wolltuch nachglänzen.	Pflege ist besonders wichtig, weil Lackleder Sprünge bekommt.
Koffer, Taschen, Mappen, Schulranzen	feuchtes Tuch, farblose Creme, Wolltuch	ausstauben, feucht abreiben, trocknen lassen, dünn eincremen, glänzend reiben.	nicht naß machen, Lederwaren können sich verziehen, Verleimungen sich lösen!
Lederbekleidung aus Velourleder	Reinigungsgummi; Spezialspray	auf dem Tisch liegend strichweise mit Reinigungsgummi abreiben, einsprühen.	gründliche Reinigung vom Fachmann ausführen lassen.
Lederbekleidung aus Nappaleder	feuchtes Tuch, Feinwaschmittel, Spezialpflegemittel	feucht abwischen; bei Bedarf mit Schaum reinigen, mit Spezialcreme nachbehandeln.	wie Velourleder

Raumpflege

Die Reinigung der Zimmer umfaßt eine Reihe von Tätigkeiten, die unterschiedlich oft durchgeführt werden müssen. Tägliche Arbeiten sind Aufräumen, Bettenmachen und Lüften. Abstauben, Abwischen und die Reinigung der Sanitäreinrichtungen, sowie Polster-, Teppich- und Bodenreinigung erfolgen je nach Verschmutzungsgrad. Die Fenster werden in größeren Abständen geputzt.

Laufende Pflegearbeiten

Bei Vernachlässigung dieser Tätigkeiten wird eine Wohnung in kurzer Zeit ungepflegt und unwohnlich aussehen.

Aufräumen

Aufräumen – Aus falscher Bequemlichkeit unterbleibt es vielfach, benutzte Räume aufgeräumt zu hinterlassen.

Kleine Handreichungen können bis auf wenige Ausnahmen von jedem Familienmitglied selbst ohne sonderliche Mühe ausgeführt werden und sollten jedem zur Selbstverständlichkeit werden. Zeit, unnötige Handgriffe und viel Ärger können dadurch gespart werden. Dazu gehören:

- Zusammenlegen und Wegräumen von Zeitungen und Zeitschriften.
- Entleeren der Aschenbecher.
- Hinaustragen von Gläsern, Flaschen, Geschirr, Abfällen.
- Zurechtrücken von Stühlen, Sesseln, Kissen und Decken.
- Aufräumen der Spielsachen.
- Aufdecken der Betten beim Aufstehen; evtl. auch das Bettenmachen (größere Kinder).

Lüften

Lüften – Aus hygienischen Gründen müssen alle Räume täglich intensiv gelüftet werden. Ungelüftete Räume bekommen einen muffigen Geruch und werden feucht, wodurch Schimmelbildung begünstigt wird.
Sauerstoffarme Luft führt zu vorzeitiger Ermüdung, Verminderung der Leistungsfähigkeit, Arbeitsunlust, Kopfschmerzen und Kreislaufbelastung. Außerdem begünstigt sie die Entwicklung von Krankheiten, da viele Bakterien sich in sauerstoffarmer Luft gut vermehren.
Deshalb genügt es nicht, die Räume nur während der Zimmerreinigung zu lüften. Auch nach dem Kochen, nach dem Essen, beim Verlassen der Sanitärräume sollte gelüftet werden. Keller- und Vorratsräume, Speisekammer, Garderobe und Flur dürfen nicht vergessen werden. *Frische Luft* ist für ein gesundes und angenehmes Wohn- und Arbeitsklima unentbehrlich.

Abstauben
Abwischen

Abstauben und Abwischen – Die Häufigkeit dieser Arbeiten hängt von der Nutzung der Räume ab. In der Regel fallen sie 1–2mal wöchentlich an. Ob Einrichtungsgegenstände abgestaubt oder abgewischt werden, richtet sich nach der Art der Oberflächen.

Empfindliche Holzoberflächen werden abgestaubt, wozu weiche, saubere Staubtücher dienen. Die Staubaufnahmefähigkeit der Staubtücher kann durch Sprays unterstützt werden, die gleichzeitig pflegende Stoffe enthalten.

Unempfindliche Oberflächen werden feucht abgewischt. Ein gut ausgewrungenes Haushaltsvlies ist empfehlenswert. Dem Wasser, in dem das Tuch immer wieder ausgewaschen wird, sollte ein mildes Reinigungsmittel zugesetzt werden. Dies ist insbesondere beim Reinigen der Fensterbretter, Heizkörper, Lampen und Fliesen günstig.

Arbeitsweise

Arbeitsgrundsätze

- Gehen Sie systematisch vor, dann sparen Sie Zeit.
- Beginnen Sie rechts von der Türe und gehen Sie im Kreis durch das Zimmer. Sie beenden die Arbeit also links von der Türe.
- Arbeiten Sie von oben nach unten.
- Führen Sie ruhige, strichförmige Bewegungen aus.
- Verwenden Sie trockene, saubere, weiche, gut staubaufnehmende Tücher, die oft gewaschen werden oder ein Haushaltsvlies, das sehr gut ausgewrungen sein muß.

Sanitärräume

Reinigung der Sanitäreinrichtungen – Das Reinigen von Wasch-, Duschbecken, Toiletten und Badewannen bedarf aus hygienischen Gründen besonderer Sorgfalt. Für alle Haushaltsmitglieder sollte es selbstverständlich sein, diese Einrichtungen nach dem Benutzen immer sauber zu hinterlassen.

Wasch-, Duschbecken und Badewannen werden mit Hilfe eines Reinigungsmittels, bei hartnäckigen Verschmutzungen mit feinem Scheuerpulver oder Scheuermilch und einem Schwamm oder Lappen ausgerieben und nachgewaschen. Kalkrückstände auf Fliesen, Armaturen und Becken können mit heißem Essigwasser (Essigessenz) entfernt werden. Nach dem gründlichen Abspülen der Reinigungsmittel werden die Wassertropfen mit einem Haushaltsvlies abgewischt, so daß Fliesen, Armaturen und Becken trocken sind und glänzen.

Toiletten werden mit Hilfe eines speziellen WC-Reinigers und der Klosettbürste geputzt. Zum Abwischen des Deckels, der Klosettbrille und des Beckens dient ein Lappen, der nur für diesen Zweck bereitliegt und in heißem Wasser, dem Reinigungsmittel zugesetzt ist, ausgewaschen wird. Auf eine blitzsaubere Toilette sollte stets größter Wert gelegt werden, denn Unsauberkeit fördert die Übertragung von Krankheiten und begünstigt das Entstehen von Hautkrankheiten.

Bodenreinigung

Sehr viele Wohnungen sind heute mit Teppichböden bzw. Teppichen ausgestattet, deren Behandlung anschließend besprochen wird. Daneben sind in jedem Haushalt nichttextile Bodenbeläge zu reinigen und zu pflegen.
Je nach Bodenart und Verschmutzungsgrad erfolgt die Reinigung trocken oder feucht. Vor Beginn der Arbeit werden alle notwendigen Geräte und Hilfsmittel bereitgestellt und alle beweglichen Teile in einem Raum hoch- oder zusammengestellt (Stühle, Hocker, Papierkorb, Zeitungsständer, kleine Teppiche usw.).

Trockenreinigung

Trockenreinigung – Die trockene Reinigung nichttextiler Bodenbeläge kann durch Moppen, Kehren oder Staubsaugen erfolgen. Mit dem Mop können vor allem bei der täglichen Reinigung von Wohn- und Schlafräumen kleine Staubmengen bequem entfernt werden. Liegen in diesen Zimmern Teppiche, die ohnehin gesaugt werden, so erübrigt sich der Mop, denn mit Hilfe der Bürsten an den Düsen moderner Staubsauger können die nichttextilen Böden problemlos gesaugt werden. Kehren ist bei gröberen Verschmutzungen angezeigt. Um das Aufwirbeln von Staub zu vermeiden, sind ruhige, strichförmige Arbeitsbewegungen vom Rand des Raumes zur Mitte bzw. zur Türe hin auszuführen.

Feuchtreinigung

Feuchtreinigung – Für die Feuchtreinigung nichttextiler Bodenbeläge werden Reinigungslösung und Spezialreiniger benutzt, um die Schmutzschicht zu lösen. Voraussetzung für ein gutes Ergebnis ist die gründliche Entfernung grober, loser Verschmutzungen. Über die Feuchtreinigung und Pflege nichttextiler Bodenbeläge informiert die folgende Tabelle.

Material	Reinigungsmittel und -geräte	Anwendung
Steinböden (Terrazzo, Marmor, Solnhofer Platten für Hauseingänge, Treppen)	zur Reinigung: heißes Wasser, Reinigungsmittel, Putzlappen, Schrubber zur Pflege: Spezialmittel für Steinböden	heiß wischen bei Bedarf nach Gebrauchsanweisung anwenden.
Fliesen (Bad, Küche)	zur Reinigung: heißes Wasser, Reinigungsmittel, evtl. Scheuerpulver, Schwamm oder Lappen, Haushaltsvlies; Kalklöser oder heißes Essigwasser	mit heißem Reinigungswasser putzen; hartnäckige Verschmutzungen mit Scheuerpulver, Kalk mit Kalklöser (Vorsicht, ätzend) oder heißem Essigwasser entfernen.
Holzböden (Dielen für Treppen, Dachboden usw. in alten Häusern)	zur Reinigung: wie Steinböden zur Pflege: Wachs, Wolllappen, Bohner	wischen, gut trocknen lassen; bei gründlicher Reinigung schrubben, nachwischen. bei Bedarf wachsen, polieren.
Parkett (versiegelt; für Wohn- und Schlafräume)	zur Reinigung: wie Steinböden, Wasser lauwarm zur Pflege: Spezialpflegemittel für Parkett, weiches Tuch	feucht wischen von Zeit zu Zeit Pflegemittel dünn auftragen, polieren.
Kunststoffböden (PVC)	zur Reinigung: wie Steinböden, Speziallöser für alte Glanzschichten zur Pflege: Spezialmittel tur Kunststoffböden	feucht wischen; bei gründlicher Reinigung Spezialreiniger anwenden bei Bedarf mit Spezialpflegemittel behandeln, Gebrauchsanweisung beachten.

Um die Reinigungs- und Pflegearbeiten von Fußböden in einem Haushalt zu vereinfachen, sollten möglichst wenige Arten von Bodenbelägen verlegt werden. Daneben gibt es einige *einfache Maßnahmen,* die die Bodenpflege erleichtern:

- Schuhe abstreifen, bei nassem Wetter wechseln.
- Vor vielbegangene Räume Abstreifer legen.

- Vielbegangene Räume mit rutschfesten Läufern ausstatten.
- Flecken sofort entfernen, Nässe auftrocknen.

Behandlung von Polstern und Teppichen

Die Teppichindustrie und das Reinigungsgewerbe haben sich in Deutschland auf vier Begriffe für das Reinigen geeinigt: Entstauben, Entflecken, Shampoonieren und Grundreinigung.

Entstauben

Das Entstauben von Teppichen und Polstern kann durch Bürsten, Klopfen und Staubsaugen erfolgen.

Bürsten

Bürsten – Kleine Teppiche und Läufer werden des öfteren ausgeschüttelt. Sinnvoll ist es, sie anschließend abzubürsten, um Schmutzteilchen, die noch an der Oberfläche haften, vollends zu entfernen. Durch das Bürsten wird der Teppichflor aufgerichtet, wodurch er gepflegt aussieht. Polster werden gebürstet, um Krümel und andere gröbere Verschmutzungen zu entfernen.
Als *Hilfsmittel* dient eine Bürste, deren Borsten weder zu hart noch zu weich sein sollen. Günstig ist eine Stielbürste, die in ruhigen, gleichmäßigen Bewegungen über Polster und Teppiche strichförmig geführt wird.

Teppichkehren

Teppichkehren – Der Teppich- oder Krümelkehrer ermöglicht eine rasche und leichte Zwischenreinigung bzw. Entfernung von locker auf der Teppichoberfläche liegendem Schmutz. Das Eintreten aufliegender Schmutzteilchen in den Flor kann dadurch vermieden werden. Das Handgerät wird durch Hin- und Herschieben betätigt, wobei Bürstenrollen den Schmutz aufnehmen und in einem Auffangbehälter sammeln.

Klopfen

Klopfen – Um den Schmutz aus tieferen Gewebeschichten herauszuschlagen, können Polster und Teppiche geklopft werden. Diese Arbeit sollte stets im Freien (Balkon, Garten) verrichtet werden.
Hilfsmittel sind Teppichklopfer, Teppichstange und Bürste. Polster werden nach dem Klopfen abgebürstet. Teppiche werden umgekehrt auf die Teppichstange gehängt, so daß die Teppichunterseite geklopft wird und der Schmutz nach »oben« aus dem Teppichflor herausgeschlagen wird. Man klopft strichweise auf dem Teppich hin und her. Abschließend wird der Teppich abgebürstet.

Klopfsaugbürster

Klopfsaugbürster sind elektrische Geräte, die das Teppichklopfen übernehmen. Sie haben meist eine Bürstenreihe und eine Hartleiste. Lose verlegte Teppiche werden durch die Saugkraft des Gerätes leicht angehoben und mit der Hartleiste geklopft; durch die Bürste wird der Schmutz entfernt und der Flor aufgerichtet. Bei festverklebten Teppichen kommt die Klopfwirkung nicht zustande.

Staubsaugen

Staubsaugen – Die übliche Trockenreinigung im Haushalt ist das Staubsaugen. Staubsauger dienen nicht allein zum Saugen von Polstern und Teppichen, sondern können auch zur Reinigung von nichttextilen Bodenbelägen oder von Möbeln verwendet werden.
Wir unterscheiden *Hand- und Bodenstaubsauger.*

Die Wahl zwischen Hand- oder Bodenstaubsauger ist von den Gegebenheiten abhängig. Für Teppichflächen bis etwa 20 m^2 oder als Zweitgerät kann ein Handstaubsauger dienen. Er hat eine geringere Saugleistung, kleinere Filter, kleinere Düsen, dadurch geringere Arbeitsgeschwindigkeit. Für manche Arbeiten ist er nicht so handlich, da das ganze Gerät ständig bewegt werden muß und dadurch der Kraftaufwand für das Staubsaugen erhöht wird.

Links: Handstaubsauger
Mitte: Bodenstaubsauger
Rechts: Bürstsauger

Arbeitsweise

Grundsätze für die Arbeit mit dem Staubsauger

- Zimmer aufräumen; abstauben, wobei Krümel herunterfallen dürfen.
- Jeder Raum sollte systematisch durchgesaugt werden, d. h. man arbeitet aus einer Zimmerecke heraus zur Türe hin.
- Die Saugdüse wird strichförmig und in ruhigen Bewegungen über den Teppich geführt.
- Der Staubbeutel muß von Zeit zu Zeit entleert werden, um ein gutes Arbeitsergebnis zu gewährleisten.
- Zum Absaugen von Polstern werden spezielle kleine Düsen verwendet, die zum Zubehör der Geräte gehören.

Aufbewahrung

Der Staubsauger sollte griffbereit aufbewahrt werden. Günstig ist dies im Besenschrank. Der Saugschlauch sollte über den Schlauchhalter gehängt werden.

Fleckentfernung

Entflecken und Shampoonieren – Beim Entflecken handelt es sich um die Entfernung von Flecken oder Verfärbungen. Über *spezielle Fleckentfernung* informiert eine Tabelle im Abschnitt über Kleiderpflege (Seite 228).

Shampoonieren

Shampoonieren umfaßt die mechanische Entstaubung und die Bearbeitung des Flors mit dem Schaum eines geeigneten Teppichreinigungsmittels, ohne daß dabei der Teppichgrund angefeuchtet wird. Anschließend muß der Teppich durch Absaugen von überschüssigem Schaum und Feuchtigkeit befreit werden.

Trockenschaum soll stets genau nach Gebrauchsanweisung angewendet werden. Der Trockenschaum kann mit Hilfe einer Spraydose, eines Shamponiergerätes oder eines Zusatzgerätes zum Staubsauger aufgetragen werden. Dabei ist darauf zu achten, daß nur die Teppichoberfläche mit dem Schaum behandelt wird. Wenn Teppiche und Teppichböden durchnäßt werden, ist nämlich damit zu rechnen, daß sie schrumpfen, wellig werden oder Farbveränderungen erleiden. Dieses Verfahren ist zeit- und kraftsparend, jedoch wird nicht immer der erwünschte Reinigungserfolg erzielt. Leicht bleiben Reste des Trockenschaums am Teppich haften und wirken dann schmutzbindend, so daß der Teppich nach der Reinigung mit Trockenschaum immer rascher verschmutzt.

Grundreinigung

Grundreinigung – Diese Teppichbodenwäsche umfaßt das mechanische Entstauben, die Wäsche der Flor- und Rückseite und das anschließende vollständige Ausspülen des Waschmittels. Dem schließen sich das Trocknen sowie das Aufarbeiten an.
Die Grund- oder Vollreinigung von textilen Bodenbelägen ist je nach Beanspruchung gelegentlich notwendig. Sie erfolgt bei beweglichen Teppichen am besten in chemischen Reinigungsanstalten, bei festverlegten textilen Bodenbelägen durch Reinigungstrupps, die mit Spezialmaschinen ausgerüstet sind. Die *Florwäsche* ist bei starker Beanspruchung und Verschmutzung unerläßlich. Der Flor des Teppichs wird dabei bis auf das Grundgewebe völlig gereinigt, das Reinigungsergebnis ist gut.

Florwäsche

Reinigung von Fenstern und Türen

Je nach Größe der Wohnung oder des Hauses nimmt das Reinigen von Fenstern und Türen einen beachtlichen Teil der Arbeitszeit in Anspruch. Rationelle Arbeit hilft, Zeit und Kraft zu sparen.

Reinigung von Fenstern – Fenster bestehen aus zweierlei Material, nämlich Glas sowie Holz, Kunststoff oder Metall für die Rahmen. Dies muß bei der Reinigung berücksichtigt werden.

Hilfsmittel

Hilfsmittel für eine gründliche Reinigung sind
- 2 Eimer mit heißem Wasser, einer mit Zusatz eines Reinigungsmittels, der andere mit einem kräftigen Schuß Spiritus,
- Wischlappen (Haushaltstuch), Gummiabstreifer oder Fensterleder (Fenstertuch); bei sehr großen Scheiben Fensterputzgerät mit langem Stiel,
- Handbesen für Spinnweben,
- Putzwagen (ersatzweise Servierwagen o. ä.),
- bei hohen Fenstern Leiter oder Tritthocker,
- bei empfindlichen Teppichböden Material zum Abdecken (Tücher, Zeitungspapicr).

Arbeitsablauf
- Die Eimer werden auf den Putzwagen gestellt. Man fährt mit dem Putzwagen von einem Fenster zum anderen (Beruhigung des Arbeitsablaufs) und vermeidet häufiges Bücken nach den Eimern oder Wasserränder, falls die Eimer auf Möbeln abgestellt werden.
- Gardinen werden zur Seite gezogen, Spanngardinen entfernt, Fensterbretter abgeräumt, empfindliche Böden abgedeckt.
- Zuerst wird die Innenseite des Fensters geputzt. Man beginnt mit den Rah-

men, die mit Reinigungsmittel und Wischlappen gründlich abgewaschen werden. Gleichzeitig wird die Fensterscheibe mit dem Reinigungsmittel gesäubert. Die Rahmen werden nachgetrocknet, die Scheibe vorgetrocknet.

- Danach wird die Fensterscheibe von innen mit dem Fensterleder, das mit Spirituswasser befeuchtet ist, abgewischt. Das Fensterleder hinterläßt einen dünnen Feuchtigkeitsfilm, der aufgrund der Zugabe von Spiritus besonders rasch verdunstet und das Glas glänzen läßt.
- Mit der Außenseite des Fensters wird ebenso verfahren.
- Schließlich wird das Fensterbrett innen und außen mit Reinigungslösung abgewaschen und trockengewischt.
- Zuletzt können Zierpflanzen und -gegenstände wieder auf das Fensterbrett gestellt werden. Auch sie sollen sauber sein; Zimmerpflanzen können in der Badewanne überbraust werden, Ziergegenstände werden abgestaubt oder abgewischt.

Arbeitsweise

Arbeitsgrundsätze

- Wischen Sie grundsätzlich von oben nach unten, von innen nach außen.
- Führen Sie stets ruhige, gleichmäßige, strichförmige Bewegungen aus, das spart Zeit und Kraft.
- Legen Sie den Wischlappen bzw. das Fensterleder so zusammen, daß eine Ecke entsteht, mit der Sie besonders gut die Ecken der Scheiben reinigen können.
- Putzen Sie nicht unbedingt die Fenster dann, wenn sie von der Sonne beschienen sind. Es entstehen Streifen, weil das Putzwasser zu rasch verdunstet.

Fensterputzmittel

Neuerdings werden für die gründliche Reinigung der Fenster Putzmittel angeboten, die sowohl reinigende als auch glanzerzeugende Stoffe enthalten. Diese werden dem Putzwasser zugesetzt, mit dem Fenster und Rahmen gleichzeitig gesäubert werden. Bei diesem Verfahren ist nur ein Eimer notwendig, was eine Vereinfachung und Erleichterung der Arbeit mit sich bringt.

Zwischenreinigung

Nicht bei jedem Fensterputz ist eine so gründliche Reinigung nötig. Zwischendurch können die Fenster im »Schnellverfahren« gereinigt werden, das vor allem dann notwendig ist, wenn kleine Kinder im Haushalt sind, die »mit den Händen« zum Fenster hinausschauen.

Bei der Zwischenreinigung wird ein Spezialfensterputzmittel sparsam auf die Scheiben gesprüht, die dann mit dem feuchten Fensterleder blank gewischt werden.

Reinigung von Türen – Die Reinigung der Türen hängt vom Material ab, aus dem die Türen hergestellt sind.

Für die Reinigung der Türen gelten die gleichen Arbeitsregeln wie für das Fensterputzen.

Türen/Material	Reinigung/Reinigungsmittel
Glastüren Türen mit Glasfüllungen	Wie Fenster
lackierte Türen Kunststofftüren	milde Reinigungslösung, Haushaltstuch
Holztüren	bei starker Verschmutzung milde Reinigungslösung und Haushaltstuch; Nachbehandlung mit Holzpflegemittel erforderlich. Holzpflegemittel (flüssig oder Spray) und Staubtuch.

Prüfen Sie Ihr Wissen

1. *Nennen Sie die laufenden Pflegearbeiten bei der Raumpflege und erläutern Sie die wichtigen Arbeitsweisen!*
2. *Welche Verfahren ermöglichen eine trockene Bodenreinigung? Was ist bei der Feuchtreinigung zu beachten? Erklären Sie dies anhand von zwei Beispielen!*
3. *Nennen Sie die einzelnen Möglichkeiten der Reinigung textiler Bodenbeläge, die nötigen Hilfsmittel und entsprechende Arbeitsgrundsätze!*
4. *Erproben Sie die angegebenen Arbeitsverfahren zum Fensterputzen in der Praxis und vergleichen Sie kritisch!*
5. *Suchen Sie Verbesserungsmöglichkeiten dieser Verfahren, die die Gegebenheiten des jeweiligen Haushalts berücksichtigen!*

Kapitel 7
Gartenbaulehre

Die Pflanze und ihre Ernährung

»Die dümmsten Bauern haben die größten Kartoffeln« besagt ein deutsches Sprichwort. Jedoch bekommen viele Vorgänge, die wir im Garten beobachten können, Sinn und Beziehung zu unserer Arbeit, wenn wir mehr darüber wissen.

Aufbau der Pflanze

Zellen

Alle Pflanzen, ganz gleich, ob Apfelbaum, Rettich oder Veilchen, bestehen aus gleichen Bausteinen: den *Zellen*. Wurzeln, Triebe, Stengel, Stämme, Blätter, Blüten, Früchte und Samen sind aus ihnen aufgebaut, wobei der Grundbauplan einer pflanzlichen Zelle, besonderen Aufgaben entsprechend, vielfältig abgewandelt sein kann. So unterscheidet sich eine Wurzelhaarzelle von einer Rosenblattzelle, der Grundbauplan ist jedoch gleich.

Zellaufbau

Jede Zelle wird von der *Zellwand* umschlossen, die vorwiegend aus Cellulose besteht. In der Zelle befinden sich das *Zellplasma* (zähflüssige, eiweißhaltige Substanz), der *Zellkern* mit den eingebetteten Chromosomen (Träger der Erbanlagen) und die *Farbstoffträger* (Chlorophyllkörner). Junge pflanzliche Zellen werden von dem Zellplasma völlig ausgefüllt. Bei älteren Zellen liegt das Zellplasma an der Zellwand, wodurch ein Hohlraum entsteht, der mit dem Zellsaft (Wasser mit gelösten Stoffen) gefüllt ist. Zellplasma, Zellkern, *Zellsaftraum* sowie alle anderen Zellteile sind durch *Membranen* abgeteilt. In vielen Pflanzenzellen enthält das Zellplasma u.a. Stärkekörner (z.B. in Kartoffeln), Traubenzucker (z.B. in Weintrauben), Fette bzw. Öle (z.B. in Sonnenblumenkernen), Duftstoffe (z.B. in Rosenblüten).

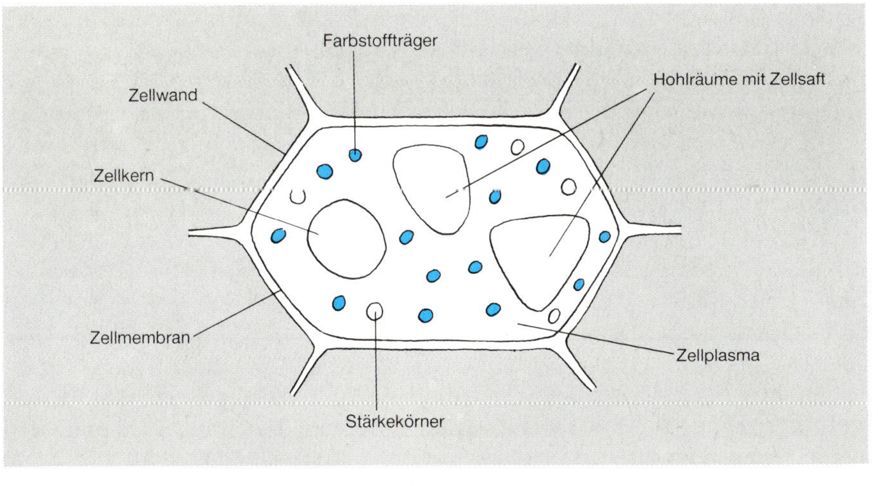

Pflanzliche Zelle

Teile der Pflanze

Wurzeln

Die *Wurzeln* dienen der Aufnahme von Nährstoffen und geben der Pflanze festen Halt im Boden. Sie können sehr verschieden gestaltet sein:

- Flachwurzler entwickeln einen weit verzweigt und flach unter der Oberfläche liegenden Wurzelballen (Getreide),
- Bei Tiefwurzlern wächst die Hauptwurzel in tiefergelegene Bodenschichten (Klee),
- Leguminosen bilden Knöllchen an den Wurzeln, in denen die Knöllchenbakterien leben, die den Luftstickstoff aufnehmen und sammeln,
- als Nährstoffspeicher dient die verdickte Hauptwurzel bei Möhren (gelben Rüben), Sellerie, Kartoffeln usw.

An den Wurzelspitzen entstehen die Wurzelhaare, über die Wasser und die gelösten Nährstoffe aufgenommen werden.

Stengel

Der *Stengel* (Halm, Stamm, Zweig, Ast) trägt Blätter und Blüten bzw. Früchte. In ihm verbindet ein Röhrensystem, das aus speziellen Zellen besteht, die Wurzeln der Pflanze mit ihren Blättern. In diesem Röhrensystem werden Wasser und Nährstoffe transportiert.

Blätter

Die *Blätter* erfüllen drei wichtige Aufgaben. In ihnen verdunstet das Wasser, wodurch die Osmose in Gang kommt. Den Wasserdampf geben sie über Spaltöffnungen auf der Blattunterseite an die Atmosphäre ab. Vorwiegend in den Blättern befindet sich das Blattgrün (Chlorophyll), das für die Photosynthese verantwortlich ist (siehe Seite 289/290). Zudem können die Blätter atmen, d.h. sie nehmen Sauerstoff aus der Luft auf, den sie zur Energiegewinnung brauchen.

Blüten

In den *Blüten* liegen die Samenanlagen, die der Erhaltung der Art dienen. Nach der Blütengestalt haben große Pflanzenfamilien ihre Namen bekommen: Schmetterlingsblütler, Lippen-, Korb-, Kreuzblütler usw. Oft sind die Blüten zu Blütenständen, wie Ähre, Dolde, Traube, Korb zusammengefaßt. Farbige, duftende Blüten locken Insekten, z.B. Bienen, Schmetterlinge, Fliegen an, welche die Blüte befruchten. Andere Blüten sind so gestaltet, daß ihre Pollen mit Hilfe des Windes übertragen werden (Windbestäubung beim Getreide).

Befruchtung

Sind die Pollen aus den Staubblättern eines Blütenstandes auf den Stempel (Narbe) einer anderen Blüte durch Wind oder ein Insekt übertragen worden, entwickelt das Pollenkorn den Pollenschlauch, der durch den Stempel zu den Eianlagen wächst und diese befruchtet. Sobald die Befruchtung stattgefunden hat, verwelkt die Blüte; sie hat ihre Aufgabe erfüllt. Aus den befruchteten Eianlagen entwickeln sich die Früchte, in denen die Samen liegen: Kerne in Apfel, Hagebutte, Gurke, Tomate.

Lebensvorgänge in der Pflanze

Verdunstung

In den Blättern einer Pflanze verdunsten etwa 98% der Wassermenge, die die Pflanze aufgenommen hat. Dadurch schützt sich die Pflanze bei starker Sonneneinstrahlung vor Verbrennung, denn beim Verdunsten entzieht das Wasser seiner Umgebung Wärme, kühlt also die Umgebung ab. Je trockener und wärmer die Umgebung ist, desto mehr Wasserdampf gibt die Pflanze ab.

Über die Wurzeln wird Wasser aufgenommen. Es muß gegen die Wirkung der Schwerkraft hochsteigen. Der Wassertransport erfolgt in den Röhrenzellen des Stengels und der Blattadern. Da über die Blätter viel Wasser verdunstet, erhöht sich im Zellsaftraum die Konzentration der gelösten Stoffe; dies bewirkt, daß aus der benachbarten, wasserreichen Zelle über die Zellmembran hinweg Wasser angesaugt wird. Dieses Ansaugen setzt sich von Zelle zu Zelle fort. Der Vorgang heißt *Osmose*.

Osmose

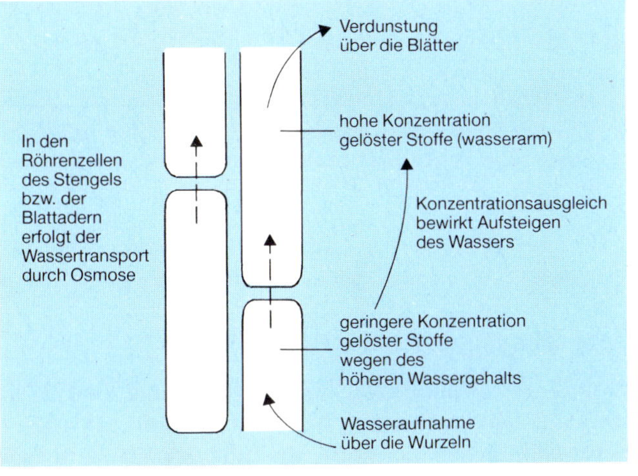

Schematische Darstellung der Osmose

Mit dem Wasser werden gelöste Nährstoffe aus dem Boden aufgenommen und dorthin transportiert, wo sie die Pflanze in ihrem »Körper« braucht, z. B. zu wachsenden Blättern und Blüten.

Nährstoffaufnahme

Grüne Pflanzen nehmen aus der Luft Kohlendioxid (CO_2) und über die Wurzeln Wasser (H_2O) auf. Aus diesen organischen, energiearmen Stoffen wird mit Hilfe des Blattgrüns und des Sonnenlichts Traubenzucker aufgebaut. Dabei entsteht Sauerstoff (O_2), den die Pflanze an die Atmosphäre abgibt. Den Traubenzucker kann sie weiterverarbeiten zu anderen Kohlenhydraten, z. B. Stärke und Cellulose, zu Fetten und zu Eiweißstoffen.

Sauerstoffabgabe

Dieser Vorgang der Nährstoffbildung aus anorganischen Stoffen und der Sauerstoffabgabe wird als *Assimilation* oder *Photosynthese* (siehe Abb. Seite 290) bezeichnet. Er ist eines der größten Wunder des Lebens überhaupt, weil die grüne Pflanze anorganische, leblose Stoffe in lebendige, organische Substanz verwandelt. Er stellt die Grundlage des Pflanzenwachstums und damit allen Lebens auf der Erde dar, denn ohne Pflanzen gibt es keine Nahrung und zu wenig Sauerstoff für Mensch und Tier.

Photosynthese

Bei der *Atmung* nimmt die Pflanze Sauerstoff auf und gibt Kohlendioxid ab. Alle lebenden Pflanzenteile, auch die farblosen, wie Wurzeln und Knollen, atmen. Die Atmung findet immer statt, auch im Dunkeln; sie ist nicht an Sonnenlicht und Blattgrün gebunden. Diesen Sauerstoff braucht die Pflanze für Abbauvorgänge, bei denen sie Energie gewinnt, welche sie ebenso für Lebensvorgänge braucht, wie dies bei Mensch und Tier der Fall ist.

Atmung

Schematische Darstellung der Photosynthese

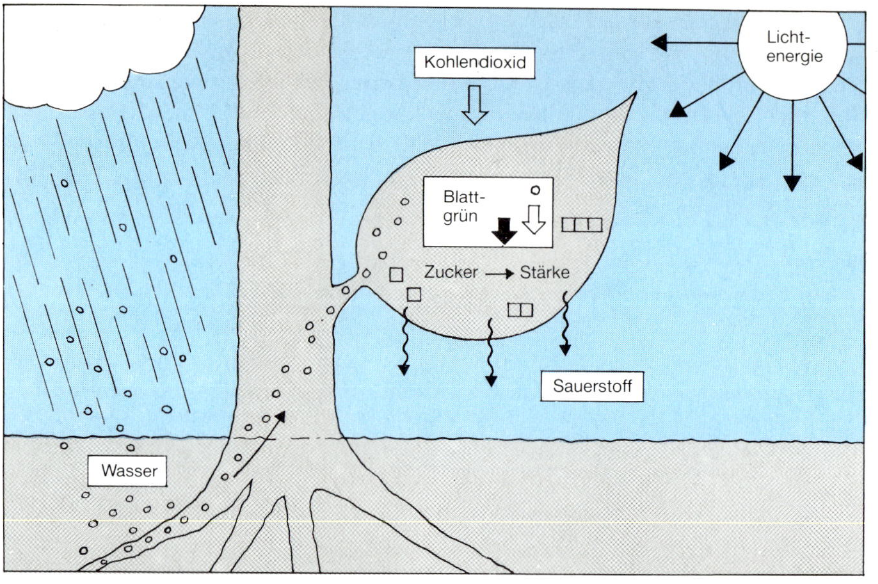

Lebensbedingungen der Pflanze

Grundlage für die Entwicklung einer Pflanze sind der richtige Standort, Nahrung in Form von Wasser, Nährstoffen und Luft sowie Licht und Wärme. Außerdem brauchen viele zur Erhaltung der Art die Befruchtung durch Insekten oder Wind.
Grundsätzlich gilt, daß sich das Wachstum der Pflanze immer nach dem Faktor richtet, der im Minimum vorhanden ist.

Das Gedeihen der Pflanze hängt ab von demjenigen Hauptnährstoff, der ihr in geringster Menge zur Verfügung steht.

Gesetz vom Minimum

Dieses *Gesetz vom Minimum,* das *Justus von Liebig* formuliert hat, wird im engeren Sinne auf die Versorgung einer Pflanze mit chemischen Elementen, den Nährstoffen, angewendet. Der Pflanzenfreund wird dieses Gesetz jedoch erweitern und die Lebensbedingungen der Pflanze mit einbeziehen. Wird z. B. eine Zimmerpflanze optimal mit Wasser, Nährstoffen, Luft und Wärme versorgt, bekommt aber zu wenig Licht, so kann sie sich nicht kräftig entwickeln.

Standort

Der *Standort* ist eine wichtige Lebensbedingung für die Pflanze. Dies wird deutlich, wenn z. B. eine Hochgebirgspflanze, wie der Enzian, in einen küstennahen Vorgarten verpflanzt wird. Der Enzian wird sich dieser Umgebung mit der veränderten Höhenlage, anderen Lichtverhältnissen, vielleicht Sandboden und Salzgehalt nicht anpassen können und verkümmern. Ebensowenig Erfolg wird man haben, wenn Pfirsichbäumchen im Hochgebirge angepflanzt werden. Die Standortbedingungen sind Klima, Niederschläge, Sonneneinstrahlung, Schatten, Höhenlage, Bodenverhältnisse (siehe Seite 293), Nachbarschaft anderer Pflanzen, Insekten usw.

Nährstoffversorgung

Die Versorgung der Pflanzen mit *Nährstoffen* ist gerade im Hausgarten von besonderer Bedeutung. Durch die intensive Nutzung des Bodens werden diesem

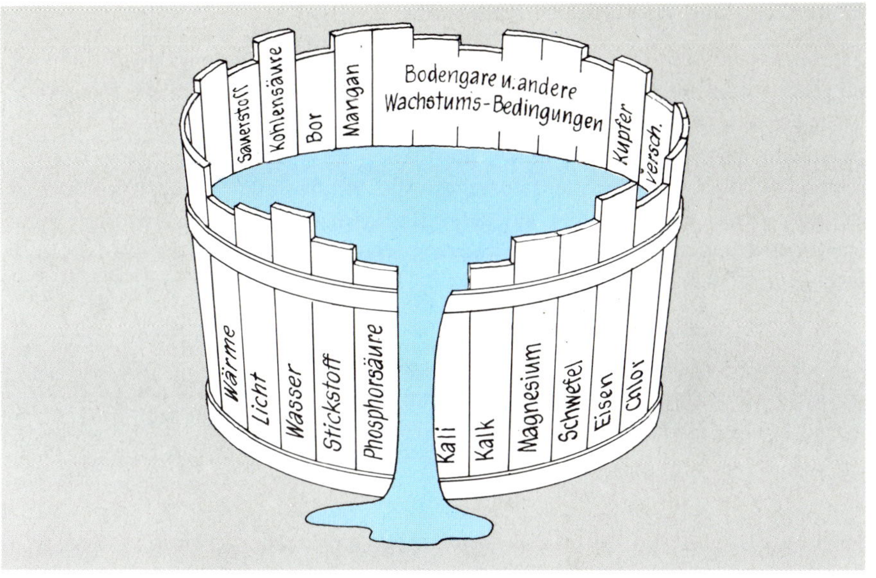

Schematische Darstellung des Minimumgesetzes

in jeder Wachstumsperiode so viele Nährstoffe entzogen, daß nachfolgende Kulturen unter Nährstoffmangel leiden würden, wenn dieses Defizit nicht durch entsprechende Düngemaßnahmen ausgeglichen würde (siehe Seite 297).

Wasser

Wasser ist für die Pflanze Baustoff (Gemüse hat einen Wassergehalt von etwa 80–95%!) und Transportmittel für die Nährstoffe. Die Wassermenge, die eine Pflanze braucht, wird neben der Pflanzenart von der Bodenbeschaffenheit und der Witterung mitbestimmt.

Luft

Luft ist ein Gasgemisch. Den Sauerstoff benötigt die Pflanze zum Atmen wie Mensch und Tier. Den Stickstoff können Pflanzen mit Ausnahme der Knöllchenbakterienträger nicht nutzen. Jedoch ist ohne Kohlendioxid kein Pflanzenwachstum denkbar, denn das braucht die Pflanze zur Photosynthese. Daß ein großes Problem für das Pflanzenwachstum »in der Luft« liegt, zeigt das Kümmern unserer Wälder, die unter der Schadstoffüberlastung leiden.

Licht

Alle Pflanzen wachsen dem *Licht* entgegen. Das Licht ermöglicht die Photosynthese, bei der aus leblosen Elementen körpereigene Stoffe gebildet werden. Je nach Herkunft haben die Pflanzen unterschiedliche Lichtbedürfnisse. Deshalb ist bei der Pflanzenwahl für Garten, Zimmer oder Balkon der schattige, halbschattige oder sonnige Standort zu beachten.

Wärme

Eng mit dem Sonnenlicht gekoppelt ist die *Wärme*, die einer Pflanze zugeführt wird. Das Wärmebedürfnis der einzelnen Pflanzenarten ist sehr unterschiedlich. So vertragen Kohlarten kühlere Witterung recht gut und nehmen bei leichten Nachtfrösten keinen Schaden, während Gurken bereits bei Temperaturen unter +10 °C zu kränkeln beginnen. Steigt die Temperatur zu hoch an, »verbrennen« die Pflanzen. Dies kommt bei Kulturen unter Glas, z. B. im Frühbeet, immer wieder vor, wenn das Lüften vergessen wurde.

Bedeutung und Wirkung der Nährstoffe

Pflanzenwachstum und versickernde Niederschläge entziehen dem Boden alljährlich große Nährsalzmengen. Deshalb muß durch Düngung die Fruchtbarkeit des Bodens wieder hergestellt werden.

Nährstoffe

Zunächst muß man die *Nährstoffe,* die die Pflanze zum Wachstum braucht, kennen, damit die Düngung auf diese Bedürfnisse abgestimmt werden kann. Folgende Elemente sind für die Pflanze lebensnotwendig, und sie braucht diese in größeren Mengen:

C	Kohlenstoff	K	Kalium
O	Sauerstoff	P	Phosphor
H	Wasserstoff	Ca	Calcium
N	Stickstoff	Mg	Magnesium

Spurenelemente

Weitere Elemente sind für die Pflanze lebensnotwendig, sie braucht diese aber nur in sehr geringen Mengen. Die *Spurenelemente* sind: Schwefel, Natrium, Silicium, Eisen, Bor, Kupfer, Mangan, Molybdän, Zink, Aluminium. Fehlen diese Stoffe im Boden, treten Mangelkrankheiten auf.

Kohlenstoff
Sauerstoff
Wasserstoff

Kohlenstoff, Sauerstoff und Wasserstoff, aus denen die Pflanze hauptsächlich besteht, entnimmt sie dem Kohlendioxid, das über die Blätter aufgenommen wird, und dem Wasser, das sie dem Boden entzieht. Diese Elemente verarbeitet sie bei der Photosynthese zu Traubenzucker, der nach Bedarf zu verschiedenen organischen Stoffen weiterverarbeitet wird, z. B. zu Stärke als Vorratsstoff oder zu Cellulose als Baustoff für Zellwände.

Alle Lebensvorgänge sind an Eiweiß gebunden, denn alle Enzyme, welche die Lebensvorgänge bewirken, sind Eiweißstoffe. Zu ihrem Aufbau sind neben C, O und H vor allem Stickstoff, aber auch Schwefel und Phosphor nötig.

Stickstoff

Stickstoff fördert das Blatt- und Triebwachstum. Stickstoffmangel bewirkt Wachstumsstillstand, die Blätter verfärben sich ungesund hellgrün. Überdüngung führt zu starken, dunkelgrünen Blättern, die Pflanzen werden ebenfalls anfällig gegen Krankheiten. Stickstoff muß gezielt gegeben werden.

Phosphor

Phosphor fördert die Blühwilligkeit der Pflanzen, ist wesentlich an der Frucht- und Samenbildung beteiligt und wirkt sich günstig auf die Reife aus. Mangelerscheinungen sind äußerlich schwer erkennbar.

Kalium

Kalium unterstützt die Bildung kräftiger Zellwände, starker Stengel und Stämme. Ausreichende Versorgung mit Kalium fördert die Widerstandsfähigkeit gegen Krankheiten und Frost und verbessert die Lagerfähigkeit. Kaliummangel verzögert das Wachstum, die Blattränder werden bräunlich und trocknen ein.

Magnesium

Magnesium ist Bestandteil des Blattgrüns (Chlorophyll) und damit lebenswichtig für die Pflanze. Ohne Chlorophyll wäre die Photosynthese nicht möglich.

Calcium

Calicumverbindungen (Kalk) sind bedeutsam für die Bodenverbesserung. Kalk neutralisiert überschüssige Säuren, trägt zur Humusbildung bei und schließt schwer aufnehmbare Nährsalze auf.

Spurenelemente werden von der Pflanze nur in geringsten Mengen benötigt, dürfen aber nicht fehlen. Die im Hausgarten in der Regel verwendeten Volldünger enthalten alle wichtigen Spurenelemente. Außerdem beugen die Anwendung organischer Dünger und der Fruchtwechsel einem Mangel vor.

Prüfen Sie Ihr Wissen

1. Erklären Sie den Aufbau einer pflanzlichen Zelle!
2. Nennen Sie die Teile einer Pflanze und erläutern Sie deren Aufgaben!
3. Welcher Zusammenhang besteht zwischen dem Minimumgesetz und den Lebensbedingungen der Pflanze?
4. Welche Nährstoffe sind für die Pflanze besonders wichtig?

Der Boden und seine Bearbeitung

Die Pflanze braucht den Boden, um darin Halt, Nährstoffe und Wasser zu finden. Von der Bodenqualität hängt entscheidend der erfolgreiche Pflanzenanbau ab. Der größte Teil aller Maßnahmen im Garten zielt darauf ab, die Bodenqualität zu verbessern.

Eigenschaften eines fruchtbaren Gartenbodens

Bodenarten

Die *Bodenart* ist landschaftsgebunden und wird durch entsprechende Beimischungen verändert. Die folgende Übersicht zeigt den Zusammenhang zwischen Bodenart und Nährstoffgehalt auf.

Bodenart	Nährstoffgehalt	Erläuterung
Sand	nährstoffarm	Reiner Sand ist unfruchtbar. Sand als Bodenbestandteil macht den Boden locker, luftdurchlässig und gut durchwurzelbar.
Ton	nährstoffreich	Die Bodenteilchen sind sehr klein, kleben aneinander → zäher Boden, schwer zu bearbeiten.
Lehm	nährstoffreich	Lehm ist ein Gemenge aus Sand und Ton, ist gut zu bearbeiten und für fast alle Kulturpflanzen geeignet.
Humus	nährstoffarm sauer	Reine Humusböden (z. B. Moorböden) sind sauer, ihr Nährstoffgehalt ist vielen Pflanzen nicht in ausreichender Menge verfügbar.
	nährstoffreich	Humusreiche Böden, wie Schwarz- und Braunerden, sind locker, nährstoffreich und leicht zu bearbeiten.

Dieser Überblick zeigt, daß eine Bodenart in reiner Form selten günstig für einen Garten ist. Bodenverbesserung kann erreicht werden, wenn der Bodenart entsprechend beispielsweise Sand, Humus, Kalk, Torf, Mist, Kompost oder Schaumstoffflocken eingearbeitet werden.

Nährstoffgehalt

Der *Nährstoffgehalt* des Bodens wird durch Düngemaßnahmen verbessert. Die wichtigsten Nährstoffe Stickstoff, Phosphor, Kalium und Kalk werden mit Volldüngern gegeben, weil sie entsprechend den Bedürfnissen der Pflanze alljährlich dem Boden in besonders großer Menge entzogen werden.

Als Nebenbestandteile sind in Volldüngern Spurenelemente enthalten, die die Pflanze zwar nur in geringen Mengen, aber unbedingt braucht.

Wasserhaushalt

Ohne Wasser ist der Boden tot. Da Niederschläge unregelmäßig fallen, muß der Boden das Wasser für die Pflanzen speichern. Die Menge des Wassers, das den Pflanzen zur Verfügung steht, ist von der *Wasserhaltefähigkeit* des Bodens abhängig. Diese wiederum hängt eng mit dem Poren- und Hohlraumgehalt des Bodens zusammen. Grobe Bodenteilchen bilden relativ große Hohlräume, in denen sich das Wasser schlecht halten kann. Es ist in ihnen leicht beweglich und sickert schnell ab (Sandböden). Je feiner die Bodenteilchen sind, z. B. in ton- und humusreichen Böden, desto feiner sind die Hohlräume (Kapillaren) zwischen den Bodenteilchen. In diesen haftet das Wasser aufgrund der Anhängekräfte (Adhäsion) gut und versickert langsamer. – Andererseits steigt das Wasser wegen des Verdunstungssogs besonders gut durch die Kapillaren nach oben. Dieser Sog kann so stark sein, daß sogar Wasser aus Bodenschichten, die unterhalb der Bewurzelungszone liegen, auf diese Weise an die Oberfläche gelangt und verdunstet.
Im Garten sind weder das rasche Versickern noch die übermäßige Verdunstung des Wassers erwünscht. Das Versickern wird durch Beigabe feiner Bodenteilchen, z. B. Humus, vermindert. Das Verdunsten kann durch flache Bodenlockerung, bei der die Kapillaren unterbrochen werden, oder durch Bodenbedekkung (Mulchen) gehemmt werden.

Folgende Maßnahmen dienen der Erhaltung einer guten Bodenfeuchtigkeit im Garten:

- Windschutz (Hecken, Sträucher),
- Umgraben bzw. Pflügen,
- flache Bodenbearbeitung,
- Mulchen,
- Bewässerung bzw. möglicherweise Entwässerung.

Bodenluft

In allen Hohlräumen, die nicht von Wasser ausgefüllt sind, befindet sich *Luft*. Alle Lebewesen (Tiere, Bakterien, Pflanzen) im Boden brauchen diese Luft zum Atmen. Die Bodenluft enthält weniger Sauerstoff und mehr Kohlendioxid als die atmosphärische Luft, wodurch ein Gasaustausch zwischen Boden und Atmosphäre, die »Bodenatmung«, entsteht. Durch richtig dosiertes Bewässern sowie durch ständiges Lockern des Bodens kann diese Bodenatmung verbessert werden und damit auch die Erwärmbarkeit des Bodens.

Wärmehaushalt

Von dem gesunden Verhältnis zwischen Wasserhaushalt und Bodenluft hängt die *Erwärmbarkeit* des Bodens ab. Die Sonne liefert die Energie. Leichte, durchlässige, stark gekrümelte Böden erwärmen sich leichter als schwere, zähe Böden.

Bodenleben

Fruchtbarer Boden ist keine leblose Masse aus toten Bodenteilchen, Wasser und Luft, sondern er ist belebt von einer ungeheuren Menge verschiedenster Lebewesen: Würmer und Kerbtiere, Pilze und Algen, Bakterien.
Die *Regenwürmer* haben größte Bedeutung. Sie lockern und durchlüften durch ihre Bohrarbeit den Boden, wobei sie dürres Gras, Strohhalme, Laub aufnehmen, verdauen und als Humus ausscheiden.

Bodenbakterien leben vorwiegend in den oberflächennahen Bodenschichten, die genügend Sauerstoff enthalten. In den besten Böden enthält 1 g Erde mehrere hundert Millionen Bakterien! Für den Gärtner sind folgende Bakteriengruppen wichtig:

- Die Verwesungsbakterien, die aus Pflanzenresten, Stroh und anderem organischen Material Humus bilden.
- Weitere abbauende Bakterien, die den Humus zersetzen und dadurch Nährstoffe für die Pflanzen freilegen.
- Stickstoffsammelnde Bakterien, die Stickstoff aus der Luft sammeln und verarbeiten können. Eine spezielle Gruppe davon sind die Knöllchenbakterien, die an den Haarwurzeln der Leguminosen leben und dort kleine knollenartige Verdickungen erzeugen. Sie sammeln Stickstoff aus der Bodenluft und geben ihn in Form von Stickstoffverbindungen an ihre Wirtspflanze sowie den umgebenden Boden ab.

Bodengare

Die *Bodengare* ist der günstigste Zustand des Bodens und deshalb das Ziel aller Bearbeitungsmaßnahmen. Der Boden hat in diesem Zustand das beste Verhältnis zwischen Bodenzusammensetzung, Wasserhaushalt, Luft- und Wärmehaushalt, Nährstoffgehalt und Bodenleben, welches wiederum ein Merkmal für einen guten Gartenboden ist. Gute *Krümelbildung* zeugt von guter Bodengare. Der Tritt des Fußes wird von einem garen Boden elastisch und federnd wie von einem dicken Teppich aufgenommen. Die Gare wird erreicht durch überlegte Bodenbearbeitung und Düngung. Sie sollte vom Umgraben über die Saat bis zur Ernte erhalten bleiben. Durch falsche oder mangelnde Bodenbearbeitung wird die Gare beeinträchtigt oder gar zerstört, was sich ungünstig auf Pflanzenwachstum und Ertrag auswirkt.

Maßnahmen zur Bodenverbesserung

Die Fruchtbarkeit des Bodens wird durch die Bodenart, den Nährstoffgehalt, den Wasser- und Luftgehalt sowie die Lebewesen im Boden bestimmt. Vor allem Witterungseinflüsse, aber auch das Wachstum der Pflanzen und deren Ernte beeinflussen die Fruchtbarkeit häufig negativ, so daß der Gärnter verschiedene Maßnahmen (Bodenbearbeitung, Bewässerung, Düngung und Windschutz) ergreift, um die Fruchtbarkeit wieder herzustellen bzw. zu erhalten.

Bodenbearbeitung

Grundlage der Bodenbearbeitung im Hausgarten ist das *Umgraben*. Dabei wird mit dem Spaten oder der Grabgabel in den Boden eingestochen. Auf diese Weise wird der Boden tief gelockert. Das Umgraben sollte im Herbst erfolgen, weil der Frost die Bodenlockerung und Krümelbildung erheblich unterstützt und das Umgraben im Frühjahr zu unerwünschten Wasserverlusten führen würde. Vom Frühjahr bis in den Herbst hinein wird der Boden des öfteren oberflächlich bearbeitet, um Verkrustungen, die durch Regen oder Gießen entstehen, zu zerstören. Das *Lockern der Oberfläche* erfolgt auf herkömmliche Art mit der Hacke. Kultivator, Bodenlüfter, Ziehhacke und Wellenjäter sind moderne Geräte, die denselben Zweck erfüllen. Diese oberflächliche Lockerung des Bodens hat weitere wichtige Auswirkungen:

Oberflächenlockerung

- Die Kapillaren werden an der Bodenoberfläche zerstört, wodurch der Verdunstungssog unterbrochen wird.

- Die Durchlüftung wird erleichtert, Sauerstoff kann in den Wurzelbereich eindringen.
- Keimende Unkräuter werden erfaßt und bekämpft.

Bewässerung

In Trockenperioden während der Wachstumsphase muß *bewässert* werden. Um das Verschlämmen des Bodens zu vermeiden, sollte das Wasser fein verteilt ausgebracht werden. Hierzu eignen sich Gießkannen mit Brause oder Regner. Abgestandenes Wasser aus einem Wasserbecken ist kaltem Leitungswasser vorzuziehen. Beim Beregnen erwärmt sich das Wasser in der Luft und reichert sich mit Sauerstoff an.
Im Frühjahr und Herbst wird am besten vormittags gegossen, damit die Pflanzen bis zum Abend getrocknet sind. Im Sommer wird am Abend gegossen, bei Bedarf auch am Morgen. Gründliches, durchdringendes Gießen ist besser als häufiges leichtes Übersprühen. Frisch in den Boden gebrachte Pflanzen werden mit der Gießkanne kräftig angegossen. Dadurch werden die feinen Bodenteilchen an die Wurzeln geschwemmt, und die Pflanzen können bald anwurzeln.

Mulchen

Durch *Mulchen* kann das mühsame und zeitraubende Gießen und Hacken vermindert werden. Mit dem Mulchmaterial wird der Boden zwischen den Pflanzen abgedeckt. Hierzu eignen sich organische Stoffe wie Heu, Stroh, Laub, gehäckselte Rinde, die evtl. später in den Boden als Dünge- und Lockerungsmittel eingearbeitet werden. Der Handel bietet heute keimreduziertes, organisches Mulchmaterial an oder Mulchfolien, die am Ende der Wachstumsperiode entfernt werden müssen.
Vor allem bei Beerensträuchern, Ziersträuchern, Rosen, Tomaten, Sellerie, Erdbeeren hat sich das Mulchen bewährt. Der Boden bleibt unter dem Mulchmaterial locker und feucht, und Kleinlebewesen, vor allem Regenwürmer, fühlen sich wohl. Auch die Unkrautbekämpfung wird durch Mulchen vereinfacht.

Strohmulch in einem Erdbeerbeet

Durch *organische Dünger,* wie Kompost, Stallmist oder Torf, wird der Boden vor allem mit Humus angereichert. Diese Stoffe verbessern die Bodengare. Mit *mineralischen Düngern* kann dem speziellen Nährstoffbedarf einer Pflanzenart gezielt Rechnung getragen werden.

Arten	Bestandteile und Wirkung	Anwendung
Kompost	hoher Humusgehalt, reichlich Nährstoffe und intensives Bodenleben.	wird aus organischen Abfällen gewonnen; Verwendung als Humusdünger, im Saat- und Frühbeet, bei Anlage von Dauerkulturen und für Topfpflanzen.
Stallmist	wird rasch abgebaut. Regelmäßig angewendet bringt er nachhaltige Bodenverbesserung.	sollte **nur** als verrotteter Mist im Herbst auf den Boden gebracht und mit umgegraben werden.
Jauche	stickstoffreich; kann zu N-Überangebot und geilem Wachstum führen.	sollte auf den Komposthaufen gegeben und mit dem Kompost dem Gartenboden zugeführt werden.
Brennessel-jauche	reich an Kieselsäure, kräftigt die Pflanzen; wehrt Schadinsekten ab.	1 kg Brennessel auf 10 l Wasser etwa 1 Woche stehen lassen. In etwa 20-facher Verdünnung ausbringen.
Mineralischer Volldünger	Stickstoff, Phosphor, Kali; evtl. Kalk, Spurenelemente (»Blaukorn«). Enthält alle wichtigen Nährstoffe in günstiger Zusammensetzung und konzentrierter Form. Er ist sofort für die Pflanzen verfügbar. Gefahr der Überdüngung ist gegeben.	wird in der Regel im Hausgarten angewendet. Gesamtdüngermenge wird entsprechend dem Packungshinweis errechnet und aufgeteilt in Grunddüngung, die zu Beginn der Kultur auf den Boden gestreut wird, und Kopfdüngung, die um die einzelne Pflanze verteilt und durch kräftiges Gießen in den Wurzelbereich gebracht wird.
Organisch-mineralischer Volldünger	sind Horn-, Knochen-, Blutmehl, Mischprodukte hieraus, evtl. mit mineralischen Düngern angereichert. Sie enthalten die Nährstoffe weniger konzentriert, wirken langsam und nachhaltig. Geringere Gefahr der Überdüngung.	bei der Grunddüngung wird eine höhere Menge gegeben, weil diese Dünger langsam aufgeschlossen werden. Die Nährstoffe werden kaum ausgewaschen.
Mineralische Einzeldünger	enthalten einen bestimmten Nährstoff besonders reichlich: – Stickstoffdünger – Phosphatdünger – Kalidünger – Kalkdünger	wichtig in der Landwirtschaft. Ihre Anwendung im Hausgarten ist wegen der kleinen Flächen und den unterschiedlichen Bedürfnissen der Pflanzen schwierig.

Merke:

- Kompost reichert den Boden vor allem mit Humus an, er ist zu jeder Jahreszeit und für jede Kultur brauchbar.
- Stallmist reichert den Boden mit Nährstoffen an und wird zu Humus abgebaut. Er ist möglichst gut verrottet im Herbst in den Gartenboden zu bringen.
- Jauche sollte niemals direkt im Hausgarten verwendet werden.
- Die beste Ausnützung und Wirkung von Stallmist und Jauche erfolgt über die Kompostbereitung.
- Mineralische Volldünger sind für den Garten gut geeignet.
- Frisch gesetzte Pflanzen werden erst nach dem Anwachsen gedüngt.
- Mineralische Dünger werden in der Originalverpackung trocken und für Kinder unerreichbar aufbewahrt!
- Beim Ausbringen von Düngern ist auf Wunden zu achten; evtl. Schutzhandschuhe tragen!

Allgemein sollte ein Hausgarten vor kalten, scharfen Nord- und Nordostwinden geschützt sein. Dies bringt vor allem im Frühjahr zu Beginn der Wachstumsperiode Vorteile, weil das Erdreich besser aufgewärmt wird.

Windschutz

Neben der kälteabweisenden Wirkung bringt ein *Windschutz* vermehrte Luftruhe in den Wachstumsbereich. Diese verhindert das schnelle Entweichen des Kohlendioxids, das aus dem Boden aufgrund der »Bodenatmung« aufsteigt. Das CO_2 verweilt zwischen den Pflanzen, kann über die Spaltöffnungen der Blätter aufgenommen und bei der Photosynthese verarbeitet werden. Es dient also unmittelbar dem Pflanzenwachstum. Außerdem verhindert ein Windschutz das Forttragen fruchtbarer Feinerde und unerwünschtes Austrocknen des Bodens.
Wurde der Windschutz nicht ohnedies durch die Anlage des Gartens an der Südseite eines Hauses berücksichtigt, so kann durch sinnvolle Gartengestaltung das Kleinklima verbessert werden. Gut gestaffelte Gehölzgruppen und Staudenpflanzungen, evtl. Hecken, kleine Spaliere, z. B. mit Kapuzinerkresse, Sonnenblumen, Stangenbohnen oder Mais, tragen zum Schutz empfindlicher Kulturen bei.

Prüfen Sie Ihr Wissen

1. Welche Eigenschaften hat ein guter Gartenboden?
2. Mit welchen Maßnahmen ist eine Bodenverbesserung zu erreichen?
3. Was versteht man unter Mulchen?
4. Warum ist Windschutz sinnvoll?

Der Wohn- und Nutzgarten

Der Garten ist ein Stück Natur, das wir zu unserem Nutzen und zu unserer Freude gestalten können. Sachverstand und Einsatzfreude, Verantwortungsbewußtsein und Einfühlungsvermögen in natürliche Abläufe fordert die Bewirtschaftung eines Gartens dem Menschen ab.

Bedeutung des Wohn- und Nutzgartens

Gesundheitliche Bedeutung

Der Lohn für alle Mühen ist vielfältig. Für viele Menschen ist die Tätigkeit im Garten der beste Ausgleich zur Berufsarbeit. *Körperliche Aktivität* an der frischen Luft, bei Sonnenschein, gelegentlich auch bei Regen und Kälte fördern die Entspannung, das Wohlbefinden und die Gesundheit. Herz und Kreislauf vieler durch den Alltag gehetzter Menschen werden durch Gartenarbeit erholsam entlastet.
Die gesunde *Bereicherung unseres Speisezettels* durch Obst, Gemüse und Kräuter aus dem eigenen Garten ist unbestreitbar. Vollreif geerntete Früchte besitzen alle wertvollen Inhaltsstoffe und ein unübertreffliches Aroma. Außerdem wird eine Familie, die einen Garten besitzt, mehr Obst und Gemüse essen, wenn nicht jeder Kopf Salat, jedes Bund Dill gekauft werden muß.

Wirtschaftliche Bedeutung

Dies weist schon darauf hin, daß ein Garten *wirtschaftliche Vorteile* bringen kann. Wer ein Kräuterbeet und ein paar Beerensträucher besitzt, wird bereits bei geringem Arbeitsaufwand die Haushaltskasse entlasten können. Ein der Familiengröße entsprechender Garten kann bei intensiver Bewirtschaftung so ertragreich sein, daß kaum noch Obst und Gemüse zugekauft werden müssen. Andererseits ist dann der Arbeitsaufwand sehr hoch und kann zu einer drükkenden Last werden. Umfangreiche Vorratswirtschaft muß betrieben und Ferienpläne müssen auf die Erntezeiten abgestimmt werden.

Ideelle Bedeutung

Wollte man einen Garten nur nach seinen finanziellen Vorteilen bewerten, käme man zu einem sehr einseitigen Urteil. Gerade die *ideellen Werte* entschädigen reichlich für aufgewandte Mühen. So hat der Hobbygärtner kaum Freizeitprobleme, denn in seinem Garten wird er immer Betätigung finden, die ihm Freude bereitet und wegen ihrer Vielfalt nicht langweilig ist. Selbst monotone Arbeiten, wie das Unkrautzupfen, bringen innere Ruhe und Entspannung, wenn man eine gelassene Einstellung zu dieser Arbeit findet. Die Sorge um das Gedeihen der Kulturen, die enge Verbundenheit mit der Natur durch Wetterbeobachtung, das Sammeln von Erfahrungen im Umgang mit Pflanzen, schließlich das Erfolgserlebnis, wenn die ersten Kartoffeln aus der Erde gegraben werden – dies alles sind Bereicherungen unseres Lebens, die finanziell nicht meßbar sind.
Für *Kinder* ist ein Garten eine besondere Erlebnisquelle, die die Entwicklung eines gesunden Verhältnisses zur Natur fördert. Der Spiel- und Sandplatz bietet ihnen idealen Aufenthalt.

Ökologische Bedeutung

Durch die Vielfalt der Pflanzen, die in einem Hausgarten angebaut werden, kann dieser zu einer ökologischen Zelle werden, in der sich neben den heimischen Pflanzen auch Insekten, Vögel und andere Tiere ansiedeln. In einem solchen Garten kann der Mensch besonders gut die Natur beobachten, sich erholen und Lebenssinn aus der Freude an der natürlich gestalteten Umwelt schöpfen.

Gartengestaltung

Das Bild des Gartens wird von den Bedürfnissen seiner Besitzer geprägt. In unserer Zeit steht der Wunsch nach einem vielgestaltigen und damit erlebnisreichen Garten im Vordergrund, der in der Regel mit möglichst geringem Arbeitsaufwand bewirtschaftet werden soll. Er will mit Überlegung geplant und angelegt sein. Nur dann kann der Garten eine Vielfalt an Blumen, Gemüse und Obst liefern, Erholung bieten und über den Gartenzaun hinaus an der Gestaltung der Umwelt mitwirken.

Lage

Das verfügbare Grundstück bestimmt den Garten durch seine Größe, Hangneigung, Besonnung, den natürlichen Bewuchs und Boden. Eine Gliederung des Gartens ergibt sich in der Regel aus dem Standort des Wohnhauses und evtl. der Nebengebäude (Garage). Die vorteilhafteste Lage des Gartens ist an der Südseite des Hauses. Gesetzliche Vorschriften für die Anlage eines Gartens gehen aus dem Bebauungsplan und dem Grünordnungsplan hervor, über welche die Gemeindeverwaltung Auskunft erteilt.

Vorüberlegungen

Die ersten Überlegungen gelten den natürlichen und baulichen Gegebenheiten:
- Fügt sich der Garten harmonisch in die Umgebung ein?
- Wird der Ausblick gewährleistet?
- Ist Baumbestand vorhanden?
- Tragen Grünflächen Rasen- oder Wiesencharakter?
- Soll sich die Einfriedung unauffällig dem Landschaftsbild anpassen oder ist mit Nachbarn eine gemeinsame Anlage sinnvoll?
- Findet sich in Hausnähe genug Platz, um Blütensträucher, Rosen und Stauden zu pflanzen, die das Haus in das Gartenbild gut einfügen?

Gestaltungsgrundsatz

Pflanzen in ihren vielfältigen Wuchsformen sind die Bausteine des Gartens. Nur wenn ihre *naturgegebene Eigenart* berücksichtigt wird, entsteht ein harmonisches Gartenbild. Aus der freien Natur kann ein Gestaltungsprinzip für den Garten abgeleitet werden:

> Baumzone, Strauch- und Krautzone müssen in einem angemessenen Verhältnis zueinander stehen.

Bei der Gartenplanung ist eine Rangfolge der Wünsche sinnvoll:
- *wichtig:* Größenverhältnis von Wohn- und Nutzgarten, Rasenfläche, Wegeführung, Sitzplatz, Spielbereich, Brunnen;
- *nützlich:* Kräuterbeet in Küchennähe, Obst für das ganze Jahr, Kompostplatz, Frühbeet, Wäschetrockenplatz;
- *angenehm:* Gartendusche, versenkbarer Rasensprenger, Gartenbeleuchtung, Teich usw.

Gartenplan

Der Gartenplan wird im Maßstab 1:100 angefertigt, wobei 1 cm auf dem Plan 1 m in Wirklichkeit entspricht. Detaillierte Pflanzpläne werden nach Bedarf im Maßstab 1:50 oder 1:20 angefertigt. Symbole (siehe Abbildung Seite 301) vereinfachen die Darstellung.

Der Wohngarten

Der Wohngarten verlangt viel Raum und einen robusten Rasen, weil sich hier ein großer Teil des Gartenlebens abspielt. Günstig liegt er an der Westseite des Grundstücks, weil die Abendsonne genutzt werden kann. Ein Sichtschutz, z. B.

Symbole für einen Gartenplan

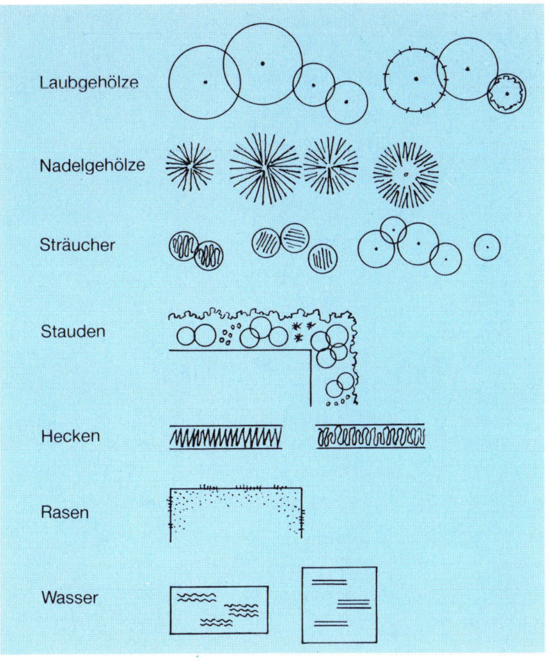

eine Hecke zur Straßenseite hin, hält neugierige Blicke fern und bietet evtl. Wind- und Lärmschutz. Für den *Sitzplatz* gibt es viele individuelle Gestaltungsmöglichkeiten.

Sitzplatz

Die *Rasenfläche* sollte arbeitsextensiv gestaltet werden. Deshalb sollte sie möglichst eben angelegt werden, weil steile Böschungen schwer zu mähen sind. Ungünstig sind einzelne Sträucher oder Pflanzgruppen, die die Rasenfläche unterbrechen, weil um sie aufwendig herumgemäht werden muß. Rasenpflegekanten aus 15 cm breiten Steinen, auf denen ein Rad des Rasenmähers läuft, trennen Rasen und übrige Bepflanzung. Plattenwege werden bodengleich verlegt, damit der Rasenmäher glatt darüberläuft.

Rasen

Ein gepflegter Rasen macht ohnehin noch viel Arbeit, wenn er während der Wachstumsperiode 1–2 mal wöchentlich geschnitten werden muß. Grundsätzlich gilt: je häufiger gemäht wird, desto dichter entwickelt sich die Grasnarbe. Ist die Grünfläche sehr groß, sollte überlegt werden, ob nicht ein Teil davon als *Wiese* (siehe Foto Seite 302) belassen und seltener gemäht wird. Neben der Arbeitsersparnis sprechen folgende Punkte für eine Wiese:

Wiese

- Sie ist schön, weil in ihr Blumen erblühen können.
- Sie ist naturlich und verbessert das ökologische Gleichgewicht.
- Sie ist wegen ihrer Artenvielfalt nicht so anfällig für Krankheiten und Schädlingsbefall wie die Monokulturen.

Der *Spielplatz* für Kinder sollte im Sichtbereich des Hauses liegen. Wichtiger Bestandteil ist ein Sandkasten, der ebenerdig verlegt und mit einer breiten Umrandung versehen wird, damit herausgespielter Sand mühelos wieder hineingekehrt werden kann. Am Spielplatz darf nichts angepflanzt werden, was dornig oder giftig ist; für einen schattenspendenden Busch oder Baum sind die Kinder aber sicher dankbar.

Spielplatz

Blumenwiese mit Salbei, Margeriten, Esparsetten, Klappertopf und Leimkraut

Maßgebend für die Gestaltung eines Wohngartens sind einzelne oder Gruppen größerer Bäume. Dazu gesellen sich Einzelpflanzungen kleinerer Gehölze, Beete und Rabatten, Wege, eine Laube, ein Gartenhaus usw. Stets ist zu berücksichtigen, daß die *Gehölze* in der Regel zuerst klein sind und eine Gartenanlage »leer« aussieht. Nach einigen Jahren aber sind sie so herangewachsen, daß aufgrund anfänglich zu enger Pflanzung Auslichten nötig wird. Grundsätzlich sollte bei allen Planungen der Pflegeaufwand gesehen werden.

Schon diese wenigen Hinweise zeigen, daß es nicht so einfach ist, einen guten Gartenplan zu entwerfen, der die Möglichkeiten künftiger Entwicklung einbezieht. Viele Gartenbesitzer erwarten außerdem, daß ein Wohngarten nur wenig Arbeitsaufwand erfordert. Dies verlangt normalerweise von der Planung her einen Gartengestalter mit Weitblick und praktischer Erfahrung.

Der Nutzgarten

Gemüsegarten

Der Gemüsegarten erfordert einen hohen Pflegeaufwand. Er muß deshalb nach dem Bedarf der Familie angelegt werden, damit der Arbeitsaufwand in Grenzen bleibt und nicht zu viel erzeugt wird. Gemüseland braucht viel Sonne und liegt deshalb günstig an der Südseite des Hauses. Es sollte zusammenhängend, windgeschützt und möglichst unbeschattet sein.

Wege

Der *Hauptweg* mit mindestens 60 cm Breite sollte befestigt sein. Nebenwege werden in Fußlänge oder doppelter Fußbreite, also etwa 30 cm, vom Beet abgetreten. Das Saatbeet ist 120 cm breit. So sind für ein Beet mit Weg 150 cm zu veranschlagen. Die *Wasserstelle,* ein Zapfhahn mit Wassertonne oder Brunnen, sollte möglichst am Hauptweg in Gartenmitte angelegt werden. Daraus ergibt sich eine Zweiteilung des Nutzgartens, die für den Fruchtwechsel hilfreich ist.

Wasser

Die *Beerensträucher* können als Begrenzung und Windschutz für den Nutzgarten dienen. Eine geschlossene Beerenobstanlage bietet ebenfalls Vorteile, weil Pflanzenschutz, Pflegearbeiten und Ernte ungehindert durchgeführt werden können. Dauerkulturen wie Rhabarber und Spargel werden am Rand des Nutzgartens untergebracht.

Beerensträucher

Erdbeeren werden am vorteilhaftesten zweijährig gezogen. Sie sollten möglichst nicht nacheinander auf dieselbe Fläche gepflanzt werden. Deshalb gliedert man sie in die Kulturfolge des Gemüsegartens ein.

Erdbeeren

Obstbäume können anstelle von Zierbäumen zur Gartengestaltung herangezogen werden. Im kleinen Garten und für die Mauerbegrünung sind Hausspaliere und Spindelbüsche geeignet. Werden mehrere Obstbäume einer Art angepflanzt, sollten Sorten mit unterschiedlicher Genußreife ausgewählt werden.

Obstbäume

Kompostbehälter aus Holz

Verrottbare Gartenabfälle werden kompostiert. Dazu ist ein schattiger Platz nötig. Im größeren Garten wird ein *Komposthaufen* angelegt, während im kleineren Garten dem Kompostsilo der Vorzug gegeben wird. Zersetzbare Abfälle werden schichtweise locker aufgebracht; der fertige Haufen wird mit Erde abgedeckt. Feuchtigkeit, Wärme und gute Durchlüftung beschleunigen die Zersetzung. Kompost wird bereits im zweiten Jahr verwendungsreif, wenn er mehrmals umgeschichtet und dabei durchlüftet worden ist. Das erste Umsetzen erfolgt vor der Winterruhe, das zweite im Frühjahr, das dritte im Sommer. Es gibt auch noch Schnell- und Heißkompost. Bei diesen Verfahren sind die Abfälle nach 8 Wochen verrottet. Die Kompostierung hängt entscheidend davon

Kompost

ab, wie stark die Bestandteile zerkleinert sind und wie hoch ihr Holzgehalt ist. Eine Hecke versteckt die Kompostecke. Fachgerechte Pflege schützt vor unangenehmem Geruch.

Gesetze

An der Gartengrenze und bei Pflanzung hochwüchsiger Bäume müssen die berechtigten Interessen des Nachbarn berücksichtigt werden. Man muß die *Rechtsverordnungen* kennen und beachten, um Streitigkeiten mit Nachbarn zu vermeiden. Aber auch bei erlaubten Handlungen ist es vernünftig, den Nachbarn zu informieren und evtl. um Verständnis zu bitten, wenn er sich z. B. durch späteren Schattenwurf gestört fühlen könnte.

- Grenzabstände: Sind von Bundesland zu Bundesland verschieden und können z. B. bei der Gemeindeverwaltung erfragt werden.
- Herüberragende Zweige und Wurzeln kann man bis zur Grenze abschneiden, wenn sie die Nutzung des Grundstücks beeinträchtigen. Vorher muß dem Nachbarn eine angemessene Frist zur Beseitigung gesetzt werden.
- Zumutbare Belästigungen, die der Nachbar dulden muß, sind Schattenwurf, Laubfall, schwacher Geruch des Komposthaufens.

Anbauplan

Neben dem *Gartenplan*, der bei der Neugestaltung angefertigt wird, ist jedes Jahr ein *Anbauplan* zu erstellen. Grundlage dafür sind Erfahrungen des vergangenen Jahres. War z. B. die Ernte von Radieschen knapp, Spinat dagegen viel zu reichlich, so wird dies im Anbauplan berücksichtigt.
Der Anbauplan enthält Informationen über

- Fläche der Hauptkultur,
- Gemüsearten und -sorten,
- Vor-, Zwischen- und Nachkulturen,
- Saat- und Pflanzzeitpunkte,
- Saat- und Pflanzabstände →Bedarf an Saatgut, Jungpflanzen,
- Düngemaßnahmen (Kompost, Stallmist, Grund-, Kopfdüngung).

Der Gemüsegarten wird in Form einzelner Beete aufgezeichnet. Die oben genannten Punkte werden in die »Papierbeete« eingetragen.

Plan für einen herkömmlichen Nutzgarten

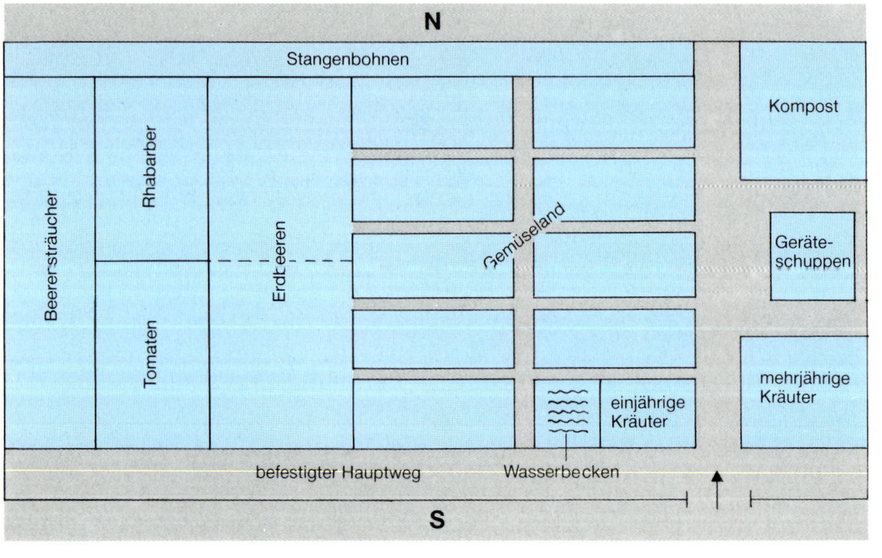

Beispiel für einen Anbauplan (Fruchtwechsel)

Beet 1

Hauptkultur	Vorkultur	Nachkultur
Kartoffeln	Spinat	Wirsing und Blaukraut (Rotkohl)
20.4. legen, 30 cm	1.3. säen	10.6. pflanzen
1 R in der Mitte	2 R am Rand	2 R am Rand

Beet 2

Hauptkultur			Vorkultur	
Tomaten	Sellerie	Blumenkohl	Salat	Spinat
15.5. pflanzen	15.5. pflanzen	1.6. pflanzen	1.3. säen	15.3. säen
1 R Mitte, 50 cm	je zwischen Tomaten	2 R am Rand	1 R in der Mitte	2 R am Rand

Beet 3

Hauptkultur	
Kartoffeln	Rosenkohl
20.4. legen, 30 cm	15.5. pflanzen
1 R in der Mitte	2 R am Rand, 50 cm

Beet 4

Markiersaat	Radieschen		
Hauptkultur		Nachkultur	
Möhren	Zwiebeln	Feldsalat	Chinakohl
1.3. säen	1.3. stecken	1.8. säen	1.8. pflanzen
3 R	2 R, 5–10 cm Abstand	1 R in der Mitte	2 R, 30 cm Abstand

Beet 5

Hauptkultur	
Schwarzwurzeln	Lauch
20.3. säen	20.3. säen
2 R, auf 10–20 cm vereinzeln	3 R, auf 20 cm vereinzeln

Beet 6

Hauptkultur	Zwischenkultur
Erdbeeren	Zwiebeln
im Vorjahr pflanzen	1.3. stecken,
2 R, 30 cm Abstand	1 R in der Mitte, 5–10 cm

Beet 7

Hauptkultur	Vorkultur	Zwischenkultur	Nachkultur
Buschbohnen	Salat	Kohlrabi	Wirsing
1.5. legen	1.3. pflanzen	15.3. pflanzen	1.6. pflanzen
4–6 Bohnen	2 R	1 R in der Mitte	1 R zwischen Kohlrabi
2 R 20–30 cm			

Beet 8

Hauptkultur	Zwischenkultur		Nachkultur
Erbsen »Kleine Rheinländerin«	Salat	Kohlrabi	Frühblumenkohl
15.3. legen	15.3. pflanzen	15.4. pflanzen	ab Juli pflanzen
1 Doppelreihe in der Mitte	2 R. 50 cm Abstand	1 R in der Mitte	auf die Außenreihen

Beet 9

Hauptkultur		
Rettich	Radieschen	Salat
15.3. säen	15.3. säen	1.4. pflanzen
1 R in der Mitte	2 R	2 R

	Wechsel auf Beet 1984	1985
Beet 1	4	7
Beet 2	5	8
Beet 3	6	9
Beet 4	7	1
Beet 5	8	2
Beet 6	4	3
Beet 7	1	4
Beet 8	2	5
Beet 9	3	6

Nach H. Oppel: Mischkultur im Nutzgarten, Falken-Verlag 1983

Mischkultur

Mischkulturen

Während man früher ein Beet für eine Gemüsesorte vorsah, werden heute im Hausgarten häufig *Mischkulturen* angebaut. In Mischkultur werden Pflanzen zusammengepflanzt, die einen günstigen Einfluß auf Wachstum und Gedeihen der Nachbarpflanzen ausüben. Daß einige Pflanzenarten kaum oder gar nicht von bestimmten Krankheitserregern oder Schädlingen befallen werden, ist wirksamen pflanzentypischen Abwehrmechanismen zuzuschreiben. Besonders die bei vielen Kräutern nachzuweisenden krankheits- oder schädlingshemmenden Duft- und Wirkstoffe vermögen die Ausbreitung von Schaderregern zu hemmen oder bei benachbarten Pflanzen einen Befall abzuwehren. Auch negative Beeinträchtigung der Pflanzen untereinander ist bekannt in Form starker Licht- oder Nährstoffkonkurrenz oder Hinterlassen wachstumshemmender Wurzelausscheidungen. Deshalb sollte bei der Pflanzenauswahl für die Mischkultur auf Erfahrungen zurückgegriffen werden, die Fachleute gesammelt haben und in der einschlägigen Literatur mitteilen. In dem Beispiel für einen Anbauplan (siehe Seite 305) ist Mischkultur vorgesehen.

Der Anbau von Mischkulturen bietet viele Vorteile:

- Durch die intensive Flächennutzung kann der Ertrag gesteigert werden.
- Ein fast ständig vorhandener Pflanzenbestand beschattet den Boden, der weniger austrocknet. Die Bodengare bleibt besser erhalten.
- Hackarbeiten werden durch die gleichmäßige Bodenbeschattung eingespart.
- Unkräuter gedeihen weniger.
- Krankheiten und Schädlinge breiten sich häufig weniger rasch und stark aus.
- Die vorhandenen und zugeführten Nährstoffe werden besser ausgenutzt, Nährstoffverluste werden verringert.

Bei der Erstellung des Anbauplans wird beachtet, daß die Kulturen von Jahr zu Jahr wechseln. Unterbleibt der *Fruchtwechsel,* sind Wachstumsrückstände und Ertragsminderung zu beobachten. Gründe hierfür liegen in der Verschlechterung der Bodenstruktur, einseitigem Nährstoffentzug und Befall durch Schädlinge und Krankheiten, welche auch durch intensivste Kulturmaßnahmen nicht ausgeglichen werden können. So ist z. B. die Kohlhernie eine gefürchtete Pilzerkrankung, die einen verseuchten Boden für mindestens vier Jahre unbrauchbar für alle Kohlarten macht. Aus dem Beispiel für einen Anbauplan sind Vorüberlegungen für den Fruchtwechsel zu entnehmen.

Fruchtwechsel

Gezielter Fruchtwechsel sichert gute Erträge, beugt Erkrankungen vor und trägt zur Gesunderhaltung des Bodens bei.

Die Auswahl zwischen den einzelnen *Gemüsearten* wird wegen der Reichhaltigkeit nicht einfach sein. Sie wird vorwiegend von geschmacklichen Gesichtspunkten bestimmt und ist in jedem Nutzgarten anders.

Gemüsearten

Kohlgemüse	Blaukraut (Rotkohl) Weißkraut (Weißkohl) Wirsing Rosenkohl	Blumenkohl Kohlrabi Grünkohl Brokkoli
Blattgemüse	Kopfsalat Schnittsalat Chinakohl Endivien Mangold	Feldsalat Spinat Pflücksalat Eissalat
Wurzelgemüse	Petersilie Karotten Rote Bete (Rüben) Schwarzwurzeln Kartoffeln	Rettich Radieschen Sellerie Möhren (gelbe Rüben)
Fruchtgemüse	Tomaten Gurken Kürbis	Zucchini Melonen
Hülsenfrüchte	Erbsen	Bohnen
Zwiebelgemüse	Küchenzwiebel Perlzwiebel	Schalotten Lauch
Dauerkulturen	Rhabarber Erdbeeren Beerensträucher: Himbeeren Johannisbeeren Stachelbeeren Brombeeren	Spargel
Sonderkulturen	Artischocken Bleichsellerie Paprika	Auberginen Knollenfenchel Zuckermais

Fruchtfolge

Zwischen vielen Gemüsepflanzen, die eine lange Entwicklungszeit haben, können solche mit kurzer Wachstumsperiode als Zwischenfrucht angebaut werden. Folgende Gemüse eignen sich zur

Vorfrucht	Zwischenfrucht	Nachfrucht
Salat	Salat	Feldsalat
Spinat	Sommerrettich	Rosenkohl
Kohlrabi	Radieschen	Endivien
Radieschen	Frühkohlrabi	Winterzwiebeln
Rettich		

Pflegemaßnahmen

Ist das Gemüseland im Herbst umgegraben worden, werden im Frühjahr die Schollenreste zerkleinert, gelockert und eingeebnet. Reichlich Kompost und evtl. Volldünger werden eingearbeitet. Abstecken und Abtreten der Beete, Abrechen, Reihenziehen, Säen und Pflanzen sind weitere Frühjahrsarbeiten. Die erste Pflegearbeit nach Aussaat bzw. Auspflanzung der Gemüsekulturen ist das *Gießen*. Saaten müssen bis zum Auskeimen, Pflanzen bis zum Anwachsen besonders sorgsam feucht gehalten werden.

Gießen

Um die Bodengare zu erhalten, ist häufiges Lockern wichtig. Regelmäßiges *Hacken* beeinflußt den Wasserhaushalt günstig und dient gleichzeitig der Unkrautbekämpfung. Manche Pflanzenarten brauchen bis zum Auskeimen sehr lange. Um auch diese Beete zeitig hacken zu können, empfiehlt sich eine Markiersaat mit schnellkeimenden Sorten, z. B. Radieschen zwischen Möhren (gelbe Rüben). Manche Kulturen werden *angehäufelt*, d. h. Erde wird um die Stengel herangezogen. Erbsen, Bohnen und Kohlarten bekommen dadurch mehr Halt und entwickeln stärkere Bewurzelung.

Hacken

Häufeln

Verziehen

Verziehen ist häufig nach dem Aufgehen der Saat angebracht, wenn die Sämlinge, z. B. Karotten, Rettiche, Rote Bete (Rüben), zu dicht stehen. Sie würden sich gegenseitig in der Entwicklung hemmen. Gleichzeitig mit dem Verziehen wird das Unkraut entfernt. Bei gut durchfeuchtetem Boden, besonders nach Regen, geht diese Arbeit leicht von der Hand.

Aufbinden
Entgeizen

Besondere Pflegemaßnahmen erfordern Tomaten, die an Stäben locker mit einer Achterschlinge aufgebunden und nach Bedarf entgeizt werden. Für die Stangenbohnen müssen Bohnenstangen aufgestellt werden. Auch Erbsen sind für eine Stütze, z. B. in Form eines Drahtgestells, dankbar.

Anorganische Düngung

Zur Ertragssteigerung ist bei manchen Kulturen eine Kopfdüngung ratsam. Volldünger wird entweder gleichmäßig gestreut und eingehackt oder dem Gießwasser beigegeben, das *zwischen* den Pflanzreihen ausgebracht wird. Das Gemüse darf hierbei nicht benetzt werden.

Organische Düngung

Gründüngung

Zur Humusanreicherung wird jedes Beet, das im Laufe der Wachstumsperiode abgeerntet wurde, reichlich mit Kompost versorgt, bevor eine neue Aussaat bzw. Bepflanzung erfolgt. Wird im Spätsommer ein Beet nicht mehr gebraucht, können Leguminosen (Lupinen, Wicken, Erbsen) eingesät werden. Diese bilden sehr schnell Grünmasse, sind aufgrund der Knöllchenbakterien Stickstoffsammler und werden zu Winterbeginn beim Umgraben in den Boden eingearbeitet.

Im Frühjahr und Herbst sind die Pflanzenbestände durch Frost gefährdet. Verfolgt der Gartenbesitzer den Wetterbericht, wird er seine Kulturen rechtzeitig mit Folien abdecken.

Frostschutz

Kräuter in einem Blumenkasten auf der Fensterbank

Küchenkräuter

Eine Ecke im Garten, ein Kasten auf dem Balkon oder der Fensterbank sind ausreichend für den Anbau von Küchenkräutern. Frische Kräuter bereichern den Speisezettel im Geschmack und sind vitamin- und mineralstoffreich. *Einjährige Kräuter* müssen jedes Jahr ausgesät und herangezogen werden.

Einjährige Kräuter

Art	Ernte und Verwendung
Basilikum	frische Blätter und junge Triebe bis zur Blütezeit würzen sehr stark; Trocknen und Kochen vermindern das Aroma; für Salate, Suppen, Gemüse, eingelegte Gurken, Fleischsoße.
Bohnenkraut	Blätter und Triebe haben bestes Aroma vor der Blüte, sind gut zum Trocknen geeignet; für Bohnengerichte, Fleischteig, Braten.
Borretsch	junge Blätter und Triebe werden feingeschnitten Gurken- und Bohnengerichten beigegeben.
Dill	frische Blätter und Stengel werden gehackt und wegen ihres würzig-herben Geschmacks zu Salaten, Kartoffelgerichten, Soßen, Fleischgerichten verwendet. Blüten und Fruchtstände kommen in die Gläser zu eingelegten Gurken.
Kerbel	junge Blätter werden zerkleinert zu Suppen, Soßen, Gemüsen gegeben und möglichst nicht gekocht; zum Trocknen schlecht geeignet.
Majoran	junge Blätter und Triebe sind frisch oder getrocknet verwendbar für Gänsebraten, Hackfleisch, Eintopf, Soßen, Leber- und Kartoffelgerichte, Wurstgewürz.
Petersilie	glatte oder gekrauste Blätter sind das wichtigste unter den appetitanregenden Gewürzen, reich an Aroma, Vitamin C; für alle Salate, Gemüse, Suppen, zum Verzieren.

Mehrjährige Kräuter

Mehrjährige Kräuter können ausgesät oder gepflanzt mehrere Jahre am gleichen Platz stehen, weil es sich um Stauden handelt, die im Freien überwintern können. Bei den meisten genügen 1–2 Pflanzen, weil sie recht groß werden.

Art	Ernte und Verwendung
Estragon	frische Blätter und Triebe verfeinern Salate, Kräuteressig und eingelegte Gurken.
Liebstöckl (Maggikraut)	Blätter dieser mannshohen Staude werden in Suppen und Bratensoßen mitgekocht.
Schnittlauch	kleingeschnittene Blattröhren finden vielerlei Verwendung zu Butterbrot, Salaten, Suppen; Blüten sollten ausgebrochen werden.
Thymian	frische wie getrocknete Blätter geben Wurst, Gemüse-, Fleisch- und Fischgerichten feines Aroma. Wildbraten werden mit Thymian abgerundet.
Zitronenmelisse	frische Blätter werden von Frühjahr bis Herbst nach Bedarf geerntet; zu Salaten, Quarkspeisen, Kräutersoßen, Pilz- und Wildgerichten; Zitronenmelisse sollte nicht mitgekocht werden.

Lebensbedingungen

Das Kräuterbeet sollte von der Küche aus auf kurzem Weg erreichbar sein. Die meisten Kräuter benötigen lockeren, humusreichen Boden, einen überwiegend sonnigen Standort und eher schwache Düngung. Starke Düngung verursacht übermäßiges Wachstum, wodurch die Aromastoffe weniger intensiv gebildet werden. Für die Kultur auf der Fensterbank ist ein heller, nicht zu warmer Standort günstig.
Kräuter sollen nicht zu eng stehen, deshalb sind entsprechende Pflanzabstände bzw. rechtzeitiges Verziehen zu beachten. Bei Bohnenkraut, Dill und Kerbel sollte beizeiten an Folgesaaten gedacht werden. Dill und Borretsch vermehren sich oft von selbst.

Pflege

Während des Wachstums sind die Kräuter regelmäßig zu gießen. Die Beete werden stets gelockert und unkrautfrei gehalten. Kopfdüngung ist von Zeit zu Zeit angebracht, darf aber nicht auf die Blätter kommen. Ausdauernde Pflanzen werden während des Sommers nach Bedarf zurückgeschnitten, um junge, zarte Triebe zu erhalten. Lange Triebe können an Stöcken aufgebunden werden.

Ernte

Rechtzeitige Ernte der Kräuter, allgemein vor der Blüte, und Trocknen im Schatten an einem luftigen Ort sichern die Bereicherung des Speisezettels das ganze Jahr über. Getrocknete Kräuter werden in luftdichten Dosen an einem kühlen Ort aufbewahrt. Die meisten Kräuter eignen sich vorzüglich zum Einfrieren.

Im Herbst wird in das Kräuterbeet reichlich Kompost flach eingegraben. Im Frühjahr wird das Beet mit Kompost abgedeckt, der das Bodenleben fördert und gesunde Ernten sichert.

Krankheiten, Schädlinge, Pflanzenschutz

Immer wieder werden Pflanzen von Krankheiten und Schädlingen befallen, die den Ertrag mindern oder gar zerstören. Alle Pflegemaßnahmen, die zur Kräftigung der Pflanzen beitragen oder kranke Pflanzenteile beseitigen, sind die beste *Vorbeugung*, da geschwächte Pflanzen besonders anfällig sind. Dazu gehören:

Vorbeugung

- gezielte Bodenverbesserung durch Humusgaben, Mulchen, Gründüngung, verrotteten Stallmist,
- ausgewogene Nährstoffversorgung, weder Überdüngung noch Mangel, keine einseitigen Nährstoffgaben,
- kulturgerechte Bodenbearbeitung (Hacken),
- möglichst große Zeitabstände zwischen den Fruchtfolgen zur Gesunderhaltung des Bodens,
- Wahl günstiger Saat- und Pflanzzeitpunkte,
- Standortwahl entsprechend den Wuchsbedingungen der Pflanzen,
- ausreichende Standweiten,
- gesunde, widerstandsfähige Sorten, vor allem heimische Pflanzen,
- Qualitätssaatgut, einwandfreies Pflanzgut,
- angemessene Wasserversorgung,
- Gehölzschnitt,
- Unkrautbekämpfung,
- Pflanzenhygiene: Entfernen welker, verblühter Pflanzenteile, Aufsammeln von Fallobst, saubere Geräte, neue Töpfe.

Auch bei besten Wachstumsbedingungen und sorgfältigster Pflege werden immer wieder Krankheiten oder Schädlinge auftreten. Die Obst- und Gemüsearten wurden durch Züchtung so verfeinert und im Ertrag gesteigert, daß zwangsläufig die Anfälligkeit gegen Krankheiten und Schädlinge gestiegen ist.
Häufig auftretende *Krankheiten* sind: Echter Mehltau, Falscher Mehltau, Grauschimmel, Rost, Blattfleckenerkrankungen, Bodenpilze (Wurzelfäule, Wurzelhalsfäule, Stengelhalsfäule), Welkekrankheiten, Bakterienbrand, Virenbefall.

Krankheiten

Folgende *Schädlinge* sind oft anzutreffen: Blattläuse, Schild-, Woll-, Schmierläuse, Spinnmilben, Rote Spinnen, Erdflöhe, Schnecken, Drahtwürmer, Engerlinge, Wühlmäuse, Vögel (Amseln, Stare).

Schädlinge

Deshalb werden die vorbeugenden Maßnahmen durch *integrierten Pflanzenschutz* ergänzt werden müssen. Darunter verstehen wir einen neuen Weg des Pflanzenschutzes, bei dem nicht nur chemische Mittel eingesetzt werden. Vielmehr wird beim Auftreten von Krankheiten oder Schädlingen genau geprüft, welche Mittel oder Verfahren eingesetzt werden können, um die Krankheiten oder Schädlinge zu bekämpfen, *aber gleichzeitig die Umwelt weitgehend zu schonen*. Neben den Vorbeugemaßnahmen stehen zur Verfügung: biologische, mechanische und chemische Bekämpfung.

Integrierter Pflanzenschutz

Zunächst bieten sich dem Gartenbesitzer einige *biologische Maßnahmen* an, die sowohl der Vorbeugung als auch dem eigentlichen Pflanzenschutz zugeordnet werden können. Jeder Schädling hat seine bevorzugte Wirtspflanze, aber genauso andere Pflanzen, die ihn abschrecken. Werden solche als *Mischkulturen* angebaut, kann auf diese Weise biologische Schädlingsbekämpfung betrieben werden, auch wenn der Erfolg dieser Methoden wissenschaftlich nicht unbe-

Biologische Maßnahmen

Verfahren des integrierten Pflanzenschutzes

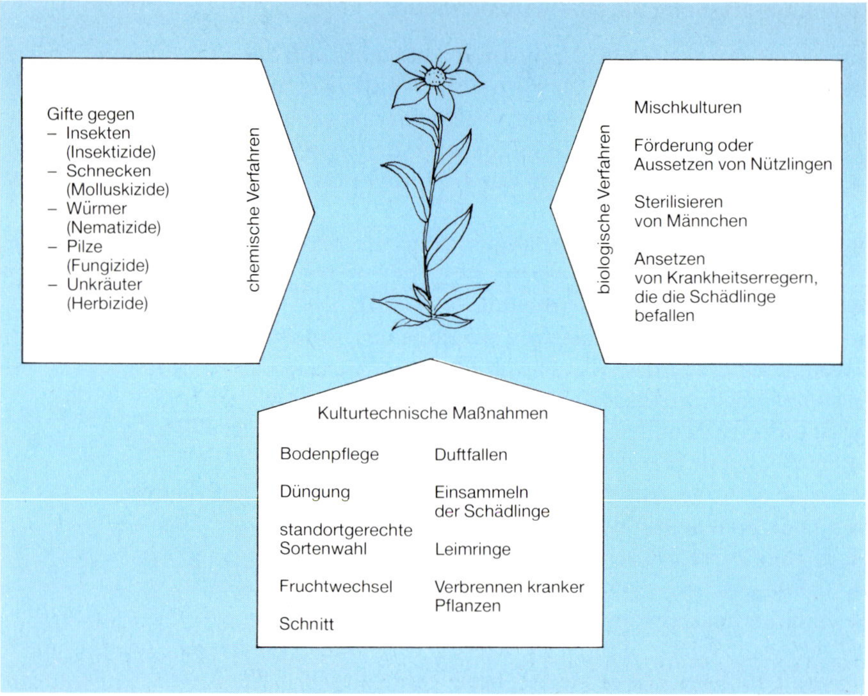

dingt erwiesen ist. Beispiele hierfür sind: Krautpflanzen, die zwischen Tomaten stehen, meidet der Kohlweißling; der Erdfloh, der Kraut und Rettich befällt, wird von Spinat und Salat abgeschreckt. Für die Möhrenfliege hat Lauch einen unangenehmen Geruch, während die Lauchmotte das Möhrenkraut nicht riechen kann. Ähnlich ist es mit Mischkultur von Möhren und Zwiebeln.

Schädlinge haben eine Vielzahl von Feinden, die dem Menschen zum Helfer werden. Um die Entwicklung der *Nützlinge* zu fördern, müssen geeignete Nistgelegenheiten, Schutzbereiche und Verpuppungsmöglichkeiten angeboten werden. Hierzu kann gerade im Hausgarten ein wichtiger Beitrag geleistet werden. Zu den Nützlingen gehören Vögel, Igel, Marienkäfer, Florfliege, Schwebfliege, Schlupfwespe, Raupenfliege, Raubwanze, Laufkäfer, Raubmilbe. Schädlinge sollen niemals restlos vernichtet werden. Die Duldung einiger weniger Schädlinge ermöglicht es den Nützlingen, sich zu vermehren und dadurch das biologische Gleichgewicht aufrecht zu erhalten.
Für den Großeinsatz, wenn Schädlinge oder Krankheiten ganze Landstriche befallen, wurden interessante biologische Pflanzenschutzmaßnahmen entwikkelt: das Aussetzen von Raubinsekten, Schlupfwespen, Raupenfliegen, welche spezielle Schädlinge befallen; das Aussetzen gezüchteter Krankheitserreger (Viren, Bakterien, Parasiten), welche die Schädlinge befallen und vermindern. Ein biologisches Selbstvernichtungsverfahren ist das Aussetzen von Männchen der Schadinsekten, welche durch Bestrahlung sterilisiert wurden.

Mechanische Bekämpfung

Beim Auftreten von Schädlingen im Hausgarten bieten sich folgende *mechanische Maßnahmen* an:
- Absammeln von Raupen, Schnecken, Käfern
- Vergrämen von Läusen, Milben, Raupen durch mehrmalige eiskalte Duschen

- Aufstellen von Fallen für Mäuse
- Anbringen von Leimringen gegen Frostspanner, Ringelspinner, Blattläuse
- Duftfallen mit Bier für Schnecken, Obstsaft für Wespen
- Entfernen, evtl. Verbrennen kranker Pflanzenteile.

Chemische Bekämpfung

Sind schließlich mit biologischen und mechanischen Verfahren keine ausreichenden Erfolge im Kampf gegen Krankheiten und Schädlinge mehr zu erzielen, wird der Einsatz *chemischer Mittel* erwogen werden müssen. Die hauptsächlich verwendeten Mittel gegen Schädlinge sind Insektizide gegen Insekten, Nematizide gegen Rundwürmer, Fungizide gegen Pilzbefall, Molluskizide gegen Schnecken, Herbizide gegen Unkräuter. Pflanzenschutzmittel müssen nach den geltenden Gesetzen und Verordnungen von amtlicher Seite geprüft und zugelassen sein und die vorgeschriebenen Zeichen tragen. Auf den Packungen der Pflanzenschutzmittel müssen die Zulassungsnummern und das Zulassungszeichen der Biologischen Bundesanstalt aufgedruckt sein.
Die neuen Länderverordnungen über den Handel mit Giften haben die Vorschriften für die Klassifizierung, Verpackung und Kennzeichnung nach den entsprechenden Richtlinien der Europäischen Gemeinschaften übernommen. Anstelle der Giftklassen nach altem Recht sind für giftige Stoffe und Zuberei-

Raubwanze

Florfliege

Nützlinge
Bild rechts: Marienkäfer

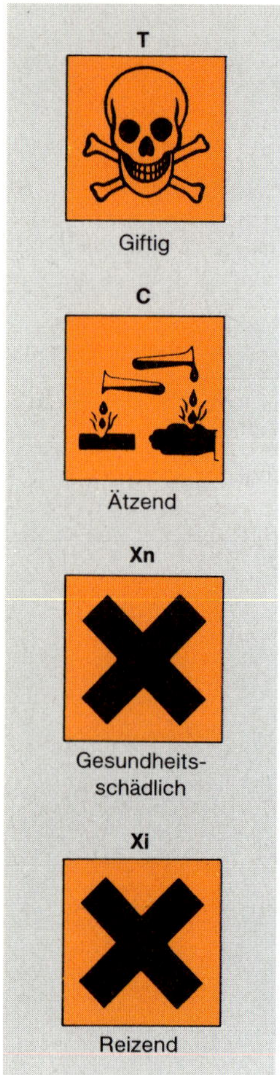

Gefahrensymbole

Zulassungszeichen der Biologischen Bundesanstalt

tungen u.a. nebenstehende Gefahrensymbole und Gefahrenbezeichnungen vorgeschrieben.

Bei der Vielzahl der Mittel, die für den Pflanzenschutz angeboten werden, ist es dringend notwendig, sich genau zu unterrichten, welches Mittel im speziellen Fall geeignet ist und wie es angewendet wird. Bei Unklarheiten *muß* der Fachmann befragt werden, wenn der Hausgarten verantwortungsbewußt bewirtschaftet wird. Da Pflanzenbehandlungsmittel nicht ungefährlich sind, sollte ihr Einsatz nur dann erfolgen, wenn nach sorgsamer Erwägung eine Anwendung sinnvoll erscheint. Beim Einsatz dieser Mittel sind folgende Empfehlungen zu berücksichtigen:

- Der Einsatz chemischer Mittel ist auf ein Mindestmaß zu beschränken.
- Der amtliche Pflanzenschutzwarndienst vermittelt Hinweise für gezielte Gegenmaßnahmen.
- Die wenigen notwendigen Pflanzenschutzmaßnahmen, die nur dann erfolgen, wenn ein bekämpfungswürdiger Zustand vorliegt, müssen ein Höchstmaß an Treffsicherheit besitzen.
- Grundsätzlich sind in Deutschland sämtliche im Handel befindlichen Präparate amtlich geprüft (amtliche Zulassungsnummer, Zulassungszeichen) und für bestimmte Kulturen zugelassen.
- Für den Hausgarten kommen nur Pflanzenschutzmittel mit geringer Giftigkeit für Mensch und Tier in Frage.
- Kombinationspräparate, die gegen Krankheiten und Schädlinge gleichzeitig wirken, lassen keinen gezielten Einsatz zu und sind deshalb für den Hausgarten nicht zweckmäßig.
- Die Durchführung des chemischen Pflanzenschutzes muß sachgerecht und verantwortungsbewußt erfolgen, wobei vor allem die Gebrauchsanweisung auf den Packungen, die Konzentrationen, Aufwandmengen, Termine und die für jedes Mittel vorgeschriebene Wartezeit zu beachten sind.
- Die Wartezeit ist die Zeitspanne zwischen letzter Pflanzenschutzmittelanwendung und Ernte der behandelten Kulturpflanzen. Ihre Einhaltung und die Beachtung der empfohlenen Konzentrationen garantieren einen Schutz vor unerwünschten Rückständen auf dem Erntegut.
- Bienenunschädliche Präparate sowie solche mit einer kurzen Wartezeit sind zu bevorzugen.
- Zum Schutz von Bienen, Nützlingen und Haustieren sowie Kindern sollten alle Pflanzenschutzmaßnahmen an kühlen, windstillen Tagen nur in den Abendstunden erfolgen.

Für Aufbewahrung und Umgang mit Pflanzenschutzmitteln jeglicher Art ist größte Vorsicht geboten.
Bei unsachgemäßer Anwendung besteht **Vergiftungsgefahr!**

Vorsichtsmaßnahmen beim Umgang mit Pflanzenschutzmitteln:

- Kinder haben dort, wo mit Pflanzenschutzmitteln gearbeitet wird, nichts zu suchen!
- Nur die Mengen einkaufen, die gebraucht werden!
- Reste der Gifte in verschlossenen Schränken oder Räumen und nicht zusammen mit Futter-, Lebensmitteln oder Sämereien aufbewahren!

- Pflanzenschutzmittel nie in andere Behälter umfüllen; Originalpackungen dicht verschlossen aufbewahren!
- Behälter und Meßbecher, die zum Ansetzen dieser Mittel dienen, deutlich kennzeichnen und sicher aufbewahren!
- Nur Mengen ansetzen, die benötigt werden. Restmengen vollständig beseitigen!
- Leere Packungen, Dosen, Flaschen bis zur sicheren Beseitigung abgeschlossen verwahren!
- Während des Umgangs mit Pflanzenschutzmitteln nicht rauchen, trinken oder essen!
- Schutzkleidung, Schutzbrille tragen!
- Spritzer, die auf die Haut gelangen, sofort unter fließendem Wasser mit Seife abwaschen!
- Bei Wind wegen Abdriftgefahr keine Pflanzenschutzmittel ausbringen!
- Verstopfte Düsen nicht mit dem Mund ausblasen!
- Bei Verdacht auf Vergiftung Arzt oder nächstgelegene Giftnotrufzentrale anrufen!

Ernte und Lagerung von Obst und Gemüse

Ernte

Volle Reife bzw. das Ende des Sommers bedingen die *Ernte* der Gartenfrüchte. Dabei ist darauf zu achten, daß

- bei trockener Witterung geerntet wird;
- geeignete Geräte verwendet werden: sichere Leiter, evtl. ein Apfelpflücker, luftdurchlässige Körbe statt Eimer;
- die Pflückreife erreicht ist:
  - Kernobst muß sich bei leichtem Anheben am Stielansatz lösen,
  - Beeren und Tomaten müssen ihre volle Reifefarbe haben;
- das Erntegut richtig behandelt wird:
  - Kernobst wird einzeln gepflückt und in flache Körbe oder auf Horden gelegt;
  - Erdbeeren und Kirschen sollen mit Stiel gepflückt werden,
  - beim Entfernen der Laubblätter von Rüben, Kohlrabi, Sellerie darf das Gemüse nicht verletzt werden,
  - am Sellerie bleiben die Herzblätter stehen,
- die Wurzelgemüse nicht verletzt werden: aus feuchter Erde lassen sie sich leichter herausziehen.

Überwintern

Manche Gemüsesorten können an geschützten Stellen ohne weiteres im Freien bis zum Verbrauch überwintern: Winterkohl, Rosenkohl, Lauch, Schwarzwurzeln, evtl. auch Feldsalat und Winterspinat. Kohl wird mit dem Strunk geerntet und überwintert. Je zwei am Strunk zusammengebundene Kohlköpfe sind an einer Stange frei hängend lange haltbar. Zum Überwintern von Wurzelgemüse bieten sich Mieten an. Im Frühbeet können Wurzelgemüse und Kraut (Kohl) eingewintert werden. Bei starkem Frost darf das Abdecken des Frühbeetes nicht vergessen werden. Das Einschlagen von Wurzelgemüse in Sand ist nur empfehlenswert, wenn kühle, trockene, frostfreie Kellerräume vorhanden sind. Der Sand muß jedes Jahr frisch sein und trocken eingebracht werden.

Lagern

Obsthorden ermöglichen das *Einlagern* von Obst getrennt nach Sorten und erleichtern die Überwachung der Vorräte. Wertvolles Obst kann in Seidenpapier

eingewickelt werden. Praktisch ist die Verwendung von Folienbeuteln, die fest verschlossen werden.
Soll das Einlagern von Obst und Gemüse erfolgreich sein, sind folgende Punkte zu beachten:

- Nur ausgereifte, gesunde, unbeschädigte Ware wird gelagert.
- Obst und Gemüse werden wegen möglicher Geschmacksbeeinflussung nicht zusammen gelagert.
- Äußerste Sauberkeit ist nötig.
- Die Vorräte stets überwachen; angefaulte Früchte sofort entfernen und verbrauchen.
- Kühle, trockene und frostfreie Räume sind Vorbedingung.

Gartengeräte

Richtige Geräte erleichtern die Arbeit, sparen Zeit und Kraft. Beim Einkauf ist auf gute Qualität zu achten. Sorgfältige Pflege und ordentliche Aufbewahrung in einem trockenen Raum sichern lange Lebensdauer.

- Geräte nie bei Wind und Wetter im Garten liegen lassen!
- Geräte nach Gebrauch reinigen, trocken aufbewahren!
- Geräte im Herbst gründlich reinigen, und mit Schmierfett (Staufferfett) vor Rost schützen!

Der Handel bietet eine Fülle von Gartengeräten an, so daß die Auswahl schwierig ist. Folgende Geräte sind hilfreich und praktisch:

Pickel	Schaufel	Spaten
Grabgabel	Krail	Kultivator
Bodenlüfter	Wellenjäter	Rechen
Nylon-Gartenbesen	Schubkarre	evtl. Spritzgerät
Gießkanne	Pflanzschnur	Pflanzkelle
Pflanzholz	Schlauch	Gartenschere
Hippe	Gerätehalter	Rasenrechen
Grubber	Mistgabel	Holzrechen
Handgrubber	Heckenschere	Baumsäge
Astschere	Elektro-Heckenschere	Rasenmäher

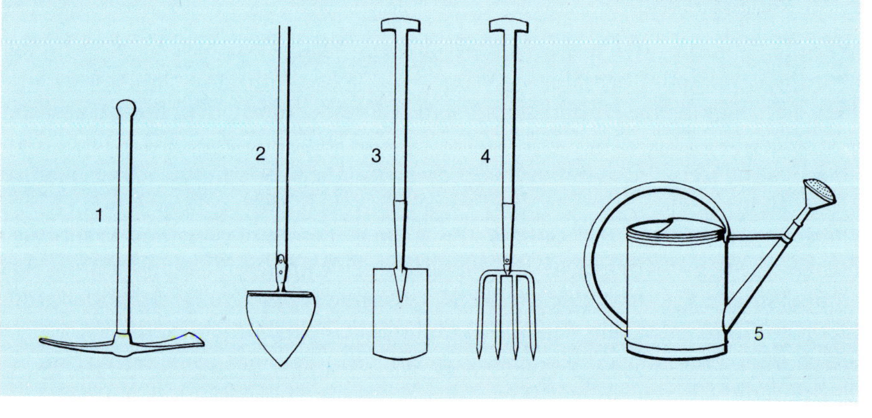

Gartengeräte
1 Pickel
2 Schaufel
3 Spaten
4 Grabgabel
5 Gießkanne

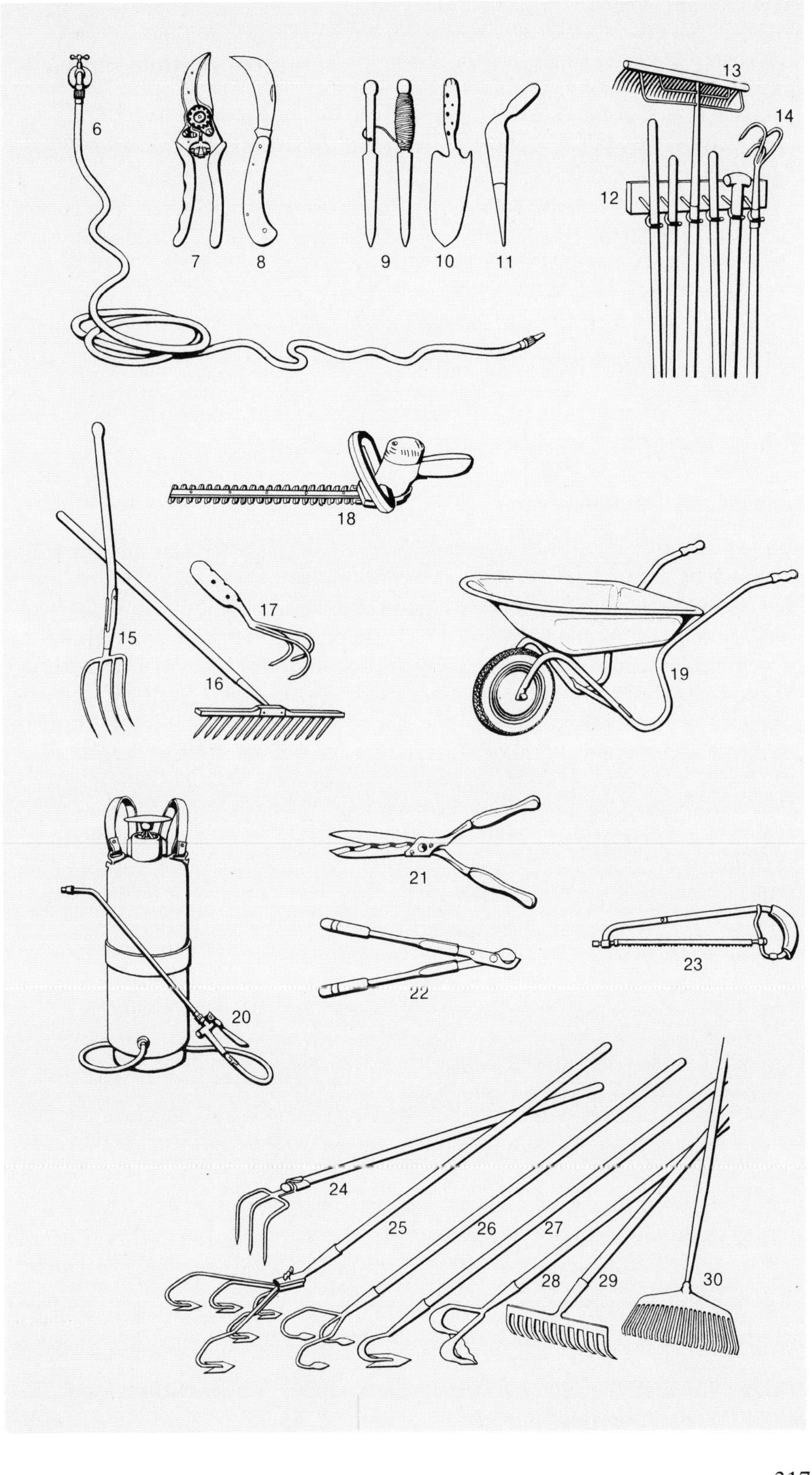

Gartengeräte

6 Schlauch
7 Baumschere
8 Hippe
9 Pflanzschnur
10 Pflanzkelle
11 Pflanzholz
12 Gerätehalter
13 Rasenrechen
14 Grubber
15 Mistgabel
16 Holzrechen
17 Handgrubber
18 Elektro-Heckenschere
19 Schubkarre
20 Spritzgerät
21 Heckenschere
22 Astschere
23 Baumsäge
24 Krail
25 Verstellkultivator
26 Kultivator (Krümmer)
27 Bodenlüfter
28 Wellenjäter
29 Rechen (Harke)
30 Nylon-Gartenbesen

Prüfen Sie Ihr Wissen

1. *Zählen Sie Faktoren auf, die bei der Gartengestaltung eine Rolle spielen!*
2. *Zeichnen Sie einen Plan für einen Wohngarten! Verwenden Sie die Symbole!*
3. *Entwerfen Sie einen Plan für einen Nutzgarten!*
4. *Vergleichen Sie die Möglichkeiten, die ein Nutzgarten zuläßt, der nach herkömmlicher Methode bewirtschaftet wird mit einem, in dem Mischkultur angebaut wird!*
5. *Verwenden Sie Küchenkräuter in der Praxis und prüfen Sie deren Geschmack!*
6. *Untersuchen Sie das Angebot von Gartengeräten in einem Fachgeschäft oder mit Hilfe von Katalogen!*
7. *Nennen Sie Maßnahmen des Pflanzenschutzes!*
8. *Schreiben Sie die Telefonnummer der nächstgelegenen Giftnotrufzentrale auf!*
9. *Worauf müssen Sie bei der Ernte und Lagerung von Äpfeln achten?*

Schnittblumen, Zimmer- und Balkonpflanzen

Schnitt- und Trockenblumen

Von selbstgepflückten Wiesenblumen bis zu teuren Orchideen aus dem Blumengeschäft können alle Blüten als Schnittblumen verwendet werden. Auch mit Gräsern, Zweigen, Wurzeln usw. kann man hübsche Sträuße oder Gestecke gestalten. Trockenblumen, Seiden- und Federblumen werden heute vielfach angeboten und können, wenn sie nett angeordnet sind, einen Raum schmücken.

Gefäße

Da die hübschesten Blumen in einem ungünstigen *Gefäß* nicht zur Wirkung kommen, sollte die Auswahl einer Vase oder Schale besonders sorgfältig erfolgen. Größe, Farbe und Form des Gefäßes sollen mit den Blumen harmonieren und ihre Wirkung unterstreichen. Blumen kommen nicht nur als Blumensträuße in Vasen, sondern auch durch Anordnung von Blüten und Blättern in flachen Steckschalen gut zur Wirkung.

Hilfsmittel

Verschiedene *Hilfsmittel* erleichtern das Anordnen von Blumen in einem Gefäß: Steckmasse, Steckigel, zusammengeknülltes Drahtgeflecht, Kieselsteine usw.

Blumenstecken

Regeln für das Stecken und Einstellen von Blumen:

- Alle Blumen werden so gesteckt, daß sie scheinbar aus einem Punkt herauswachsen.
- Blüten sollen nach oben schauen.
- Gräser werden aufrecht gesteckt.

Um die Lebensdauer von Schnittblumen zu verlängern, sollte man

- Blütenstiele vor dem Einstellen in die Vase schräg anschneiden.
- In das Vasenwasser hineinragende Blätter entfernen.
- Frischhaltemittel bzw. Nährlösungen dem Wasser beigeben. Diese Mittel verhindern Algen-, Bakterien- und Pilzwachstum.
- Das Wasser muß immer wieder erneuert werden. Bei dieser Gelegenheit werden alle Stiele etwas zurückgeschnitten.

Alle zur Blumenpflege nötigen Gegenstände sollten in einem Schrank oder Regal griffbereit aufbewahrt werden.

Passen gut zusammen: Blumen und Gefäß

Zimmerpflanzen

Zimmerpflanzen unterstreichen den persönlichen Charakter einer Wohnung. Der Handel bietet heute eine derart große Auswahl an Blatt- und Blütenpflanzen, daß mit Hilfe fachkundiger Beratung für jeden Raum und für die unterschiedlichsten Temperatur- und Lichtverhältnisse die passenden Pflanzen gefunden werden können.

Gießen

Zimmerpflanzen kümmern rasch, wenn sie in falscher Menge *Wasser* bekommen. Die nötige Wassermenge hängt vor allem von den besonderen Bedürfnissen der Art ab, doch müssen auch Standort, Lufttemperatur sowie Jahreszeit berücksichtigt werden. Durch Beobachtung kann man herausfinden, wann und wieviel Wasser ein Blumenstock braucht. Die Farbe der Erde gibt einen Hinweis auf deren Feuchtigkeitsgehalt. Dunkelbraune Erde ist feucht, trockene Erde hat eine hellere Farbe. Die Fingerprobe gibt die zuverlässigste Auskunft über die Trockenheit der Erde. Die meisten Pflanzen gedeihen bei regelmäßiger, aber nie übermäßiger Wassergabe. Abgestandenes Wasser ist kaltem Leitungswasser vorzuziehen.

Düngen

Vor allem in der Zeit kräftigen Wachstums sollten Zimmerpflanzen gedüngt werden. Vorteilhaft ist die *Nährstoffgabe* mit dem Gießwasser. Der Fachhandel bietet eine große Anzahl an Düngepräparaten. Grundsätzlich sollte lieber seltener als zu oft gedüngt werden. Beim Gießen mit Nährsalzlösung ist darauf zu achten, daß Blätter oder Triebe nicht benetzt werden.

Brausen

Da die Zimmerpflanzen Verunreinigungen durch Staub und Rauch ausgesetzt sind, sollten sie von Zeit zu Zeit *überbraust* werden. Zu diesem Zweck können sie im Sommer bei Regenwetter für einige Stunden ins Freie gestellt werden. Großflächige Blätter können bei Bedarf abgestaubt und mit speziellen Blattglanzsprays behandelt werden.

In einem schönen Übertopf kommt die Zimmerpflanze (Begonie) besonders gut zur Geltung.

Richtiges Licht – die Voraussetzung für grünende und blühende Pflanzen. Der innere Kreis zeigt die beste Lage eines Blumenfensters. Außen sind Beispiele für eine entsprechende Bepflanzung.

Aufbinden

Jeder Blumenfreund hat Freude an Pflanzen, die kräftig wachsen. Hochwachsende und rankende Pflanzen entwickeln besonders lange Triebe, die einen Halt bekommen müssen. Eine lockere *Achterschlinge* aus Bast oder Hanf hält den Trieb am besten an dem Stock oder Gitter fest, an dem er angebunden wird. Als Halterungen bieten sich Bambus-, Kunststoffstäbe, Wurzeln oder Äste an, die vorsichtig in die Erde gesteckt werden und der Größe der Zimmerpflanze angepaßt sein sollten.

Achterknoten zum Aufbinden langer Triebe

Pflanzgefäße werden aus vielerlei Material hergestellt. Den Tontopf lösen keimfreie, pflegeleichte Kunststoffgefäße ab. Für größere Pflanzen, wie Philodendron, oder Oleander, kommen Holzkübel in Betracht. Formschöne Übertöpfe gibt es aus unterschiedlichstem Material. Sie sollten so groß sein, daß zwischen Tontopf und Übertopf eine Luftschicht bleibt, die den Gasaustausch ermöglicht. In durchlässige Übertöpfe werden Untersetzer eingelegt.

Erde

Abgepackte *Topferde,* die den Bedürfnissen der Zimmerpflanzen angepaßt ist, bietet der Handel an. Für Kakteen und Orchideen gibt es Spezialerde.

Umtopfen

Das *Umtopfen* ist für Zimmerpflanzen ein lebenswichtiger Vorgang zu Beginn einer Wachstumsperiode. Normalerweise genügt ein neuer Topf, der wenig größer ist als der alte. Langsam wachsende Pflanzen, wie Gummibaum oder Philodendron, bleiben längere Zeit in ihrem Topf. Zeigt dieser starke Kalkablagerungen, sollte er ausgetauscht werden.

Arbeitsvorgang beim Umtopfen

- Neuen Tontopf wässern, damit er nicht nach dem Umtopfen der Erde zu viel Feuchtigkeit entzieht.
- Alten Topf entfernen, indem die ganze Pflanze mit ihrem gut feuchten Erdballen umgedreht und der Topfrand leicht auf die Tischkante gestoßen wird. Die Pflanze wird dabei je nach Größe zwischen Zeige- und Mittelfinger der linken Hand gehalten, während die rechte Hand den Topf aufstößt. Falls sich der Topf nicht lösen läßt, wird er zerschlagen.
- Wasserabflußloch des neuen Topfes mit einem Stein oder Tonscherben abdecken; etwas Erde einfüllen.
- Wurzelballen der umzutopfenden Pflanze evtl. von alter, ausgelaugter Erde vorsichtig befreien, Wurzeln gegebenenfalls etwas zurückschneiden.
- Wurzelballen gerade in den neuen Topf bringen. Falls die Wurzeln zu lang sind, wird die Pflanze leicht gedreht und die Wurzeln spiralenförmig in den Topf gelegt. Vorsichtig arbeiten, damit sie nicht abbrechen!
- Um den Wurzelballen Erde einfüllen und andrücken. Auf Gießrand achten!
- Frisch eingetopfte Pflanzen kräftig gießen, damit die neue Erde gut durchfeuchtet wird.

Vermehren

Die *Anzucht* vieler Zimmerpflanzen ist schwierig. In der Regel überlassen wir sie dem Gärtner, der neben dem Fachwissen und der Erfahrung jungen Pflanzen die optimalen Lebensbedingungen bieten kann.

Schädlingsbekämpfung

Vor allem Pflanzen, die durch ungünstige Lebensbedingungen geschwächt sind, werden leicht von Krankheiten oder Schädlingen befallen. Der Gärtner wird über gezielte Maßnahmen beraten. Bei Anwendung von Insekten- oder Pilzbekämpfungsmitteln ist die Gebrauchsanweisung genau zu beachten! Aus Verantwortungsbewußtsein sollten solche Umweltgifte sparsamst angewendet werden!

Hydrokultur

Die in verschiedenen Ausführungen erhältlichen Hydrokultur-Gefäße bestehen aus einem wasserdichten Mantelgefäß für die Nährlösung und einem Einsatz, der im unteren Teil durchlöchert ist. Dieser nimmt die Wurzeln auf, die durch das Füllmaterial genügend Halt finden. Der Einsatz mit der Pflanze wird in das nach Vorschrift mit Nährlösung gefüllte Mantelgefäß mit Wasserstandsanzeiger gestellt.

Folgendes spricht für *Hydrokultur:*

- Einfachste Bedienung.
- Pflegearbeiten nur in größeren zeitlichen Abständen (alle 3–4 Wochen).
- Nachfüllen der Nährlösung nur in großen Zeitabständen, deshalb keine Probleme während Urlaub oder Wochenende (»Büropflanzen«).

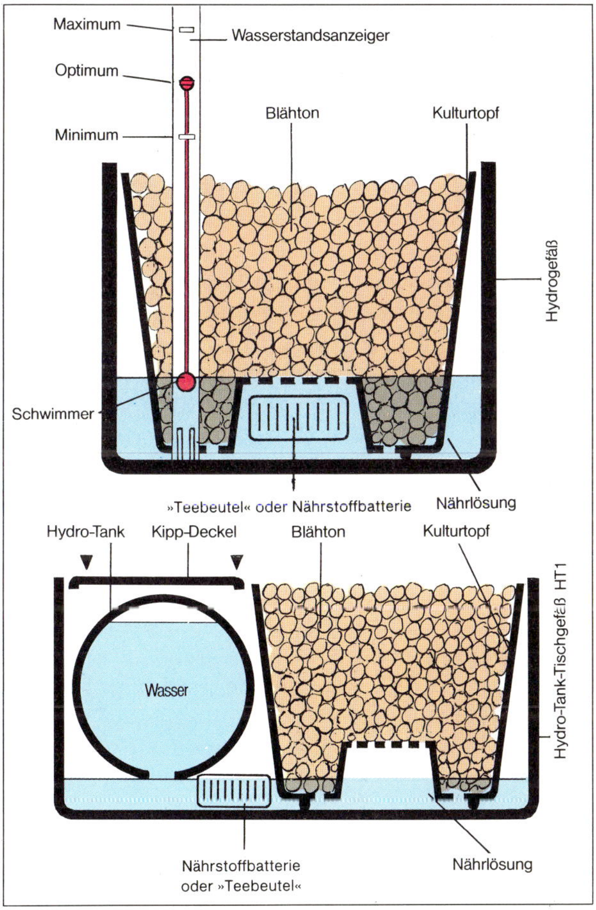

Querschnitt durch ein Hydro-Gefäß mit Kulturtopf und Wasserstandsanzeiger

Querschnitt durch den Hydro-Tank; links Tank, rechts Kulturtopf ohne Wasserstandsanzeiger

Balkonpflanzen

Für Balkon- und Fensterschmuck eignen sich sowohl einige Zimmerpflanzen, wie Asparagus und Grünlilie, als auch ein- und zweijährige Sommerblumen, wie Kapuzinerkresse, Wicke, Tagetes, Tausendschönchen, Goldlack, Vergißmeinnicht und Stiefmütterchen. Beliebt sind Geranien, Petunien, Lobelien,

Pantoffelblumen und Verbenen. Besonders hübsch ist die Kombination von aufrecht und hängend wachsenden Pflanzen, die mit 20–25 cm Abstand gesetzt werden.

Das Klima an der Hauswand, insbesondere an der Südseite, ist einem Steppenklima vergleichbar. Zur starken Sonneneinstrahlung kommt die Erwärmung der Hauswand hinzu. Außer der normalen Luftbewegung steigt ständig warme, sehr trockene Luft unmittelbar an der Hauswand auf. Dies wirkt sich auf den

Gießen

Feuchtigkeitsbedarf der Pflanzen sehr stark aus, denn die ihnen verfügbare Flüssigkeit verdunstet wegen der Wärme und der Luftbewegung sehr rasch. Deshalb darf das tägliche Gießen abends, evtl. zusätzlich morgens, nicht vergessen werden. Die Wassermenge wird dem Bedarf angepaßt, der im Sommer weitgehend vom Wetter abhängig ist.

Düngen

Wenn die Pflanzen in höchster Blüte stehen, brauchen sie wöchentlich einmal *Volldünger,* der mit dem Gießwasser zugeführt wird.

Pflege

Zur *Pflege* gehört das Entfernen verblühter und verwelkter Pflanzenteile. Dadurch erhöht sich die Blühwilligkeit, und die Balkonpflanzen sehen gepflegter aus. Stützen und Aufbinden, das vorsichtige Lockern der Erde von Zeit zu Zeit und das Entfernen von Unkraut gehören ebenso dazu wie Pflanzenschutz, wenn Krankheiten oder Schädlinge auftreten sollten.

Vermehrung

Der Erfolg einer *Vermehrung* hängt entscheidend von einem geeigneten Standort ab. Der Raum, in dem die Stecklinge überwintern sollen, muß frostfrei, hell, kühl und luftig sein. Stecklingsvermehrung ist dem Überwintern alter Balkonpflanzen vorzuziehen, weil die heute gezüchteten Sorten im ersten Jahr ihre Blühfähigkeit geradezu verschwenden. Für die Stecklingsvermehrung eignen sich z. B. Geranien, Fuchsien, Tradeskantien. Etwa Anfang September wird ein fingerlanger Trieb 2–3 mm unter einem Blattansatz glatt und scharf abgeschnitten und in ein Gefäß mit gesiebter Komposterde gesteckt. Der Steckling darf nicht welk werden, deshalb wird er besprüht und vor greller Sonne geschützt. Nach 4–6 Wochen ist meist die Bewurzelung erfolgt, die Pflanze treibt neue Blätter. Während des Winters werden die kleinen Pflanzen feucht, aber nie naß gehalten. Ab Februar brauchen sie mehr Wärme, ab Mitte Mai werden sie in die Balkonkästen gesetzt.

Pflanzengefäße

Die *Blumenkästen,* die aus Holz, Eternit, Ton oder Kunststoff hergestellt werden, brauchen etwas Pflege. Im Herbst, wenn die Bepflanzung abgeräumt wird, werden die Kästen ausgeleert und gründlich gereinigt, getrocknet und an einem luftigen Ort zum Überwintern aufgestellt. Im Frühjahr, vor der neuen Bepflanzung, werden sie gegebenenfalls nochmals gereinigt.

Winterschmuck

Im *Winter* muß nicht auf Balkonschmuck verzichtet werden. Man kann Kiefernzweige in die erdgefüllten Kästen stecken oder sie mit blühender Winterheide oder kleinen Fichten bepflanzen. Die Vögel, die den kleinen Balkongarten aufsuchen, erfreuen alle Familienmitglieder.

Prüfen Sie Ihr Wissen

1. Nennen Sie Hilfsmittel und Regeln für das Einstellen von Schnittblumen! Wie kann man die Lebensdauer von Schnittblumen verlängern?
2. Was beachten Sie beim Gießen, Düngen und Umtopfen von Zimmerpflanzen?
3. Nennen Sie die Vorzüge der Hydrokultur!
4. Worauf ist bei der Auswahl und Pflege von Balkonpflanzen zu achten?

Kleine Nährwerttabelle

Nach: Souci, S. W., Fachmann, W. und Kraut, H.: Die Zusammensetzung der Lebensmittel. Wissenschaftliche Verlagsgesellschaft m. b. H., Stuttgart, 1979, 1981/82

	Lebensmittel	in 100 g eßbarem Anteil sind enthalten: Energie	Nährstoffe			Mineralstoffe			Vitamine			
		Joule	Eiweiß	Fett	Kohlenhydrate	Rohfaser	Calcium	Eisen	A	B_1	B_2	C
		kJ	g	g	g	mg	mg	mg	mg	mg	mg	mg
Milcherzeugnisse	Kuhmilch, 3,5% Fett	276	3,3	3,5	5	–	120	0,1	37	0,04	0,18	2
	Kuhmilch, 1,5% Fett	205	3,4	1,6	5	–	118	0,1	17	0,04	0,18	2
	Buttermilch	151	3,5	0,5	4	–	109	0,1	12	0,03	0,16	1
	Kondensmilch, 7,5% Fett	574	6,5	7,6	10	–	242	0,1	65	0,07	0,37	2
	Sahne (Schlagrahm)	1327	2	32	3	–	80	+	325	0,03	0,15	1
	Hartkäse, 50% Fett i. Tr.	1746	25	32	2	–	810	0,6	540	0,04	0,44	+
	Briekäse, 50% Fett i. Tr.	1541	23	28	3	–	400	0,5	190	0,05	0,34	+
	Romadour, 30% Fett i. Tr.	980	24	14	1	–	702	–	–	–	–	+
	Speisequark, mager	368	17	1	2	–	71	–	14	0,04	0,31	1
Ei – Fisch – Fleisch	Schweinefleisch (Kamm)	1541	15	32	–	–	5	2,2	–	0,92	0,18	–
	Schweinefleisch (Filet)	737	19	10	–	–	2	–	–	0,70	0,15	–
	Rindfleisch (Brust)	1130	16	21	–	–	2	2,5	–	0,05	0,15	–
	Rindfleisch (Filet)	528	19	4	–	–	3	–	–	0,10	0,13	–
	Leber (Schwein)	615	20	6	1	–	10	22,1	3540	0,31	3,1)	23
	Rohwurst (Cervelatw.)	2026	17	43	–	–	24	1,7	–	0,10	0,20	–
	Brühwurst (Lyoner)	1377	13	29	–	–	8	1,8	–	0,03	0,10	–
	Brathuhn	603	21	6	–	–	12	1,8	10	0,08	0,16	2
	Gans	1524	16	31	–	–	12	1,9	65	0,12	0,26	–
	Fisch, fett (Aal)	1252	15	25	–	–	17	0,6	980	0,18	0,32	2
	Fisch, mager (Seelachs)	368	18	1	–	–	14	1,0	10	0,09	0,35	–
	Hühnereier (gesamt)	699	13	11	1	–	56	2,1	340	0,10	0,31	–
Fette	Butter	3249	1	83	+	–	13	0,1	685	+	0,02	+
	Margarine	3186	1	81	+	–	10	+	617	–	–	+
	Olivenöl	3881	–	100	–	–	–	–	120	–	–	–
	Kokosfett	3873	1	99	+	–	2	+	–	–	–	–
Brot – Nährmittel	Haferflocken	1696	14	7	66	1,35	54	4,6	–	0,59	0,15	–
	Reis, unpoliert	1553	7	2	75	0,6–2,5	23	2,6	–	0,41	0,09	–
	Weizengrieß	1549	10	1	75	–	17	1,0	–	0,12	0,04	–
	Weizenmehl, Type 405	1541	11	1	74	0,6	15	2,0	20	0,06	0,03	–
	Teigwaren (mit Ei)	1633	13	3	72	0,47	20	2,1	60	0,20	0,08	–
	Weißbrot	1084	8	1	50	0,9	58	1,0	–	0,09	0,06	–
	Vollkornbrot (Roggen)	1001	7	1	46	1,6	43	3,3	50	0,18	0,15	–
	Knäckebrot	1604	10	1	77	2,0	55	4,7	–	0,20	0,18	–
Obst – Gemüse	Kartoffeln	364	2	+	19	0,5	10	0,8	+	0,11	0,05	17
	Möhren, Karotten	147	1	+	7	1,05	35	0,7	1013	0,07	0,06	6
	Spinat	109	3	+	3	0,64	126	4,1	525	0,11	0,23	52
	Tomaten	80	1	+	3	0,75	14	0,5	103	0,06	0,04	24
	Äpfel	230	+	+	13	1,0	7	0,5	6	0,04	0,03	12
	Apfelsinen	226	1	+	12	0,58	42	0,4	11	0,08	0,04	50
	Haselnüsse	2906	14	62	14	2,95	226	3,8	3	0,39	0,21	3

Stichwortverzeichnis

Abendessen 170
Abfallbeseitigung 204
Ablaufbeschreibung 43
Abmagerungsdiät 175
Abnabeln 81
Abnehmen der Wäsche 224
Abstauben 278
Abstauben, Arbeitsweise 279
Abtrocknen von Geschirr 271
Abwischen 278
Abwischen, Arbeitsweise 279
Abzahlungsgesetz 30
Acetat 207
Adoleszenz 65, 129
Aktien 22
Alkohol 75, 76, 124, 132, 147
Alkoholische Gärung 192
Alles-gewährende-Erziehung 101
Alltagstisch 261
Allzweckreiniger 267
Alte Menschen 137
Altersschäden 125
Ameisensäure 198
Aminosäuren 153
- essentielle 155, 168
Amt für Verbraucherschutz 202
Anarchie 136
Anbauplan 304, 305
Anerkennung 105, 127
Annahme eines Kaufvertrages 32
Anstaltshaushalte 15, 16
Anti-Baby-Pille 67
Antistatische Ausrüstung 213
Antriebe 45
Appetit 167
Appetitlosigkeit 92
Arbeit, Begriff 41
- dynamische 47, 48
- geistige 42
- im Haushalt 42
- menschliche 45
- monotone 42
- statische 47, 48
Arbeitsablauf 42, 52
Arbeitsaufwand im Haushalt 42
Arbeitsbewegungen 49, 56
Arbeitseinkommen 19, 20
Arbeitsgestaltung 50 ff.
Arbeitsgrundsätze 50, 51
Arbeitshaltung 49, 55
Arbeitshöhe 55
Arbeitskleidung 63
Arbeitsmittel 52, 53
Arbeitsplatz 53
Arbeitssicherheit 61
Arbeitsstuhl 49
Arbeitstechnik 56
Arbeitsumsatz 47
Arbeitszeit 44
Arbeitszentren in der Küche 249
Aroma 191
Atlasbindung 211
Atmung bei Pflanzen 289
Aufbinden von Pflanzen 308
Aufgaben des Haushalts 13
Aufhängen der Wäsche 223
Aufpaßmethode 68
Aufräumen 278
Aufstoßen 84
Auftauen 196
Ausbrecher 99
Ausgaben, feste 20
- veränderliche 20
Ausgabenbuchführung 23
Ausgabenverteilung 21
Ausmahlung 188
Ausrüstung von Textilien 212
Autoritäre Erziehung 101

Babyalter, Spielzeug 118
Babygymnastik 85
Babysprache 108
Backpulver 189
Backwaren 188
Bad 248
Baden 85
Badewanne, Reinigung 279
Bahntransport 39
Bakterien 192
Balkonpflanzen 323
- Auswahl 323
- Pflege 325
Ballaststoffe 147, 150, 162
Bandwurm 194
Banküberweisung 35
Bareinkommen 19
Bargeld 34
Bargeldkontrolle 25
Barscheck 34
Barzahlung 34

Baumwolle 205
– Qualität 205
– Trageeigenschaften 205
– Verwendung 206
Bausparen 23
Baustoffe 146
Bedarf 13
Bedeutung des Haushalts 13
– volkswirtschaftliche 13
– soziale 13
Bedeutung des Sparens 21
Bedeutung des Wohn- und Nutzgartens 299
Bedürfnisse 13
Beerenobst 303
Beflockte Textilien 212
Befruchtung 70
Befruchtung bei Pflanzen 288
Begabung 99
Begleitstoffe 146, 147, 161
Behandlung von Verhaltensstörungen 117
Behinderung 119ff
Beleuchtung 54
– Wohnraum 141
Belichtung 54
Belohnung 103
Benzoesäure 198
Beriberikrankheit 158
Berufsausbildung, hauswirtschaftliche 17
Beschichtete Textilien 212
Besen 269
– Reinigung 269
Besenschrank 270
Besitzeinkommen 19, 20
Besteck/Tischdecken 264
Betten 243
Bewässerung 296
Bewegungsspiele 117
Bezugsperson 94
Bindung 130
Bindungen 211
Biologische Maßnahmen 311
Biologische Wertigkeit 155
Blätter 288
Blick-Kontakt 97
Blumenkästen 325
Blumenschmuck 264
Blumenstecken 318
Blutgruppe 77
Blüten 288
Bluterguß 142
Bluthochdruck 178
Blutzuckerspiegel 150
Bodenarten 293
Bodenbakterien 295
Bodenbearbeitung 295
Bodenbelag, Kinderzimmer 245
– Wohnraum 240
Bodengare 295
Bodenleben 294
Bodenluft 294
Bodenreinigung 279
– feucht 280
– trocken 279
Bodenstaubsauger 282
Bodenverbesserung 295
Brandwunden 142
Brechdurchfall 92
Brennesseljauche 297
Brennstoffe 146, 234
Briefverkehr 37
Brot, Brötchen 188
Broteinheit 178
Buchführung, Arten 23
– Sinn 23
Bügelgeräte 225
Bügeln von Hand 225
– Arbeitsweise 225
Bügeln mit der Maschine 226
– Arbeitsweise 227
– Bügelplatz 226
Bürsten 269
Bürsten von Teppichen 281
Bürstsauger 282
Buntwäsche 221
Buntwaschmittel 218
Butter 181
Butterschmalz 181

Calcium 157, 292
Calciumbedarf 157, 172
Calciummangel 158
Cellulose 150, 162
Cellulosische Chemiefasern 207
– Eigenschaften 207
– Verwendung 207
Chemiefasern auf chemischer Basis 208
– auf natürlicher Basis 207
Chemische Untersuchungsämter 202
Cholesterinspiegel 178
Coitus interruptus 68
Container 39
Contergan 73, 124

Dauerauftrag 35
Dauerleistungsgrenze 47
Debile 122
Degressionsphase 16
Demonstration 136
Deprivationssyndrom 94
Desinfizieren 84
Desodorantien 67
Diabetes 177
Diagnose 139
Dickdarm 164
Diele 247
Dienstleistungshaushalt 15
Diphenyl 198
Doppelzucker 149

Dressur 110
Drogen 124, 132
Dünger, mineralische 297
– organische 297
Düngung, anorganische 308
– organische 308
Dünndarm 164
Durchfall 92
Duschbecken, Reinigung 279
Dusche 248

Eichgesetz 30
Eier 182
– Gewichtsklassen 182
– Güteklassen 182
Einfachzucker 149
Einfrieren 196
Einkaufsregeln 29
Einkauf von Textilien 215, 216
Einkommen 14
– verfügbares 19
Einkommensarten 19, 20
Einkommensverteilung 19
Einmachhilfe 199
Einnahmenbuchführung 23
Einnähetiketten 214
Einschreiben 37
Einweichmittel 218
Einzelgänger 132
Einzelkind 98
Einzelofenheizung 234
Einzelversorgung 236
Einzuckern 198
Eisen 157
Eisenmangel 158
Eiweiß 147, 153, 163, 172
– aufbau 153
– bedarf 156, 173
Eiweißmangel 155, 156, 170
– Bedeutung 155
Eiweißstoffe, Eigenschaften 154
Eiweißstoffe
– einfache (Proteine) 154
– zusammengesetzte (Proteide) 154
Eiweißstoffwechsel 165
Eiweißträger 154
Elastomere 208, 209
Elektrischer Schlag 142
Elektrogeräte 270
Elektroheizgeräte 234
Elektroherd 254
Elektrospeicheröfen 234
Ellenbogenmenschen 98
Eltern 93, 94
Eltern, berufstätig 95
Eltern-Kind-Programm 116
Embryonalentwicklung 70ff.
Empfängnisbegünstigung 69
Empfängnisregelung 67, 68
Emulsion 152
Endlosgarne 210
Energiebedarf 173
Energiegewinn 147, 165
Energiehaushalt 165
Energiereserve 153
Energieumsatz 47
Energieverbrauch 46, 165
Energiezufuhr 175
Enten 186
Entgeizen 308
Entmutigte 99
Entwicklung im Mutterleib 70, 71
Entziehungskur 132
Enzymbestandteile 158
Erbanlage 99, 100, 124
Erbrechen 92
Erdbeeren 303
Erfrierungen 142
Ergänzungswirkung 155
Erholungszeit 45
Ernährung des Säuglings 82
Ernährungsbedingte Krankheiten 145
Ernährung von Kindern und Jugendlichen 170ff.
Ernte von Obst und Gemüse 315
Ersatzmütter 95
Ersatzware 33
Erstausstattung 86
Erste Hilfe 142
Erstickungsanfall 143
Erziehungsberatung 116
Erziehungsfehler 114
Erziehungsgrundsätze 100ff.
Erziehungsmittel 103
Erziehungsstile 100ff.
Eßbereich 243
Eßregeln 167
Etagenheizung 235
Eurocheque 35
Eurochequekarte 35
Existenzbedürfnisse 13
Expreßgut 40
Extravertiert 129

Fähigkeiten 45
Familie 133
Familienplanung 67
Familienhaushalte 16
Färben 212
Farbe 237
Farbstoffe 147, 201
Farbwahl 237
Farbwirkung 237
Fasten 176
Fasttage 176
Fäulnis 193
Fehlgeburt 71, 72
Feinappreturen 220
Fenster
– Dekoration 241
– Putzmittel 284
– Reinigung 283

– Reinigung, Arbeitsweise 284
– Zwischenreinigung 284
Fernheizung 236
Fernschreiben 38
Fernsprechauskunft 37
Fernsprechbuch 37
Fertignahrung 82, 83
Fertigpackungsverordnung 30
Festtagstisch 261
Fett 147, 172
Fett, Bedarf an sichtbarem 153
Fettaufbau 151
Fettbedarf 173
Fette 150, 163
– Eigenschaften 152
– emulgierte 153
– feste 152
– flüssige 152
– tierische 150
– versteckte 153
Fettgehalt 181
Fettsäuren, essentielle 153, 169
– gesättigte und ungesättigte 151
Fettstoffwechsel 165
Fieber 93
Filzfreiausrüstung 213
Fisch 186
Fischkonserven 187
Flammhemmende Ausrüstung 213
Flaschennahrung 82
Fleckenentfernung 227 ff.
Fleckschutz-Ausrüstung 213
Fleisch 182
Fleischkennzeichnung 183
Florwäsche 283
Flucht 133
Fluor 157
Flur 247
Frachtbrief 40
Freiheit 102
Freiheitsentzug 104
Freisitz 231
Freizeitumsatz 47
Fremdeln 111
Fremdkörper, im Auge 143
– in den Verdauungswegen 143
Fremdversorgung 138
Frostschutz 309
Fruchtfolge 308
Fruchtwasser 81
Fruchtwasseruntersuchung 124
Früherkennung 90, 125
Frühstück 169, 172
Fußbodenheizung 235
Fütterungszeiten 83

Gallenbeschwerden 180
Gänse 186
Garderobe 247
Garne 210
– Kennzeichnung 210
Gartengeräte 316, 317
Gartengestaltung 299
Gartenplan 299
Gärung 192
Gasherd 255
Gasöfen 234
Gastgeber 266
Geburt 80
Geburtsschäden 124
Geburtstermin 74
Geflügel 186
Gefriergeräte 256
Gefrierlagerung 195
Gehirnhautentzündung 125
Gehölze 302
Geistige Behinderung 122
Geknüpfte Textilien 212
Gelatine 154
Geldeinkommen 19
Geltungsstreben 127
Gemüse 187
Gemüsearten 307
Gemüsegarten 302
Gemüsekonserven 187
Generationsprobleme 135
Genußmittel 146
Geräte zur Krankenpflege 141
Gerinnung 154
Gesamtenergiebedarf 166
Gesamtumsatz 47
Geschäftsfähigkeit 31
Geschirr, Reinigung 270
Geschirrspülen 204
Geschirr/Tischdecken 261
Geschlechtskrankheit 77, 125
Geschlechtsmerkmale 66
Geschlechtsverkehr 76, 82
Geschmack 200
Geschmacksstoffe 147, 161
Gesellschaft 133
Gesetz vom Minimum 290
Gesundheitsamt 202
Getreideerzeugnisse 188
Gewebe 211
Gewichtsanteil bei Textilien 215
Gewichtskontrolle 75
Gewichtsnumerierung 210
Gießen 308
Giftstoffe 143
Giftzeichen 314
Gläser/Tischdecken 264
Glycogen 150
Greifbereich, horizontaler 54
– vertikaler 54
Greifraum 54
Grieß 188
Grundbedürfnisse 13, 14
Gründüngung 308
Grundriß 232
Grundschulalter, Spielzeug 119
Grundumsatz 47, 165

Gruppenversorgung 236
Gruß als Ritus 134
Güteklassen 30, 87
Güterversand 39
Gütezeichen 30, 215
Gymnastik 76, 82

Hacken 308
Halbkonserven 197
Hammelfleisch 183
Hämoglobin 77
Handelsklassen 30
Handstaubsauger 282
Häufeln 308
Hauptnährstoffe 148
Hausapotheke 64, 140, 141
Hausarbeitsraum 258
Hausentbindung 80
Haushaltsaufgaben 13
Haushaltsausgaben 20
Haushaltseinkommen 18
Haushaltsformen 15, 16
Haushaltskühlschrank 255
Haushaltsphasen 16
Haushaltstypen 16
Hauspflege Kranker 140
Hauswirtschafter(in) 17
Hauswirtschaftsleiter(in) 18
Hauswirtschaftsmeister(in) 18
Hautkontakt 97
Hefe 189
Heim 138
Heizsysteme 235
Heizung 234 ff.
Herztöne 74, 77
Hilfe zur Selbsthilfe 104, 124
Hilfsdienste 138
Hirnfunktionen 90, 107
Hirnschäden 72, 122
Hirnschädigung 124
Holz, Behandlung 274
– Oberflächenbeschaffenheit 275
– Reinigung und Pflege 274
Homogenisierung 181
Hörbehinderung 120
Hormonale Steuerung 66
Hormonpräparate 66, 67
Hühner 186
Humus 293
Hunger 167
Husten 92
Hydrokultur 323
– Vorteile 293
Hygiene, persönliche 203
Hypotheken 22

Ich-Findung 129
Idealgewicht 167
Idioten 122
Imbezile 122
Immobilienvermögen 22
Impfungen 91
Indanthren 213
Individualität 127
Individualdistanz 133
Infektionen 125
Innereien 183
Innere Verletzungen 143
Insekten 192
Insektenstiche 143
Integrierter Pflanzenschutz 311
Intelligenz 100, 122
Internationale Pflegekennzeichen 215
Introvertiert 128
Investmentzertifikate 22
Iod 157
Iodmangel 158

Jahresübersicht 24
Jauche 297
Jugendgruppe 129

Kalbfleisch 183
Kalium 157, 292
Kalksalze 216
Kammgarn 210
Karamel 149
Kartellgesetz 30
Kartoffeln 187
Käse 181
Kaufvertrag 30 ff.
– Störungen 30 ff.
Keimschädigung 124
Kenn-Nummer 182
Kerzen 264
Keuchhusten 93
Kilo-Joule 146
Kind, ältestes 98
– jüngstes 98
– mittleres 98
Kinderbett 85
Kinderfrühstück 172
Kindergarten 113, 115
Kindergartenalter, Spielzeug 118
Kindermöbel 245
Kinderzimmer 245
Kleiderpflege 227
Kleinkindalter, Spielzeug 118
Kleinwohnung 231
Klinikentbindung 80
Klinikkoffer 80
Klopfen von Teppichen 281
Klopfsaugbürster 281
Knaus-Ogino 68, 69
Knitterarm-Ausrüstung 213
Kochwäsche 221
Kohlenhydratbedarf 173
Kohlenhydrataustauschtabelle 178
Kohlenhydrate 147, 148, 169, 172
Kohlenhydrate in Nahrungsmitteln 148
Kohlenhydratstoffwechsel 165

Kohlenhydratträger 148
Kohlenstoff 292
Kohleöfen 234
Kompost 297
Komposthaufen 303
Konflikte 130, 135
Konfliktlösung 135
Konsequenz 104
Konsumfreiheit 28
Konsummilch 180
Kontamination 202
Konten 24
Kontenrahmen 24
Kontensparen 22
Konvektoren 235
Kooperative Erziehung 102
Köperbindung 211
Körperbehinderung 119
Körperhaltung 48
Körperliche Reifung 66
Körperliche Züchtigung 104
Körperpflege 67, 76, 139
Krankenbett 139, 140
Krankendiät 177
Krankenhauspflege 140
Krankenpflegeorganisationen 140
Krankentisch 140
Krankheit 91, 139
Kriminalität 114
Kronprinz 98
Krümelbildung 295
Küche 249
Küchenformen 251
Küchengeräte, Sicherheit von 61
Küchenkräuter 309, 310
Küchenmöbel 252
Kuhmilch 172
Kunststoffe, Behandlung 275
– Reinigung und Pflege 275

Längennumerierung 210
Lastschrift 35
Laufenlernen 108
Lebenshaltungskosten 16
– Durchschnitt 16
– Veränderung 16
Lebensmittel 145
– Einkauf 203
– Gesetz 200
– Hygiene 203
– Kennzeichnungs-Verordnung 31, 201
– Lagerung 203
– Überwachung 201
Leberbeschwerden 180
Leder, Behandlung 275
– Reinigung und Pflege 277
Legen der Wäsche 225
Lehm 293
Leichte Vollkost 179
Leinen 206
– Eigenschaften 206
– Qualität 206
– Verwendung 206
Leinwandbindung 211
Leistung 45
Leistungen, werteschaffende 20
Leistungskurve 45, 169
Leistungsumsatz 166
Lernbehinderung 122
Licht 237
Liebe 130
Liebesentzug 104
Lieferung mangelhafter Ware 33
Lieferungsverzug 32
Lob 103
Lobhudelei 103
Lösungsmittel 153, 161
Luftabschluß 197
Lüften 278
Luftpost 37
Lufttrocknen 223
Lungenentzündung 93
Lux 54, 55

Magen 163
Magendruck 180
Magnesium 157, 292
Mahlzeit, Dauer 83
Mahlzeiten 169, 174
Mahnverfahren 32ff.
Maschenwaren 212
Maschinentrocknen 224
Medikamente 124, 141, 142
Mehrfachbehinderung 123
Mehr-Raum-Wohnung 232
Mengenangabe 201
Mengenelemente 156
Menstruation 66
Menstruationskalender 68
Menükarten 264
Mercerisieren 213
Metalle, Behandlung 275
– Reinigung und Pflege 275
Mikrowellengerät 255
Milch 180
Milchschorf 93
Minderung 33
Mindesteinkommen 21
Mindesthaltbarkeitsdatum 201
Mineralischer Einzeldünger 297
Mineralstoffbedarf 157, 174
Mineralstoffe 156, 169
– Aufgabe 157
Mineralstoffmangel 157
Mineralstoffvorkommen 157
Mischkultur 306
Mittagessen 169
Mittelohrentzündung 93
Mongolismus 122, 123
Mulchen 296

Mund 162
Mundbelag 93
Muskelarbeit 42
Mutismus 108
Mütterberatung 115
Muttermilch 82, 172
Mutterpaß 77, 78
Mutterschaftsgeld 78
Mutterschaftsurlaub 78
Mutterschaftsvorsorgeschein 77
Mutterschutzgesetz 78
Muttersprache 107

Nabelbruch 93
Nabelinfektion 93
Nachfrucht 308
Nachgeburt 82
Nachrichtenverkehr, mündlicher 36
– schriftlicher 37
Nachuntersuchung 82
Nadelflortextilien 212
Nährstoffe 146
Nährstoffbedarf 147, 170
Nährstoffaufnahme 289
Nährstoffgehalt des Bodens 293
Nährstoffversorgung von Pflanzen 290
Nährwert 200
Nährwertangaben 326
Nährwertverluste 189
Nahrung, vollwertige 168
Nahrungsbestandteile, essentielle 158
Nahrungseiweiß, Wert 155
Nahrungsmittel 146
Nahrungsmittelverderb 192
Nahrungszubereitung 157
Nähwirkverbundstoffe 212
Natriumchlorid 157
Naturaleinkommen 19
Naturfasern 205
Negative Erziehungsmittel 103
Nesthäkchen 98
Neugeborenes 86
Neutralität in der Erziehung 103
Nierenfunktion 77
Nikotin 76, 124, 132, 133
Normmaße eines Briefes 38
Null-Diät 176
Nutzfische 186
Nützlinge 312

Oberflächenlockerung 295
Oberflächenspannung 217
Obst 187
Obstbäume 303
Obstkonserven 188
Ohnmacht 142
Ökonomisches Prinzip 13
Ökotrophologe (-in), Dipl. 18
Ökotrophologe (-in), Dipl. (FH) 18
Oloephobol 213
Ölöfen 234
Organmißbildung 72
Ordnung 103
Osmose 289
Ovulationshemmer 67

Päckchen 39
Paket 39
Parasiten 194
Pasteurisieren 180, 197
Pektine 162
Persönlichkeitsentwicklung 132
Pflanzenfette 150
Pflanzenkrankheiten 311
Pflanzenrohkost 175
Pflanzenschutz 311
Pflanzgefäße 322
Pflegeeigenschaften von Textilien 214
Pflegeleichte Wäsche 221
Pflegemaßnahmen für Kleidung 227
Pflegemaßnahmen für Pflanzen 308
Pflegerin 139
PHB-Ester 198
Phenylketonurie 122
Phosphate 216, 217
Phosphor 157, 292
Photosynthese 289
Pilze 192
Pollution 66
Polster, Reinigung 281
Polyacryle 208, 209
Polyamide 208
Polyester 208, 209
Positive Erziehungsmittel 103
Post 36
Postanweisung 34
Postfach 38
Prägung 94
Preisangaben 201
Preisauszeichnungs-Verordnung 29
Preisrelation 182
Progressionsphase 16
Proteide 154
Proteine 153, 154
Prüfzeichen 30
Pubertät 65, 128
Puten 186

Quellung 154

Rabatt 36
Radiatoren 235
Radikalisierung 136
Radioaktive Strahlen 125
RAL 30
Rangordnung 134
Ranzige Fette 153
Rasen 301
Ratenzahlung 36
Rationalisierung der Hausarbeit 58, 59
Räuchern 198
Rauchpunkt 152

Räume, Lage 232
– Zuordnung 232
Raumgrößen 234
Raumgruppen 231
Raumheizkörper 235
Raumpflege 278
Rebellion 136
Recht auf Achtung 105
– auf Erziehung 105
– auf Leben 105
– des Kindes 105
Rechtsfähigkeit 31
Rechtsverordnungen 200
REFA 51
Reflexe 90
Reformen 136
Reglerstoffe 146, 158
Rehabilitation 125
Reifezeit 127 ff.
Reifung 65, 66
Reinhaltung der Küche 204
Reinigungsgeräte 268
Reinigungsmittel, chemisch wirkend 267
– kombinierte Wirkung 268
– mechanisch wirkend 267
Reinigungs- und Pflegemittel 267
Reis 188
Reklamation 33, 202
Rentner 137
Revolution 136
Rhesusfaktor 77
Rindfleisch 183
Ritus 134
Rivalität 98
Robustheit 99
Rohmilch 180
Rohstoffgehalt bei Textilien 215
Rohware 199
Rollenspiel 113
Röteln 73, 77, 91, 124
Rückfall ins Babyalter 98
Rückstände 202
Rüstzeit 44

Sachmittel 19
Salmonellen 194, 202
Salzen, Pökeln 198
Sand 293
Sanforisieren 213
Sanitärbereich 231, 248
Sanitärräume, Reinigung 279
Sättigung 149, 167
Sauermilchprodukte 180
Säuern 180, 198
Sauerstoff 292
Sauerstoffabgabe 289
Sauger 82
Säugling 86, 87
Schadenersatz 33
Schädlinge 311
Scheuermittel 268
Schimmelbildung 192
Schlaf 139
Schlafbereich 231, 243
Schmelzpunkt 152
Schmutzträgersubstanzen 217
Schnittblumen 318
Schnittbrot 188
Schnupfen 92
Schockgefrieren 196
Schonkost 179
Schulerfolg 100
Schulreife 127
Schulzeit 127
Schutzfunktion der Fette 153
Schwämme 268
Schwangerschaft, Beginn 74
– Ernährung 75
– Kleidung 76
– Körperpflege 76
– Lebensführung 74
Schwangerschaftsstreifen 76
Schwefeldioxid 198
Schweinefleisch 183
Scotchgard 213
Seefische 186
Seelisch-geistige-Krankheit 144
Seelisch-geistige Reifung 65
Seelische Konflikte 127
Sehbehinderung 120
Sehtest 120
Seide 207
– Trageeigenschaften 207
– Verwendung 207
Seife 217
Selbständigkeit 108, 109
Selbständigkeitsstreben 127
Selbsteinmachen 199
Semmeln 188
Sensible Phase 73, 97
Servierregeln 266
Servietten aus Papier 264
– aus Stoff 261
Sets 261
Sexualität 111, 130
Shampoonieren 283
Sicherheit, elektrische 61
– feuertechnische 61
– gastechnische 61
Sitzen 49
Sitzmöbel 239
Sitzplatz 301
Skonto 36
Skorbut 158
Sodbrennen 180
Solanin 193
Sorbinsäure 198
Sortieren der Wäsche 220
Sozialeinkommen 19, 20
Soziale Marktwirtschaft 28
Sparbuch 22

Sparen 21
Sparformen 21, 22, 23
Sperrgut 39
Spezialreiniger 267
Spezialwaschmittel 217, 218
Spielanreiz 117
Spielmaterial 117
Spielplatz 301
Spielregeln 134, 137
Spielzeug 117, 118
Spinat 194
Spinnfasergarne 210
Sprachbehinderung 122
Sprache 89
Sprachentwicklung 106
Sprachlosigkeit 108
Sprachverständnis 91, 108
Sprech-Kontakt 97
Sprechübungen 107
Spülen von Hand 270
- Arbeitsweise 271
- Geräte 271
Spülen mit der Maschine 272
- Arbeitsplatz 273
- Arbeitsweise 273
- Voraussetzungen 272
- Vorteile 271
Spülmaschine, Kosten 274
- Pflege, Wartung 274
Spülzentrum, Einrichtung 270
Spulwurm 194
Spurenelemente 156, 292
Stabilisationsphase 16
Stallmist 297
Stammhalter 98
Standardbrief 38
Standort von Pflanzen 290
Stärke 149, 162, 163, 220
Staubsaugen, Arbeitsweise 282
Staubsauger 282
Stehen 48
Stengel 288
Stereotypien 94
Sterilisieren 197
Stickstoff 292
Stillen 82
Stoffwechsel 162 ff.
Store 241
Stottern 122
Strafarbeiten 104
Strafe 103
Streichgarn 210
Streß 133
Strickwaren 212
Stückgut 40
Suchtgefahren 131, 132
Süßstoffe 177, 178
Süßwasserfische 186
Symptome 139
Synthetische Fasern 205, 207 ff.
- Verwendung 207 ff.

Tabuzonen 112
Tadel 103
Tätigkeit 41
Tätigkeitszeit 44
TEEM 40
Teiglockerung 189
Telefon 37
Telefonieren, richtiges 37
Telegramm 38
Telex 38
Temperaturmethode 69
Temperaturregelung 161
Tenside 217
Teppiche, Fleckentfernung 282
- Grundreinigung 283
- Reinigung 281
Teppichkehren 281
Textilkennzeichnung 215
Textilpflege 216 ff.
Therapie 125, 139
Tiefkühlkost, Einkauf 196
Tischdecken 261
- Arbeitsweise 261
Tischkarten 264
Tischschmuck 264
Tischwäsche 261
Toiletten, Reinigung 279
Ton 293
Toxoplasmose 77, 124, 194
Transportkosten 40
Transportmittel 161
Trichine 194
Triebbefriedigung 130
Trisomie 122, 123
Trockenblumen 318
Trockenlegen 84
Trockenmilch 180
Trockenschaum 283
Trocknen 198
Trocknen der Wäsche 223
Trotzphase 110
Tücher zu Reinigungszwecken 268
Türen, Reinigung 285
Twist-off-Verschluß 197
Typenzahl 188

Überernährung 170
Übergewicht 175
Ultrahocherhitzung 180
Umgangsformen 133, 134
Umwelteinflüsse 99, 125
Unfälle 124
Unfallgefahren 61
Unfallverhütung 63, 124
Ungeziefer 192
Unlauterer Wettbewerb 30
Untersuchungsheft 90
Urintest 74

Vaterrolle 95
Vegetarische Kostformen 174

Vegetarismus, gemäßigter 174
– strenger 175
Verbandsmaterial 141
Verbandszeichen 30
Verbrauch des Haushalts 28
Verbraucherschutzgesetze 29 ff.
Verdauung 162 ff.
Veredelung von Textilien 212
Verfahrensvergleiche 60
Vergabehaushalt 15
Vergiftungen 64, 125, 315
Verhütungsmittel 68
Verkäufer, Pflichten 32
Verkehrsbezeichnung 201
Verletzungen, innere 143
Verpackungen 191
Verrechnungsscheck 34
Verrenkungen 144
Verstauchungen 144
Verstopfung 92
Verteidigung 133
Verteilzeit 45
Vertragsabschluß 31
Vertragsgrundlagen 30
Verwahrlosung 114
Verwöhnung 97
Verzehrgewohnheiten 145
Verziehen 308
Vielfachzucker 149
Viskose 207
Vitaminbedarf 159, 174
Vitamine 158, 169
– fettlösliche 160
– wasserlösliche 160
Vitamin, Mangelerscheinungen 159
– Vorkommen 159
Vliesstoffe 212
Volldünger, mineralisch 297
– organisch-mineralisch 297
Völlegefühl 180
Volljährigkeit 104
Vollkonserven 197
Vollstreckungsbescheid 33
Vollwaschmittel 217
Vorbehandlungsmittel 218
Vorbilder 130
Vorfrucht 308
Vorhang 241
Vorratskontrolle 203
Vorratsmenge 199
Vorratsräume 256
Vorschulklasse 128
Vorsorgeuntersuchungen 71, 77, 90, 115
Vorwaschmittel 218
Vorzugsmilch 180

Wahlbedürfnisse 14
Wandelung 33
Warenzeichen 30, 215
Wärmehaushalt des Bodens 294
Wärmeschutz 236
Warmluftheizung 235
Warmwasser 234, 236
Warmwasserheizung 235
Wartezeit 44
Waschbecken, Reinigung 279
Waschen 220
– von Hand 222
– von Hand, Arbeitsweise 222
– mit der Maschine 220
Waschhilfsmittel 218
Waschmittel 217
Wäschetrockner 224
Wasser 160, 216
Wasserbedarf 161
Wasserenthärtungsmittel 218
Wasserhärte 216
Wasserhaushalt des Bodens 294
Wasserstoff 292
WC 248
Wechsel 36
Wehen 81
Weichspülmittel 218
Werbung 29
Wertpapiere, festverzinsliche 22
Wertpapiersparen 22
Wertsendung 37
Wettbewerb 28
Wettkämpfe, -spiele 134
Wickelsysteme 84
Wiese 301
Willenserklärung 31
Wirkwaren 212
Wirtschafter(in) 18
Wirtschaftsbereich 231, 249
Wochenbett 80
Wochenfluß 82
Wohnbereich 231
Wohnzimmer 238
Wolle 206
– Eigenschaften 206
– Qualität 206
– Verwendung 207
Wollsiegel 206
Wollwaschmittel 218
Wundbehandlung 143, 144
Wundstarrkrampf 144
Wurfsendung 39
Wurst 183
Wurzel 288

Zahlkarte 34
Zahlschein 34
Zahlungsformen 34
Zahlungsverzug 33
Zahnarzt 78
Zähne 89
Zeitwahlmethode nach Knaus-Ogino 68, 69

Zellaufbau 287
Zellstoffwechsel 165
Zentralheizung 235
Zentralversorgung 236
Zimmerpflanzen 319
- Aufbinden 322
- Gefäße für 322
- Topferde 322
- Umtopfen 322
- Umtopfen, Arbeitsweise 322
- Vermehren 322
Zivilprozeß 33
Zuckeraustauschstoffe 177, 178, 201
Zuckerkrankheit 177
Zuckerstoffwechsel 77
Zusammensetzung der Waschmittel 217
Zusatznahrung 82
Zusatzstoff-Zulassungs-Verordnung 200
Zutatenliste 201
Zuwendung 103, 111
Zwangsvollstreckung 33
Zwei-Zimmer-Wohnung 232
Zwillingsforschung 100
Zwirne 210
- Kennzeichnung 210
Zwischenfrucht 308
Zwischenmahlzeiten 170
Zwölffingerdarm 163, 180

Bildnachweis

Fotos: AEG, München; AID (Land- und Hauswirtschaftlicher Auswertungs- und Informationsdienst e.V.), Bonn-Bad Godesberg; Art & Media, Fürstenfeldbruck; Bavaria-Verlag (Klaus Rose), Gauting; Dr. Wolfgang Blaicher, Mannheim; Prof. Dr. E. Blechschmidt, Göttingen; Bundeszentrale für gesundheitliche Aufklärung, Köln; Camera Press, London; Werner Dittmer, Köln; Jürgen Daudt, Senden; Europa Film, Stockholm; Hailo-Werk (Rud. Loh GmbH & Co. KG), Haiger; Landesgewerbeamt, Baden-Württemberg; Melitta-Werke Bentz & Sohn, Minden/Westf.; Mielewerke GmbH, Gütersloh; Julius Negele, München; Poggenpohl, Herford; Progress, Stuttgart; Ravensburger Spiele (Otto Maier Verlag, Ravensburg); Hans Reinhard, Heiligkreuzsteinach; Maja von Rosenbladt, Berg; Peter Rudolph, Baldham; Monika Schabacker, München; Sie Matic Möbelwerke Aug. Siekmann KG, Löhne; Siemens-Electrogeräte GmbH, München; Erich Stering, Spånga/Schweden; Steybe-Möbelfabrik, Korb-Kleinheppach; TIOFOTO AB, Stockholm; Max Werkmeister, Freising; Konrad Wothe, Gauting; Willi Votteler, München

Zeichnungen: Arbeitsgemeinschaft Pflegekennzeichen in der Bundesrepublik Deutschland, Frankfurt; Bundeszentrale für gesundheitliche Aufklärung, Köln; CMA (Centrale Marketinggesellschaft der Deutschen Agrarwirtschaft mbH), Bonn-Bad Godesberg; Deutsches Institut für Gütesicherung und Kennzeichnung e.V., Bonn; Hellmut Hoffmann, Wallgau; Hannelore Metzger, München; Walter Preiss, Wessling; Günter Ropertz, München; Studiengruppe für Biologie und Umwelt, München (nach Conel); Anina Westphalen, München